Traité de droit constitutionnel congolais

Collection « Études africaines »

dirigée par Denis Pryen et son équipe

Forte de plus de mille titres publiés à ce jour, la collection « Études africaines » fait peau neuve. Elle présentera toujours les essais généraux qui ont fait son succès, mais se déclinera désormais également par séries thématiques : droit, économie, politique, sociologie, etc.

Dernières parutions

Guy Noël KOUARATA, *Manuel de phonologie des langues bantoues du Congo*, 2017.

Abdourahamane OUMAROU LY, *Partis politiques, démocratie et État de droit en Afrique : l'exemple du Niger*, 2017.

Désiré BALABALA, *Le mariage coutumier chez les Budu en République Démocratique du Congo*, 2017.

Ibrahima TRAORÉ, *L'État de droit dans les Républiques du Mali et du Sénégal*, 2017.

Nathalie VUMILIA NAKABANDA, *La protection de la veuve en République Démocratique du Congo, Quelle effectivité ?*, 2017.

Zoumana DIARRA, *Les mutations de la haute fonction publique au Mali, Une contribution à l'étude de la réforme de l'Etat, 2017.*

Issa Makan KEITA, *La responsabilité pénale des personnes morales en droit malien à la lumière du droit comparé*, 2017.

Mahamat Nasser HASSANE, *Dispositions et normes environnementales des lois pétrolières en Afrique centrale. Projets d'exportation du brut tchadien et du pipeline Tchad-Cameroun*, 2017.

Romaric Franck QUENTIN DE MONGARYAS, *L'école secondaire au Gabon, Analyse sociologique des jugements professoraux*, 2017.

Minette TOMEDI EYANGO TABI, *Bassin versant du Nkam-Wouri. Prototype de la biodiversité des zones humides du Cameroun*, 2017.

Herman Blaise NGAMENI, *La diffusion du droit international pénal dans les ordres juridiques africains*, 2017.

San Simon COULIBALY, *Interroger les défunts, orienter les vivants. Analyse ethnolinguistique des causes de la mort en pays toussian*, 2017.

Auguy MAKEY, *Misère de la philosophie négro-africaine*, 2017.

Edwige KOUADIO, *Du fosterage à l'adoption plénière. L'adoption des enfants de la pouponnière d'Adjamé (Abidjan, Côte d'Ivoire)*, 2017.

Jean-Louis ESAMBO KANGASHE

Traité de droit constitutionnel congolais

Préface de El Hadj MBODJ

Postface de Dodzi KOKOROKO

L'Harmattan

Du même auteur

La constitution congolaise du 18 févier 2006 à l'épreuve du constitutionnalisme. Contraintes pratiques et perspectives, Louvain-la-Neuve, Academia-Bruylant, bibliothèque de droit africain 7, 2010.

Le droit constitutionnel, Louvain-la-Neuve, Academia-L'Harmattan, 2013.

Le droit électoral congolais, Louvain-la-Neuve, Academia-L'Harmattan, bibliothèque de droit africain 11, 2014.

Le droit congolais des marchés publics, Paris, L'Harmattan, Coll, « Notes des cours », 2016.

5-7, rue de l'Ecole-Polytechnique, 75005 Paris

http://www.editions-harmattan.fr

ISBN : 978-2-343-12352-3
EAN : 9782343123523

PRÉFACE

Il me plait de rédiger la préface du Traité de droit constitutionnel congolais de mon collègue et ami, le professeur Jean-Louis ESAMBO KANGASHE, et cela pour plusieurs raisons :

En effet, la chance m'a été donnée de connaître personnellement le professeur Jean-Louis ESAMBO avec qui j'ai eu le privilège incommensurable de partager des moments d'angoisse et de satisfaction durant tout le parcours de l'instauration du nouvel ordre démocratique congolais, balisé par les Accords de Sun-City. C'est à cette occasion, que j'ai eu à apprécier ses capacités, tant humaines qu'intellectuelles, en particulier l'amour qu'il voue à la science constitutionnelle qu'il déroule au quotidien avec la compétence, le sérieux et la rigueur de cette matière si exigeante. La passion du droit constitutionnel que le professeur Jean-Louis ESAMBO se plait de vivre au quotidien s'exprime par son positionnement dans les cénacles des concepteurs et des architectes constitutionnels de la République démocratique du Congo et de l'espace francophone africain.

Le professeur Jean-Louis ESAMBO a l'ambition de proposer, ici, un véritable traité de droit constitutionnel. Le traité, faut-il le rappeler, vise à donner une vue aussi exhaustive et concrète que possible de la matière étudiée, à la différence du manuel qui est censé se limiter essentiellement aux connaissances jugées utiles au public visé. C'est dans cette perspective qu'il faut situer cette nouvelle production intellectuelle qui vient enrichir les innombrables ouvrages de droit constitutionnel publiés par les universitaires congolais, au plus grand bonheur des théoriciens et des praticiens de la matière constitutionnelle.

Ayant, modestement, participé avec des constitutionnalistes congolais et internationaux à l'édification du nouvel ordre constitutionnel de la République démocratique du Congo, dont les soubassements socio-politiques étaient de juguler les crises et convulsions multiformes que ce pays aura connues depuis son accession à la souveraineté internationale, le droit constitutionnel congolais m'est apparu, tout au moins dans une double perspective diachronique et synchronique, comme un véritable réceptacle des crises. L'impression se dégage, à mes yeux, que la motivation profonde des différentes constitutions congolaises était finalement d'arriver à résoudre les contradictions, les controverses et différends à propos des fondamentaux mêmes de l'État et du régime politique.

Plus d'un demi-siècle après son existence, en tant qu'État souverain, la République démocratique du Congo n'a pas encore jusqu'ici trouvé des réponses appropriées aux questions permanemment controversées sur la nature sociopolitique et la forme de l'État ainsi que les fondements du régime politique. L'optimisme peut, cependant, être de mise à partir du moment où la Constitution du 18 février 2006 vient de boucler sa première décennie d'existence, et a jusqu'à présent résisté aux multiples tentations de confiscation du pouvoir. Le droit constitutionnel congolais se cherche encore et, au regard des spécificités géographiques, culturelles, sociologiques et politiques de cet immense pays, trouvera sans doute les solutions pour endiguer durablement les crises séculaires et placer le pays dans l'orbite des démocraties constitutionnelles africaines de référence.

Ainsi qu'il m'a été donné de le relever tantôt, ce traité est l'œuvre d'un théoricien du droit constitutionnel dont le mérite est d'avoir mis en dynamique ses connaissances théoriques pour concevoir et mettre en œuvre des modèles institutionnels. Expert juriste à la Commission électorale indépendante et au Sénat de la transition, le professeur Jean-Louis ESAMBO a, à ce titre, activement pris part à l'élaboration et à la finalisation de toutes les lois de sortie de la transition, y compris la Constitution. Sous la troisième République, il a eu à occuper le poste stratégique d'adjoint au directeur de cabinet du ministre de l'intérieur avant d'atterrir à la Cour constitutionnelle, la juridiction suprême chargée de réguler le fonctionnement constitutionnel du nouveau régime politique. Dans cette station de créateur de normes constitutionnelles supplétives, il pourra sans doute faire valoir son expérience, bien réelle, et son vécu de constitutionnaliste pour apporter une contribution sans doute remarquable à l'essor du droit constitutionnel congolais.

Le droit constitutionnel étant de nos jours un droit vivant et non plus abstrait, comme il le fut pendant très longtemps, le professeur Jean-Louis ESAMBO dispose, pour ce faire, de l'outillage indispensable pour produire un traité de droit constitutionnel de qualité qu'il pourra léguer à la postérité. Cette production intellectuelle présente trois mérites qu'il convient, à mes yeux, de mettre en exergue.

Le premier mérite, c'est que l'auteur se situe dans le courant néo-normativiste, caractéristique du droit constitutionnel contemporain. De ce point de vue, il est allé au-delà de l'approche exégétique de la constitution, assurément réductrice dès lors qu'elle circonscrit le champ d'application du droit constitutionnel au seul corpus constitutionnel, laissant ainsi de côté des pans entiers de l'organisation et du fonctionnement de l'appareil politique de l'État qui ne sont pas pris en compte par des normes formellement constitutionnelles, comme par exemple la loi électorale, le règlement intérieur des assemblées parlementaires. Dans ce même ordre d'idées, le retour au normativisme constitutionnel ne laisse pas le champ libre à la science politique pour prendre en charge tout ce qui ne relève pas des normes juridiques. Le droit constitutionnel et la science politique partagent le même objet, à savoir l'étude des phénomènes politiques, seule la perspective d'approche les sépare. Le professeur Jean-Louis ESAMBO a brassé les règles, mécanismes, institutions et dynamiques qui permettent de mieux comprendre et saisir les spécificités du fonctionnement du régime politique congolais. À côté des institutions constitutionnelles classiques, l'ouvrage présente et analyse avec brio les différentes institutions d'appui à la démocratie lesquelles, disposant d'une base constitutionnelle, sont des institutions citoyennes d'accompagnement qui, à l'expérience, ont joué un rôle très important dans le processus de sortie de crise de la République démocratique du Congo.

Dans le prolongement de l'approche néo-normativiste, l'auteur prend également en compte les institutions politiques qui, bien que participant à l'animation de la vie de l'État, ne sont pas prévues par la Constitution. Il en est ainsi, entre autres, des partis politiques. Mais il va même plus loin en intégrant dans l'analyse du régime politique congolais les forces sociopolitiques qui demeurent incontournables dans la dynamique politique de ce pays. C'est un truisme que d'affirmer qu'au Congo, les forces politiques et sociales sont des véritables instances citoyennes de régulation, d'encadrement et de cantonnement des dérives qui, non régulées, peuvent emporter un régime politique.

Le second mérite du professeur Jean-Louis ESAMBO, c'est que ce traité qu'il propose aux théoriciens et praticiens de la matière constitutionnelle est dans le sillage de la nouvelle démarche ternaire, si chère à feu le doyen Louis FAVOREU et à ses illustres disciples de l'école d'Aix-Marseille : droit des institutions, droit des normes et droit des libertés. Ce triptyque permet de rendre compte du droit constitutionnel dans toute son entièreté, mais toutefois, comme le dit le dicton, qui trop embrasse mal étreint, car cette démarche risque d'étouffer la matière, tout au moins dans sa troisième dimension qui est le droit des libertés que le droit constitutionnel ne peut appréhender dans toute son étendue.

Faut-il, en effet, avoir présent à l'esprit que le droit des libertés publiques est une discipline-carrefour qui se vit au quotidien, et dont la mise en œuvre échappe au seul droit constitutionnel pour interpeller toutes les autres branches de la science juridique, du droit pénal au droit administratif en passant par le droit civil ou le droit commercial. Le droit constitutionnel laisse, de ce fait, à l'écart des pans entiers du droit des libertés pour ne se limiter qu'à ses principes fondamentaux.

Qui plus est, centrer le droit constitutionnel à la seule production des normes régissant les institutions et aménageant les rapports entre gouvernants et gouvernés, tant au niveau de la dévolution du pouvoir, du choix des gouvernants que de l'exercice des pouvoirs par les gouvernants et du contrôle des gouvernants par les gouvernés, rend insuffisamment compte de ce que devraient être les priorités de la matière dans le contexte des pays africains.

Car le droit constitutionnel en Afrique, et de surcroît au Congo, n'a pas encore atteint le stade où les institutions font l'objet de consensus, jusqu'à être reléguées au second plan. Les régimes politiques africains sont en train de se construire. La préoccupation majeure des jeunes démocraties est d'arriver à ancrer les institutions dans la culture politique.

À ce stade de l'évolution des régimes politiques africains, les institutions sont toujours l'épicentre des problématiques démocratiques, d'où l'importance qu'il convient toujours d'accorder aux institutions qu'il s'agit de stabiliser avec d'ailleurs le concours du juge constitutionnel qui se doit de les clarifier, mais aussi de les circonscrire afin de mieux les situer dans le fonctionnement du régime. Qu'il s'agisse de la République démocratique du Congo ou des autres pays africains, à part quelques rares exceptions, les controverses portent davantage sur les institutions que les droits fondamentaux des citoyens.

Au-delà des institutions, il y a enfin les normes, leur histoire, leur genèse, leur production et leur contrôle qui sont des volets tout aussi déterminants dans l'évolution du constitutionnalisme africain. Comment donc arriver à adopter des normes consensuelles et les stabiliser de sorte qu'elles ne puissent être susceptibles de remise en cause selon l'humeur des gouvernants du jour ?

Le dispositif normatif constitutionnel congolais à la création duquel a pris part le professeur Jean-Louis ESAMBO contient des innovations qui peuvent renforcer la démocratie semi-directe en République démocratique du Congo avec la possibilité de soumettre au parlement, qui en décide du bien-fondé, une pétition de révision constitutionnelle, parallèlement au projet et à la proposition de révision constitutionnelle. L'extension du domaine des matières non révisables et surtout les verrous qui protègent certaines dispositions constitutionnelles sensibles telles que la durée et le nombre de mandats du président de la République ou l'organisation provinciale du pays, la définition de l'infraction de haute trahison et surtout la procédure minutieuse de mise en jeu de la responsabilité politique des gouvernants et la mutation, le cas échéant, de la Cour constitutionnelle en juridiction chargée de la répression des crimes et délits commis par le président de la République ou le Premier ministre.

Cela dit, et c'est le troisième mérite du professeur Jean-Louis ESAMBO, son ouvrage montre toute l'originalité du droit constitutionnel congolais qu'il est injuste de considérer, comme le pensent certains, comme procédant du mimétisme constitutionnel.

Ce courant, comme on le sait, reproche aux constitutionnalistes africains de transposer sur leur propre milieu, par paresse intellectuelle ou par manque d'imagination créatrice, des modèles constitutionnels empruntés aux États occidentaux. Comme le met sans équivoque en relief Paul-François GONIDEC, « ce type d'explication demeure quelque peu artificiel car il ne prend en considération que l'aspect formel du problème. Or en bonne méthode, on ne peut isoler les phénomènes juridico-politiques des phénomènes socio-économiques et culturels[1]».

Il est, à mon avis, injuste de ranger la Constitution du 18 février 2006, qui est le socle de ce traité comme procédant du mimétisme constitutionnel[2].

Sur plusieurs points, en effet, la République démocratique du Congo a initié des réformes constitutionnelles bien avant la France, comme l'exclusion du président de la République et du ministre de la Justice de la composition du Conseil supérieur de la magistrature, la provincialisation qui apparait, à certains égards, comme l'antichambre du fédéralisme ou le droit d'entrer du président de la République au parlement, au titre de sénateur à vie, à la fin de ses fonctions.

Une constitution est une réponse à des préoccupations sociales, en même temps qu'elle fonde un ordre juridique considéré comme répondant aux aspirations du peuple. Sa finalité est, en dernière instance, de procurer bonheur, prospérité et épanouissement aussi bien aux acteurs du moment qu'aux générations à venir. C'est pour cette raison qu'elle doit non seulement être enseignée, mais aussi vulgarisée.

L'ouvrage du professeur Jean-Louis ESAMBO répond à cette double préoccupation. Il laisse à la postérité congolaise, mais aussi à la communauté des chercheurs, un précieux outil qui trouvera sans nul doute sa place dans les rayons des bibliothèques et sur le lit de chevet des étudiants africains, et des étudiants congolais au premier plan.

El Hadj MBODJ
Professeur titulaire de classe exceptionnelle
Agrégé de droit public et de science politique
Université Cheik Anta Diop de Dakar (Sénégal)
Ancien expert international au parlement de la transition
de la République démocratique du Congo

[1] GONIDEC P.-F., « La crise africaine : une crise de l'État », *Afrique 2000, Revue africaine de politique internationale,* janvier-février-mars 1995, p 21.

[2] Lire à ce point, l'opinion de POLLET-PANOUSSIS D., « La Constitution congolaise de 2006 : petite sœur africaine de la Constitution française », *Revue française de droit constitutionnel 3/2008 (n° 75), pp. 451-498 ; http://www.cairn.info/revue francaise-de-droit-constitzttionnel-21108-3-page-451.htm* (consulté le 27 septembre 2016).

LISTE DES SIGLES ET PRINCIPALES ABRÉVIATIONS

ABAKO :	Alliance des Bakongo.
ACDC :	Alliance Congolaise des Démocrates Chrétiens.
ACDD :	Alliance Chrétienne pour la Démocratie et le Développement.
ACP :	Alliance Chrétienne pour le Progrès.
ACRP :	Alliance des Chrétiens pour le Renouveau et le Progrès.
ADCC :	Alliance des Démocrates Chrétiens Congolais.
Alii :	Autres.
AN :	Assemblée Nationale.
ARC :	Alliance pour le Renouveau du Congo.
Art :	Article.
BALUBAKAT :	Les Baluba du Katanga.
CAB :	Cabinet.
CCD :	Convention Chrétienne pour la Démocratie.
CD :	Convergence Chrétienne.
CDC :	Convention des Démocrates Chrétiens.
CDHC :	Centre des Droits de l'Homme au Congo.
CDU :	Christish Démokratic Union.
CEDI :	Centre d'Études Diplomatiques et Internationales.
CENCO :	Conférence Épiscopale Nationale du Congo.
CERDAF :	Centre de Recherche et de Documentation Africaine.
Col :	Colonne.
Coll :	Collection.
CNDP :	Congrès National pour la Défense du Peuple.
CNDH :	Commission Nationale des Droits de l'Homme.
CNS :	Conférence Nationale Souveraine.
COS-LEPI :	Conseil d'Orientation et de Supervision de la Liste Électorale Permanente et Informatisée.
CRDS :	Centre de Recherches et de Développement Social.
CRISP :	Centre de Recherches et d'Informations Sociopolitiques.
CSU :	Christish Sozial Union.
DC :	Décision du Conseil constitutionnel.
DCC :	Décision de la Cour constitutionnelle.
DCF-COFEDEC :	Démocratie Chrétienne Fédéraliste-Convention des Fédéralistes pour la Démocratie Chrétienne.
DIC :	Dialogue Intercongolais.
Ed :	Éditions.
EIC :	État Indépendant du Congo.
EUA :	Éditions universitaires africaines.
FIDEC :	Front des Indépendants pour la Démocratie Chrétienne.

FKA :	Fondation Konrad Adenauer.
FOREAC :	Forum des Chrétiens pour la Reconstruction Nationale.
HCC :	Haute Cour constitutionnelle.
Idem :	Ouvrage déjà cité.
LDC :	Ligue des Démocrates Chrétiens.
LGDJ :	Librairie générale de droit et de la jurisprudence.
M23 :	Mouvement du 23 mai 2012.
MCC :	Mouvement Chrétien Congolais.
MCDI :	Mouvement Chrétien pour le Développement Intégral.
MDC :	Mouvement Démocrate-Chrétien.
MLC :	Mouvement de Libération du Congo.
MPR :	Mouvement Populaire de la Révolution.
MSR :	Mouvement Social pour le Renouveau.
N° :	Numéro.
NBP :	Notre Beau Pays.
OIF :	Organisation internationale de la francophonie.
Op.cit. :	Ouvrage déjà cité.
P :	Page.
PALU :	Parti lumumbiste Unifié.
PARC :	Parti Républicain Chrétien.
PCA :	Parti Chrétien Authentique.
PCSA :	Parti Chrétien pour la Solidarité Africaine.
PDC :	Parti Démocrate-Chrétien.
PDSC :	Parti Démocrate et Social-Chrétien.
PLDC :	Parti Libéral Démocrate-Chrétien.
PNUD-AIT :	Programme des Nations Unies pour le Développement-Appui aux institutions de la transition.
PP :	De la page x à la page y.
PPRD :	Parti du Peuple pour la Reconstruction et la Démocratie.
PUC :	Presses Universitaires du Congo.
PUF :	Presses Universitaires de France.
PUK :	Presse de l'Université de Kinshasa.
PUZ :	Presses Universitaires du Zaïre.
R.A :	Rôle administratif.
R. Const :	Rôle constitutionnel.
R. Const/TSR :	Rôle constitutionnel/toutes sections réunies.
RC :	Réveil Chrétien.
RCPC :	Rassemblement des Chrétiens pour le Congo.
RCR :	Rassemblement des Chrétiens Républicains.
RDC :	Rassemblement des Démocrates Chrétiens.
RDJA :	Recherches et Documentations Juridiques Africaines.
RTGA :	Radiotélévision Groupe l'Avenir.
RTNC :	Radiotélévision nationale Congolaise.
Sd :	Sans date.
T :	Tome.
UCR :	Union des Chrétiens Républicains.
UCRJ :	Union Chrétienne pour le Renouveau et la Justice.
UDECF :	Union des Démocrates Chrétiens- Fédéralistes.
UDPS :	Union pour la Démocratie et le Progrès Social.
UDSC :	Union des Démocrates et Sociaux Chrétiens.
UNADEF :	Union Nationale des Démocrates Fédéralistes.
UNADER :	Union Nationale des Démocrates Chrétiens.
UNC :	Union pour la Nation Congolaise.
UNIMO :	Union des Mongos.

UPDC :	Union des Patriotes Démocrates Chrétiens.
URC :	Union des Républicains Chrétiens.
USORAL :	Union sacrée de l'opposition radicale et alliés.
Vol :	Volume.

SOMMAIRE

AVANT-PROPOS

Branche, par excellence, du droit public, le droit constitutionnel étudie, au sens restreint, l'État, son organisation et son fonctionnement tels qu'aménagés dans et par la Constitution. Discipline normative, il s'occupe, également, de la dévolution et l'exercice du pouvoir politique, ouvrant ainsi son champ d'action au domaine des institutions politiques et celui des libertés publiques.

Dans sa conception, son évolution et, certainement, sa pratique, le droit constitutionnel a, toujours, eu du mal à s'affranchir de crises politiques qu'il provoque ou qu'on lui impose, le contraignant à les gérer, à défaut de les résoudre.

Droit de crises ou de gestion de crise, le droit constitutionnel est avant tout au service des normes, dont le respect par tous contribue au fonctionnement régulier des institutions, de même qu'il s'offre en soupape de sécurité à l'exercice, par chaque citoyen, de ses droits et libertés.

Placés dans le contexte congolais, les trois versants du droit constitutionnel, à savoir le droit normatif, celui institutionnel et la branche consacrée aux libertés n'ont pas toujours été en cohérence avec le constitutionnalisme qui convoite, par ailleurs, l'existence d'une Constitution écrite organisant la séparation des pouvoirs, la limitation et l'encadrement du pouvoir ainsi que la protection des droits et libertés publiques[3].

Historiquement située à la tenue, le 26 février 1885, de la Conférence de Berlin, l'évolution constitutionnelle et institutionnelle de la République démocratique du Congo semble, essentiellement, tournée vers les piliers normatif et institutionnel[4].

On note, en même temps, qu'en l'absence d'une Constitution et d'un parlement démocratiquement élu, la création de l'État indépendant du Congo

---

[3] ESAMBO KANGASHE J.-L., *La Constitution congolaise du 18 février 2006 à l'épreuve du constitutionnalisme. Contraintes pratiques et perspectives,* Louvain-la-Neuve, Bibliothèque de droit africain 7, Acadérnia-Bruylant, 2010, p. 21.

[4] Cette perception apparait clairement dans l'ouvrage de MBWEBWA KALALA J.-P., *Institutions politiques de la République démocratique du Congo, Des origines à nos jours,* Kinshasa, EUA, 2009.

servit de prétexte à l'établissement d'un pouvoir autoritaire au seul bénéfice de Léopold II qui cumulait les pouvoirs constituant, législatif et exécutif.

Agissant par voie de décret du 30 octobre 1885, modifié par un autre du 28 mars 1886 relatif aux pouvoirs de l'administrateur général du Congo et celui du 16 avril 1887 sur l'organisation locale, le Roi des belges résolut d'organiser l'exercice personnel du pouvoir d'État, même si par moments, il pouvait en déléguer une partie à un administrateur général installé au Congo. Limitée dans la durée, la délégation du pouvoir royal ne couvrait que le domaine législatif ; le délégataire n'étant autorisé de prendre les ordonnances législatives, dont les effets furent subordonnés à l'approbation du déléguant, dans le délai de six mois de leur édiction.

Ainsi peinte, l'organisation centralisée du pouvoir rendait quasi aléatoire toute idée de contestation et, conséquemment, de promotion des libertés publiques.

C'est dans ces circonstances que fut élaborée, le 18 octobre 1908, la loi sur le Gouvernement du Congo belge, nommée la « Charte coloniale », dont la lecture permet de s'apercevoir que la colonie disposait d'une personnalité juridique distincte de celle de la métropole, tout en conservant la conception autoritaire et patrimoniale de l'État et du pouvoir.

Élaborée par le parlement belge, cette loi ne peut être considérée comme une véritable Constitution devant régir la nouvelle entité juridique (le Congo belge), quand bien même elle organisait partiellement la dévolution et l'exercice du pouvoir.

On y voit, d'ailleurs, une volonté délibérée d'identification du pouvoir au Roi qui fut, par la force des choses, contraint de céder à la Belgique le Congo qui faisait, entretemps, partie de son patrimoine privé.

Dans la perspective d'éviter un vide juridique le jour de la proclamation de l'indépendance du Congo, le parlement belge résolut d'adopter, à son corps défendant, deux textes à valeur constitutionnelle, l'un, le 19 mai 1960, relatif aux structures du Congo et, l'autre, le 17 juin 1960, réglementant les libertés publiques.

Le droit constitutionnel ainsi conçu et appliqué poursuivait, ainsi qu'on le voit, un objectif bien clair, celui de contenir les contestations politiques au profit d'un ordre politique et institutionnel de domination, les institutions politiques mises en place étant loin de rendre compte de l'existence des normes capables d'en limiter les excès et donner du sens à la liberté, dont chaque citoyen était en droit d'exercer.

En raison de sa conception et de son application largement éloignées du constitutionnalisme, ce dispositif normatif et institutionnel ne sera pas, à l'exception de deux lois fondamentales intervenues à la veille de l'indépendance, pris en compte dans l'élaboration de ce livre.

Peu importe, en revanche, la piste choisie, il se dégage que les trois segments du droit constitutionnel n'ont pas toujours été présentés dans un agencement logique rendant, globalement, compte du caractère transversal de la discipline.

Sur le plan institutionnel, par exemple, on relève que seules les institutions politiques nationales ont été souvent analysées, alors que la structure du pouvoir fait, par moments, une part belle à celles provinciales et des entités inférieures disposant, elles aussi, des organes exerçant, notamment, le pouvoir réglementaire.

Pour avoir pris la mesure de cette réalité souvent négligée, l'ouvrage apporte une valeur ajoutée certaine.

Si pour les uns, la démarche devait se convaincre de l'adéquation du dispositif normatif avec les préoccupations légitimes des citoyens[5], les autres[6] dénoncent la pratique du pouvoir et engagent le juge constitutionnel à plus d'audace[7], pour donner à la Constitution toute son utilité et les droits y consacrés leur sens[8].

Du point de vue normatif, ces manuels ou monographies donnent de la tonalité à l'étude de la norme constitutionnelle (élaboration, révision, application sélective, absence de sanction en cas de violation, léthargie de la justice constitutionnelle...) aux dépens d'autres, de nature législative ou réglementaire, sans lesquelles, la première aura du mal à quitter l'autel du principe vers celui de l'action.

On y voit décrites les matières dont le regroupement par axe de domaine précis gagnerait dans la présentation cohérente de la naissance, la structuration et la prise sur la réalité, carence que le présent ouvrage se propose de combler.

Les écrits sur la Constitution[9] et le droit constitutionnel congolais[10] existent, ils retracent, dans l'ensemble, le mouvement de production

---

[5] Les auteurs comme DJOLI ES'ENGEKELI Jacques, KAMUKUNY MUKINAYI Ambroise et MAMPUYA KANUNK' a TSHIABU Auguste développent cette position.

[6] Tels que DJOLI ES'ENGEKELI Jacques, ESAMBO KANGASHE Jean-Louis, KALUBA DIBWA Dieudonné, KAMUKUNY MUKINAYI Ambroise, MBATA MANGU André, NGONDANKOY NKOY ea LOONGYA Paul Gaspard ou encore WETSH'OKONDA KOSO SENGA Marcel.

[7] Parmi les auteurs qui développent cette approche, on cite notamment ESAMBO KANGASHE Jean-Louis, KALUBA DIBWA Dieudonné, KAMUKUNY MUKINAY Ambroise, MBATA MANGU André, NGONDANKOY NKOY ea LOONGYA Paul Gaspard, ODIMULA LOFUNGUSO Léon et WETSH'OKONDA KOSO SENGA Marcel.

[8] ESAMBO KANGASHE J.-L., *Le droit constitutionnel,* Louvain-la-Neuve, Académia-l'Harmattan, 2013, p. 7.

[9] On cite en exemple BOSHAB MABUDJ *E., Entre la révision de la Constitution et l'inanition de la Nation,* Bruxelles, Larcier 2013 ; ESAMBO KANGASHE *J.-L., La Constitution congolaise du 18 février 2006 à l'épreuve du constitutionnalisme. Contraintes pratiques et perspectives, op.cit. ;* MABAKA MUKWABUHIKA P., et SEFU TSHI B'EM Djibril, *La Constitution de la République démocratique du Congo du 18 février 2006. Risques et prospectives,* Paris, Éd. Published, 2016 ; MAMPUYA KANUNK' a TSHIABU *A.; Espoirs et déception de la quête constitutionnelle. Clés pour comprendre le processus constitutionnel du Congo-Kinshasa,* Nancy-Kinshasa, AMA Édition-BNC, 2005 ; MUKUBI

constitutionnelle[11], commentent son authenticité[12], inventorient les faiblesses[13], mais rarement les mérites[14].

Le rôle du juge constitutionnel, dans la régulation de la vie politique est mis en évidence et, donne, une nouvelle orientation à la discipline tournée vers un domaine où le renouvellement de la pensée est le seul moyen et l'unique gage de décloisonnement des clichés qui n'ont de tels que lorsqu'ils servent à quelque chose. L'abondance et la richesse de la jurisprudence fournie marquent une distance vis-à-vis des ouvrages, jusque-là, consacrés au droit constitutionnel congolais, en même temps qu'elles contribuent à élargir le champ d'action de la discipline qui se vit et se construit au contact de la réalité.

La prise en compte des matières, jadis, considérées comme de seconde zone[15], permet de situer la réflexion dans une perspective plus large, dépassant le seul cadre du *« droit constitutionnel congolais »* au profit de celui du « *traité de droit constitutionnel congolais* ».

KABALI KAMANGO P, *La Constitution de la RDC : annotée, commentée et expliquée,* Kinshasa, Éd. ITONGOA, 2009 ; NKULU KILOMBO, *Commentaire sur l'Acte constitutionnel de la transition,* Kinshasa, Éd. Bopol, 1995 ; NYEMBO-ya-LUMBU O, *La Constitution de la Troisième République est fédérale. Regard critique sur la décentralisation,* Kinshasa, EUA, Coll. Droit et Société, 2009 ; UMBA di LUTETE, *Introduction à la Constitution de la République du Zaïre (Loi constitutionnelle du 15 août 1974),* Kinshasa, Imprimerie Saint Paul, 1977 et WETSH'OKONDA KOSO SENGA M., *Les textes constitutionnels congolais annotés,* Kinshasa, CDHC, 2010.

[10] On pense, en l'occurrence, à DJOLI ES'ENGEKELI J., *Droit constitutionnel. L'expérience congolaise (RDC),* Paris, L'Harmattan, Coll. Compte rendu, 2013 ; KAMUKUNY MUKINAYI A.; *Droit constitutionnel congolais,* Kinshasa, EUA, 2011 ; VUNDUAWE-te-PEMAKO F. et MBOKO D'JANDIMA J.-M., *Droit constitutionnel du Congo. Textes et documents fondamentaux,* Louvain-la-Neuve, Académia-L'Harmattan, 2013.

[11] Lire dans ce sens, DJOLI ES'ENGEKELI J., *Droit constitutionnel. L'expérience congolaise (RDC), op. cit.,* p. 34 et MAMPUYA KANUNK' a TSHIABU A., *Espoirs et déception de la quête constitutionnelle. Clés pour comprendre le processus constitutionnel du Congo-Kinshasa, op. cit.*, p. 34.

[12] DJOLI ES'ENGEKELI J., *Droit constitutionnel. L'expérience congolaise (RDC), op. cit., p.* 35 et MAMPUYA KANUNK' a TSHIABU A., *Espoirs et déception de la quête constitutionnelle. Clés pour comprendre le processus constitutionnel du Congo-Kinshasa, op. cit.,* p. 115.

[13] MAMPUYA KANUNK' a TSHIABU A., *Espoirs et déception de la quête constitutionnelle. Clés pour comprendre le processus constitutionnel du Congo-Kinshasa, op. cit.,* p. 99 ; MUKADI BONYI, *Le projet de Constitution de la République démocratique du Congo. Plaidoyer pour une relecture,* Kinshasa, CRDS, 2005, p. 6.

[14] À l'exception des auteurs comme ESAMBO KANGASHE J.-L., *La Constitution congolaise du 18 février 2006 à l'épreuve du constitutionnalisme. Contraintes pratiques et perspectives, op. cit.,* pp. 311-316 et de WETSHONDA KOSO SENGA M., *Les perspectives des droits de l'Homme dans la Constitution congolaise du 18 février 2006,* Kinshasa, éd. CDHC, 2006, pp. 35-40.

[15] L'étude des normes législative et réglementaire, du rôle du juge constitutionnel dans la régulation de la vie politique, celle des institutions d'appui à la démocratie et des forces sociales non partisanes, telles que la société civile, l'église et les médias, ainsi que le cadrage des mécanismes de promotion et de protection des libertés publiques.

INTRODUCTION

La recherche de l'origine du droit constitutionnel congolais induit sur sa raison d'être et les méthodes d'approche, habituellement, utilisées pour son enseignement.

1. L'origine du droit constitutionnel congolais

Plus qu'une imagination de l'esprit, l'acceptation, au sein de la Faculté de droit, d'une chaire de droit constitutionnel consacré aux réalités congolaises n'est pas un fait du hasard, elle est le fruit d'un regard historique d'un pays plusieurs fois confronté à une évolution, impressionnante, de réformes constitutionnelles et institutionnelles, dont l'objectif était loin de caresser un seul et unique modèle. Aussi, les ajustements du programme d'enseignements universitaires s'avéraient-ils nécessaires.

On retiendra qu'à la création, en 1954, de l'Université Lovanium, la Faculté de droit n'était pas organisée, cette unité d'enseignement et de recherche n'a été, officiellement, mise en place que quatre ans plus tard, soit en 1958. Dans le programme des enseignements en droit, la chaire de droit constitutionnel congolais n'y figurait pas, motif pris de l'existence d'un dispositif constitutionnel et institutionnel largement influencé par le modèle métropolitain et la tendance à l'exercice autoritaire du pouvoir décalé des réalités politiques.

Après plus de dix-sept ans d'immobilisme et d'hésitations, les pouvoirs publics résolurent d'organiser, en 1975, la réforme universitaire, à l'issue de laquelle, l'enseignement des *« institutions politiques du Zaïre »* vit le jour, avec un double objectif, celui, d'une part, d'intégrer, dans le droit positif national, l'étude des institutions politiques, et d'autre part, de valoriser le dispositif constitutionnel au service de la monopolisation du pouvoir d'État.

Parallèlement au contenu et, naturellement, à la finalité, somme toute, restrictive de la discipline, se mesure, en même temps, le degré d'adaptation et d'application des règles universelles sur la dévolution et l'exercice du pouvoir. À défaut de s'intéresser à l'étude des normes constitutionnelles et des libertés publiques qu'elles garantissent, la discipline poursuivait la seule mise en perspective des institutions politiques et leur rôle dans la vie politique. Cette approche qui a duré plus de deux décennies a fini par orienter l'intitulé de la discipline réduit à l'analyse des institutions politiques ou la description de l'histoire politique du Congo, sans allusion aux normes qui les sous-tendent.

Intervenu le 17 mai 1997, le changement dans la dénomination du pays[16], induira sur celui de l'intitulé de l'enseignement qui devint, selon qu'il est assuré en droit ou en sciences sociales, politiques et administratives, *« institutions politiques de la République démocratique du Congo » ou « histoire politique de la République démocratique du Congo ».*

C'est à la faveur de la réforme des programmes des enseignements universitaires opérée en 2003, que fut créée la chaire de *« droit constitutionnel congolais »,* soit plus de quatre décennies[17] après la création de la Faculté de droit.

Ainsi que l'on le voit, le cadrage évolutif imposé à l'intitulé de l'enseignement prenait de la distance vis-à-vis du contenu, encore modelé autour d'un assemblage hétéroclite de normes constitutionnelles et institutions politiques, sans corrélation cohérente avec la garantie des libertés publiques qui en constituent, par ailleurs, le fondement.

La combinaison de ses différents ajustements des programmes d'enseignements impacte, d'une manière ou d'une autre, sur le contenu et, naturellement, sur la méthodologie suivie ou à suivre. Selon que l'approche retenue est ou non juridique, la discipline est portée vers l'étude des normes constitutionnelles et des institutions politiques.

De cette variété d'approches, on s'accorde à reconnaitre au droit constitutionnel congolais le cadre d'identification et d'expression des règles sur l'organisation et la dévolution du pouvoir, le constitutionnalisme qu'elles postulent ne peut que déboucher sur l'affirmation de la suprématie constitutionnelle sur toute norme de conduite sociale.

2. Le bien-fondé du droit constitutionnel congolais

À l'égard des étudiants, des acteurs politiques et sociaux, des institutions politiques, des chercheurs et de toute personne intéressée, le droit constitutionnel congolais présente une utilité certaine.

La discipline mesure, d'abord, le degré de la prise en charge, dans le droit positif national, du dispositif constitutionnel universel relatif à la dévolution et à l'exercice du pouvoir, la diffusion et la promotion de l'enseignement rendant compte du besoin ressenti par chaque congolais d'être informé de ses droits et obligations afin de faciliter sa pleine participation à la vie politique et la gestion de l'État.

---

[16] République démocratique du Congo à la place de la République du Zaïre.

[17] Plus exactement, quarante-sept ans après l'organisation, au sien de l'Université de Lovanium, de la Faculté de Droit.

Elle contribue, ensuite, à l'encadrement civique et politique des citoyens déjà informés de leurs droits et obligations, des acteurs institutionnels, sociaux et politiques, ainsi que des observateurs de la vie politique nationale.

Étant donné qu'aucun régime politique n'est a priori, totalement, cohérent avec celui consacré par la Constitution, il subsiste bien souvent un fossé entre les prescrits constitutionnels et la pratique du pouvoir, pour que le droit constitutionnel congolais s'offre, enfin, comme cadre d'identification des causes et conséquences de cet écart, afin d'envisager les mécanismes correctifs et prévisionnels des conflits nés ou susceptibles de naître, à l'occasion de l'exercice du pouvoir.

3. La question de méthodes en droit constitutionnel congolais

La nature et le nombre des méthodes en droit constitutionnel divisent la doctrine ; la controverse qu'elle alimente débouchant sur la confusion entretenue autour de la portée et du contenu de la méthode. Une opinion affirme, sans réserve, qu'il n'existe que deux méthodes (juridique et sociologique) en sciences sociales, les autres n'étant que des simples techniques au service du chercheur[18] ; une autre pense que l'étude du droit constitutionnel s'accommode mieux d'une gamme de méthodes, abordant simultanément les aspects comparatistes, historiques, dialectiques, diachroniques et systémiques[19] ; une autre encore doute de l'existence d'une seule et unique méthode en droit public et, quand bien même celle-ci existerait, son application conduirait au dogmatisme de la pensée scientifique[20].

De cette controverse, il apparait que le concept « approche » rendrait mieux compte de la complexité des questions abordées par le droit constitutionnel, la tangente prise pouvant avoir une orientation juridique ou celle de science politique.

3.1. La trajectoire juridique

La perception juridique du droit constitutionnel incite à reconnaître une variété de formules construites autour des axes normatif, contextuel et holistique. Traditionnellement portée sur l'analyse des textes, la méthode exégétique invite à la découverte du droit applicable à l'espèce examinée, ainsi qu'à l'étude grammaticale ou littérale de la norme en vigueur.

---

[18] KITETE KEKUMBA OMOMBO A., *Droit constitutionnel et institutions politiques,* Kinshasa, Éditions Universitaires, 2010, p. 1.

[19] DJELO EMPENGE-OSAKO V., *L'impact de la coutume sur l'exercice du pouvoir en Afrique noire. Le cas du Zaïre,* Louvain-la-Neuve, Le Bel Elan, 1992, p. 24.

[20] COHENDET CHASLOT M.A., *Les méthodes de travail en droit public,* Paris, 3e éd. Montchrestien, 1998, pp. 13-15.

Il faut se garder de prendre cette méthode comme une chasse gardée des juristes ; les chercheurs d'autres domaines (les philosophes et théologiens) s'en servent, à l'occasion de l'interprétation des textes relevant de leurs spécialités.

Le recours à cette méthode permet, néanmoins, de connaître la direction donnée à la norme constitutionnelle, légale ou règlementaire,

L'étude du droit constitutionnel ne se réduit pas à la seule connaissance du droit positif, elle doit tendre vers une perception plus générale des intentions du constituant. Fondée sur le contexte d'élaboration du texte constitutionnel, la démarche a l'avantage d'assurer la maîtrise du cadre normatif, dans lequel s'opèrent les réformes constitutionnelles.

Pour éviter de tomber dans une sorte de *« sectarisme constitutionnel*[21] *»*, on devra s'approcher de la méthode holistique qui encourage la mise en perspective des dispositions constitutionnelles avec les valeurs qu'elles véhiculent. Par elle en effet, le chercheur est suffisamment outillé pour connaître l'esprit et la lettre de la Constitution.

Cet éventail de méthodes juridiques demeure, tout de même, insuffisant pour cerner, en profondeur, le phénomène constitutionnel, ouvrant ainsi les portes de la réflexion à d'autres relevant, cette fois-ci, de science politique.

3.2. L'approche de science politique

Si l'approche juridique a permis d'identifier les repères normatifs indispensables à la perception des solutions constitutionnelles au problème de l'exercice du pouvoir, celle de science politique situe la discipline dans une perspective évolutive, prospective et globale. La référence à la méthode sociologique facilite l'examen objectif des faits politiques, tels qu'ils sont produits et vécus, pour éclairer la vision empirique des règles de conduite sociale.

On admet que les normes constitutionnelles ne se mesurent qu'à l'usage qui en est fait, la convocation de la méthode behavioriste renforce la conviction que, l'analyse des faits et gestes politiques concoure à la bonne interprétation des prescriptions constitutionnelles.

Également bénéfique à l'étude du droit constitutionnel, la méthode diachronique dégage les interactions entre la normalité juridique et le phénomène naturel d'exercice du pouvoir politique. Tout en insistant sur la temporalité du pouvoir, la démarche permet d'inventorier, à partir d'une certaine périodicité, les problèmes liés à son exercice et les solutions susceptibles d'orienter l'action politique.

---

[21] Loi suprême d'un pays, la Constitution est une norme globalisante qui n'autorise aucune lecture sectorielle ni une application sélective de certaines de ses dispositions au détriment d'autres.

Le droit constitutionnel ne peut, donc, s'autoriser d'ignorer l'apport combien important que lui offre l'histoire ou la philosophie du droit, autant que les méthodes analytique et systémique pour réduire le risque du mimétisme auquel il est souvent confronté dans la mise en place des normes.

À l'image d'un immeuble dont la construction par l'exécution des travaux de fondation (superstructure), la réalisation des grosses œuvres (élévation, maçonnerie, bétonnage) et celles de finition (carrelage, plomberie, électrification, peinture, ameublement), la perception du droit constitutionnel congolais obéît au triptyque normatif, institutionnel et des libertés.

PREMIÈRE PARTIE

LE DROIT CONSTITUTIONNEL NORMATIF

Le droit constitutionnel normatif comprend, au sens restreint, le dispositif juridique qui fonde l'ordonnancement de la dévolution et l'exercice du pouvoir dans un État, et comprend, au sens large, les normes constitutionnelles, législatives et réglementaires.

En raison de leur influence sur le fonctionnement des institutions constitutionnelles, certaines décisions prises par les organes politiques du Mouvement populaire de la révolution méritent d'être étudiées.

CHAPITRE I

LA NORME CONSTITUTIONNELLE

Les normes constitutionnelles sont, au sens large, constituées autour de la Constitution, des lois constitutionnelles et d'autres actes constitutionnels pris par le pouvoir exécutif dans le domaine initialement réservé au pouvoir législatif (décret-loi constitutionnel ou ordonnance-loi constitutionnelle) ; les réflexions qui leur sont consacrées concernent aussi bien la dimension génétique, adaptative que protectrice.

SECTION 1. L'ÉLABORATION DE LA CONSTITUTION

En droit constitutionnel, on distingue trois techniques d'élaboration des Constitutions, se déclinant en mécanismes autoritaires, démocratiques et mixtes.

Autorisant l'extirpation du peuple dans le processus constituant, les premières techniques s'expriment en octroi et pacte, l'une (octroi) consent à l'élaboration de la Constitution par le prince ou le monarque (le plus souvent par ses services qui le lui proposent) qui la donne, comme un cadeau, au peuple ; l'autre (le pacte) organisant la faible participation du peuple à l'élaboration du texte constitutionnel qui lui est pratiquement imposé. Ne présentant à ce jour qu'un intérêt historique, les Constitutions octroyées finissent par établir des régimes autoritaires et despotiques.

Les techniques démocratiques comprennent le plébiscite constituant, la convention et le référendum constituant. Le plébiscite constituant confie l'élaboration du texte constitutionnel à un corps électoral désigné, mais ne disposant pas d'une pleine liberté de choix des options politiques qu'il renferme.

Sans être directement associé à l'élaboration du texte constitutionnel qui lui est présenté, le peuple se limite à l'approuver, dans des circonstances qui le privent, bien souvent, de toute liberté d'action. La pauvreté, la sous-information et le taux élevé d'analphabétisme éloignent, de plus en plus, le projet de Constitution des réelles et légitimes aspirations populaires. C'est dans ce cadre qu'aussitôt arrivé au pouvoir par un coup de force, le colonel Gamal Abdel Nasser organisa un plébiscite constituant qui aboutit à l'entérinement de son pouvoir absolu, plutôt qu'à l'adoption d'un projet constitutionnel présenté comme un motif apparent[22].

La convention attribue l'élaboration de la Constitution à une assemblée souveraine, spécialement élue à cette fin, le texte constitutionnel ainsi adopté devient exécutoire et opposable à tous, l'intervention ultérieure du peuple n'étant plus, en raison de l'identité de vues avec ses élus, nécessaire. Il s'observe, néanmoins, que cette concomitance des volontés est souvent rare dans la pratique.

Le référendum reconnait à l'assemblée constituante le pouvoir d'élaborer le projet de Constitution qui ne sera effectif qu'après son approbation par le peuple ; la technique opérant une simultanéité dans l'élection de la constituante et la consultation populaire pour entériner ou non le projet de Constitution.

Ce mécanisme n'est pas d'un usage universel en Afrique et dans le monde, les assemblées constituantes sont rarement prévues par le texte constitutionnel devant être remplacé par d'autres, les crises politiques qui conduisent souvent à l'effondrement des régimes politiques rendant difficile la mise en place d'un tel cadre.

Les troisièmes techniques s'emploient à combiner les procédés autoritaires et ceux démocratiques, la rédaction du projet constitutionnel étant faite par le monarque qui le soumet, formellement, à l'approbation populaire.

Une question au cœur d'une controverse doctrinale se rapporte au nombre de Constitutions qu'a connues la République démocratique du Congo depuis son accession à l'indépendance.

Prenant appui sur les textes constitutionnels promulgués par le président de la République et publiés au Moniteur congolais ou au Journal officiel, une partie de la doctrine en retient neuf, à savoir :

- la Loi fondamentale du 19 mai 1960 relative aux structures du Congo ;
- la Loi fondamentale du 17 juin 1960 relative aux libertés publiques ;
- la Constitution du 1er août 1964 dite la Constitution de Luluabourg ;
- la Constitution du 24 juin 1967 ;
- l'Acte constitutionnel harmonisé relatif à la période de transition du 2 avril 1993 :
- l'Acte constitutionnel de la transition du 9 avril 1994 ;
- le Décret-loi constitutionnel n° 003 du 27 mai 1997 relatif à l'organisation et à l'exercice du pouvoir en République démocratique du Congo ;

[22] Qui devint, le 16 janvier 1956, une nouvelle Constitution sur base de laquelle il organisa, le 23 juin 1956, un semblant d'élection qui consacra sa victoire avec 100 % des suffrages exprimés.

– la Constitution de la transition du 4 avril 2003 et ;
– la Constitution de la République démocratique du Congo du 18 février 2006.

Plus proche de la précédente, une autre en identifie dix, en l'occurrence :
– la Loi fondamentale du 19 mai 1960 relative aux structures du Congo ;
– la Loi fondamentale du 17 juin 1960 relative aux libertés publiques ;
– la Constitution du 1er août 1964 ;
– la Constitution du 24 juin 1967 ;
– l'Acte portant dispositions constitutionnelles relatives à la période de la transition du 4 août 1992 ;
– l'Acte constitutionnel harmonisé relatif à la période de la transition du 2 avril 1993 ;
– l'Acte constitutionnel de la transition du 9 avril 1994 ;
– le Décret-loi constitutionnel n° 003 du 27 mai 1997 relatif à l'organisation et à l'exercice du pouvoir en République démocratique du Congo ;
– la Constitution de la transition du 4 avril 2003 et ;
– la Constitution de la République démocratique du Congo du 18 février 2006[23].

Une autre regroupe à trois les Constitutions congolaises qu'elle qualifie des Constitutions provisoires (élaborées à la suite des accords politiques et ayant une mission limitée dans le temps), de celles intérimaires ou circonstancielles (se situant entre deux périodes[24]), et des Constitutions définitives, en raison de leur adoption par référendum[25].

À ces différentes présentations, il faut objecter l'absence du critérium objectif de classification des modèles constitutionnels retenus et, le fait que les Constitutions dites définitives ne le sont véritablement pas, parce que ne contenant aucune disposition expresse qui les affranchissent de la loi de révision.

Tenant compte du double critère de l'importance des réformes entreprises et de la procédure engagée par le pouvoir constitué, il est possible de regrouper les Constitutions congolaises en celles octroyées, conventionnelles et adoptées par référendum.

---

[23] WETSH'OKONDA KOSO SENGA M., *Les textes constitutionnels congolais annotés, op. cit.*, p.12.

[24] Lire dans ce sens, l'opinion de KAMUKUNY MUKINAYI A., *Droit constitutionnel congolais, op. cit.*, p. 59.

[25] Position soutenue par VUNDUAWE te PEMAKO F., *Traité de droit administratif*, Bruxelles, Afrique éditions et Larcier, 2007, p. 209.

§1. Les Constitutions octroyées

La Constitution octroyée est celle dont l'élaboration et l'adoption sont décidées sans consultation populaire. Habituellement produite par une décision unilatérale d'un homme ou groupe d'individus, la Constitution octroyée est différente du pacte qui nécessite une rencontre, même théorique, de volontés des parties prenantes, à savoir, le monarque, auteur du texte et le peuple qui l'approuve.

La République démocratique du Congo a connu deux Constitutions octroyées ; l'une, la Loi fondamentale du 19 mai 1960 relative aux structures du Congo, l'autre, le Décret-loi constitutionnel n° 003 du 27 mai 1997 relatif à l'organisation et au fonctionnement du pouvoir en République démocratique du Congo.

A. La Loi fondamentale du 19 mai 1960 relative aux structures du Congo

La présentation du contexte sociopolitique antérieur à l'élaboration de ce texte constitutionnel permet de comprendre la structuration des pouvoirs publics et l'architecture institutionnelle qu'il a consacrée.

1. Le contexte d'élaboration de la Constitution

Le processus d'élaboration de la Loi fondamentale du 19 mai 1960 est redevable d'un contexte politique et social marqué par quelques événements qui ont, aux plans international et national, contribué à l'indépendance de la colonie. Au niveau international, on note qu'en plus de deux guerres mondiales, la conférence de Bandoeng[26], celles des indépendances au Vietnam et en Algérie ont, dans un monde fortement bipolarisé, impacté sur la prise de conscience des pays colonisés et leur solidarité ainsi que leur détermination à l'indépendance et l'autonomie.

Au niveau national, deux événements de portée politique ont contribué à la prise de conscience des citoyens décidés d'obtenir leur droit à l'autodétermination. D'un côté, on rappelle la publication, le 30 juin 1956, du « Manifeste de la conscience africaine[27] », contenant un discours politique axé sur l'indépendance, au terme d'un processus d'intégration des congolais, dans sa mise en œuvre et l'élection des responsables politiques à différents niveaux d'exercice du pouvoir.

---

[26] Tenue, du 17 au 24 avril 1955, en Indonésie, cette conférence réunissait les délégués de dix-neuf pays d'Afrique et d'Asie décidés de réaffirmer leur volonté d'indépendance et leur non alignement derrière les puissances mondiales. Les pays d'Asie nouvellement indépendants ont résolu de soutenir ceux d'Afrique en vue d'accéder à l'autonomie.

[27] Fondé en 1951, le Cercle culturel dénommé Conscience Africaine regroupait autour de l'Abbé Albert Joseph MALULA quelques chrétiens catholiques laïcs.

Prenant le contrepied du plan d'indépendance proposé par Van Bilsen[28], cette déclaration[29] insistait sur la mise en place d'un « Mouvement national populaire », canalisant les énergies nécessaires à l'autodétermination des congolais et le rejet du multipartisme d'inspiration occidentale, qui est à la base des divisions.

De l'autre, on signale les événements du 4 janvier 1959 qui ont accéléré le processus de l'indépendance et influé sur l'organisation, à intervalle réduit, de deux tables rondes, l'une politique[30] et, l'autre, économique[31].

Pendant que les acteurs politiques et sociaux s'activaient à s'assurer des modalités pratiques d'indépendance, conformément aux résolutions de la table ronde politique, le colonisateur résolut de faire voter par son parlement deux textes constitutionnels, en remplacement de la Loi du 18 octobre 1908 sur le Gouvernement du Congo-Belge, bien connue sous l'appellation de « Charte coloniale[32] ».

Examinée et adoptée, selon une procédure d'urgence, la Loi fondamentale du 19 mai 1960 sur les structures du Congo apparut comme la première norme constitutionnelle appelée à régir le nouvel État indépendant ; elle sera, un mois plus tard, suivie d'une autre, prise le 17 juin 1960, relative aux libertés publiques.

Dans l'une ou l'autre loi, c'est bien le parlement belge qui s'était autorisé de légiférer, en lieu et place de celui composé des Congolais, après l'accession du pays à l'indépendance ; aucune référence n'ayant, donc, été formellement faite à l'adjectif « République » que l'on souhaitait couvrir la dénomination du nouvel État, en raison de l'envie que l'on pouvait lire dans l'intention du colonisateur caressant encore l'espoir de voir son monarque assumer les plus hautes fonctions, dans un État indépendant devenu sujet de droit international.

---

[28] Préconisant l'indépendance du Congo dans trente ans à partir de 1956.

[29] Qui fait suite à la position arrêtée, le 29 juin 1956, par la 5e Conférence plénière des trente-sept vicaires épiscopaux du Congo-belge et Rwanda-Urundi, laquelle confirmait la distance de l'Église Catholique à l'égard de l'État.

[30] Tenue à Bruxelles du 20 janvier au 20 février 1960 et qui a, notamment, fixé au 30 juin 1960 la date de l'indépendance du Congo. Une partie de la classe politique comme l'ABAKO a, d'ailleurs, exigé une souveraineté immédiate dont l'une des conséquences fut l'impréparation des congolais à assumer les fonctions de responsabilité après l'indépendance. Lire dans ce sens, NDAYWEL è NZIEM I., *L'histoire du Congo. De nos origines à nos jours*, Bruxelles, Le CRI-AFRIQUE ÉDITIONS, 2010, pp. 176-177.

[31] Axée essentiellement sur le libéralisme économique et ses mesures d'encadrement dans la perspective d'une colonie devenue entretemps souveraine, la conférence économique sur l'avenir d'un Congo indépendant s'est tenue à Bruxelles du 20 avril au 16 mai 1960.

[32] À la suite de cette table ronde, le ministre belge chargé du Congo et du Ruanda-Urundi prit, au nom du gouvernement belge, l'engagement de saisir, dans les meilleurs délais, le parlement d'un projet de loi constitutionnelle.

2. La structure des pouvoirs publics

La Loi fondamentale du 19 mai 1960 relative aux structures du Congo organise une sorte de fédération atypique avec institution des pouvoirs publics au niveau tant national, provincial que local[33].

Au niveau national, le pouvoir exécutif est exercé par le chef de l'État et le gouvernement, le pouvoir législatif par un parlement composé de la chambre des Représentants et du Sénat, et le pouvoir judiciaire par les cours et tribunaux[34]. Dans chaque province, il fut institué un gouvernement provincial dont les membres sont élus par une Assemblée provinciale exerçant, par ailleurs, les prérogatives législatives et de contrôle.

Au niveau local, le cadre du pouvoir est aménagé au sein des circonscriptions urbaines et rurales dont les organes sont élus au suffrage universel direct.

On y voit une forme hybride d'État, combinant les éléments d'un État unitaire décentralisé et ceux d'un État fédéral, au point de convaincre une opinion à la qualifier de « fédéralisme composite[35] », les aspects fédéraux se caractérisant par l'organisation à deux échelons du pouvoir et la répartition des compétences entre l'État et les provinces[36].

En dépit de cette orientation fortement fédérale de l'État, le texte qui s'est réservé de préciser l'organisation territoriale et administrative du pays, ne prévit pas, non plus, une procédure précise et claire de répartition effective des ressources financières entre l'État et les provinces, faisant ainsi un clin d'œil en direction d'un État unitaire décentralisé. Participent, notamment, à l'orientation alambiquée de l'État, l'autonomie de provinces et l'institution simultanée d'un commissaire d'État[37] nommé, pour trois ans, par le chef de l'État, avec l'assentiment du Sénat.

La chambre haute est compétente pour décider, en cas d'urgence et sur proposition conjointe du président, du gouvernement provincial et du commissaire d'État, qu'une matière relevant du pouvoir provincial soit réglée par une loi fédérale. Cette décision est prise à la majorité de deux tiers des membres qui la composent[38].

Le régime politique est, certes, parlementaire en raison de la responsabilité politique du gouvernement devant la majorité parlementaire,

---

[33] Art. 8 de la Loi fondamentale du 19 mai 1960.

[34] Il importe d'observer que la transition organisée par l'article 253 de la Loi fondamentale précise que « jusqu'à ce que la Cour constitutionnelle soit organisée conformément aux articles 229, 230, 232 et 236, le Conseil d'État de Belgique exerce, selon la procédure qu'il détermine, les compétences de la Cour constitutionnelle, telles qu'elles résultent des articles 229 à 235 ».

[35] DJELO EMPENGE-OSAKO V., *L'impact de la coutume sur l'exercice du pouvoir en Afrique noire. Le cas du Zaïre, op. cit.*, p.34.

[36] Titre V de la Loi fondamentale du 19 mai 1960.

[37] Art. 180-184 de la Loi fondamentale du 19 mai 1960.

[38] Art. 213 de la Loi fondamentale du 19 mai 1960.

mais le Chef de l'État pouvait s'assurer du contrôle de l'activité exécutive, faisant apparaître une sorte de dyarchie au sein du pouvoir exécutif, appartenant au chef de l'État[39] qui nomme et révoque le premier et les ministres[40], pourtant, responsables devant la chambre des Représentants[41] .

Organisée entre le gouvernement issu de la majorité parlementaire et le Chef de l'État élu au suffrage universel indirect, la cohabitation s'est révélée dans la pratique conflictuelle, les deux titulaires de la fonction gouvernementale s'étant livrés une guerre de tranchée à travers des décisions inconstitutionnelles à la base d'une crise politique et institutionnelle.

B. Le Décret-loi constitutionnel n° 003 du 27 mai 1997 relatif à l'organisation et à l'exercice du pouvoir en République démocratique du Congo

Intervenu dans un contexte politique particulier, marqué par une transition politique qui était loin de se terminer et la fin du régime de la deuxième République, le décret-loi constitutionnel du 27 mai 1997 semble, au regard de l'agencement des pouvoirs publics mis en place, se prêter à une entreprise de remise en question du renouveau démocratique, amorcé depuis le 24 avril 1990.

1. L'origine de la Constitution

Après la chute, le 16 mai 1997, du régime du Maréchal Mobutu, le secrétaire général de l'Alliance des forces démocratiques pour la libération du Congo adressa, le 17 mai 1997, un message à la Nation au cours duquel il annonça la prise de pouvoir d'État par le mouvement politico-militaire qu'il dirigeait[42].

Dans le même message, on pouvait entendre des promesses fermes d'organiser, dans les deux ans, une transition politique[43] devant déboucher sur la tenue d'élections libres, démocratiques et transparentes et l'installation des institutions légitimes.

En attendant, le nouveau pouvoir décida de la mise en place d'un gouvernement de salut public[44] et de la convocation d'une assemblée constituante, chargée d'élaborer une Constitution intérimaire devant régir la période de transition.

---

39 Art. 17 de la Loi fondamentale du 19 mai 1960.

40 Art. 22 de la Loi fondamentale du 19 mai 1960.

41 Art. 42-46 de la Loi fondamentale du 19 mai 1960.

42 Point 1 de la Déclaration de prise de pouvoir, *Journal officiel de la République démocratique du Congo,* numéro spécial de mai 1997, p. 6.

43 Point 4 de la Déclaration de prise de pouvoir du 17 mai 1997.

44 En vertu du Décret-loi constitutionnel n° 001 du 20 mai 1997, tel que modifié par le Décret-loi constitutionnel n° 002 du 24 mai 1997.

En l'absence de toute concertation avec les acteurs politiques et sociaux[45], Laurent Désiré Kabila prit, le 27 mai 1997, un texte constitutionnel[46] qui organisait son pouvoir avant son investiture par la Cour suprême de justice, à l'issue d'une audience publique foraine organisée, deux jours plus tard, au stade des martyrs. Ce texte qui ne comptait, au total, que 15 articles, confère au président de la République la totalité des pouvoirs législatif [47] et exécutif[48].

La restauration ultérieure d'un organe législatif[49], formellement, séparé du pouvoir exécutif n'a pas changé grand-chose, les membres de l'Assemblée constituante et législative-parlement de transition étant nommés[50] et, naturellement, révoqués par le chef de l'État.

L'institution des comités de pouvoir populaire[51] et leur installation, dans chaque entité administrative de base, les universités et instituts supérieurs du secteur public[52], débouchèrent sur un dédoublement institutionnel avec, en toile de fond, de nombreux conflits des compétences dont, l'apparente et éphémère solution passait par la reconnaissance d'une suprématie, de fait, des organes des comités de pouvoir populaire sur ceux de l'administration publique ; le pouvoir populaire ayant pour rôle de fixer la politique (nationale et locale) à suivre par les services publics, d'en assurer l'exécution et, le cas échéant, le contrôle de cette exécution[53].L'entreprise caressait, de manière voilée mais déterminante, la renaissance d'un parti unique, mieux d'un parti-État en République démocratique du Congo.

2. L'organisation des pouvoirs publics

Aux termes du décret-loi constitutionnel sous examen, les institutions de la République sont constituées du président de la République, du gouvernement et des cours et tribunaux. Exerçant le pouvoir règlementaire

---

[45] Dont les activités étaient suspendues jusqu'à nouvel ordre.

[46] Il s'agit du Décret-loi constitutionnel n° 003 du 27 mai 1997 relatif à l'organisation et à l'exercice du pouvoir en République démocratique du Congo.

[47] Aux termes de l'alinéa 1er de l'article 5 du Décret-loi constitutionnel n° 003 du 27 mai 1997, le président de la République exerce le pouvoir législatif par décrets-lois, délibérés en Conseil des ministres.

[48] Le même article indique, à son alinéa 2, que le président de la République est le chef de l'exécutif et des Forces armées.

[49] Par le Décret-loi constitutionnel n° 074 du 25 mai 1998 portant révision des dispositions du chapitre 11 du Décret-loi constitutionnel n° 003 du 27 mai 1997 relatif à l'organisation et à l'exercice du pouvoir en République Démocratique du Congo, *Journal officiel de la République démocratique du Congo,* numéro spécial de mai 1998.

[50] Ainsi qu'il ressort des dispositions du Décret-loi n° 097/2000 du 1er juillet 2000 portant nomination des membres de l'Assemblée constituante et législative-parlement de transition.

[51] En vertu du Décret-loi n° 236 du 6 juillet 1999 portant institution, organisation et fonctionnement des Comités du Pouvoir Populaire en République démocratique du Congo.

[52] Art. 1er du Décret-loi du 6 juillet 1999.

[53] Art. 3 du Décret-loi du 6 juillet 1999.

dans sa plénitude, le chef de l'État cumulait les prérogatives de président de la République, chef de l'exécutif et du pouvoir législatif[54] ; les membres du gouvernement étant politiquement responsables devant lui.

Désormais assuré par l'Assemblée constituante et législative-parlement de transition[55], le pouvoir législatif qui, formellement, disposait du pouvoir de contrôle sur le gouvernement ne pouvait l'exercer, à raison de la nature présidentialiste du régime politique : il était, en quelque sorte, une caisse de résonance du président de la République qui, par un simple message à la Nation, peut ordonner la dissolution avant le terme du mandat[56].

Fortement inféodé au pouvoir exécutif, le pouvoir judiciaire avait du mal à assurer, de manière indépendante, sa mission de dire le droit, ainsi qu'en témoigne l'épuration faite, dans ses rangs, par un décret présidentiel n° 144 du 6 novembre 1998 portant révocation de 315 magistrats du siège et du parquet[57].

En dépit de son inconstitutionnalité avérée, la Cour suprême de justice qui, bien que saisie de la requête du collectif des magistrats révoqués a fini par trouver une parade, en déclinant sa compétence à censurer un « acte de gouvernement » échappant, en principe, à son contrôle[58].

Dans la foulée, intervint la révision, le 25 mai 1998, du décret-loi constitutionnel n°003 du 27 mai 1997 par celui n° 074 qui n'a, visiblement, eu qu'un effet d'annonce, en raison de la consolidation de la nature autoritaire du régime politique.

Il importe d'observer que, créée en vertu du décret n° 037 du 22 octobre 1997, la Commission constitutionnelle qui s'était vite transformée à celle des réformes institutionnelles, rattachée au ministère de la justice, élabora un avant-projet de Constitution qui ne fut, finalement, pas soumis au référendum populaire en raison, d'une part, des critiques acerbes sur sa composition[59] et le contenu du texte et, d'autre part, de l'assassinat, le 16 janvier 2001, du président de la République, son initiateur.

[54] Art. 5 du Décret-loi constitutionnel n° 003 du 27 mai 1997.

[55] Art. 8 du Décret-loi constitutionnel n° 074 du 25 mai 1998.

[56] Art. 14 du Décret-loi constitutionnel n° 074 du 25 mai 1998.

[57] Lire dans ce sens, KILENDA KAKENGI BASILA J.-P., *L'affaire des 315 magistrats de Kinshasa. Une purge néo mobutiste,* Paris, l'Harmattan, 2004, p. 58.

[58] Dans son arrêt R.A 459 du 26 juin 2001, cette juridiction a considéré *« l'acte déféré devant elle comme une décision politique prise par le gouvernement dans le cadre de sa politique visant l'assainissement des mœurs au sein de la magistrature et le meilleur fonctionnement de l'un des trois pouvoirs de l'État et qu'elle échappe, de ce fait, à son contrôle ».*

[59] La plupart des membres composant cette commission manquaient d'expertise dans le domaine constitutionnel et, plus globalement, dans celui de la rédaction des textes juridiques, en témoignent les critères de désignation, tels que fixés par l'article 2 du Décret n° 037 du 22 octobre 1997 portant création de la Commission constitutionnelle. Trop détaillé, l'avant-projet de Constitution qui en est résulté comportait exagérément des dispositions relevant, pourtant, de la compétence du législateur ordinaire ou du pouvoir règlementaire.

À la différence du régime politique qui a complètement changé, la forme unitaire décentralisée de l'État organisée par l'Acte constitutionnel de la transition du 9 avril 1994 conservait, en vertu des dispositions transitoires du décret-loi constitutionnel n° 003 du 27 mai 1997[60], toute sa pertinence. Le dénominateur commun des Constitutions octroyées réside dans l'exclusion du peuple de la procédure constituante que casserait, au surplus, la nature autoritaire du pouvoir politique.

§2. Les Constitutions conventionnelles

Élaborées à la suite des crises politiques et/ou militaires, les Constitutions conventionnelles sont, habituellement, produites par les accords politiques[61] qui en constituent, par ailleurs, le fondement ; elles apparaissent provisoires, circonstancielles et tournées vers la gestion épisodique du pouvoir politique.

On note qu'à l'exception de l'Acte portant dispositions constitutionnelles relatives à la période de la transition du 2 août 1992 qui n'a pas été, pour des raisons politiques évidentes, promulgué par le président de la République, trois Constitutions ont été élaborées sur pied des accords politiques.

Il s'agit de l'Acte constitutionnel harmonisé relatif à la période de transition du 2 avril 1993, de l'Acte constitutionnel de la transition du 9 avril 1994 et de la Constitution de la transition du 4 avril 2003. L'importance que revêt, cependant, le texte constitutionnel du 4 août 1992 dans la compréhension de la suite du processus constitutionnel mérite une analyse conséquente.

A. L'Acte portant dispositions constitutionnelles relatives à la période de transition du 4 août 1992

La présentation des circonstances ayant conduit à l'élaboration de ce texte constitutionnel permet de saisir la manière dont s'y est opéré l'aménagement des pouvoirs publics.

1. Les circonstances d'élaboration de la Constitution

Devant la crise politique et institutionnelle qui pointait à l'horizon, le président Mobutu prononça, le 24 avril 1990, et conformément à la

---

[60] L'article 13 du Décret-loi constitutionnel n° 003 du 27 mai 1997 précise que toutes dispositions légales et réglementaires antérieures qui n'auront pas été expressément abrogées restent en vigueur.

[61] Sur l'influence des accords politiques sur l'élaboration des Constitutions, lire notamment AVRIL P., *Les conventions de la Constitution,* Paris, PUF, 1997, p. 42.

Constitution[62], un discours que l'on peut qualifier, en raison de l'importance des réformes annoncées, d'historique.

Dans cette adresse, le Chef de l'État annonçait un certain nombre de mesures politiques qui, sans bénéficier du même entendement par les acteurs politiques[63], ont quand même été, pendant plusieurs années, au centre des discussions politiques.

On cite, notamment, en exemple, l'introduction du pluralisme politique limité à trois partis politiques, le pluralisme syndical, la dissolution du Mouvement populaire de la révolution, parti-État et son rôle dirigeant, la convocation d'une conférence constitutionnelle et l'organisation d'une période de transition, d'une année, débouchant sur la tenue des élections libres et démocratiques.

Réduisant la crise congolaise à la seule dimension constitutionnelle, le président de la République prit, dans un climat politique fort tendu, la décision d'instituer la conférence constitutionnelle[64] à la place d'une conférence nationale souveraine réclamée par l'opposition et une bonne partie de la population.

Dans les milieux proches de la mouvance présidentielle, il a été entendu que la conférence constitutionnelle n'était pas différente de la conférence nationale, tout dénouement de la crise congolaise reposait, essentiellement, sur l'élaboration d'une nouvelle Constitution[65].

Selon ce schéma, la Conférence constitutionnelle devait déterminer les options fondamentales sur l'organisation politique de la troisième République et élaborer la nouvelle Constitution à soumettre au référendum[66]. Les hésitations du pouvoir ont, visiblement, été contrariées par l'organisation, en République du Congo voisine, d'une conférence nationale souveraine dont les décisions sont obligatoires et imposables à tous. La retransmission, en direct, des débats et le déballage du régime du Colonel Dénis Sassou Nguesso ont eu un effet d'entraînement sur l'autre rive du fleuve Congo, pour que Kinshasa s'oblige à réclamer sa « Conférence nationale souveraine ».

---

[62] Aux termes de l'article 53 de la Constitution, alors en vigueur, le président de la République communique avec l'Assemblée nationale et avec le peuple, soit directement, soit par des messages qu'il fait lire et qui ne donnent lieu à aucun débat. Il prononce, au moins une fois par an, un discours de politique générale.

[63] Lire dans ce sens, N'GBANDA NZAMBO-KO-ATUMBA H., *Afrique, démocratie piégée*, Paris, Éd. Equilibres Aujourd'hui, 1994, pp. 96-98.

[64] En vertu de l'ordonnance n° 91-010 du 6 mars 1991 portant création et composition de la Conférence constitutionnelle, *Journal officiel de la République du Zaïre*, numéro spécial du 2 mai 1992, pp. 5-6.

[65] D'après cette opinion, la Conférence constitutionnelle était égale à la Conférence nationale et qu'il s'agissait d'une simple question de sémantique.

[66] Art. 2 de l'Ordonnance n° 91-010 du 6 mars 1991 portant création et composition de la Conférence constitutionnelle.

Aussitôt ouverte, la conférence nationale zaïroise servit de cadre à la cristallisation des positions entre la mouvance présidentielle et l'opposition radicale. Réunis en cartel, le 30 août 1990, quarante de partis politiques de l'opposition accélèrent les pressions sur le régime qui finit par reconnaître la justesse d'une Conférence nationale[67], mais dont le champ d'action était limité[68].

Fixés pour avoir lieu le 29 avril 1991, les travaux de la Conférence nationale ne commencèrent effectivement que le 7 août 1991[69], mais l'accentuation des pressions de l'opposition aboutirent à la convocation, cette fois-ci, de la Conférence nationale[70] dont la souveraineté était délibérément évitée, aucune allusion n'ayant été faite dans les ordonnances qui l'instituèrent et la convoquèrent[71].

Composée des délégués des institutions publiques, des forces sociales et politiques et de la diaspora[72], la Conférence nationale était, pour l'essentiel, compétente pour discuter de toutes questions d'intérêt national et, notamment, l'élaboration du projet de Constitution à soumettre au référendum, la détermination du contenu de la loi électorale et du calendrier électoral[73] ; la réalisation de ces objectifs ne s'accommodait, certainement, pas d'une souveraineté limitée.

Une fois son bureau définitif installé le 20 avril 1992, la Conférence nationale peut effectivement se mettre au travail, avec une critique sans

---

[67] L'article 1er de l'Ordonnance n° 91-097 du 11 avril 1991 modifiant et complétant l'Ordonnance n° 91-010 du 6 mars 1991 portant création et composition de la Conférence constitutionnelle crée en effet une Conférence nationale.

[68] Aux termes de l'article 2 de l'Ordonnance du 11avril 1991, la Conférence nationale est chargée de discuter de toutes les questions d'intérêt national en vue de déterminer les options fondamentales de la troisième République, d'élaborer un projet de Constitution à soumettre au référendum populaire et de fixer le contenu de la loi électorale et le calendrier électoral. La Conférence statue souverainement sur tous les points énumérés ci-dessus, elle doit également amener le peuple à se réconcilier avec lui- même et éviter de se transformer en un tribunal populaire ou en une cour de règlement des comptes.

[69] Il importe de signaler que les travaux de la Conférence nationale n'ont effectivement commencé qu'en janvier 1992, après l'élection du Bureau provisoire et la validation des mandats des membres.

[70] En vertu de l'Ordonnance n° 91-098 du 11 avril 1991 portant convocation de la Conférence nationale.

[71] L'article 2 de l'Ordonnance n° 91-205 du 15 juillet 1991 modifiant et complétant l'Ordonnance n° 91-098 du 11 avril portant convocation de la Conférence nationale indique que celle-ci est souveraine, en ce qu'elle fixe librement son ordre du jour, son règlement intérieur et élit les membres de son Bureau. Les décisions de la Conférence nationale sont exécutoires, pour les matières outres que celles régies par la Constitution (art. 3).

[72] De 2850 participants attendus dont, 750 délégués des institutions publiques, 900 des partis politiques, 1100 de la société civile et 100 personnalités invitées, la Conférence nationale a démarré ses travaux avec 3485 délégués, en raison de 794 pour les institutions publiques, 885 désignés par les partis politiques, 1620 de la société civile, 75 personnalités invitées et 110 personnes issues des groupes religieux non prévus.

[73] Art. 2 de l'Ordonnance n° 91-097 du 11 avril 1991 modifiant et complétant l'Ordonnance n° 91-010 du 6 mars 1991 portant création et composition de la Conférence constitutionnelle.

complaisance du régime du président Mobutu ; le déballage qui y est fait, ayant atteint son point culminant, au point d'accréditer la thèse que ce forum se serait transformé en un tribunal populaire contre le pouvoir en place.

Pour avoir été pointé du doigt comme étant à la base de la crise multiforme que traverse le pays, le régime résolut de suspendre, le 18 janvier 1992, ce forum, ce qui provoqua, notamment, l'organisation, le 16 février 1992, de la marche de protestation des chrétiens catholiques, réclamant la réouverture et la poursuite des travaux de la Conférence nationale souveraine : elle a été violemment réprimée par le gouvernement[74].

Après d'âpres négociations avec le Bureau de la Conférence nationale souveraine, le président de la République consentit de rouvrir ses travaux, le 6 avril 1992, avant que ce forum ne prenne, le 5 mai 1992, la résolution consacrant la souveraineté[75] de ses décisions[76].

Telle une juridiction de fond statuant en premier et dernier ressort, la Conférence nationale souveraine rendit des « sentences » obligatoires, impératives et immédiatement exécutoires, mais ironisant sur la souveraineté de la Conférence nationale, le directeur du cabinet du président de la République[77] rassurait sur le fait que ses décisions ne franchiraient point les portes du palais du Peuple, climat de méfiance qui précipita notamment la clôture, le 6 décembre 1992, de ses travaux[78], sans que l'examen des points inscrits à l'ordre du jour ne soit épuisé.

L'impasse devint quasi totale pour justifier, en vue de la sortie de crise, l'organisation des négociations politiques entre le Bureau de la Conférence nationale et les experts de la présidence de la République lesquelles aboutirent à la signature, le 31 juillet 1992, d'un « compromis politique global », fondement de l'Acte portant dispositions constitutionnelles relatives à la période de la transition.

Dans son contenu, on peut lire que ce texte constitutionnel réduisit sensiblement les pouvoirs présidentiels au profit du gouvernement dirigé par un premier ministre issu du Haut conseil de la République. On y retient également, l'organisation de l'exercice partagé du pouvoir règlementaire entre le président de la République et le premier ministre disposant, par ailleurs, de l'autorité de négocier et de signer les accords en forme simplifiée ; le chef de l'État n'étant qu'informé.

---

[74] Dirigé par le premier ministre Jean NGUZ a KARL-i-BOND.

[75] Il s'agit de l'Acte n°001/CNS/92 du 5 mai 1992 proclamant la souveraineté de la Conférence nationale souveraine.

[76] Profitant de la souveraineté lui reconnue par l'Ordonnance n° 91-097 du 11 avril 1991 sur les points énumérés à l'article 2 ci-dessus, la Conférence nationale a étendu celle-ci sur toutes les autres questions, y compris celles se rapportant à la mise place d'un nouvel ordre constitutionnel et institutionnel.

[77] En l'occurrence Félix VUNDUAWE te PEMAKO.

[78] Lire également AUNDU MATSANZ G., *Politique et élites en RD. Congo. De l'indépendance à la troisième République,* Louvain-la-Neuve, Académia-l'Harmattan. 2015, p. 226.

La dissolution possible de l'Assemblée nationale coïncida avec le transfert de ses compétences au Haut conseil de la République, institué par la Conférence nationale souveraine. Dans ses dispositions finales, le nouveau texte constitutionnel précise que, « toutes les dispositions de l'actuelle Constitution qui lui sont contraires dans leur lettre et leur esprit sont abrogées ».

Il importe de noter qu'en vue de sceller le compromis politique global ainsi conclu et d'impliquer le chef de l'État dans la dynamique de la Conférence nationale souveraine, il a été convenu de sa présence à la cérémonie de signature, officielle et conjointe, dudit texte constitutionnel avec le président de la Conférence nationale souveraine.

Prévue pour se dérouler au palais du Peuple, cette cérémonie solennelle ne fit pas organisée, le président de la République n'ayant pas déféré à l'invitation lui adressée, reprochant ses experts de n'avoir pas suffisamment tenu compte, dans les conclusions du compromis politique global, des intérêts du régime qu'ils étaient censés protéger.

Dans la foulée, le chef de l'État refusa de promulguer ce texte qui ne fut pas, non plus publié au Journal officiel, ce qui lui aurait privé toute existence et toute effectivité[79], même alors que la Cour suprême de justice lui a reconnu une autorité incontestée[80].

Bien que séduisante, cette analyse ne rend que partiellement compte de la réalité dans la mesure où, la seule évocation de l'Acte portant dispositions constitutionnelles relatives à la période de transition[81]suffisait pour qu'on lui reconnaisse l'existence juridique dans la perspective de la résolution du problème de dédoublement constitutionnel et institutionnel, œuvre de l'Acte constitutionnel harmonisé relatif à la période de la transition du 2 avril 1993.

2. L'aménagement des pouvoirs publics

Parmi les mesures annoncées dans le message présidentiel du 24 avril 1990, on rappelle l'introduction du multipartisme à trois partis politiques et le pluralisme syndical, la suppression du rôle dirigeant du Mouvement populaire de la révolution et de son institutionnalisation ainsi que l'instauration d'une période de transition d'une année.

---

[79] Lire dans ce sens, VUNDUAWE te PEMAKO F.et MBOKO DJ'ANDIMA J.-M., *Droit constitutionnel du Congo. Textes et documents fondamentaux vol.1, op. cit.*, p. 16.

[80] Par son arrêt R.A. 266 du 8 janvier 1993 dans l'affaire l'Association sans but lucratif dénommée les Témoins de Jéhovah contre la République du Zaïre, la section administrative de la Cour suprême de justice annula, pour violation des droits garantis aux particuliers par la Constitution du 24 juin 1967, les ordonnances présidentielles, en précisant que cette Constitution a été abrogée par l'Acte portant dispositions constitutionnelles relatives à la période de transition.

[81] Dans l'exposé des motifs de l'Acte constitutionnel de la transition du 9 avril 1994, *Journal officiel de la République du Zaïre,* numéro spécial d'avril 1994.

La renonciation au rôle dirigeant du parti a, naturellement, convaincu du bien-fondé de la séparation entre ses organes et ceux de l'État, ainsi qu'à la réhabilitation des trois pouvoirs traditionnels de l'État[82]. La loi n° 90-002 du 5 juillet 1990 qui porte la marque de cette évolution précise, en effet, que les institutions de la République sont composées du président de la République, de l'Assemblée nationale, du gouvernement et des cours et tribunaux[83] ; aménagement institutionnel qui sera maintenu jusqu'à la révision, le 25 novembre 1990[84], de la Constitution aux termes de laquelle le multipartisme intégral fut consacré[85].

L'aménagement des pouvoirs opéré par l'Acte portant dispositions constitutionnelles relatives à la période de transition maintient la même configuration institutionnelle, à la seule différence que, le gouvernement est désormais dirigé par un premier ministre, responsable devant le Haut conseil de la République, assumant également les fonctions législatives et de contrôleur de l'exécutif, des entreprises publiques et des services publics.

Constitué des conseillers de la République désignés par cooptation au sein de la Conférence nationale souveraine, cette institution parlementaire s'est substituée à l'Assemblée nationale, jadis, prévue par la Constitution du 24 juin 1967.

Dans ses rapports avec le gouvernement, le président de la République ne devait plus exercer ses attributions régaliennes, notamment, la conduite de la politique de la Nation, désormais assurée par le gouvernement dirigé par un premier ministre responsable.

Presque forcée, cette cohabitation eût du mal à se réaliser, le président de la République ayant décidé de révoquer, le 1er décembre 1992, le premier ministre devenu politiquement encombrant[86]. C'est dans ce cadre qu'il faut situer la signature, à la même date, de l'ordonnance n° 92-161 portant nomination d'un premier ministre du gouvernement d'union nationale et de celle n° 92-165 du 10 décembre 1992 portant expédition, par les secrétaires généraux de l'administration publique, des affaires courantes pendant la vacance du gouvernement[87].

En plus de la forme décentralisée de l'État qu'il maintint, l'Acte portant dispositions constitutionnelles relatives à la période de transition consacre un régime parlementaire ; la légitimité du président de la République reposait,

---

[82] Exposé des motifs de la Loi n° 90-002 du 5 juillet 1990, *Journal officiel de la République du Zaïre*, numéro spécial du 5 juillet 1990.

[83] Art. 34 de la Loi du 5 juillet 1990 portant révision de la Constitution du 24 juin 1967.

[84] Couverte par la Loi n° 90-005 du 25 novembre 1990 portant révision de la Constitution.

[85] Cette réforme modifie l'alinéa 2 de l'article 8 de la Constitution qui organisait un multipartisme limité à trois partis politiques.

[86] L'Ordonnance n° 92-160 du 1er décembre 1992 porte paradoxalement « démission du gouvernement de transition ».

[87] L'article 1er de cette ordonnance indique que les secrétaires généraux des ministères sont chargés d'expédier les affaires courantes, jusqu'à l'entrée en fonction du gouvernement d'union nationale.

au terme de son mandat constitutionnel, sur un artifice constitutionnel[88] plutôt que sur une nouvelle élection[89].

B. L'Acte constitutionnel harmonisé relatif à la période de la transition du 2 avril 1993

Élaboré dans un contexte politique fort agité, l'Acte constitutionnel harmonisé relatif à la période de la transition a été à la base du dédoublement constitutionnel et institutionnel. La mise au point sur le contexte de son élaboration permet de se faire une idée sur l'agencement des pouvoirs publics.

1. Le contexte d'élaboration de la Constitution

Aussitôt adopté par la Conférence nationale souveraine, l'Acte portant dispositions constitutionnelles relatives à la période de transition se heurta à l'opposition du Chef de l'État ainsi que des partis politiques et associations de la société civile qui lui étaient, politiquement, proches.

Le climat de méfiance à l'égard de la Conférence nationale souveraine et du texte constitutionnel qu'elle a produit[90] précipita la clôture, le 6 décembre 1992, de ses travaux sans avoir épuisé son ordre du jour et, notamment, sans avoir débattu des rapports des commissions d'assassinats politiques et des biens mal acquis[91].

On note que, mise à dures épreuves par des facteurs d'origines diverses, la souveraineté de la Conférence nationale s'est, finalement, révélée théorique au point de renforcer l'illusion démocratique[921] qu'elle cachait, en témoignent la désorganisation de l'opposition, le marchandage des acquis de la Conférence nationale, le radicalisme politique et l'absence de réconciliation nationale qui ont rendu hypothétique l'effectivité de ses décisions et, notamment, l'ordre constitutionnel qui en est résulté.

---

[88] L'article 4 des dispositions transitoires de la Loi du 5 juillet 1990 dispose en effet que « le président de la République, actuellement en fonction, demeure président de la République jusqu'aux prochaines élections. Il en est de même des membres du Conseil législatif de la législature en cours. Les membres des organes délibérants des entités territoriales demeurent également en place jusqu'aux prochaines élections municipales et locales ».

[89] Élu le 5 décembre 1984 pour un mandat de sept ans renouvelables, le président de la République alors en fonction devait renouveler au besoin son mandat au plus tard le 5 décembre 1991.

[90] Ses adversaires se sont d'ailleurs employés à lui dénier toute autorité à régenter la vie politique nationale, les institutions politiques qu'il a instituées ayant éprouvé d'énormes difficultés de fonctionnement.

[91] *Zaïre 1992-1996, Chronique d'une transition inachevée, vol. 1,* Paris, l'Harmattan, 1996, p. 30.

[92] HOUNGHIKPO C.-M., *L'illusion démocratique en Afrique,* Paris, l'Harmattan, 2004, p. 45.

À la place, il sera organisé, en parallèle, une réunion politique regroupant, au palais de la Nation, les forces politiques et sociales proches du président de la République que l'on nomma « Conclave politique » et qui adopta, le 1er avril 1993, l'Acte constitutionnel harmonisé relatif à la période de la transition.

2. L'agencement des pouvoirs publics

Le nouveau cadre constitutionnel de la transition ayant ressuscité certaines institutions politiques, jadis, mises en veilleuse par la Conférence nationale souveraine, notamment, l'Assemblée nationale, il s'en est suivi un dédoublement constitutionnel et institutionnel caractérisé par l'existence de deux Constitutions[93] organisant, chacune, ses propres institutions politiques[94].

La forme de l'État consacrée demeure unitaire décentralisée, mais dans le cadre du régime politique proche du parlementarisme.

C. L'Acte constitutionnel de la transition du 9 avril 1994

La confusion créée par le dédoublement constitutionnel et institutionnel était telle que le fonctionnement des institutions politiques ne pouvait que subir le coup, au point qu'un compromis politique autour d'un seul et unique texte constitutionnel ainsi que le recadrage de la structure du pouvoir constituaient une voie de sortie indispensable.

1. L'origine de la Constitution

Initiées par le président du Haut conseil de la République avec l'accord du président de la République, les consultations politiques furent organisées au palais du Peuple et aboutirent à la signature de deux accords politiques, fondement d'un nouveau texte constitutionnel. Il s'agit du « protocole d'accord entre les délégués de la conférence nationale souveraine et ceux des forces politiques du conclave » sur l'organisation et l'exercice du pouvoir pendant la transition[95] et de « l'engagement particulier » relatif au partage du pouvoir pendant la Transition[96].

---

[93] L'Acte portant dispositions constitutionnelles relatives à la période de transition et l'Acte constitutionnel harmonisé relatif à la période de la transition.

[94] Le président de la République, le Gouvernement, le Haut Conseil de la République et les Cours et tribunaux, pour l'Acte portant dispositions constitutionnelles relatives à la période de transition et, le président de la République, le Gouvernement, l'Assemblée nationale et les Cours et tribunaux pour l'Acte constitutionnel harmonisé relatif à la période de la transition.

[95] Du 11 janvier 1994.

[96] Signé du côté de l'opposition par Gérard KAMANDA wa KAMANDA et, du côté de la mouvance présidentielle, par LENGEMA DULIA.

Faisant corps, ces deux accords politiques obéissaient aux mêmes principes d'égalité, d'équilibre et du consensus entre les parties prenantes. En raison de son importance dans la conduite du processus de transition, « l'engagement particulier relatif au partage du pouvoir » insistait sur la réconciliation nationale au sein de la classe politique, entre Mobutu et Tshisekedi, toutes les régions du Zaïre et, entre Kasaïens et Katangais[97] ; il précisait, également, que la crise gouvernementale du Zaïre ne pouvait se résoudre contre les Forces politiques du conclave, ni l'Union sacrée de l'opposition radicale contre Mobutu, ni contre Tshisekedi, au détriment de la paix civile ou en compromettant celle-ci au Katanga et dans les autres régions du Zaïre[98]. C'est dans ces circonstances que fut adopté, le 8 avril 1994, un projet de Constitution qui a été, un jour plus tard, promulgué comme Constitution de la transition[99].

2. La structure des pouvoirs publics

Sous couvert d'un État unitaire décentralisé, l'Acte constitutionnel de la transition organise un régime parlementaire suffisamment encadré dans les rapports entre le président de la République, Chef de l'État et le premier ministre, chef du gouvernement, responsable devant le parlement.

Composé des conseillers de la République désignés par la Conférence nationale souveraine, des députés de l'ancienne Assemblée nationale ayant participé es qualité à la Conférence nationale souveraine, des négociateurs aux concertations politiques du palais du Peuple qui ne sont ni conseillers de la République ni députés[100], le Haut conseil de la République-parlement de transition avait, notamment, pour mission d'élaborer les lois, contrôler le gouvernement et émettre des avis conformes dans le délai de quinze jours à compter de la date de réception des dossiers. Passé ce délai, l'avis favorable est acquis d'office.

Le parlement de transition était, également, compétent pour suivre et contrôler l'exécution des actes de la Conférence nationale souveraine, interpréter les actes autres que l'Acte susvisé et définir la structure devant assurer la tutelle des médias publics, en vue d'en garantir la neutralité[101].

Le même texte constitutionnel rend le gouvernement pleinement responsable de la gestion de l'État et de la conduite de la politique de la nation, laissant présager une fin théorique des conflits de compétences avec le président de la République, Chef de l'État. On signale, cependant, que la procédure de désignation du premier ministre fera vite apparaître le caractère

---

[97] Art. 2 de l'engagement particulier du 16 janvier 1994.

[98] Art. 3 de l'engagement particulier du 16 janvier 1994.

[99] À propos des origines historiques des Constitutions, lire aussi NKULU KILOMBO, *Commentaire sur l'Acte constitutionnel de la transition,* Kinshasa, Éd. Bopol, 1995.

[100] Art. 56 de l'Acte constitutionnel de la transition du 9 avril 1994.

[101] Art. 58 de l'Acte constitutionnel de la transition du 9 avril 1994.

fragile de l'équilibre institutionnel mis en place et la stabilité politique retrouvée.

Aux termes de la nouvelle Constitution, on peut lire que :

> « le premier ministre est le chef du gouvernement. Il est présenté, après concertation avec la classe politique, par la famille politique à laquelle n'appartient pas le Chef de l'État, dans le délai de 10 jours à compter de la promulgation du présent Acte. Passé ce délai, le Haut Conseil de la République-parlement de transition se saisit du dossier. Il est nommé ou investi, selon le cas, par ordonnance du président de la République[102] ».

Ainsi libellée, cette disposition constitutionnelle ne prévoit pas l'élection du premier ministre par le Haut conseil de la République-parlement de transition, mais son application a donné lieu à une controverse qui appelait deux observations. D'un côté, on a constaté qu'avant le terme du délai constitutionnel de dix jours pour la désignation du premier ministre par la famille politique à laquelle n'appartient pas le président de la République, le Haut conseil de la République-parlement de transition s'était autorisé d'instituer un comité des sages, en vue de la réception des dossiers de candidatures au poste de premier ministre. De l'autre, on signale que, dirigé par Justin-Marie Bomboko, ce comité organisa, avec la bénédiction du président du parlement, l'élection, le 14 juin 1994, de Léon Kengo wa Dondo au poste de premier ministre, consacrant ainsi ce que l'on appelait à l'époque la troisième voie.

Critiqué à cause de sa partialité et sa traîtrise[103], le président du parlement de transition, dont la démission était de plus en plus réclamée par l'opposition radicale et alliés, rendit finalement le tablier, le 1er juillet 1995.

Pendant ce temps, Étienne Tshisekedi wa Mulumba, l'Union sacrée de l'opposition radicale et alliés saisirent la section administrative de la Cour suprême de justice en vue de l'entendre annuler, pour inconstitutionnalité et excès de pouvoir, les ordonnances présidentielles portant nomination du premier ministre et investiture de son gouvernement. La haute cour ne les suivit pas, l'arrêt R.A. 320 du 21 août 1996 ayant décliné la compétence de la juridiction à censurer un « acte de gouvernement » pris dans les rapports entre le parlement et le gouvernement qui a pour but de doter le pays d'un gouvernement[104].

Contestée par une partie de l'opposition, cette décision fut sans appel et exacerba la crise politique, ce qui rompît le fragile et éphémère consensus

---

[102] Art. 78 de l'Acte constitutionnel de la transition du 9 avril 1994.

[103] Pour avoir trahi, selon cette partie de l'opposition politique, les acquis de la Conférence nationale souveraine et l'esprit des accords politiques signés le 11 janvier 1994.

[104] Aux termes de l'article 87, al. 2 et 3 de l'Ordonnance-loi n°82-017 du 31 mars 1982 portant procédure devant la Cour suprême de justice, celle-ci apprécie souverainement les actes de l'exécutif qui échappent à son contrôle.

politique : elle servit de prétexte à la conquête armée du pouvoir politique par l'Alliance des forces démocratiques pour la libération du Congo.

D. La Constitution de la transition du 4 avril 2003

Élaborée dans un contexte post-conflit que prétend gérer l'Accord global et inclusif sur la transition politique en République démocratique du Congo, la Constitution du 4 avril 2003 aménage, de manière singulière, les pouvoirs publics avec en toile de fond le partage des responsabilités entre composantes et entités au dialogue inter congolais.

1. Le contexte d'élaboration de la Constitution

L'organisation contestée de l'élection de Léon Kengo wa Dondo au poste de premier ministre de la transition n'a cessé de diviser l'opposition plus que jamais minée par des querelles internes. Elle a convaincu de la persistance de la crise politique et institutionnelle, dont les principales causes tiennent aux divergences de vues sur l'organisation et la conduite de la période de transition, ainsi que la méfiance que se vouaient les acteurs politiques.

Ainsi peint, l'aréopage politique et institutionnel servît de passerelle à la conquête et, plus tard, à l'exercice du pouvoir par l'Alliance des forces démocratiques pour la libération du Congo. Le caractère autoritaire du nouveau régime va exacerber les tensions sociales et politiques déjà perceptibles et précipiter, en même temps, la contestation du pouvoir établi.

La brouille au sein de l'Alliance des forces démocratiques pour la libération du Congo a suffi pour que l'apparente et éphémère unité du mouvement se transforme en une arène de division. La demande de redéfinition des accords passés avec les gouvernements ougandais et rwandais accéléra l'officialisation, le 2 août 1998, d'une rébellion pro-rwandaise que l'on savait déjà, créée depuis plusieurs mois[105]. La conquête pour le leadership qui conduisit à des divisons au sein de cette rébellion engendra, du coup, d'autres, notamment, le Rassemblement des congolais démocrates et nationalistes et le Rassemblement congolais pour la démocratie Kisangani-mouvement de libération.

Le 30 septembre 1998, c'est à l'Ouganda de soutenir une autre rébellion qui prit la marque du Mouvement de libération du Congo que suivirent d'autres groupes armés rendant probable le projet d'éclatement du pays.

En vue de faire face à ce qu'il qualifiait de guerre d'agression, le gouvernement résolut de solliciter l'assistance militaire internationale, notamment, celle de la communauté de développement de l'Afrique australe qui se vit obliger d'intervenir à travers quelques membres[106], offrant à cette crise une dimension internationale.

---

[105] Il s'agit du Rassemblement congolais pour la démocratie.

[106] En l'occurrence l'Angola, la Namibie et le Zimbabwe.

Plusieurs autres initiatives furent entreprises pour obtenir un accord de cessez-le-feu indispensable à l'organisation, dans un climat apaisé, des négociations politiques sur le cadrage et la gestion consensuelle de la période de la transition. On note, à cet égard, que dans un long processus de reconquête de la paix, plusieurs étapes furent franchies, sans qu'aucune d'elles ne porte la marque nationale. Les plus significatives peuvent être circonscrites autour de l'aréopage que voici :

Tenu le 8 août 1998 au Zimbabwe, soit une semaine après le déclenchement de la première rébellion, le sommet de Victoria Fulls, organisé par la Communauté de développement de l'Afrique australe, aboutit à la désignation de Frédéric Ciluba, ancien président zambien comme médiateur du conflit congolais, chargé d'obtenir la signature d'un accord de cessez-le-feu entre belligérants, mais aussitôt saisi de la question, le Conseil de sécurité prit, le 9 avril 1999, la Résolution 1234 aux termes de laquelle, sans parler expressément de l'agression dont la République démocratique du Congo était l'objet, reconnût néanmoins la présence, sur le territoire congolais, des troupes étrangères non invitées.

On signale que, dans la perspective de la paix, trois accords furent signés à Lusaka, le 10 juillet 1999, entre les États impliqués dans la guerre en République démocratique du Congo, le 30 juillet 1999, entre le gouvernement et le Mouvement de libération du Congo et, le 30 août 1999, entre le gouvernement et le Rassemblement congolais pour la démocratie ; mais en vue de s'assurer de l'application effective desdits accords, un plan de désengagement de 15 km imposés aux belligérants fut signé, le 8 avril 2000, à Kampala, pour faciliter le redéploiement, dans les zones de conflit, des forces et observateurs des Nations Unies. En attendant, c'est dans la ville de Kisangani, capitale de la province orientale, que les armées ougandaise et rwandaise s'affrontèrent, le 15 mai 2000 obligeant le Conseil de sécurité d'exiger, notamment, la fin des hostilités, objet de la Résolution 1304 du 16 juin 2000.

Devant l'évidence de l'agression d'un pays membre de l'Organisation des Nations Unies, il se tînt à Maputo, le 27 novembre 2000, une réunion des États impliqués dans la guerre congolaise en vue d'évaluer le niveau d'application de l'accord intervenu, le 3 novembre 2000, entre la République démocratique du Congo et le Rwanda en rapport au sous-plan de désengagement. De cette évaluation, le Conseil de sécurité prit, le 14 décembre 2000, la Résolution 1242 organisant le déploiement des observateurs des Nations Unies dans les zones désengagées. Il reste à s'accorder que, d'origine extérieure, la crise congolaise ne pouvait se résorber qu'avec l'implication de la communauté internationale.

L'assassinat, le 16 janvier 2001, de Laurent Désiré Kabila dans des conditions non encore élucidées, retarda les négociations entre le gouvernement de la République et les mouvements rebelles, même si, de plus en plus tendue, la situation politique sollicita de nouveau l'accélération de la diplomatie en vue d'une solution concertée.

Poursuivant la recherche d'une paix globale dans la région des Grands Lacs, il fut signé, le 6 septembre 2001, à Pretoria, un accord entre la République démocratique du Congo et le Rwanda, avec en toile de fond le retrait des troupes rwandaises et les anciens combattants des Forces armées rwandaises du Congo ; accord qui sera suivi d'un autre signé, le 30 septembre 2001, à Luanda, sur le retrait des troupes ougandaises du Congo.

Le cessez-le-feu obtenu, il convient d'envisager les négociations politiques à même de déboucher sur la fin de la guerre et l'organisation consensuelle de la période de la transition. Facilitées par Kétumile Masire, ancien président du Botswana, ces négociations n'aboutirent point, en raison des questions de procédure qui ne permirent guère d'épuiser, dans le délai, l'ensemble des matières inscrites à l'ordre du jour[107].

Dans le même temps, surgit un accord politique pour la gestion consensuelle de la transition signé, le 19 avril 2002, à Sun City, en Afrique du Sud, entre le gouvernement de la République et le Mouvement de libération du Congo ; les auteurs y ont vu le fondement d'une nouvelle Constitution de la transition[108]. Aux termes dudit accord, on peut lire que Joseph Kabila restait président de la République et Chef de l'État, tandis que Jean-Pierre Bemba exercerait les fonctions de premier ministre, chef du gouvernement et président du Conseil des ministres. Le président de l'Assemblée nationale serait issu du Rassemblement congolais pour la démocratie, pendant que celui du Sénat désigné par l'opposition politique non armée[109].

Le caractère non inclusif de cet accord conduisît à sa dénonciation par les autres forces militaires politiques et sociales ; le texte constitutionnel envisagé ne fut, donc, pas accepté. C'est sur ces entrefaites que, sous la médiation de Moustapha Niasse[110] et l'accompagnement de Thabo Mbeki[111], un autre accord politique sur la transition en République démocratique du Congo est négocié et signé, le 17 décembre 2002, à Sun City. Les douleurs d'accouchement dudit accord attestèrent, si besoin en était, que le chemin sur le dialogue intercongolais était parsemé d'embuches pour la fondation ou refondation d'un État concordataire[112].

---

[107] Le Règlement intérieur des négociations politiques prévoyait, en effet, que celles-ci dureraient au maximum cinquante-deux jours.

[108] C'est, en effet, dans la ville portuaire de Matadi, en province du Kongo-Central, que les deux délégations se sont réunies à l'Hôtel Cascade.

[109] Art. 1er de l'Accord.

[110] Envoyé spécial du Secrétaire Général des Nations Unies pour le Dialogue intercongolais.

[111] Président de la République d'Afrique du Sud et témoin du Dialogue intercongolais.

[112] BOSHAB MABUDJ E., *Sur le chemin du dialogue intercongolais. Quelques pistes pour la refondation de l'État concordataire*. Kinshasa, Médias pour la paix, 2000, p. 14.

Accepté par toutes les parties au dialogue intercongolais, l'Accord global et inclusif servira, finalement, de fondement à la Constitution de la transition du 4 avril 2003.

2. L'aménagement des pouvoirs publics

La structuration des pouvoirs publics, telle qu'organisée par l'Accord global et inclusif du 17 décembre 2002, s'inscrit dans la logique du partage du pouvoir avant la tenue des élections libres, démocratiques, transparentes et équitables censées mettre un terme à la crise de légitimité des institutions de la République et de leurs animateurs[113].

Dans cet Accord, on pouvait voir une nette distinction, sans doute fondée sur le poids politique ou militaire, entre une composante et une entité. Ont été ainsi considérées comme composantes, les forces belligérantes telles que le Gouvernement de la République, le Rassemblement congolais pour la démocratie, le Mouvement de libération du Congo, l'Opposition politique et la réquisition de la société civile-forces vives ; les entités étant formées d'autres forces militaires comme le Rassemblement des congolais démocrates et nationalistes, le Rassemblement congolais pour la démocratie Kisangani-mouvement de libération et les Maï-Maï.

Sur pied du même Accord, il a été prévu des institutions politiques de la transition constituées du président de la République, du gouvernement, de l'Assemblée nationale, du Sénat et des cours et tribunaux[114], à côté de celles d'appui à la démocratie formées de la Commission électorale indépendante, de l'Observatoire national des droits de l'homme, de la Haute autorité des médias, de la Commission vérité et réconciliation et de la Commission de l'éthique et de la lutte contre la corruption.

Les annexes 1 et 2 dudit Accord aménagent la répartition des responsabilités dans ces différentes institutions, l'armée, la police, l'administration territoriale, la diplomatie et le portefeuille de l'État.

Au niveau du pouvoir exécutif, l'institution de la présidence de la République composée, outre du président de la République, des quatre vice-présidents, coordonnant chacun un secteur d'activités[115], a permis d'espérer un leadership nécessaire et exemplaire, dans l'intérêt de l'unité de la

---

[113] Exposé des motifs de la Constitution de la République démocratique du Congo, telle que modifiée par la Loi n° 11/002 du 20 janvier 2011 portant révision de certains articles de la Constitution du 18 février 2006, *Journal officiel de la République démocratique du Congo*, numéro spécial du 5 février 2011, p. 79. Lire également, OBOTELA RASHIDI N., « L'an I de l'accord global et inclusif en République démocratique du Congo : de la laborieuse mise en place aux incessants atermoiements », in REYETJENS F. et MARYSE S. (dir.), *L'Afrique des Grands Lacs. Annuaire 2003-2004*, Anvers-Paris, CERGLA-L'Harmattan, 2004, pp. 117-137.

[114] Art. 64 de la Constitution de la transition du 4 avril 2003.

[115] Art. 86 de la Constitution de la transition du 4 avril 2003.

République démocratique du Congo[116] et servi de cadre de concertation sur toutes les matières relatives à la gestion du gouvernement[117].

Cette structure est loin de ressembler à une présentation classique, l'absence d'un premier ministre conduisant l'action du gouvernement fait que celui-ci soit composé du président de la République qui en était le chef[118],des vice-présidents[119], des ministres et vice-ministres[120].

Au sein de l'Assemblée nationale, sur les cinq cents membres, chaque composante fut représentée par quatre-vingt-quatorze délégués, les entités Maï-Maï par dix, Rassemblement congolais pour la démocratie-Mouvement de libération par quinze et Rassemblement congolais pour la démocartie-Nationale par cinq ; la constitution du bureau de cette chambre parlementaire ayant été faite suivant la règle du partage des responsabilités entre les composantes et entités[121].

Car, sur cent vingt membres que comptait le Sénat, chaque composante a bénéficié de vingt-deux sièges, les entités Rassemblement congolais pour la démocratie-Mouvement de libération et Maï-Maï par quatre et Rassemblement congolais pour la démocratie-National par deux ; son bureau étant formé de huit membres représentants des composantes et entités au Dialogue intercongolais[122].

Ainsi qu'on le voit, les accords politiques ont pu, selon le cas, servir de source matérielle ou de fondement du texte constitutionnel à mettre en

---

[116] Art.80, al. 2 de la Constitution de la transition du 4 avril 2003.

[117] Art. 82, al.1er de la Constitution de la transition du 4 avril 2003.

[118] Mais dépourvu de tout pouvoir réel de révocation des membres du gouvernement préalablement nommés sur proposition des composantes et entités du Dialogue intercongolais (Art. 89, al. 2 de la Constitution de la transition du 4 avril 2003). Il dispose, néanmoins, du pouvoir réglementaire qu'il exerce par voie de décrets délibérés en Conseil des ministres.

[119] Supervisant les commissions gouvernementales politique, défense et sécurité (Rassemblement congolais pour la démocratie), économique et financière (Mouvement de Libération du Congo), reconstruction et développement (Gouvernement) et socioculturelle (Opposition politique).

[120] Art. 89 al. 1er de la Constitution de la transition du 4 avril 2003.

[121] Sur ce principe, on relève que la présidence du Bureau de l'Assemblée nationale a été confiée au Mouvement de libération du Congo, la première vice-présidence au Gouvernement, la deuxième vice-présidence au Rassemblement congolais pour la démocratie, la troisième à l'opposition politique, tandis que le poste de rapporteur a été réservé aux Maï-Maï ; les trois postes de rapporteurs adjoints ayant été attribués à la société civile-Forces vives, au Rassemblement congolais pour la démocratie-Nationale et le Rassemblement congolais pour la démocratie-Mouvement de libération.

[122] Si la présidence de cette chambre parlementaire était assurée par la composante société civile-Forces vives, les trois vice-présidences étaient respectivement occupées par les composantes Rassemblement congolais pour la démocratie, l'Opposition politique, le gouvernement, les postes de rapporteur ainsi que de ses trois adjoints ayant été réservés respectivement au Rassemblement congolais pour la démocratie-Mouvement de libération, au Rassemblement congolais pour la démocratie-Nationale, au Mouvement de libération du Congo et aux Maï-Maï.

place[123]. Bien qu'ayant, positivement, permis l'encrage du « conventionnalisme constitutionnel », cette technique qui autorise le recours aux accords politiques dans l'élaboration et, au besoin, la révision de la Constitution, est encore diversement appréhendée, car venté par les uns[124]et redouté par les autres[125], le conventionnalisme constitutionnel est une réalité en droit constitutionnel congolais, son usage doit, néanmoins, être mesuré, prudent et uniquement porté vers la protection de la Constitution et la stabilité institutionnelle.

§3. Les Constitutions adoptées par référendum

En régime démocratique, la Constitution est élaborée par une assemblée constituante, auteur d'un projet de Constitution obligatoirement soumis à l'approbation populaire, la technique aboutit à une double consultation populaire ; la première, en amont, conduisant à la désignation démocratique des membres de la constituante, et la seconde, en aval, approuvant ou non le projet de Constitution élaboré par l'assemblée constituante. La Constitution du 1er août 1964, celles du 24 juin 1967 et du 18 février 2006 ont été adoptées par voie de référendum.

A. La Constitution du 1er août 1964

La présentation du contexte politique qui a précédé l'élaboration de cette Constitution aide à circonscrire l'aménagement des pouvoirs publics.

1. L'origine de la Constitution de Luluabourg

Au moment de l'élaboration de la Loi fondamentale du 19 mai 1960, le constituant belge a précisé qu'après l'indépendance, les congolais devaient se doter des nouvelles institutions publiques organisées par une nouvelle

---

123 Il s'agit notamment de l'Acte portant dispositions constitutionnelles relatives à la période de la transition du 2 août 1992, de l'Acte constitutionnel de la transition du 9 avril 1994 et de la Constitution de la transition du 4 avril 2003. Le droit constitutionnel africain offre quelques expériences semblables vécues au Burkina Faso, au Burundi, en Côte d'Ivoire, au Mali et en République centrafricaine à la suite des crises politiques que ces pays ont connues et qui ont nécessité la signature des accords politiques sur lesquels furent élaborées les Constitutions ou Chartes de transition.

124 Certains pays comme le Burkina Faso, le Burundi, la Côte d'Ivoire, la République centrafricaine ou la République démocratique du Congo l'ont expérimenté au moment de la mise en place d'un ordre constitutionnel de sortie de crise.

125 Dans certains pays comme la République démocratique du Congo, l'Accord politique inclusif du 18 octobre 2016 est, en ce qu'il diffère l'organisation des élections pourtant prévues par la Constitution et prolonge au-delà des termes constitutionnels le mandat du président de la République, des députés nationaux et sénateurs ainsi que des députés provinciaux et gouverneurs de provinces, une révision constitutionnelle voilée que la Cour constitutionnelle ne peut censurer.

Constitution[126]. Il en découle le caractère provisoire de ce texte constitutionnel appelé à être remplacé par un autre, élaboré au Congo et par les congolais eux-mêmes.

Le processus de la mise en place d'un nouvel ordre constitutionnel a été retardé par un contexte sociopolitique très agité dont, le point de mire reste la crise politique et institutionnelle créée, le 5 septembre 1960, par la révocation du premier ministre Patrice Emery Lumumba et sa mort le 17 janvier 1961[127].

Sont, également, signalées dans cet épisode, la sécession du Katanga le 6 août 1960, celle du Sud-Kasaï, le 8 août 1960, les rebellions au Kwilu et dans le Kivu, mais également les guerres civiles qui conduisirent à la partition du pays et l'effondrement de l'autorité de l'État[128].

En vue de parvenir à l'unification du territoire et la réinstauration de l'autorité de l'État, plusieurs rencontres politiques furent initiées et organisées, tant à l'extérieur qu'à l'intérieur du pays, notamment, la conférence de Léopoldville, les assises d'Antananarivo, de Brazzaville, de Coquilhatville et le conclave de Lovanium.

Convoquées le 25 janvier 1961, les assises de Léopoldville se sont déroulées jusqu'au 16 février 1961 sans aucune décision de fond. Formellement orientées vers la réforme des structures politiques du Congo, elles s'occupèrent, également, du dossier de Moïse Tshombe et de la sécession du Katanga[129], mais en l'absence des délégués du Katanga qui les ont boycottées pour de raisons, officiellement, sécuritaires et des nationalistes qui avaient, le 12 septembre 1960, proclamé la République libre du Congo, dont la capitale était Stanleyville[130], seuls les délégués du Sud-Kasaï y participèrent. L'échec d'une table ronde[131]qui, visiblement, s'était contentée de ne jeter que des bases sur le lieu, la date et l'ordre du jour de la prochaine était prévisible.

Organisées pour approfondir la réflexion menée pendant les assises de Léopoldville, les concertations d'Antananarivo se sont tenues, du 8 au 12 mars 1961, dans un contexte politique particulièrement difficile, l'assassinat de Patrice Emery Lumumba venait d'être reconnu par la communauté internationale. Le boycott d'acteurs politiques proches du Mouvement

---

[126] Art. 3, al. 1er de la Loi fondamentale du 19 mai 1960 relative aux structures du Congo.

[127] On indiquera à ce sujet que l'euphorie de l'indépendance n'a été que de courte durée en témoignent les stratagèmes politiques mijotés tant en occident qu'au Congo pour empêcher le nouvel État d'exercer les attributs de sa souveraineté.

[128] Le pouvoir d'État était exercé dans trois pôles représentés par le pouvoir central à Léopoldville, la sécession Katangaise à Élisabethville et les mouvements nationalistes à Stanleyville auxquels, il convient d'ajouter l'action des Nations Unies.

[129] MUNGALA A.-S., *Le consensus politique et la renaissance de la République démocratique du Congo*, Kinshasa, CERDAF, 2002, pp. 71-72.

[130] NDAYWEL è NZIEM I., *L'histoire du Congo. Des origines à nos jours*, *op. cit.*, p. 188.

[131] BOMANDEKE BONYEKA B., *Le parlement congolais sous la Loi fondamentale du 19 mai 1960*, Kinshasa, PUZ, 1992, p. 249.

national congolais, le durcissement de leur position à l'égard du pouvoir central et de la délégation katangaise, ainsi que la volonté clairement affichée par les organisateurs de faire passer le projet politique de Moïse Tshombe accentuèrent la méfiance à l'égard des résolutions qui en ont résulté. Une troisième conférence a été aussitôt projetée.

Destinée, officiellement, à l'examen des modalités d'application des résolutions issues des assises d'Antananarivo, la conférence de Brazzaville a été initiée par l'Abbé Fulbert Youlu, l'unique Chef de l'État étranger, à y prendre part. À l'instar des assises précédentes, celle-ci a connu un échec dû à la seule présence des délégués venus du Katanga. La reconnaissance d'État indépendant du Katanga, par le pays hôte, en était une belle illustration. Dans l'attente d'une prochaine rencontre, le Chef de l'État, Joseph Kasa-Vubu, résolut de signer, en application de la résolution du Conseil de sécurité des Nations Unies, du 21 février 1961, avec le représentant de l'Organisation des Nations Unies au Congo un accord, le 17 avril 1961[132], préconisant la fin, au besoin par la force, de la sécession katangaïse et la réorganisation, sous l'égide des Nations Unies, de l'Armée nationale congolaise ; ce qui n'était pas du goût des délégués venus du Katanga.

Les tentatives de remise en question, par une conférence organisée, du 24 au 28 avril 1961, à Coquilhatville, des conclusions issues des assises d'Antananarivo par les délégués du gouvernement central, conduisirent au boycott des travaux par ceux du Katanga qui décidèrent de regagner Élisabethville par Brazzaville. Forcé d'attendre à Léopoldville où il était en escale les conclusions de la conférence de Coquilhatville, Moïse Tshombe les rejettera aussitôt arrivé à son fief d'Ëlisabethville. Cette Conférence n'a donc pas réussi à réconcilier les acteurs politiques impliqués.

Tenu à Léopoldville, du 25 juin au 2 août 1961, le Conclave de Lovanium aboutit à la réunification du pays, la formation d'un gouvernement d'union nationale chargé, notamment, de l'élaboration d'une nouvelle Constitution à soumettre au référendum, l'organisation des élections desquelles seront issues des nouvelles institutions, la réorganisation de l'armée par l'intégration d'anciens éléments et officiers sécessionnistes du Sud-Kasaï et du Katanga, ainsi que la normalisation de la vie politique.

On rappellera qu'aux termes de la Loi fondamentale du 19 mai 1960 relative aux structures du Congo, la nouvelle Constitution est élaborée par une constituante[133] composée du Chef de l'État et de deux chambres[134], mais

---

[132] Il importe de noter que, l'action des Nations Unies au Congo était loin de mettre fin à une crise, dont elles connaissaient parfaitement bien les causes, auteurs et commanditaires ainsi que les véritables bénéficiaires. La même politique se répétera, quatre décennies plus tard, à la faveur des négociations, pour une transition politique en République démocratique du Congo, après l'assassinat, dans son bureau de travail et dans les circonstances non encore élucidées, du président Laurent Désiré KABILA.

[133] Art. 98 de la Loi fondamentale du 19 mai 1960.

[134] Art. 4 de la Loi fondamentale du 19 mai 1960.

en l'absence d'une Assemblée constituante dont la mise en place n'a pu avoir lieu à cause de l'ajournement, le 29 septembre 1963, des chambres ; le Chef de l'État résolut d'instituer une Commission constitutionnelle[135] chargée d'élaborer le projet de Constitution à soumettre au référendum.

Composée de 112 membres dont 84 délégués représentant les provinces[136], la Commission siégea officiellement, du 11 janvier au 11 avril 1964, à Luluabourg, avant de remettre son texte ainsi que le rapport de ses travaux au Chef de l'État. Organisé du 25 juin au 10 juillet 1964, le référendum aboutit à l'adoption d'un nouveau texte constitutionnel qui fût promulgué, le 1er août 1964, comme Constitution de la République démocratique du Congo.

2. L'organisation des pouvoirs publics

À l'opposé de la Loi fondamentale du 19 mai 1960 qui aménageait une forme atypique de l'État, combinant les éléments d'un État unitaire et ceux d'un État fédéral, le constituant de 1964 avait officiellement opté, compte tenu de l'expérience politique caractérisée par des sécessions, guerres civiles et rebellions de diverses natures, pour une forme prudente de l'État composé de vingt et une provinces autonomes[137], ainsi que la capitale Kinshasa tout en conférant au pouvoir central un droit de regard sur les provinces.

Sans organiser l'État unitaire décentralisé, le constituant s'est, également, réservé d'opter pour un État fédéral classique, les divergences conceptuelles entre les deux formes d'État ayant amené la Commission constitutionnelle à prévoir, avant le référendum, deux projets de Constitution dont, l'un de nature fédérale, et l'autre favorable à un État unitaire. C'est ce dernier qui a été finalement adopté au référendum, l'autre ayant été conservé dans une annexe à la Constitution officiellement promulguée, sa mise en application devant intervenir plus tard[138].

La Constitution du 1er août 1964 consacre l'unité du pouvoir devant s'exercer, donc, à deux échelons. Au niveau national, le pouvoir politique est exercé par un exécutif dualiste composé d'un président de la République et d'un gouvernement dirigé par un premier ministre, d'un parlement bicaméral et d'un pouvoir judiciaire assuré par la Cour constitutionnelle, les Cours et tribunaux ainsi que les parquets y rattachés. À l'échelon provincial, il est prévu un gouvernement dont, les membres sont élus par les Assemblées régionales, elles- mêmes, issues du suffrage populaire.

---

[135] Créée par Ordonnance n° 293 du 27 novembre 1963.

[136] À laquelle s'étaient joints quatre experts des Nations Unies dont le Birman UTHAN et le Nigérian ALAWELE.

[137] En raison, notamment, de leur intervention dans la constitution du parlement national et l'exercice, à l'exception du pouvoir constituant, de l'initiative législative au niveau national.

[138] L'article 178 de la Constitution du 1er août 1964.

Le régime politique aménagé par cette Constitution est essentiellement parlementaire, le premier ministre devant provenir de la majorité à l'Assemblée nationale, auprès de laquelle son gouvernement est responsable.

Ce régime est, également, proche de celui dans lequel le Chef de l'État élu, certes, au suffrage universel indirect, disposant tout de même des prérogatives présidentielles, notamment le pouvoir de nomination et, le cas échéant, de révocation des membres du gouvernement, pourtant responsables devant le parlement.

Cette architecture institutionnelle n'a pas tardé à révéler au grand jour, les tendances présidentialistes du régime qui offrit au Chef de l'État le cadre d'exercice autoritaire du pouvoir. Il a été, par exemple, noté qu'interprétant ses prérogatives, Joseph Kasa-Vubu ne s'était pas privé de renvoyer, le 29 septembre 1963, le parlement convoqué neuf jours plutôt, soit le 20 septembre 1965, en session extraordinaire.

Après l'ouverture, le 10 octobre 1965, de la session ordinaire du parlement, le président de la République annonça, le 13 octobre 1965, dans un message adressé aux deux chambres réunies en Congrès, un certain nombre de décisions dont, la fin du gouvernement de transition et du mandat du premier ministre, le report au mois de mars 1966 de l'élection présidentielle et le dépôt, du 19 novembre au 20 décembre 1965, des candidatures à ladite élection, mais contre l'avis de la majorité parlementaire[139], le premier ministre Moïse Tshombe fut remplacé par Évariste Kimba dont, le gouvernement était, à deux reprises, soit les 14 et 15 novembre 1965, rejeté.

Il semble que les ambitions présidentielles[140] de Moïse Tshombe, sa majorité au parlement[141] et le rôle combien important qu'il entendait jouer au sein du gouvernement dans lequel, il cumulait les postes des affaires étrangères, du plan, du commerce extérieur, du travail et de l'information, auraient précipité son éviction.

L'imbroglio juridico-politique ainsi créé servit de prétexte pour la mise en veilleuse de la Constitution, que l'on croyait porteuse des valeurs démocratiques et de stabilité institutionnelle : conduite par le Lieutenant général, Joseph Désiré Mobutu, l'Armée nationale congolaise prit, le 24

---

[139] À l'issue des élections législatives de mai et juin 1965, la Convention nationale congolaise qui le soutenait a réussi à avoir une majorité confortable, avec cent vingt-deux sièges, sur cent soixante-sept que comptait le parlement.

[140] LIBOIS G. et VERHAEGEN B., *Congo 1965 : analyses et documents relatifs au processus qui a conduit à la fin du Gouvernement de Moise Tshombe*, Bruxelles, CRISP, 1967, p.5.

[141] À la faveur des élections législatives tenues en mars et avril 1965, les résultats proclamés, du 1er au 20 août 1965, donnèrent une majorité parlementaire confortable à la coalition qui soutenait le premier ministre Moïse TSHOMBE.

novembre 1965, le pouvoir d'État, neutralisant du coup le président de la République et le premier ministre[142].

B. La Constitution du 24 juin 1967

Pour une meilleure compréhension de l'agencement des pouvoirs publics, tel que structuré par la Constitution du 24 juin 1967, il importe de situer l'œuvre du constituant dans son contexte historique et politique.

1. Le contexte d'élaboration de la Constitution

Après la prise du pouvoir d'État par le Haut commandement de l'Armée nationale congolaise, un pouvoir de fait succédait à un gouvernement, d'abord, constitutionnel, ensuite, légitime ; elle amena le nouveau Chef de l'État à manifester trop tôt sa volonté de concentrer et de personnaliser le pouvoir, en témoignent l'accaparement de toutes les prérogatives exécutives et la neutralisation du parlement comme organe de contrôle de l'action gouvernementale[143]. La prééminence présidentielle a été, également, caractérisée par la dévolution totale du gouvernement envers le Chef de l'État et l'absence des moyens de contrôle du parlement.

La déteinture du gouvernement et sa soumission au président de la République ont été, notamment, marquées par l'ordonnance-loi n° 66-612 du 27 octobre 1966 aux termes de laquelle fut supprimé le bicéphalisme de l'exécutif institué par la Constitution du 1er août 1964, avec comme conséquence que toutes les prérogatives jadis exercées par le premier ministre lui sont désormais reconnues. Dans les rapports entre le gouvernement et le parlement dont les activités étaient déjà suspendues, deux textes législatifs confèrent au président de la République toutes les attributions du législateur ordinaire. Il s'agit de :

- l'ordonnance-loi n° 65-7 du 30 novembre 1965[144] accordant des pouvoirs spéciaux au président de la République, notamment ceux de prendre, pour une durée indéterminée, par ordonnance-loi, des mesures qui sont normalement du domaine de la loi ;
- l'ordonnance-loi n° 66-92 du 7 mars 1966[145] conférant au président de la République le pouvoir de légiférer, le parlement n'était qu'informé des mesures prises par le chef de l'exécutif.

---

142 Pour paradoxale que cela puisse paraître, la prise du pouvoir par le Haut commandement de l'Armée nationale congolaise a été, favorablement, accueillie par le premier ministre déchu et la majorité parlementaire qui le soutenait.

143 DJELO EMPENGE-OSAKO V., *L'impact de la coutume sur l'exercice du pouvoir en Afrique noire. Le cas du Zaïre*, *op. cit.*, p. 66.

144 Moniteur Congolais n° 1, 1966, p. 2.

145 Moniteur Congolais n° 7, 1966, p. 159.

Ainsi que l'on peut s'en rendre compte, le pouvoir personnel que convoitait déjà le Chef de l'État était, de toute évidence, appelé à se constitutionnaliser, l'entreprise ayant été réalisée par la mise en place d'une Commission d'experts[146] chargés d'élaborer un projet de Constitution à soumettre au référendum.

Organisée du 4 au 23 juin 1967, cette consultation aboutit à l'adoption, sans surprise, de la Constitution qui sera promulguée le 24 juin 1967 et publiée au Journal officiel.

2. L'aménagement des pouvoirs publics

Par rapport à cette Constitution, deux questions méritent d'être évoquées, à savoir, la structure de l'État et le régime politique.

S'agissant de la forme de l'État, on note que le besoin de lutter contre les velléités séparatistes et d'assurer l'unité nationale a justifié l'option en faveur d'une organisation politique et administrative fortement centralisée, en témoigne la référence, dans toutes les administrations publiques, au principe de l'unité de commandement.

La révision constitutionnelle du 23 décembre 1970 renforça le caractère centralisé d'une structure étatique et administrative, qui subissait déjà l'influence déterminante du Mouvement populaire de la révolution.

Né, le 20 mai 1967, des cendres du corps des volontaires de la République et, donc, moins de 30 jours avant l'adoption de la nouvelle Constitution, ce parti politique de fait va se poser en source du pouvoir et de légitimité.

Ce monopartisme larvé sera consacré par la Constitution qui, tout en organisant un bipartisme virtuel[147], interdit la création d'un parti politique autre que le Mouvement populaire de la révolution. Pour renforcer le pouvoir du seul parti politique autorisé à fonctionner, la Constitution sera vite révisée[148] avec, en toile de fond, la suppression de l'article 4 au profit de l'article 19 bis aux termes duquel les institutions de la République sont constituées du Mouvement populaire de la révolution[149], du président de la République, de l'Assemblée nationale, du gouvernement, de la Cour constitutionnelle et des cours et tribunaux.

L'accélération du processus d'installation des structures du parti au sein de toutes les administrations publiques et privées déboucha sur un dualisme,

---

[146] Composée notamment de KAMANDA wa KAMANDA Gérard, LIHAU Antoine Marcel, NSINGA UDJU Joseph et TSHISEKEDI Étienne.

[147] L'alinéa 2 de l'article 4 de la Constitution dispose qu'il ne peut être créé plus de deux partis politiques.

[148] En vertu de la Loi n° 70-001 du 23 décembre 1970 portant révision de la Constitution.

[149] Qui deviendra, par l'article 29 de la Loi constitutionnelle du 15 août 1974, la seule institution de la République qu'incarne son président.

mieux un dédoublement institutionnel ; les organes de l'État se confondant avec ceux du Mouvement populaire de la révolution.

L'aménagement du pouvoir, opéré par la Constitution du 24 juin 1967, obéit aux valeurs de la démocratie représentative que procure le régime présidentiel ; le Chef de l'État étant élu au suffrage universel direct. Cette démocratie se traduisit, également, par la séparation des pouvoirs, notamment, la volonté de faire de l'Assemblée nationale l'unique organe législatif de la République.

S'agissant de la nature du régime politique, il est, par la seule dépendance du gouvernement à l'égard du président de la République[150], proche de celui présidentiel, mais la pratique du pouvoir a conduit le président de la République à développer des attitudes présidentialistes, devant une façade de limitation et de contrôle du pouvoir. Tel semble l'objectif poursuivi par les révisions constitutionnelles du 23 décembre 1970 et du 15 août 1974.

À propos de la loi constitutionnelle n° 74-020 du 15 août 1974 qu'une opinion présente comme une simple modification de la Constitution du 24 juin 1967, on admet qu'elle a opéré le changement de Constitution dans un régime existant, la réforme ayant atteint l'esprit du texte qu'elle prétendait réformer.

Aussi, pour avoir fait intervenir le pouvoir constituant dérivé dans le domaine du pouvoir constituant originaire, la révision constitutionnelle du 15 août 1974 traduit-elle l'idée de la fraude à la Constitution.

Au niveau de l'origine et de l'exercice du pouvoir, la reconnaissance du Mouvement populaire de la révolution comme seule source du pouvoir[151] et unique institution de la République qu'incarne son président[152] détenant, par ailleurs, la plénitude du pouvoir, induit, notamment, le fait que ce dernier soit la seule autorité habilitée à présider le Bureau politique, le Congrès, le Conseil législatif, le Conseil exécutif et le Conseil judiciaire[153].

Dans ce cas, plus qu'une simple modification de la Constitution, la loi constitutionnelle du 15 août 1974 a opéré le changement de Constitution.

C. La Constitution du 18 février 2006

La présentation du contexte de l'élaboration de la Constitution aide à situer le cadre organique et fonctionnel du pouvoir.

---

[150] Art. 31 de la Constitution du 24 juin 1967.

[151] En lieu et place du peuple (Art. 29 de la Loi constitutionnelle du 15 août 1974). Pour saisir quelques éléments historiques sur ce parti, lire notamment *Le Panorama des 20 ans du Mouvement Populaire de la Révolution,* Bureau du Président de la République, Kinshasa, 1987.

[152] Art. 28 de la Loi constitutionnelle du 15 août 1974.

[153] Art. 30 de la Loi constitutionnelle du 15 août 1974.

1. L'origine de la Constitution

L'élaboration de la Constitution du 18 février 2006 est intervenue dans un contexte politique particulier, caractérisé, notamment, par la méfiance[154] et la suspicion entre les différentes forces sociales et politiques en présence.

Assurée par un parlement de transition composé des membres non élus, l'initiative est apparue, en pratique, plus diffuse, en ce qu'elle a associé d'autres acteurs nationaux dans une perspective ouverte aux suggestions de la communauté internationale.

On note, à ce sujet, que la Constitution de la transition du 4 avril 2003 a chargé le Sénat d'élaborer l'avant-projet de Constitution et l'Assemblée nationale, le projet de Constitution à soumettre au référendum populaire[155].

Avant d'entamer le processus d'élaboration proprement dite de l'avant-projet de Constitution, le Sénat s'était résolu de constituer, conformément à la Constitution de la transition[156] et à son règlement intérieur[157], ses Commissions permanentes[158]. Elle a, ensuite, décidé, au cours de la séance du 23 décembre 2003, d'organiser une consultation des forces politiques et sociales en vue de recueillir leurs avis[159] sur certaines options à faire figurer dans le texte de l'avant-projet de Constitution.

Lancée, en avril 2003, la campagne en faveur de la consultation nationale a été suivie de l'organisation, à intervalle d'un mois, de deux séminaires[160] à l'intention, d'une part, des membres de la Commission constitutionnelle et, d'autre part, de l'ensemble de sénateurs sur les perspectives de la future Constitution de la République démocratique du Congo. Cette démarche exceptionnelle à la procédure habituelle de rédaction démocratique de Constitution permit à la population de se prononcer, en amont, sur certaines options qui lui étaient proposées et ne visait, nullement, pas à escamoter le référendum[161].

---

[154] ESAMBO KANGASHE J.-L., « Le contexte socio-politique congolais, repères historiques et forces en présence : de la guerre dite de libération à l'Accord global et inclusif », in MALANDA NSUMBU F. (dir.), *La nouvelle Constitution de la transition en République démocratique du Congo : aspects juridiques, politiques, économiques et socioculturels*, Kinshasa, Publication de la FKA, décembre 2003, p.17.

[155] Art. 104 de la Constitution de la transition du 4 avril 2003.

[156] Art. 109 de la Constitution de la transition du 4 avril 2003.

[157] *Journal officiel de la République démocratique du Congo*, numéro spécial du 13 octobre 2003.

[158] Aux termes de l'article 34 du Règlement intérieur du Sénat, ces commissions sont au nombre de huit, dont la Commission constitutionnelle.

[159] Rapport de la Commission constitutionnelle relatif à l'avant-projet de Constitution de la République démocratique du Congo, Palais du Peuple, Kinshasa, mars, 2005, inédit, p. 1.

[160] Tenus au Palais du Peuple de Kinshasa respectivement du 13 au 14 août 2004 et du 17 au 18 septembre 2004.

[161] Article 98, tiret 4 de la Constitution de la transition du 4 avril 2003.

La troisième étape de ce processus a été caractérisée par la retraite, organisée à Kisangani[162] en faveur du comité de rédaction[163] et qui a abouti à la rédaction de la première monture de l'avant-projet de Constitution[164] à soumettre aux discussions de la Commission constitutionnelle. On note qu'en l'absence du consensus sur un seul projet, le comité de rédaction en a produit plutôt deux : l'un de tendance fédéraliste[165] et, l'autre, à vocation unitariste[166].

Les contraintes du calendrier de la transition ont influé sur le début tardif des travaux qui se déroulèrent avec une certaine précipitation, situation qui amena le comité de rédaction à ne retenir que le texte de tendance unitariste comme document de base des discussions[167], mais qui a traduit, dans le fond, un consensus sur la forme de l'État (qui organise une symbiose entre les éléments de l'État fédéral et ceux de l'État unitaire) et le régime politique combinant, également, les recettes du régime présidentiel et celui parlementaire.

Il importe de signaler que, dans ses travaux, le comité de rédaction a bénéficié de l'apport de l'expertise composée, en majorité, des universitaires congolais désignés par les institutions ou organisations non gouvernementales internationales[168]. Les résultats de cet apport ont été intégrés dans le texte de l'avant-projet de Constitution adopté le 24 février 2005 par la Commission constitutionnelle. C'est ce texte qui a été soumis aux débats de l'assemblée plénière.

Discuté et adopté par la Commission constitutionnelle en sa séance du 24 février 2005, le texte de l'avant-projet de Constitution a été, préalablement, soumis aux observations du comité d'experts[169] enrichi, également, avec les résultats de la consultation nationale[170]. C'est en ses séances du 21 février au 17 mars 2005 que le Sénat va l'examiner, aux fins de son adoption comme avant-projet de Constitution qu'il transmettra à l'Assemblée nationale.

Les discussions du projet de Constitution, par cette chambre parlementaire, se sont déroulées pendant la session de mars 2005, d'abord,

---

162 Avec l'appui matériel et financier de l'Electoral Institue Southern Africa.

163 Composé de 16 membres représentants les forces politiques au sein du Sénat.

164 Dont les travaux se sont déroulés du 24 septembre au 15 octobre 2004.

165 Élaborée par le Sénateur LUNDULA du Rassemblement congolais pour la démocratie.

166 Confiée au Sénateur KINGOMBE de la composante Opposition politique.

167 Rapport de la Commission constitutionnelle, p. 6.

168 Tels que l'Union européenne, le Programme des Nations Unies pour le Développement, l'Electoral Institute Southern Africain, l'International Forum Electoral System et Global Rights.

169 Composés majoritairement des Congolais issus des milieux académique et scientifique de l'Université de Kinshasa.

170 Qu'une certaine opinion a assimilé au référendum populaire organisé avant l'élaboration proprement dite de la Constitution, juste pour justifier l'inopportunité d'une telle consultation. Lire dans ce sens, BIBOMBE MWAMBA B., « un référendum pour quoi faire ?», in KABAMBA B., (dir.), *Fédéralisme-Régionalisme. La 3e République démocratique du Congo. Un nouveau régionalisme*, Liège, 2004-2005, pp. 23-30.

au sein de la Commission politique administrative et judiciaire et, ensuite, à la plénière de l'Assemblée nationale. Elles ont abouti à son adoption le 14 juin 2005, soit un jour avant le terme de la dernière session parlementaire.

Organisé du 18 au 19 décembre 2005 par la Commission électorale indépendante, le référendum déboucha sur l'adoption, avec 83 % des suffrages exprimés, de la Constitution qui fut promulguée, après le règlement juridictionnel du contentieux y relatif, le 18 février 2006.

Cinq ans après sa promulgation, cette Constitution a subi sa première révision par la loi n° 11-002 du 20 janvier 2011 avec, en toile de fond, le changement du mode de scrutin pour l'élection du président de la République, l'organisation des incompatibilités du mandat électif avec tout autre fonction publique, la composition du pouvoir judiciaire qui en exclut le parquet et la possibilité, pour le président de la République, de dissolution des Assemblées provinciales en cas de crise grave persistante avec les gouvernements provinciaux.

2. La structure du pouvoir

À l'occasion de l'élaboration de la Constitution, trois tendances ont pu être dégagées en rapport avec la forme de l'État, mais le besoin de maintenir l'unité nationale du pays, par un pouvoir fort capable de réduire les velléités séparatistes, a séduit les défenseurs de l'État unitaire décentralisé[171], pendant que ses adversaires plaidaient pour la forme fédérale de l'État[172], à même de booster le développement à partir de plusieurs centres de décision. L'intransigeance des uns et des autres ont convaincu d'une solution médiane[173] autour de l'État régional. Cette solution de compromis est apparue dans l'intention du constituant qui a insisté sur l'unité du pays, l'autonomie des provinces et des entités territoriales décentralisées dotées, par ailleurs, de la personnalité juridique.

Disposant d'institutions politiques distinctes de celles organisées au niveau national, les provinces jouissent d'une autonomie politique limitée et ne sont pas investies du pouvoir constituant. Le regard de l'État sur le fonctionnement des provinces est assuré par l'institution de la conférence des gouverneurs, l'investiture des gouverneurs et vice-gouverneurs par le président de la République, la dissolution de l'assemblée provinciale et la possibilité de renvoyer un gouverneur de province, en cas de crise politique grave et persistante, menaçant d'interrompre le fonctionnement régulier des

[171] Parmi lesquels, on compte les représentants du Gouvernement, du Mouvement de libération du Congo, des Maï-Maï et du Rassemblement congolais pour la démocratie-Nationale.

[172] Notamment, le Rassemblement congolais pour la démocratie-Nationale, l'Opposition politique, la société civile-Forces vives, ainsi que le Rassemblement congolais pour la démocratie-Mouvement de libération.

[173] Soutenue par le Mouvement de libération du Congo.

institutions provinciales ainsi que le contrôle de constitutionnalité des édits votés par les assemblées provinciales.

L'exposé des motifs de la Constitution du 18 février 2006 fait valoir la participation populaire au choix des gouvernants, insistant sur l'unité du pouvoir politique appelé à s'exercer tant au niveau national, provincial que local.

Comme en 1960, 1964 et 1992, le débat sur le régime politique a occupé une place de choix dans les discussions qui ont précédé l'élaboration et l'adoption de la Constitution, notamment le choix entre le régime présidentiel et parlementaire, dont la pratique a relevé des dérapages importants. Le constituant a finalement opté pour un régime parlementaire rationnalisé, qui assure la stabilité institutionnelle et la participation démocratique à l'exercice du pouvoir.

Au niveau national, le pouvoir exécutif est assuré par le président de la République et le gouvernement dirigé par un premier ministre désigné, en concertation avec la majorité à l'Assemblée nationale. De façon répétée, cette exigence constitutionnelle n'a pas été rencontrée à l'occasion de la nomination des premiers ministres de Messieurs Antoine Gizenga, Adolphe Muzitu, Augustin Matata, Samy Badibanga et Bruno Tshibala.

SECTION 2. LA RÉVISION DE LA CONSTITUTION

Élaborée par le pouvoir constituant originaire, la Constitution n'est pas faite pour l'éternité ; elle est appelée à s'adapter à l'évolution, sans cesse changeante, de la société. La révision vise, donc, la conformité de la Constitution à l'évolution de la société, mieux à celle du temps[174].

Le temps joue un rôle capital dans la pérennisation ou non des règles constitutionnelles. Par son usure, le temps peut se révéler contreproductif et destructeur de l'édifice constitutionnel ; mais bien géré, il est susceptible de servir de gage à la protection de la Constitution et de ses valeurs fondamentales. L'exercice permet de se faire une idée sur la pérennité de la Loi fondamentale considérée, à juste titre, comme un patrimoine commun pour les générations présentes et à venir.

Aménagée par le constituant lui-même, la révision est assurée par un organe spécifiquement désigné à cette fin, c'est le pouvoir constituant dérivé, dont la mission ne porte que sur les matières qui exigent des justes et nécessaires adaptations, son action étant limitée et encadrée par le pouvoir qui l'a institué.

L'étude du pouvoir de révision pose, en République démocratique du Congo, trois problèmes liés à son fondement, la procédure et la pratique qui en est souvent faite.

---

[174] ESAMBO KANGASHE J.-L., *Le droit constitutionnel*, *op. cit.*, pp. 98-99.

§1. Le fondement de la révision

Une mise au point sur la raison d'être de la révision permet d'expliquer la nature du pouvoir constituant dérivé.

A. La raison d'être de la révision

Pour assurer sa suprématie, la Constitution organise, elle-même, la procédure de sa révision à être conduite par un organe institué par elle et agissant conformément à la procédure spécialement aménagée.

La révision vise, donc, l'adaptation de la Constitution à l'évolution de la société, mais aussi la stabilisation des institutions politiques[175]. On signale que, tout en maintenant la continuité juridique de la Constitution, l'exercice poursuit, également, son adaptation aux circonstances de la vie et la survie de la Nation[176]. C'est, donc, par la révision que la Constitution atteint un niveau élevé de perfection tout en gardant la continuité de son esprit.

Dans la pratique, c'est au parlement composé des représentants du peuple qu'il revient de réajuster, selon la procédure constitutionnelle en vigueur, les dispositions jugées inadaptées ou obsolètes de la Constitution, en vue de les rendre plus réceptives à l'évolution de la société ou plus opérationnelles.

B. La nature du pouvoir de révision

Le pouvoir constituant dérivé est, par nature, limité ; ce bornage pouvant être express ou découler de la pratique du pouvoir. S'agissant des limitations expresses, la Constitution interdit sa révision, en raison de la matière, du temps ou des circonstances particulières.

Les Constitutions française[177] et italienne[178] interdisent toute révision qui modifie la forme républicaine du gouvernement, tandis que celle de la République démocratique du Congo du 18 février 2006 prohibe toute modification qui poursuit le changement de la forme républicaine de l'État, la forme représentative du gouvernement ou porte atteinte au principe du suffrage universel, au nombre et à la durée des mandats du président de la République, à l'indépendance du pouvoir judiciaire, au pluralisme politique et syndical, à la réduction des droits et libertés de la personne, ainsi qu'aux pouvoirs des provinces et des entités territoriales décentralisées[179].

---

[175] ESAMBO KANGASHE J.-L., *Le droit constitutionnel, op. cit.*, p.99.

[176] Lire dans ce sens, BOSHAB E., *Entre la révision de la Constitution et l'inanition de la Nation, op. cit.*, p. 26.

[177] Art. 89 de la Constitution du 4 octobre 1958.

[178] Art. 139 de la Constitution du 1er janvier 1948.

[179] Art. 220 de la Constitution du 18 février 2006.

En vue de prémunir la Constitution de toute vulnérabilité à souhait, le Portugal n'a autorisé sa révision que, chaque dix ans, l'Assemblée nationale pouvant décider de le faire anticipativement tous les cinq ans[180].

Certaines circonstances limitent le pouvoir de révision en l'occurrence, lors qu'il y a occupation du territoire national par des puissances étrangères, atteinte à l'intégrité du territoire[181], pendant l'état de guerre, d'urgence ou de siège ou lorsqu'il y a intérim à la présidence de la République ou, encore, lorsque le parlement se trouve empêché de se réunir[182].

Institué par la Constitution, le pouvoir de révision ne peut, sans tomber dans la fraude, modifier la totalité de la Constitution, ni changer la procédure de révision ; il ne peut pas détruire son fondement, ni scier l'arbre sur lequel il est assis.

Aussitôt énoncée, cette règle mérite d'être relativisée, car on ne saurait parler de fraude, si la Constitution autorise, elle-même, sa révision totale ou partielle par le peuple[183], le pouvoir constituant prenant soin de distinguer les modalités d'adoption d'une révision totale ou partielle de la Constitution ; mais hormis ces exceptions, c'est au sein du parlement que s'exerce le pouvoir de révision par le peuple ou, à tout le moins, par le biais de ses représentants élus.

§2. La procédure de révision

La procédure de révision renferme plusieurs étapes, couvrant l'initiative, la rédaction du texte modificatif de la Constitution et l'adoption définitive de la révision.

A. L'initiative de révision

L'initiative de révision est, habituellement, dictée par le constat de l'inadéquation d'une ou de plusieurs dispositions constitutionnelles avec l'évolution de la société ; elle est souvent l'œuvre d'une personne ou groupe de personnes qui la soumettent à un organe constitué chargé d'enclencher la procédure, telle que prévue par la Constitution.

Dans la pratique, les formules sont diverses et variées. Le Cuba et le Portugal reconnaissent l'initiative au seul pouvoir exécutif dont, l'autorité en

---

180 Art. 134 de la Constitution portugaise du 19 mars 1933.

181 Art.94 de la Constitution française du 11 novembre 1948 et 89 de la Constitution du 4 octobre 1958.

182 Art. 219 de la Constitution du 18 février 2006.

183 L'article 195 de la Constitution suisse indique que la révision totale ou partielle n'entre en vigueur qu'après son acceptation par le peuple ou les cantons. On signale deux cas de révision totale de la Constitution intervenus en 1874 et le 18 avril 1999, cette dernière étant entrée en vigueur une année au moins après son acceptation, soit le 1er janvier 2000. Il en est ainsi de l'article 44, al. 2 de la Constitution autrichienne du 1er octobre 1920, telle que révisée le 16 novembre 2001 et de l'article 168, al. 1er de la Constitution espagnole du 27 décembre 1978.

la matière a été renforcée. L'Argentine, le Chili, la Colombie, l'Éthiopie, le Japon ou le Venezuela ont, dans l'histoire, consacré l'exclusivité de l'initiative au bénéfice du pouvoir législatif. La France, l'Italie, la Norvège, la République démocratique du Congo ou la Suède consacrent le partage d'initiative entre les pouvoirs exécutif et législatif. La Corée du Sud, l'Italie, la République démocratique du Congo, l'Uruguay ou la Suisse organisent, également, le système d'initiative partagée entre le peuple et les organes constitués.

B. La rédaction du texte modificatif de la Constitution

Une fois prise, l'initiative doit être acceptée, pour que soit déclenchée la procédure de rédaction du texte modifiant la Constitution en vigueur. La décision entérinant l'initiative est strictement aménagée par le constituant lui-même, elle émane, dans bien des cas, d'un organe constitué[184] ou des assemblées législatives mieux qualifiées pour apprécier l'opportunité et, éventuellement, les risques de l'entreprise.

Pour assurer la stabilité constitutionnelle, le constituant peut épargner son œuvre des révisions intempestives et fantaisistes exigeant, par exemple, plusieurs lectures, un quorum élevé ou une majorité qualifiée, pour décider du bien-fondé.

Le principe de la révision accepté, l'initiateur s'attelle à la rédaction du projet de texte à soumettre aux discussions de l'organe constitué. Là encore, les solutions sont diverses.

L'idée de parallélisme des formes a été, longtemps, développée en faveur d'un organe symétrique à celui dont émane la Constitution à modifier.

Une autre solution consisterait à confier l'élaboration du nouveau texte à une Assemblée, spécialement, élue à cet effet. On a également pensé au renouvellement des assemblées[185], avant l'élaboration du nouveau texte.

La technique la plus répandue est celle qui autorise aux assemblées législatives en fonction à procéder aux modifications de la Constitution en vigueur[186].

C. L'adoption définitive de la révision

Les modalités d'adoption définitive de la révision constitutionnelle ne sont pas uniformes. Certains pays[187] reconnaissent à l'organe qui a discuté de la réforme la compétence exclusive de lui conférer la valeur probante,

---

[184] Le pouvoir exécutif au Danemark ou au Pakistan.

[185] Comme en Belgique, en Bolivie, au Danemark, en Espagne, au Luxembourg, au Pays-Bas ou en Suisse.

[186] Tel qu'en France, en Hongrie, en République démocratique du Congo ou en Russie.

[187] Comme l'Albanie, l'Allemagne, la Bulgarie, la France ou la Turquie.

pendant que d'autres exigent l'adoption préalable et obligatoire[188], par le peuple, du projet de révision ou son acceptation, sous certaines conditions[189].

En droit positif congolais, l'adoption de la révision constitutionnelle n'a lieu que par voie de référendum, convoqué par le président de la République ; elle est, également, acquise à la suite d'un vote favorable, émis par les deux chambres du parlement réunies en Congrès et se prononçant à la majorité qualifiée des trois cinquième des membres qui le composent[190].

§3. Le régime juridique des dispositions intangibles

En vue de protéger certaines dispositions des révisions intempestives, bon nombre de Constitutions consacrent leur intangibilité. Prévues pour assurer la pérennité des valeurs essentielles d'un système politique, les dispositions intangibles apparaissent comme des réponses appropriées contre les abus du pouvoir, ambitionnant de conjurer l'avenir en proclamant l'immutabilité des principes qu'elles défendent[191].

Le droit constitutionnel comparé offre une variété de recettes sur la question.

Les Constitutions française et italienne interdisent toute révision qui porte atteinte à la forme républicaine du gouvernement. La Constitution bulgare du 20 septembre 2004 prohibe, quant à elle, toute modification de la Constitution ayant pour but de réduire les prérogatives de la grande assemblée nationale, alors que celle marocaine du 18 juin 2011 protège la religion musulmane et la forme monarchique de l'État de toute modification.

À l'exception des dispositions susceptibles de porter atteinte à la forme républicaine de l'État, la Constitution tunisienne du 27 novembre 2014 est modifiable, celle ivoirienne du 23 juillet 2000 assure l'immutabilité des dispositions sur la forme républicaine des institutions et la laïcité de l'État.

La Constitution de la République démocratique du Congo soustrait de sa révision la forme républicaine de l'État, le principe de suffrage universel, la forme représentative du gouvernement, le nombre et la durée des mandats du président de la République, l'indépendance du pouvoir judiciaire, le pluralisme politique et syndical ; elle interdit, également, toute modification ayant pour objet de réduire les droits et libertés de la personne, ou de réduire les prérogatives des provinces et des entités territoriales décentralisées.

De cet ancrage constitutionnel, se pose la question du degré d'immutabilité de certaines dispositions constitutionnelles, l'absence

---

188 Tels que l'Italie ou la France.

189 Notamment l'Algérie, la Corée du Sud, le Danemark, l'Irlande, l'Uruguay, le Japon ou le Venezuela.

190 Art. 218, al. 4 de la Constitution du 18 février 2006.

191 BOSHAB E., *Entre la révision de la Constitution et l'inanition de la Nation*, *op. cit.*, pp. 106-107.

d'uniformité des modèles pouvant justifier la perception, somme toute, relative de l'approche retenue.

Sauf à admettre l'infaillibilité du pouvoir constituant originaire, son immobilisme et son refus de s'ajuster à l'évolution de la pensée, on doit reconnaitre le caractère relatif de l'immutabilité constitutionnelle et son encadrement, par « les phénomènes politiques » qui ont pu échapper aux intentions primaires du constituant[192], l'évocation de la théorie de la supra-constitutionnalité[193] réduit la marge de manœuvres du pouvoir constituant dérivé.

Puisée du droit naturel, elle reconnait l'existence, au-dessus de la Constitution, d'une catégorie de normes supérieures et traduisant certaines valeurs idéologiques, morales ou sociales, à même de recadrer la puissance du pouvoir constituant originaire et, conséquemment, son efficacité.

Une opinion doute de la soumission de ce pouvoir à la supra-constitutionnalité, sauf à reconnaitre les limites que le constituant s'impose lui-même dans l'exercice de ses attributions[194], et qui peuvent servir de prétexte à une autre, fondée sur la double révision. Soutenue par les uns et rejetée par les autres[195], la théorie se trouve au cœur d'un débat non encore tranché sur l'existence, au sein d'un État, de deux ordres juridiques, avec possibilité de superposition de l'un sur l'autre ; elle menace la suprématie et l'unité de la Constitution, pour qu'elle ne soit pas soutenue.

§4. La pratique des révisions constitutionnelles

Un regard rétrospectif sur la pratique de révision constitutionnelle en République démocratique du Congo permet d'identifier, à côté de la technique de double révision, le non-respect de la procédure instituée à cette fin.

A. Le non-respect de la procédure de révision

Ainsi qu'on l'a précédemment affirmé, les accords politiques ont pu, selon le cas, servir de source matérielle ou fondement même du texte

---

[192] L'apparition des révolutions populaires ayant emporté les régimes dictatoriaux est à inscrire dans cette logique.

[193] Certains auteurs comme Georges Vedel et Dimitri Georges Lavroff rejettent l'expression même de « règles supra-constitutionnelles » qui a pour vocation de détruire la souveraineté du pouvoir constituant originaire.

[194] Lire dans ce sens, l'intéressante contribution de Xavier MAGNON aux Mélanges en l'honneur du doyen Louis FAVOREU intitulé « Quelques maux encore à propos des lois de révision constitutionnelle : limites, contrôle, efficacité, caractère opératoire et existence », *Revue Française de Droit Constitutionnel*, 3/2004 (n° 59), Paris, PUF, pp. 595-617.

[195] KALUBA DIBWA D., *La justice constitutionnelle en République démocratique du Congo. Fondement et modalités d'exercice*, Kinshasa-Louvain-la-Neuve, Éd. Eucalyptus et Académia-l'Harmattan, 2013, p. 549.

constitutionnel[196] et contribué, ainsi, à l'ancrage du « conventionnalisme constitutionnel ». On admet que, conçue pour permettre la mise à jour de la Constitution, la révision doit, il faut le rappeler, être conforme à la procédure prévue par le constituant lui-même. Car, il s'agit de respecter la légalité de la procédure constitutionnelle ; rien ne peut empêcher au constituant de considérer l'existence, au sein des normes qu'il pose, certaines spécificités qui lui paraissent plus essentielles que d'autres, et de prévoir une procédure renforcée et différente de celle organisée, pour les autres normes constitutionnelles. Tout en établissant une certaine hiérarchie entre ces normes, le constituant exclut du champ de sa révision, certains actes qui comporteraient un contenu différent de celui autorisé.

Dans la pratique, cependant, on a pu se faire l'écho d'une série de textes modificatifs de la Constitution, mais intervenus en violation de la procédure prévue à cette fin, notamment :

- le décret-loi constitutionnel du 29 septembre 1960 relatif à l'exercice des pouvoirs législatif et exécutif à l'échelon central[197] ;
- le décret-loi constitutionnel du 7 janvier 1961 relatif au pouvoir judiciaire ;
- le décret-loi constitutionnel du 9 septembre 1961 relatif à l'exercice des pouvoirs législatif et exécutif à l'échelon central[198] ;
- l'ordonnance-loi n° 7 du 30 novembre 1965 accordant des pouvoirs spéciaux au président de la République ;
- l'ordonnance-loi n° 66/ 92 bis du 7 mars 1966 attribuant le pouvoir législatif au président de la République ;
- l'ordonnance-loi n° 66/621 du 21 octobre 1966 relative aux pouvoirs du président de la République et du parlement ;
- l'ordonnance-loi n° 70-025 du 17 avril 1970 portant modification de l'alinéa 1er de l'article 1er du titre IX de la Constitution du 24 juin 1967 ;
- la loi n° 70-001 du 23 décembre 1970 portant révision de la Constitution[199] ;

---

196 Il s'agit, notamment, de l'Acte portant dispositions constitutionnelles relatives à la période de la transition du 2 août 1992, de l'Acte constitutionnel de la transition du 9 avril 1994 et de la Constitution de la transition du 4 avril 2003. Le droit constitutionnel africain offre quelques expériences semblables vécues au Burkina Faso, au Burundi, en Côte d'Ivoire, au Mali et en République centrafricaine à la suite des crises politiques que ces pays ont connues et qui ont nécessité la signature des accords politiques sur lesquels furent élaborées les Constitutions ou Chartes de transition.

197 En l'occurrence du Décret-loi constitutionnel instituant le Conseil des commissaires généraux.

198 L'article 1er de ce texte constitutionnel met fin à la mission du Collège des Commissaires généraux.

199 Cette révision consacre la suppression du bipartisme prévu par la Constitution (art. 4, al. 2) au bénéfice de l'institutionnalisation du Mouvement populaire de la révolution devenu, par ailleurs, première institution de la République (art. 19 bis).

- la loi n° 71-006 du 29 octobre 1971 portant révision de la Constitution[200] ;
- la loi n° 71-007 du 19 novembre 1971 modifiant l'emblème de la République ;
- la loi n° 71-008 du 31 décembre 1971 faisant du sol, du sous-sol, ainsi que leurs produits naturels la propriété de l'État ;
- la loi n° 72-003 du 5 janvier 1972 portant révision de la Constitution ;
- la loi n° 72-008 du 3 juillet 1972 portant révision de l'article 60 de la Constitution ;
- la loi n° 73-014 du 5 janvier 1973 portant harmonisation de la Constitution et de tous les textes législatifs et règlementaires en rapport avec les nouvelles appellations intervenues dans les structures politico-administratives du pays et notamment, l'article 45 de la Constitution ;
- la loi n° 74-020 du 15 août 1974 portant révision de la Constitution du 24 juin 1967 ;
- la loi n° 78-010 du 15 février 1978 portant révision de la Constitution ;
- la loi n° 80-007 du 19 février 1980 modifiant et complétant quelques dispositions de la Constitution ;
- la loi n° 80-012 du 15 novembre 1980 modifiant et complétant quelques dispositions de la Constitution ;
- la loi n° 82-004 du 31 décembre 1982 portant modification de certaines dispositions de la Constitution ;
- la loi n° 88-004 du 27 janvier 1988 portant révision de certaines dispositions de la Constitution ;
- la loi n° 88-009 du 27 juin 1988 portant révision de l'article 2 de la Constitution
- la loi n° 90-002 du 5 juillet 1990 portant révision de certaines dispositions de la Constitution ;
- la loi n° 90-008 du 25 novembre 1990 portant révision d'une disposition de la Constitution ;
- le décret-loi constitutionnel n° 074 du 25 mai 1998 portant révision des dispositions du chapitre 2 du décret-loi constitutionnel n° 003 du 27 mai 1997 relatif à l'organisation et à l'exercice du pouvoir en République démocratique du Congo et ;
- la loi n° 11/002 du 20 janvier 2011 portant révision de certains articles de la Constitution de la République démocratique du Congo du 18 février 2006.

Aux termes de la Loi fondamentale du 19 mai 1960, le pouvoir constituant est exercé par le Chef de l'État et les chambres parlementaires[201].

---

[200] Par cette réforme, la République du Congo est remplacée par celle du Zaïre.

Le pouvoir législatif est collectivement assuré, au niveau national, par le Chef de l'État et les chambres parlementaires et, au niveau provincial, par chacune des Assemblées provinciales[202].

La Constitution n'organise pas la procédure de sa révision. Aussi, pendant la mise en congé du parlement, le décret-loi constitutionnel relatif à l'exercice des pouvoirs législatif et exécutif à l'échelon central, ceux en rapport au pouvoir judiciaire et à l'exercice des pouvoirs législatif et exécutif à l'échelon central étaient incontestablement inconstitutionnels.

Pour se convaincre, également, de l'inconstitutionnalité des actes législatifs intervenus entre le 24 novembre 1965 et le 24 juin 1967, il suffit d'admettre que, le vide constitutionnel créé par la prise de pouvoir, par le Haut commandement de l'Armée nationale congolaise, a conduit à la suspension de la Constitution du 1er août 1964 et, conséquemment, de ses institutions.

En l'absence de tout autre texte constitutionnel, fut-il provisoire, organisant la dévolution et l'exercice du pouvoir, c'est en vain que l'on cherchera la constitutionnalité des ordonnances-lois prises dans le cadre de l'organisation et l'exercice du pouvoir exécutif et législatif, pendant la période antérieure à l'élaboration de la Constitution du 24 juin 1967.

Créé le 20 mai 1967, le Mouvement populaire de la révolution n'avait pas, au moment de l'adoption de la Constitution du 24 juin 1967, d'existence juridique mais, c'est sur les recommandations issues de sa première session extraordinaire que fut initiée, le 23 décembre 1970, la modification de la Constitution avec, en toile de fond, la suppression du bipartisme constitutionnel[203] au profit du Mouvement populaire de la révolution, devenu le seul parti politique en République démocratique du Congo[204]. Reconnu comme première institution de la République[205], ce parti influera sur les réformes constitutionnelles engagées de 1971 à 1988[206].

En raison de l'importance des réformes engagées, trois lois de révision constitutionnelle méritent un commentaire particulier. On note, d'abord, que la loi n° 74-020 du 15 août 1974 a introduit une idée de droit[207], différente de

---

201 Art. 4 de la Loi fondamentale du 19 mai 1960.

202 Art. 15 de la Loi fondamentale du 19 mai 1960.

203 L'article 4 de la Constitution du 24 juin 1967 dispose que « les partis politiques concourent à l'expression de suffrage. Il ne peut être créé plus de deux partis politiques dans la République ».

204 Art. 1er de la Loi n° 70-001 du 23 décembre 1970 portant révision de la Constitution.

205 Art. 2 de la Loi n° 70-001 du 23 décembre 1970 portant révision de la Constitution.

206 Contenues dans les Lois de révision constitutionnelle du 29 octobre 1971, 19 novembre 1971, 31 décembre 1971, 5 janvier 1972, du 3 juillet 1972, 5 janvier 1973, 15 août 1974, 15 février 1978, 19 février 1980, 15 novembre 1980, 31 décembre 1982, 27 janvier 1988 et du 27 juin 1988.

207 L'article 8 de cette loi dispose que « le peuple zaïrois est organisé au sein du Mouvement populaire de la révolution ». À l'article 9, on peut lire que « le pouvoir émane du peuple qui

celle contenue dans la Constitution qu'elle prétendait réviser[208], pour que l'on ne puisse pas limiter son intervention à la simple révision de la Constitution, alors en vigueur. Plutôt que de l'inscrire dans le changement de la Constitution, on devra reconnaitre au pouvoir constituant dérivé l'audace d'avoir opéré une véritable révolution juridique, conduisant au remplacement de la Constitution en vigueur par une autre qu'il se refuse de nommer.

Assuré, ensuite, par la loi n° 88-004 du 27 janvier 1988, le transfert du contentieux électoral de la Cour suprême de justice au Comité central du Mouvement populaire de la révolution n'a pas bénéficié, comme prescrit la Constitution, de l'avis préalable du Congrès ou du Bureau politique[209]. S'agissant, enfin, de la constitutionnalité de la loi du 5 juillet 1990, on retiendra qu'aux termes de la Constitution alors en vigueur, l'initiative de la révision appartient, concurremment au président du Mouvement populaire de la révolution, président de la République et à la moitié des membres du Conseil législatif, après avis du Congrès ou du Comité central[210].

Dans la pratique, le projet de loi de révision était préparé par les experts de la présidence de la République, sans le moindre avis du Congrès, ni du Comité central qui, juridiquement, n'existaient plus.

Il a, d'ailleurs, été transmis au bureau du parlement[211] par le Cabinet du président de la République, en dehors du gouvernement[212].

Même si cet avis aurait été donné, l'inconstitutionnalité de la procédure était réelle et la fraude qui l'accompagnait avérée car, tout en prétendant traduire la nouvelle idée de droit découlant du renouveau politique annoncé en avril 1990, la loi sous examen conservait la philosophie politique de l'ancien régime, à savoir le mobutisme. Dès lors, procéder à un simple

---

l'exerce par le président du Mouvement Populaire de la Révolution qui est, de droit, président de la République, avec le concours des organes du Mouvement populaire de la révolution...».

208 Contrairement à la Constitution du 24 juin 1967 qui consacre le principe de la démocratie représentative, la loi constitutionnelle du 15 août 1974 concentre l'essentiel des pouvoirs législatif, exécutif et judiciaire en disposant que « le président du Mouvement populaire de la révolution est de droit président de la République et détient la plénitude de l'exercice du pouvoir. Il préside le Bureau politique, le Congrès, le Conseil législatif, le Conseil exécutif et le Conseil judiciaire ».

209 Aux termes de l'article 109, al. 1er de la Constitution en vigueur, « l'initiative de la révision de la Constitution appartient concurremment au président du Mouvement populaire de la révolution, président de la République et à la moitié des membres du Conseil législatif, après avis du Congrès ou du Bureau politique ».

210 Art. 111 de la Constitution révisée par la Loi n° 88-009 du 27 juin 1988.

211 Par lettre du 26 août 1990 du Directeur de Cabinet adjoint du Bureau du président de la République ayant pour objet « transmission du projet de loi ». Lire dans ce sens, le compte rendu analytique du Conseil législatif n° 106 du 20 mai 1990.

212 Nommé le 7 mai 1990 (après le dépôt du projet de loi au parlement) premier ministre, Vincent de Paul LUNDA BULULU, encore préoccupé par les consultations en vue de la formation de son gouvernement, n'a visiblement pas été associé à l'élaboration du projet de loi qu'il défendra quelques jours plus tard au parlement.

replâtrage de quelques dispositions constitutionnelles, n'ayant aucun lien avec la nouvelle idée de droit censée s'y retrouver, on n'est pas loin de se trouver devant un cas de fraude avérée à la Constitution[213].

La procédure utilisée pour l'élaboration de la loi n° 90-008 du 25 novembre 1990 portant révision d'une disposition de la Constitution est sujette à caution. Accédant à la demande de quelques partis politiques de l'opposition qui réclamaient l'instauration d'un multipartisme intégral[214], cette loi introduisit une nouvelle idée de droit qui sollicitait, logiquement, l'intervention du pouvoir constituant originaire, en lieu et place de celui dérivé assuré par l'Assemblée nationale.

Le décret-loi constitutionnel n° 074 du 25 mai 1998 portant révision du chapitre II du décret-loi constitutionnel n° 003 du 27 mai 1997 relatif à l'organisation et à l'exercice du pouvoir en République démocratique du Congo est inconstitutionnel, en ceci que, le texte qu'il prétend modifier n'avait nullement prévu la procédure de sa révision.

La Constitution du 18 février 2016 opère une nette distinction entre le quorum de délibération et la majorité exigée, pour l'examen du bien-fondé et de l'adoption d'une loi de révision constitutionnelle. Elle indique que l'initiative est soumise à l'Assemblée nationale et au Sénat qui décident à la majorité absolue de chaque chambre. La révision ne devient définitive que si elle a été approuvée par référendum convoqué par le président de la République. Cette étape est, toutefois, exemptée, si les deux chambres du parlement réunies en Congrès décident de l'approuver à la majorité des trois cinquième des membres le composant.

Selon le constituant, c'est à la majorité absolue des membres composant chaque chambre parlementaire qu'est décidé le bien-fondé de la révision constitutionnelle. Cette majorité est dégagée, non pas à partir du nombre de députés ou sénateurs présents à la séance où eurent lieu les discussions sur le bien-fondé de la révision, mais plutôt de celui de députés ou sénateurs composant chacune des chambres parlementaires.

Pour que la révision soit définitive, le constituant fait intervenir obligatoirement le peuple consulté à cette fin par le président de la République. À défaut de ce faire, la révision est adoptée par le Congrès, se prononçant à la majorité des trois cinquième, non pas des membres présents à la séance publique, mais de tous les députés et sénateurs qui le composent.

Telle qu'organisée, la procédure d'élaboration d'une loi de révision constitutionnelle est laborieuse, pour qu'elle participe à la stabilisation et la protection de la Loi fondamentale contre toute modification intempestive.

---

[213] Sur cette notion, lire aussi KAMUKUNY MUKINAY A., *Contribution à l'étude de la fraude en droit constitutionnel congolais*, Louvain-la-Neuve, Académia-l'Harmattan, 2011, p. 145.

[214] L'article 8, al. 1er et 2 de la Loi constitutionnelle du 5 juillet 1990 indique que le pluralisme politique est reconnu en République du Zaïre. Il ne peut être créé plus de trois partis politiques.

L'adoption de la loi n° 11/002 du 20 janvier 2011 portant révision de certains articles de la Constitution du 18 février 2006 pose deux problèmes de sa constitutionnalité.

Sur la recevabilité de l'initiative, on signale, que d'origine parlementaire[215], elle n'a pas été transmise au gouvernement pour ses observations éventuelles, dans le délai de quinze jours[216], mettant ainsi cette institution dans l'impossibilité juridique de participer, en amont, à la procédure de révision.

L'inobservance de cette exigence suffisait pour que l'Assemblée nationale, première chambre parlementaire à être saisie, se réserve le droit de soumettre l'initiative à son examen et à l'adoption du texte de la révision constitutionnelle.

Sur le fond, la révision constitutionnelle du 20 janvier 2011 comporte des germes de fraude, lorsqu'elle porte notamment atteinte à l'indépendance du pouvoir judiciaire dont, la composition a changé avec l'extirpation du parquet[217].

B. Le recours à la technique de double révision

Évoquée pendant la troisième République française[218], la thèse de double révision énonce, selon ses défenseurs, l'inexistence, au sein de la Constitution, des dispositions plus importantes que d'autres et le caractère relatif des limitations imposées au pouvoir de révision.

En raison de son influence sur l'unité de la Constitution et, conséquemment, la stabilité institutionnelle, il importe d'en rechercher le fondement, avant d'indiquer les raisons d'attachement à la double révision et ses relations avec la fraude à la Constitution.

1. Le fondement de la double révision

Tout en reconnaissant la souveraineté du pouvoir constituant dans l'établissement de la Constitution, la double révision souligne l'importance de sa modification, peu importe la technique qui relativise la rigidité de la

---

[215] Elle émanait de quelques députés nationaux de la majorité au pouvoir

[216] Art. 124, al.4 du Règlement intérieur de l'Assemblée nationale du 23 novembre 2006, *Journal officiel de la République démocratique du Congo*, numéro spécial du 20 février 2007.

[217] Aux termes de l'article 149, al. 1er et 2 de la Constitution du 18 février 2006, le pouvoir judiciaire est indépendant du pouvoir législatif et du pouvoir exécutif. Il est dévolu aux Cours et tribunaux composés de la Cour constitutionnelle, la Cour de cassation, le Conseil d'État, la Haute cour militaire, les Cours et tribunaux civils et militaires ainsi que les parquets rattachés à ces juridictions.

[218] À la faveur de la Loi constitutionnelle du 14 août 1884 prise en remplacement de celle du 25 février 1875 qui excluait, en son article 8, la modification de la forme républicaine du gouvernement.

Constitution, en autorisant la modification de ses dispositions clés ou verrouillées.

À la faveur de cette technique, le pouvoir de révision finit par opérer, d'un seul coup, le changement de la Constitution en vigueur et son remplacement par une autre. Il supprime, dans un premier temps, l'interdiction de révision pour aboutir, dans un second, à la modification de la norme protégée ou interdite de révision. Le verrou constitutionnel sauté, il est ainsi aisé de procéder, dans l'ordre constitutionnel en vigueur, aux adaptations jugées nécessaires.

Il en résulte que, par deux actes différents et successifs, on obtient le changement de l'idée de droit contenue dans la Constitution à modifier, utilisant malicieusement la procédure arrêtée par le constituant.

Dans la pratique, la double révision se réalise de deux manières. D'un côté, on relève le cas de la violation des règles de procédure et de fond en matière de révision constitutionnelle. Ainsi envisagée, la révision poursuit formellement la suppression de la disposition contenant les interdictions en vue d'obtenir, au fond, celle et/ou la modification des matières concernées par le verrouillage. On arrive ainsi à supprimer, dans un premier temps, l'interdiction pour aboutir, dans un second, à la modification proprement dite de la norme dont la révision est interdite.

De l'autre, on admet qu'adoptée conformément aux règles de procédure établies, la loi de révision comporte, quand même, des dispositions qui énervent la Constitution.

Se servant ainsi de la procédure prévue par la Constitution, le pouvoir de révision l'utilise frauduleusement pour atteindre un objectif inconstitutionnel ; il commet un détournement des compétences, crée une rupture entre la Constitution existante et la nouvelle produite par la révision.

Dans l'une et l'autre hypothèse, la double révision détruit l'unité de la Constitution et sa suprématie sur les autres normes de conduite sociale, elle est à déconseillée. Souvent au service de la fraude à la Constitution, la pratique doit être combattue et le juge constitutionnel alerté pour lui barrer la route.

2. Les raisons d'attachement à la double révision

Bien que critiquée, la double révision attire encore le pouvoir de révision qui bénéficie de l'appui d'une partie de la doctrine[219], en témoignent deux opinions enregistrées à cette fin.

D'un côté, on souligne l'influence de la supra-constitutionnalité sur le caractère, somme toute, symbolique des limitations imposées au pouvoir de révision ; aucun texte constitutionnel ne peut, logiquement, conférer à

[219] Parmi les auteurs encore attachés à la thèse de la double révision, on cite notamment Léon Duguit et Georges Vedel.

certaines de ses dispositions une valeur supérieure à d'autres. L'absence de hiérarchisation entre les dispositions constitutionnelles les place, donc, sur le même pied et contribue à l'harmonie de la Constitution.

De l'autre, on admet que la double révision repose sur une conception politique, que l'on a du pouvoir de révision qui ne peut porter atteinte aux principes fondamentaux du système constitutionnel.

Quelle que soit la pertinence des arguments qui la sous-tendent, la double révision fait une part belle à la fraude à la Constitution, pour qu'on s'autorise à lui reconnaitre une quelconque valeur, dans la construction d'un État de droit.

3. La double révision encourage la fraude à la Constitution

Prenant le contrepied de l'unité de la Constitution, la double révision la vide de sa substance ; l'admettre conduirait à détruire le fondement même du pouvoir constituant originaire et à briser l'unité et la continuité de la Constitution.

À partir du moment où le pouvoir constituant dérivé se libère de toute contrainte et se dote d'une légitimité particulière, il casse l'esprit préservant l'identité et la continuité constitutionnelle[220], et se substitue au pouvoir constituant originaire[221].

Sauf, à autoriser le pouvoir constituant originaire d'organiser la destruction de sa propre œuvre, la double révision fait perdre au pouvoir constituant dérivé sa spécialité. Aussi, reconnaitre au pouvoir de révision le droit de changer la procédure de modification de la Constitution et, notamment, dans ses axes fondamentaux, c'est se rendre coupable de détournement de pouvoir et pratiquer une fraude à la Constitution[222].

L'observation de la pratique des révisions constitutionnelles en République démocratique du Congo permet de retenir que, taillées sur mesure, les réformes constitutionnelles ont rarement été approuvées par le peuple, pourtant présenté comme principal bénéficiaire. La procédure suivie est, en suite, en décalage avec celle prévue par la Constitution, obligeant le pouvoir de révision à faire l'écho du renforcement, souvent démesuré, des pouvoirs du président de la République, sans que le juge chargé de limiter cette dérive soit, suffisamment, outillé à cette fin.

Maintes fois prévues dans la Constitution, l'installation de la Cour constitutionnelle devait contribuer au renouvellement des idées et des actions, dans un pays où les techniques d'élaboration constitutionnelle n'obéissent à aucune uniformité, mais plutôt, à une variation, dont la finalité serait loin de se désengager de la volonté de concentration et de

[220] BOSHAB E., *Entre la révision de la Constitution et l'inanition de la Nation, op. cit.*, p. 124.
[221] DELPERÉ F., *Le droit constitutionnel de la Belgique*, Paris, Bruylant, LGDJ, 2000, p. 169.
[222] OST F., *Le temps du droit*, Paris, O. Jacob, 1999, p. 215.

monopolisation du pouvoir. Dans cet ordre d'idées, on note que les révisions discrètes, tactiques et stratégiques ont rivalisé avec celles ostentatoires portant, essentiellement, sur le pouvoir politique (la nature du régime politique, le statut et la place du président de la République dans l'architecture institutionnelle, le contrôle du pouvoir, la détermination et la conduite de la politique nationale) et le contrôle ou le recadrage de l'indépendance du pouvoir judiciaire (l'organisation, la compétence et les attributions ; la question des ordres de juridiction ou celle liée à la gestion du Conseil supérieur de la magistrature).

Portées sur fond des crises politiques et/ou institutionnelles, ces réformes constitutionnelles dévoilent bien la persistance du phénomène des « Constitutions des crises ou de sortie des crises », en tout cas, de circonstances que convoite la participation modulée du peuple, obligé de suivre le rythme que lui imposent les événements politiques. Ce sont, pour ainsi dire, des Constitutions essentiellement tournées vers la résolution des questions épisodiques, sans aucune capacité de résister aux épreuves du temps.

SECTION 3. LA PROTECTION DE LA CONSTITUTION

La protection de la Constitution passe par sa connaissance, l'assurance que l'on a de sa suprématie, l'établissement du bloc de constitutionnalité et l'indépendance de la juridiction de contrôle.

§1. La connaissance de la Constitution

Loi fondamentale d'un pays, la Constitution dispose des droits distincts de ceux qui procurent à chaque citoyen un bénéfice personnel.

Parmi ces droits, figurent en bonne place sa vulgarisation, sa protection, son respect et sa révision selon la procédure établie par elle. La vulgarisation de la Constitution permet de réduire la distance, de plus en plus, observée entre le dispositif normatif et son application effective, tâche qui incombe, certes, aux pouvoirs publics, mais également aux structures qualifiées de la société civile.

La connaissance de la Constitution s'accommode ainsi de sa diffusion par les hommes de l'art et, plus généralement, ceux qui en ont la maîtrise ou prétendent l'avoir. La contribution de l'universitaire ou de l'intellectuel avisé est, à ce point, déterminante en dépit de la mobilisation, somme toute, faible à la diffusion et la vulgarisation de la Constitution.

Amplifiée par le phénomène de « télé constitutionnalistes[223] » et de « prédicants en droit constitutionnel[224] », l'ignorance de la Constitution côtoie, chaque jour, le chômage et le degré d'instruction limité d'une population préoccupée plus par sa survie et l'interprétation biaisée de la Constitution par les acteurs politiques et sociaux. On admet, en revanche, qu'une meilleure connaissance de la Constitution passe par sa correcte perception politique, technique et pédagogique.

Du point de vue politique, la lecture de la Constitution débouche sur la recherche de son esprit, ses non-dits, mieux l'idée de droit qui s'y cache. S'intéresser aux travaux préparatoires, éviterait de se faire une idée tronquée de la Constitution. La lecture technique ou juridique de la Loi fondamentale conduit à la connaissance et l'appropriation du langage du constituant, ce qui rend aisée son interprétation et/ou son application. L'appréhension pédagogique de la Constitution décline l'enchainement logique et cohérent du dispositif constitutionnel. D'elle, en effet, on arrive à percevoir, de manière holistique, le contenu de la Loi fondamentale.

Une fois portée à la connaissance des citoyens intéressés, la Constitution peut être bien protégée, en cas de violation. C'est dans ce sens que s'exprime le constituant congolais de 2006, lorsqu'il indique que tout congolais a le devoir de faire échec à tout individu ou groupe d'individus qui prend le pouvoir par la force ou l'exerce en violation de la Constitution. Toute tentative de renversement du régime constitutionnel constitue une infraction, imprescriptible contre la Nation et l'État, elle est punie conformément à la loi[225].

Le respect de la Constitution participe, également, à sa protection et à sa suprématie[226], chaque congolais pouvant saisir la Cour constitutionnelle, pour solliciter l'inconstitutionnalité de tout acte législatif ou règlementaire[227]. De même, un acte déclaré non conforme à la Constitution est nul de plein droit ; les arrêts de la Cour constitutionnelle étant sans recours, immédiatement exécutoires, obligatoires et s'imposant aux pouvoirs publics, à toutes les autorités administratives et juridictionnelles, civiles et militaires ainsi qu'aux particuliers[228].

Établie par le pouvoir constituant originaire, la Constitution n'est pas faite pour l'éternité, elle est adaptable à l'évolution de la société et aux aléas

---

[223] Ces connaisseurs autoproclamés de la Constitution et autres universitaires de tout bord qui, même sans aucune formation juridique avérée, sont actifs dans les réseaux sociaux et médias audiovisuels dans lesquels ils apparaissent comme les hommes de métier, donnant, par moments, des leçons de droit et d'exégèse à la juridiction constitutionnelle.

[224] SACRISTE G., *La République des constitutionnalistes. Professeurs de droit et légitimation de l'Etat en France (1870-1914),* Paris, Sciences Po. Les Presses, 2011, p. 83.

[225] Art. 64 de la Constitution du 18 février 2006.

[226] Aux termes de l'article 62, alinéa 2 de la Constitution du 18 février 2006, *« toute personne est tenue de respecter la Constitution et de se conformer aux lois de la République »*.

[227] Art. 162, al. 2 de la Constitution du 18 février 2006.

[228] Art. 168 de la Constitution du 18 février 2006.

de la vie. Contribuant à la respiration démocratique, l'entreprise participe à la vitalité de la Loi fondamentale, pourvu qu'elle s'opère dans le respect des règles de procédure, préalablement, instituées à cette fin.

L'existence des droits de la Constitution est renforcée par celle des droits constitutionnels qui en constituent le soubassement. Ce sont, en effet, les prérogatives et autres avantages que le constituant s'oblige à reconnaître aux institutions politiques et à chaque citoyen, leur usage pouvant, par moments, conduire à des excès ou abus[229] que le juge se doit de sanctionner.

§2. Le contrôle de constitutionnalité des lois

La suprématie de la Constitution autorise la censure de tout acte qui lui est contraire, le contrôle de constitutionnalité[230] qu'elle convoque conduisant à l'identification des modalités de contrôle, du moment d'exercice et de la juridiction compétente.

A. Les modalités de contrôle

Le droit constitutionnel distingue, habituellement, deux systèmes de contrôle de constitutionnalité assuré, d'une part, par un organe politique et, d'autre part, par une juridiction. Il n'empêche que, pour accentuer la démocratisation de leurs régimes, certains pays se soient résolus d'organiser un contrôle populaire de constitutionnalité des lois. Il s'ensuit que le contrôle de constitutionnalité peut être ou non juridictionnel.

1. Le contrôle extra-juridictionnel

En dehors de tout différend porté devant une juridiction de fond, le contrôle de constitutionnalité peut revêtir une forme populaire ou politique.

1.1. Le contrôle populaire

Depuis la deuxième moitié du 20e siècle, bon nombre de systèmes politiques autorisent l'appréciation, par le peuple, de la constitutionnalité des actes des pouvoirs publics. Intervenant souvent dans le cadre de la régulation de la vie politique, ces actes peuvent être entachés d'inconstitutionnalité, pour que l'on reconnaisse aux citoyens le droit de s'opposer à leur exécution et, au besoin, de les « censurer ».

Le droit de regard du peuple sur les décisions des pouvoirs publics constitue, à ne point douter, un contrôle diffus de constitutionnalité et une

---

[229] ECK L., *L'abus de droit en droit constitutionnel*, Paris, L'Harmattan, 2010, p. 32.

[230] Pour mieux saisir la portée du contrôle de constitutionnalité avant la Constitution du 18 février 2006, lire MABANGA MONGA MABANGA, *Le contentieux constitutionnel congolais*, Kinshasa, EUA, 1999, p. 33.

véritable arme contre tout acte contraire à la Constitution. La formation de l'opinion publique aux valeurs de la démocratie est, en République démocratique du Congo, si faible que l'effectivité de ce contrôle paraît fastidieux, même si la Constitution s'autorise à reconnaitre à tout congolais le devoir de faire échec à tout individu ou groupe d'individus, qui prend le pouvoir par la force ou l'exerce en violation de la Constitution[231].

1.2. Le contrôle politique

La République démocratique du Congo a, dans son histoire, connu un contrôle politique de constitutionnalité des lois. À une époque relativement récente, il suffit de se rappeler que, dépositaire et gardien du mobutisme[232], le Comité central du Mouvement populaire de la révolution pouvait censurer tout acte contraire à la Constitution.

Inspiré des démocraties populaires de l'Europe orientale, ce contrôle que l'on a voulu préventif, servit de gage à l'instauration, éventuelle, d'un gouvernement des juges. De nature essentiellement politique, il constituerait un obstacle à l'adoption, en amont, d'une loi dont le contenu pouvait paraître inconstitutionnel.

Dans les pays où ce contrôle existe encore, l'organe de contrôle est saisi par le gouvernement, le parlement ou toute autre autorité désignée à cette fin. Dans l'une ou l'autre hypothèse, on court le risque de politisation, mais également d'entraîner la partialité de l'organe de contrôle qui apparait comme juge et partie, le contrôle est globalement décevant.

2. Le contrôle juridictionnel

L'ensemble des systèmes politiques modernes ont opté pour le contrôle juridictionnel de constitutionnalité des lois. En faveur de ce contrôle, on fait valoir le fait que, la question posée est exclusivement juridique, pour qu'elle ne soit confiée qu'au seul juge. La formation du juge, ses habitudes le prédisposent à assurer parfaitement ce type de contrôle ; de même, la procédure juridictionnelle avec, notamment la publicité des audiences, la contradiction dans les débats, ainsi que l'obligation de motiver les décisions de justice sont autant d'arguments qui caressent le bien-fondé de ce type de contrôle.

En République démocratique du Congo, le contrôle de constitutionnalité des lois, par une juridiction spécialement désignée, semble traduire la préoccupation du constituant. On note cependant qu'attendue depuis plus de

---

[231] Art. 64, al. 1er de la Constitution du 18 février 2006.

[232] Art. 25, al. 1er de la Loi n°80-012 du 15 novembre 1980 portant modification des quelques dispositions de la Constitution.

cinq décennies[233], la Cour constitutionnelle n'est définitivement installée ; sa mise au travail ayant été décidée après une longue et pénible période d'hésitation, marquée par l'absence de volonté politique, et le refus d'assurer l'effectivité du contrôle juridictionnel des actes des gouvernants.

Instituée par la Constitution[234], la juridiction est structurée suivant sa loi organique n° 13/026 du 15 octobre 2013 dont la promulgation[235] a rendu possible la nomination des membres[236].

L'importance reconnue à la Cour constitutionnelle aurait suffi pour convaincre de l'adoption, en urgence, de sa loi organique. On relève que formé en vertu de l'ordonnance n° 07/001 du 5 février 2007[237], le gouvernement issu des élections générales, de 2006 à 2007, n'a pas été capable d'initier un projet de loi dans ce sens, sa copie n'a été rendue disponible qu'une année et un mois[238], soit cinq mois après l'initiative parlementaire[239] sur la même matière. En application du Règlement intérieur de cette chambre législative[240], le projet gouvernemental a été joint à la proposition de loi pour servir de document de travail[241].

Examinant le texte de la proposition de loi sur la Cour constitutionnelle, les deux chambres parlementaires l'ont adoptée avec divergences, ouvrant

---

233 L'article 226 de la Loi fondamentale du 19 mai 1960 relative aux structures du Congo indiquait que la Cour constitutionnelle est composée d'une Chambre de constitutionnalité, d'une Chambre des conflits et d'une Chambre d'administration. Cette Constitution précise en son article 253 que, jusqu'à l'installation de la Cour constitutionnelle, le Conseil d'État de Belgique exerce, selon la procédure qu'il détermine, ses compétences, telles qu'elles résultent des articles 229 à 235.

234 Art. 149 al. 1er et 157 de la Constitution de la République démocratique du Congo du 18 février 2006 telle que modifiée par la Loi n°11/002 du 20 janvier 2011 portant révision de certains articles de la Constitution du 18 février 2006, *Journal officiel de la République démocratique du Congo,* numéro spécial du 5 février 2011.

235 *Journal officiel de la République démocratique du Congo,* numéro spécial, du 18 octobre 2013.

236 Par Ordonnance présidentielle n° 14/021 du 7 juillet 2014, *Journal officiel de la République démocratique du Congo,* numéro spécial, du 25 juillet 2014.

237 *Journal officiel de la République démocratique du Congo,* numéro spécial du 6 février 2007, col. 1.

238 Préalablement préparé par la Commission des réformes du droit congolais, ce projet de loi a été enrôlé à la Direction des séances de l'Assemblée nationale le 26 mars 2008 sous le n° 081.

239 La proposition de loi du député BULE GBANGOLO BASABE a été déposée sur le Bureau de l'Assemblée nationale le 30 octobre 2007 et enrôlée au n° 55.

240 Aux termes de l'article 123, alinéa 2 du Règlement intérieur de l'Assemblée nationale (*Journal officiel de la République démocratique du Congo,* numéro spécial du 20 février 2007), lorsqu'une même matière fait l'objet de plusieurs initiatives, le Bureau donne priorité, soit au texte antérieur en date, soit au texte le mieux élaboré.

241 Lire le Rapport de la Commission politique, administrative et juridique de l'Assemblée nationale relatif à la proposition de loi organique portant organisation et fonctionnement de la Cour constitutionnelle, Kinshasa, juin, inédit, 2008, pp. 2-3.

ainsi la voie à la constitution d'une commission mixte paritaire, Assemblée nationale-Sénat[242].

On signale que, définitivement, adoptée par le parlement, la version harmonisée de la loi a été, avant sa promulgation, soumise au contrôle de constitutionnalité[243] de la Cour suprême de justice agissant comme Cour constitutionnelle[244].

Saisie par requête initiale du président de la République datant du 16 novembre 2010, la Cour a déclaré conforme à la Constitution la loi organique portant organisation et fonctionnement de la Cour constitutionnelle[245], à l'exception de certains articles[246]. Elle relève que :

> « comme libellés, ces articles permettent à toute personne et au ministère public de saisir la Cour constitutionnelle pour inconstitutionnalité ou pour invoquer l'inconstitutionnalité de tout acte visé à l'article 43, lequel détermine les matières du contentieux de constitutionnalité, à savoir, les traités et accords internationaux, ainsi que les actes législatifs et réglementaires. De même, en disposant ainsi et sans exclure, de leur champ d'application, les traités et accords internationaux, ces articles violent, selon la Cour, la Constitution[247], laquelle ne vise que les actes législatifs et réglementaires[248] ».

Retournée en seconde délibération au parlement[249], la loi fut adoptée, en assemblée paritaire mixte, extirpée des dispositions jugées contraires à la Constitution par la Cour suprême de justice. En vertu de la Constitution, le président de la République a, pour le même objet, saisi, à nouveau, le 18 juillet 2011, la Cour suprême de justice par une requête subséquente qui déclara conforme à la Constitution la susdite loi[250], promulguée, le 15 octobre 2013, soit plus d'une année après. Devenue congénitale, voire systémique, les institutions concernées par la désignation des membres de la Cour constitutionnelle s'octroieront neuf mois, en violation de la même loi[251], pour rendre publique la liste des juges devant former la première composition de la juridiction. Rien d'étonnant, le spectre de voir dans l'installation de la nouvelle Cour, un début d'institution d'un gouvernement des juges aurait été à la base du laborieux processus d'élaboration de la loi organique et la mise en place effective de la juridiction.

---

[242] Art. 135 de la Constitution du 18 février 2006.

[243] Art. 124, point 3 de la Constitution du 18 février 2006.

[244] Aux termes de l'article 223 de la Constitution, en attendant l'installation de la Cour constitutionnelle, du Conseil d'État et de la Cour de cassation, la Cour suprême de justice exerce les attributions qui leur sont dévolues.

[245] CSJ, 30 novembre 2010, R. Const. 139/TSR.

[246] Il s'agit des articles 48, 49 et 52, al. 1er.

[247] En son article 162.

[248] Troisième feuillet, inédit.

[249] En vertu de l'article 137, al. 1er de la Constitution du 18 février 2006.

[250] CSJ, 2 août 2011, R. Const. 165/TSR.

[251] L'article 118 de la Loi organique sur la Cour constitutionnelle précise que cette juridiction est mise en place dans les six mois de sa promulgation.

Dans le système juridique congolais, le contrôle juridictionnel de constitutionnalité s'exerce par voie d'action, d'exception ou d'incidence.

2.1. Le contrôle par voie d'action

Ce contrôle est cristallisé à partir d'une instance dirigée contre une loi inconstitutionnelle. Il suffit de se faire l'écho d'une loi inconstitutionnelle, pour que chaque citoyen décide de la déférer, par une action directe, devant la Cour constitutionnelle. Pour être reçue, la requête doit être introduite dans les six mois qui suivent la publication de la loi au journal officiel[252], délai réduit à trente jours pour le recours en inconstitutionnalité d'une loi d'approbation ou d'autorisation de ratification d'un traité ou d'un accord international.

Est irrecevable, pour forclusion, la requête[253] visant l'inconstitutionnalité des certains articles du code pénal ordinaire, du code de justice militaire et de toutes les autres dispositions légales relatives à la peine de mort, en République démocratique du Congo, parce qu'introduite au-delà du délai légal imposé par la loi organique n° 13/026 du 15 octobre 2013 portant organisation et fonctionnement de la Cour constitutionnelle[254]. Lorsque la requête est, en revanche, recevable, la juridiction se prononce sur la constitutionnalité de la loi et, au besoin, l'annule, en partie ou en totalité, en cas de contrariété partielle ou totale à la Loi fondamentale, sa décision ayant l'autorité absolue de la chose jugée, la loi ou sa disposition annulée est retirée de l'usage officiel, elle est sensée n'avoir pas existé.

2.2. Le contrôle par voie d'exception

À la différence du contrôle par voie d'action, celui par voie d'exception n'intervient qu'incidemment devant un juge, au cours d'une instance ordinaire devant le juge de fond. Assuré au moyen d'une exception d'inconstitutionnalité soulevée en cours d'un procès, il n'aboutit pas à l'annulation de la loi jugée inconstitutionnelle, mais à différer, plutôt, son application dans le procès en cours. La loi incriminée ne cesse, donc, pas d'exister dans l'ordre juridique, dans la mesure où elle pourra être appliquée dans une autre affaire ; ce qui rend compte du caractère relatif de l'autorité de la chose jugée qui y est attachée. Pour ce contrôle, l'institution d'un tribunal spécial n'est pas nécessaire, le juge ordinaire peut bien s'en occuper.

À l'actif de ce contrôle, on fait valoir, d'abord, le souci de ménager les susceptibilités du législateur, plus porté vers l'issue du procès contre la loi qu'il a produite. La technique préserve, ensuite, la loi incriminée d'une

---

252 Art. 50, al. 1er de la Loi organique sur la Cour constitutionnelle.

253 De Monsieur MBATA MANGU André du 11 avril 2015, reçue au greffe de la Cour constitutionnelle le 20 avril 2015.

254 CC, 29 janvier 2016, R. Const. 0007.

éventuelle disparition de l'ordre juridique positif, seule son inapplication est ordonnée par le juge chargé du contrôle. Rentrant dans la mission traditionnelle du juge, ce contrôle participe, enfin, à la résolution quotidienne des conflits nés de l'application ou de l'interprétation de la loi.

Comme bien d'autres pays[255], la République démocratique du Congo reste encore attachée au contrôle par voie d'exception, sa Constitution faisant de la Cour constitutionnelle, le juge de l'exception d'inconstitutionnalité soulevée devant ou par une juridiction[256].

Pour que ce contrôle soit enclenché, une partie à l'instance devant la juridiction de fond doit faire demande sous forme d'une exception d'inconstitutionnalité contre une loi, en vigueur, mais dont l'application est dénoncée dans une instance en cours. Saisie d'une telle requête, la juridiction de fond s'assure que la sollicitation porte uniquement sur une loi ou un acte ayant force de loi, à l'exception de toute contestation sur les faits de la cause ou la procédure encours devant elle.

Soulevé au cours du procès, le moyen d'inconstitutionnalité est évoqué, soit par une requête écrite, soit par un argumentaire développé pendant l'instruction de la cause, soit encore dans une note de plaidoirie présentée par la partie intéressée ; le juge peut, lui-même, l'évoquer d'office.

Portée devant la juridiction de jugement, l'exception d'inconstitutionnalité doit, en plus, avoir un lien juridique avec le droit que celle-ci se propose de dire et préjuger de l'issue de l'instance en cours. Convaincue de cette incidence, la juridiction sursoit à statuer, par un jugement ou un arrêt avant dire droit, notifié, selon la procédure ordinaire, au greffe de la Cour constitutionnelle.

C'est, en effet, par lettre du greffe responsable de la juridiction de fond qu'est saisie la Cour constitutionnelle. Ne sont communiquées à la juridiction constitutionnelle que les pièces nécessaires à l'examen de l'exception d'inconstitutionnalité à ce compris la décision de surséance prise par la juridiction de fond.

Jusqu'à la décision de la Cour constitutionnelle, la juridiction du jugement met la cause en veilleuse, mais en vue d'éviter la surcharge devant laquelle cette juridiction peut se trouver en raison de la répétition, dans la même cause, des exceptions d'inconstitutionnalité devant la même juridiction, il est suggéré que ce moyen ne soit soulevé qu'une seule fois et in limine litis[257].

---

[255] Comme la Côte d'Ivoire, les États-Unis d'Amérique, l'Italie, la France ou le Togo.

[256] Art. 162, al. 1er de la Constitution du 18 février 2006.

[257] CSJ, 8 septembre 2014, R. Const. 310/311/TSR.

2.3. Le contrôle par voie d'incidence

Pas directement organisé par une disposition constitutionnelle ou législative, le contrôle par voie d'incidence est produit par la jurisprudence, à l'occasion de l'examen par le juge d'une requête poursuivant, au départ, l'annulation d'une décision administrative. Principalement portée devant le juge administratif, cette requête l'invite à s'assurer, au préalable, de la constitutionnalité de l'acte incriminé.

Dans la pratique, on note qu'une personne victime d'une décision administrative peut postuler son annulation et la réparation du préjudice subi, en se servant de la procédure de pleine juridiction ou du plein contentieux. Au moment de l'examen du recours, la juridiction compétente peut être amenée à juger, incidemment, de la constitutionnalité ou non de l'acte incriminé : elle exerce, de ce fait, un contrôle de constitutionnalité par voie d'incidence.

En République démocratique du Congo, ce contrôle a été assuré, à l'occasion de l'examen, par la section administrative de la Cour suprême de justice saisie de la requête du 6 juillet 1991 de l'association sans but lucratif dénommée Les témoins de Jéhovah, qui sollicitait l'annulation de l'ordonnance présidentielle n° 086-086 du 12 mars 1986 portant sa dissolution, motif pris que cette décision violait les dispositions des articles 17 et 18 de la Constitution, 24 du décret du 18 septembre 1965 sur les associations sans but lucratif et 10, alinéa 1^er^de la loi n° 71-012 du 31 décembre 1971 relatif à l'exercice des cultes.

Dans l'arrêt R.A. du 8 janvier 1993, la Cour suprême de justice conclut à :

> « l'absence de motivation de l'ordonnance attaquée qui portait atteinte aux droits garantis aux particuliers par les articles 17 et 18 de la Constitution du 24 juin 1967 telle que révisée à la date de la signature de l'ordonnance attaquée, mais abrogée par l'Acte portant dispositions constitutionnelles relatives à la période de transition du 2 août 1992 applicable présentement lequel, à ses articles 17, 18 et 2 a repris la substance des articles constitutionnels visés aux moyens ».

Par cette décision, la Cour, qui était au départ saisie de la requête en annulation d'un acte administratif a, de manière incidente, examiné sa constitutionnalité. Dans le même ordre d'idées, on signale que, saisie de la requête du 26 janvier 1995 de l'Union sacrée de l'opposition radicale et alliés, Etienne Tshisekedi wa Mulumba et consorts qui sollicitèrent l'annulation, pour violation des dispositions constitutionnelles, excès et détournement de pouvoir et, partant, pour illégalité des ordonnances présidentielles n° 94/042 du 6 juillet 1994 portant, respectivement, investiture d'un premier ministre, en la personne de Monsieur Kengo wa Dondo, et nomination des membres de son gouvernement, prises en application des actes, décisions et règlements illégaux du Haut conseil de la

République-Parlement de transition ; la Cour s'était déclarée incompétente pour censurer un « acte de gouvernement[258] ».

Fondant son raisonnement sur la souveraineté que lui confère sa loi organique[259], pour refuser de contrôler la constitutionnalité d'un acte émanant du pouvoir exécutif, cette décision, que l'on croit dictée par des considérations politiques (nécessité de doter le pays, en période de crise politique, d'un gouvernement devant conduire les affaires de l'État), a fait douter de l'indépendance dont pouvait se prévaloir la juridiction de contrôle.

B. Les moments de contrôle

Lorsqu'on considère le moment de vérification de la conformité d'une norme à la Constitution, on arrive à distinguer le contrôle *a priori* de celui *a posteriori.*

1. Le contrôle *a priori*

Le contrôle *a priori* est préventif, parce qu'intervenant avant la mise en vigueur de la norme ; il subordonne la promulgation de la loi ou l'entrée en vigueur de la norme réglementaire à sa conformité à la Constitution.

Traditionnellement fixé sur une catégorie de lois, généralement organiques, ce contrôle s'est étendu aux règlements des Assemblées parlementaires, aux traités internationaux ou ordonnances du président de la République intervenues en période d'état de siège ou d'urgence, élargissant ainsi le champ du bloc de constitutionnalité. Il est, notamment, organisé en France, en Hongrie, au Portugal, au Togo ou en République démocratique du Congo. Dans ce dernier pays, en effet :

> « les lois organiques, avant leur promulgation, et les Règlements intérieurs des Chambres parlementaires et du Congrès, de la Commission électorale nationale indépendante ainsi que du Conseil supérieur de l'audiovisuel et de la communication, avant leur mise en application, doivent être soumis à la Cour constitutionnelle qui se prononce sur leur conformité à la Constitution[260] ».

Le contrôle *a posteriori* de la loi organique est possible dans la pratique, le droit constitutionnel français admettant que, la seule volonté de protéger les droits fondamentaux ne suffit pas, pour permettre au Conseil constitutionnel d'exercer un contrôle *a posteriori,* par voie d'une question prioritaire de constitutionnalité, des lois organiques.

---

[258] CSJ, 21 août 1996, R.A. 320.

[259] L'article 82, al. 3 et 4 de l'Ordonnance-loi n° 82-017 du 3 1 décembre 1987 relative à la procédure devant la Cour suprême de justice indique que « la Cour apprécie souverainement quels sont les actes du Conseil exécutif (Gouvernement) qui échappent à son contrôle ; la Cour ne contrôle pas les actes législatifs ».

[260] Art. 160, al. 2 de la Constitution du 18 février 2006.

Il faut, en plus, que survienne « un changement de circonstances », notamment la révision de la Constitution ; la raison en est qu'il faut respecter l'autorité de la chose jugée de la décision prononcée dans le cadre du contrôle *a priori*[261].

Une exception à l'autorité de la chose jugée est, cependant, admise en matière de protection, par le juge constitutionnel, des libertés individuelles et des droits fondamentaux. On note qu'à la faveur d'un revirement de jurisprudence, justifié par le besoin de garantir le droit de la défense[262], la Cour constitutionnelle congolaise a censuré l'article de la loi organique[263] modifiant celle organique portant statut des magistrats qu'elle a, préalablement, jugée conforme à la Constitution[264].

Pour la Cour,

> « la proposition à la révocation du magistrat sur simple constatation de la condamnation en prise à partie viole les articles 19, alinéa 3 et 61 point 5 de la Constitution qui garantit à toute personne le droit de la défense devant une juridiction contre toute accusation portée à sa charge, la condamnation en prise à partie étant dépourvue d'effet *erga omnes,* contrairement aux condamnations pénales qui sont opposables à tous, car troublant l'ordre public ».

La même juridiction précise que :

> « la disposition attaquée n'établit aucun seuil entre la faute commise et la sanction subséquente si bien que, nonobstant le caractère mineur ou majeur du motif de condamnation en prise à partie, le magistrat est proposé à la révocation sur simple constatation par le Conseil supérieur de la magistrature sans aucune proportionnalité selon le degré de la faute commise en matière pénale bien que cette procédure ne vise qu'à établir la responsabilité civile du magistrat ».

Elle induit qu'ainsi libellée, cette disposition légale est antinomique et contraire à la Constitution qui garantit l'égalité de tous les congolais devant la loi et leur égale protection des lois.

Le contrôle *a priori* ne vise pas que les lois organiques, il peut, également, concerner les lois ordinaires, avant leur promulgation par le président de la République. Facultatif, il est exercé sur requête du président de la République, du premier ministre, du président de l'Assemblée nationale, celui du Sénat ou du dixième des députés nationaux ou des sénateurs.

Le constituant congolais précise, à cet effet, que : aux mêmes fins d'examen de la constitutionnalité, les lois peuvent être déférées à la Cour

---

261 Lire dans ce sens, RENOUX T-S., de VILLIERS M, et MAGNON X., *Code constitutionnel*, Paris, 7e éd. Lexis Nexis, 2010, p.951.

262 CC, 10 juin 2016, R. Const. 212/216.

263 Aux termes duquel le Conseil supérieur de la magistrature propose à la révocation, sur simple constatation de la condamnation, le magistrat qui fait l'objet d'une condamnation définitive.

264 Suivant l'arrêt CC, 29 mai 2015, R. Const. 0014.

constitutionnelle, avant leur promulgation, par le président de la République, le premier ministre, le président de l'Assemblée nationale, le président du Sénat ou le dixième des députés ou des sénateurs[265].

Bien que préalables à la promulgation d'une loi organique ou ordinaire, les deux contrôles se démarquent, par la qualité de l'auteur, de la requête et l'exclusivité ou non de son intervention devant la Cour constitutionnelle. On admet que, pour les lois organiques, seul le président de la République a qualité de saisir la Cour constitutionnelle, avant leur promulgation, alors que pour les lois ordinaires, cette compétence est facultative et partagée avec d'autres institutions, en l'espèce, le premier ministre, le président de l'Assemblée nationale, le président du Sénat ou le dixième des députés ou des sénateurs.

Une fois assuré, ce contrôle conduit à la suspension ou pas de la procédure de promulgation de la loi jugée inconstitutionnelle. Il fixe, par moments, le délai relativement court au-delà duquel la décision du juge ne peut intervenir. D'une modulation variable, ce délai est de vingt-cinq jours au Portugal, un mois en France et en République démocratique du Congo ; il peut, pour le juge constitutionnel congolais, être ramené à huit jours, en cas d'urgence et à la demande du gouvernement.

Sur le plan international, le gouvernement peut être amené à négocier et à signer un traité ou un accord international violant une ou plusieurs dispositions constitutionnelles ; son application, par la République démocratique du Congo, exige la modification préalable de la Constitution et l'intervention de la Cour constitutionnelle exerçant, par ce fait, un contrôle préventif de conventionalité ou de contrariété.

En droit comparé français, le contrôle de conventionalité relève de la compétence du juge ordinaire, le juge constitutionnel étant interdit d'apprécier la conformité de la loi à une convention internationale[266]. Bien que poursuivant l'appréciation de la conformité des lois et actes réglementaires aux traités et accords internationaux, ce contrôle suppose que l'accord ou le traité international comporte une clause contraire à la Constitution, son application devant conduire à la modification de la Constitution[267].

---

265 Art. 160, al. 3 de la Constitution du 18 février 2006.

266 Lire également ROUSSILLOU H., *Le conseil constitutionnel,* Paris, 5e éd. Dalloz, 1996, pp. 53-56, et LASCOMBE M., *Le droit constitutionnel de la 5e République,* Paris, 11e éd, 2010, pp. 403-404.

267 Ce contrôle est d'application en France, au Bénin, au Mali, au Niger, en République centrafricaine, en République démocratique du Congo, en République du Congo, au Sénégal, au Togo, en Tunisie ou en Turquie.

2. Le contrôle *a posteriori*

À la différence du contrôle *a priori,* celui *a posteriori* n'intervient qu'après l'entrée en vigueur d'une loi ou de toute autre norme juridique ; sa constitutionnalité étant contestée, alors que la norme ou l'une de ses dispositions est mise en application. La question est bien souvent soulevée devant un juge ordinaire, à l'occasion d'un litige particulier ; elle peut, également, l'être de manière autonome et directe. Ce type de contrôle ne concerne pas seulement les lois, il intègre, aussi, des recours contre les décisions de justice et les actes administratifs[268].

Le contrôle *a posteriori* peut être abstrait ou concret ; il est dit concret lorsque l'examen de la constitutionnalité s'effectue au moment de l'application d'une norme à un cas particulier. Cette censure est couverte par des considérations subjectives qui rappellent, justement, le contrôle de constitutionnalité par voie d'exception.

Le contrôle abstrait concerne, non pas l'application d'une norme à un cas particulier ou une situation de fait, mais bien la norme elle-même. C'est un contrôle objectif qui se caractérise par un conflit entre la norme supérieure et celle qui lui est inférieure[269].

C. La juridiction de contrôle

En République démocratique du Congo, le contrôle de constitutionnalité est assuré par la Cour constitutionnelle dont les compétences induisent sur les fonctions.

1. Les compétences de la Cour constitutionnelle

Au nombre des compétences dévolues à la Cour constitutionnelle, figurent celles de nature non contentieuse, contentieuse et pénale[270].

1.1. Les compétences non contentieuses

En matière non contentieuse, la Cour constitutionnelle ne tranche pas un conflit porté ou susceptible de lui être soumis, elle se limite à constater si le fait ou la situation juridique est ou non conforme à la Constitution[271].

La juridiction s'assure, en dehors de toute contestation ou de tout litige, de la conformité à la Constitution de tout acte législatif ou réglementaire. L'appréciation de la conformité à la Constitution des règlements intérieurs

---

[268] ESAMBO KANGASHE J.-L., *La Constitution congolaise du 18 février 2006 à l'épreuve du constitutionnalisme. Contraintes pratiques et perspectives, op. cit.,* pp. 257-277.
[269] MAUGÜÉ C. et STAHL J.-H., *La question prioritaire de constitutionnalité, op. cit.,* p.7.
[270] ESAMBO KANGASHE J.-L., *La Constitution Congolaise du 18 février 2006 à l'épreuve du constitutionnalisme. Contraintes pratiques et perspectives, op.cit.,* pp. 279-289.
[271] *Idem.,* p. 257.

des Assemblées provinciales s'est déroulée en deux temps ; le premier prend effet, à partir de 2007, où, à l'issue des élections des députés provinciaux, les Assemblées provinciales n'ont pas, avant la constitution de leurs bureaux définitifs, déféré, au contrôle de constitutionnalité, leurs règlements intérieurs[272]. L'exercice s'est, d'autre part, accommodé avec la gestion des crises politiques au sein de quelques assemblées provinciales avec, en toile de fond, la mise en jeu de la responsabilité politique du gouverneur de province, conduisant à la sollicitation du juge constitutionnel, dans la résolution des crises politiques provoquées par des motions de défiance votées[273], sur pied des règlements intérieurs non encore déclarés conformes à la Constitution ; le rejet de la plupart des requêtes en contestation de la « révocation des gouverneurs par les Assemblées provinciales » ayant fini par convaincre de la nécessité, pour chaque Assemblée provinciale, de se doter d'un règlement intérieur conforme à la Constitution.

Le deuxième temps s'opère à partir de l'installation, le 4 avril 2015, de la Cour constitutionnelle et de nouvelles provinces, en application des dispositions pertinentes de la loi de programmation n° 15/004 du 28 février 2015. Aux termes de ces dispositions, chaque nouvelle Assemblée provinciale est dotée, avant l'élection de son bureau définitif et, plus tard, de celle du gouverneur de province, d'un règlement intérieur déclaré conforme à la Constitution.

Dans l'exercice des compétences non contentieuses, la Cour reçoit le serment du président de la République[274], constate la vacance de la présidence de la République[275], réceptionne et communique, à l'administration fiscale, la déclaration du patrimoine familial du président de la République et des membres du gouvernement[276].

Une première dans la procédure applicable devant la juridiction de contrôle, l'organisation des audiences publiques en vue de la prise d'acte des requêtes relatives aux déclarations de patrimoine familial des membres du gouvernement et de la Commission électorale nationale indépendante n'a été

[272] On note cependant que l'Assemblée provinciale de l'Équateur avait soumis au contrôle de conformité à la Constitution son règlement intérieur devant la Cour suprême de justice faisant office de Cour constitutionnelle. Cette juridiction n'a pas, jusqu'à l'installation de la Cour constitutionnelle, rendu un arrêt de conformité si bien que ce règlement intérieur a été, faute d'une décision de la Cour, d'une application automatique à l'expiration du délai constitutionnel de trente jours (art. 160, al. 4 de la Constitution).

[273] En l'espèce les motions de défiance dirigées contre Messieurs Simon Pierre MBATSHI BATSHIIA, Richard NDAMBU, José MAKILA et André KIMBUTA respectivement gouverneurs des provinces du Bas-Congo, de Bandundu, de l'Équateur et de Kinshasa.

[274] Art. 74 de la Constitution du 18 février 2006.

[275] Art. 76, al. 1er de la Constitution du 18 février 2006.

[276] Art. 99 de la Constitution du 18 février 2006.

effective qu'avec l'installation effective de la Cour constitutionnelle, au point de donner lieu à une riche et importante jurisprudence[277].

La Constitution indique que :

> « avant leur entrée en fonction et à l'expiration de celle-ci, le président de la République et les autres membres du gouvernement sont tenus de déposer, devant la Cour constitutionnelle, la déclaration écrite de leur patrimoine familial... faute de cette déclaration, endéans les trente jours, la personne est réputée démissionnaire. Dans les trente jours suivant la fin des fonctions, faute de cette déclaration, en cas de déclaration frauduleuse ou de soupçon d'enrichissement sans cause, la Cour constitutionnelle ou la Cour de cassation est saisie selon le cas[278] ».

Reçu en audience publique, chaque membre du gouvernement ou d'une institution d'appui à la démocratie confirme ou pas le contenu de la déclaration de son patrimoine familial déposée au greffe de la Cour constitutionnelle qui lui en donne acte avant d'ordonner la communication, pour toutes fins utiles, à l'administration fiscale territorialement compétente.

Le libellée de la disposition soulève un certain nombre de questions juridiques dont celles liées à l'entrée en fonction du président et des membres du gouvernement, à la computation du délai de trente jours, au défaut de déclaration ou de déclaration tardif, ainsi qu'à la nature de la sanction à encourir en cas d'inobservance de cette obligation constitutionnelle.

L'entrée en fonction du président de la République a lieu à partir de la prestation du serment devant la Cour constitutionnelle[279], contrairement à celle des autres membres du gouvernement qui commence à l'approbation, par l'Assemblée nationale, du programme du gouvernement et l'investiture de l'équipe gouvernementale[280]. Le délai de trente jours n'étant pas franc, il est donc fixe et computé de jour à jour, à partir de l'investiture du gouvernement[281]. Le défaut de dépôt, dans le délai de trente jours, de la déclaration de patrimoine familial avant l'entrée en fonction expose l'auteur à une sanction politique étant entendu que la personne concernée est réputée démissionnaire. Lorsque cette inobservance a lieu à la fin des fonctions, l'auteur encours une peine pénale consécutive à des poursuites pénales

---

[277] C'est, en effet, par arrêt CC, 8 janvier 2016, RDPF n° 312-321 que cette juridiction a introduit la procédure de réception, en audience publique, de déclaration de patrimoine familial relevant de sa compétence et sa prise d'acte avant de la communiquer à l'administration fiscale. Cette procédure s'est poursuivie et consolidée avec les arrêts CC, 18 février 2017, RDPF 0094-0161 et CC, 10 mars 2017, RDPF 184, 217, 242, 267, 268, 271, 278, 293, 294, 297, 299, 304, 314-317, ainsi que celui CC, 8 janvier 2016, RDPF 322-324 concernant quelques membres de la Commission électorale nationale indépendante.

[278] Art. 99, al. 1er, 4 et 5 de la Constitution du 18 février 2006.

[279] Art. 74, al. 2 de la Constitution du 18 février 2006.

[280] Art. 146, al. 1er de la Constitution du 18 février 2006.

[281] CC, 10 mars 2017, RDPF 184, 217, 242, 267, 268, 271, 278, 293, 294, 297, 299, 304, 314-317. 281.

engagées devant la Cour constitutionnelle ou la Cour de cassation, selon le cas. S'agissant du dépôt tardif de déclaration du patrimoine familial, le membre du gouvernement ou celui d'une institution d'appui à la démocratie concerné ne peut se voir relevé de la déchéance encourue qu'en cas des raisons jugées objectives et légitimes par la Cour[282].

1.2. Les compétences contentieuses

Juge du contentieux, la Cour constitutionnelle contrôle la constitutionnalité des lois, des actes ayant force de lois[283] et des actes réglementaires[284], elle apprécie la constitutionnalité de l'exception soulevée devant ou par une juridiction[285], et se prononce sur le recours en interprétation de la Constitution[286], ses décisions lient les pouvoirs publics, les autorités administratives et juridictionnelles, civiles et militaires, ainsi que les particuliers[287].

La Cour constitutionnelle exerce, également, le contrôle de la conventionalité des traités et accords internationaux comportant une clause contraire à la Constitution[288], règle le contentieux électoral et référendaire, et connait des conflits de compétences entre le pouvoir exécutif et le pouvoir législatif, ainsi qu'entre l'État et les provinces[289] ; elle connaît des recours contre les arrêts rendus par la Cour de cassation et le Conseil d'État, uniquement en tant qu'ils se prononcent sur l'attribution du litige aux juridictions de l'ordre judiciaire ou administratif, recours qu'elle ne peut recevoir que si un déclinatoire de juridiction aura été soulevé par ou devant l'une ou l'autre de ces juridictions[290].

1.3. Les compétences pénales

L'exercice d'un mandat politique ou d'une fonction publique peut s'accompagner de la violation de la loi pénale, pour que le juge répressif soit rendu compétent. Le besoin de réprimer les actes délictueux des gouvernants conduit le constituant à organiser la responsabilité pénale du président de la

---

[282] CC, 10 mars 2017, RDPF 184, 217, 242, 267, 268, 271, 278, 293, 294, 297, 299, 304, 314-317.

[283] Art. 160, al. 1er de la Constitution du 18 février 2006.

[284] Art. 162, al. 2 de la Constitution du 18 février 2006.

[285] Art. 162, al. 1er de la Constitution du 18 février 2006.

[286] Art. 161, al. 1er de la Constitution du 18 février 2006.

[287] Art. 56 de la Loi organique du 15 octobre 2013.

[288] Si la Cour constitutionnelle consultée par le président de la République, le premier ministre, le président de l'Assemblée nationale ou du Sénat, un dixième de députés ou un dixième de sénateurs, déclare qu'un traité ou un accord international comporte une clause contraire à la Constitution, la ratification ou l'approbation ne peut intervenir qu'après la révision de la Constitution (art. 216 de la Constitution).

[289] Art. 161, al. 2 et 3 de la Constitution du 18 février 2006.

[290] Art. 161, al. 4 de la Constitution du 18 février 2006.

République et du premier ministre[291], en faisant de la Cour constitutionnelle le juge pénal du président de la République et du premier ministre, pour des infractions politiques de haute trahison, d'outrage au Parlement, d'atteinte à l'honneur ou à la probité ainsi que pour des délits d'initié et les autres infractions de droit commun commises, dans l'exercice ou à l'occasion de l'exercice de leurs fonctions. La juridiction juge également les coauteurs et complices du président de la République et du premier ministre[292].

La haute trahison est le fait, pour le président de la République, de violer intentionnellement la Constitution ou lorsque lui ou le premier ministre sont reconnus auteurs, coauteurs ou complices de violations graves et caractérisées des droits de l'homme ou de cession d'une partie du territoire national[293].

L'atteinte à l'honneur ou à la probité résulte d'un comportement personnel du président de la République ou du premier ministre qui est contraire aux bonnes mœurs ou lorsque l'un ou l'autre est reconnu auteur, coauteur ou complice de malversations, de corruption ou d'enrichissement illicite[294].

Le délit d'initié existe, lorsque le président de la République ou le premier ministre effectue des opérations, sur valeurs immobilières ou sur marchandises, à l'égard desquelles il possède des informations privilégiées et dont il tire profit, avant que ces marchandises soient connues du public. Il englobe l'achat ou la vente d'actions fondée sur des renseignements qui ne seraient jamais divulgués aux actionnaires[295]. L'outrage au parlement est acquis lorsque, sur des questions posées par l'une ou l'autre chambre sur l'activité gouvernementale, le premier ministre ne fournit aucune réponse dans un délai de trente jours[296] ; la décision des poursuites et de la mise en accusation étant prise par le Congrès, suivant la procédure organisée par son Règlement intérieur.

Selon cette procédure, la décision des poursuites et de la mise en accusation, pour les infractions politiques de haute trahison, d'outrage au parlement, d'atteinte à l'honneur ou à la probité ainsi que pour les délits d'initié et pour les autres infractions de droit commun commises dans l'exercice ou à l'occasion de l'exercice de leurs fonctions, est prise à l'initiative de la moitié des membres de chaque chambre parlementaire[297].

Saisi d'une plainte ou d'une dénonciation contre le président de la République ou le premier ministre, le procureur général près la Cour

---

[291] Art. 163 de la Constitution du 18 février 2006.
[292] Art. 164 de la Constitution du 18 février 2006.
[293] Art. 165, al. 1er de la Constitution du 18 février 2006.
[294] Art. 165, al. 2 de la Constitution du 18 février 2006.
[295] Art. 165, al. 3 de la Constitution du 18 février 2006.
[296] Art. 165, al. 4 de la Constitution du 18 février 2006.
[297] Art. 40 du Règlement intérieur du Congrès du 5 novembre 2007.

constitutionnelle rassemble les preuves et entend toute personne susceptible de contribuer à la manifestation de la vérité[298].

Au niveau du parlement, le bien-fondé de l'initiative des poursuites est discuté par chaque chambre et voté à la majorité absolue des membres, mais lorsque l'une des chambres la juge non fondée, l'initiative est considérée comme rejetée. Au cas où les deux chambres votent le bien-fondé de l'initiative, leurs présidents convoquent conjointement le Congrès, en vue de son examen et de l'adoption de la résolution autorisant les poursuites ou la mise en accusation, mais au paravent, un débat, en plénière ou en commission, est organisé, pour entendre le président de la République ou le premier ministre ; l'un et l'autre se présentent en personne assisté ou non d'un conseil.

Par la même occasion, il est constitué la Commission chargée d'entendre le président de la République ou le premier ministre, dont les membres sont désignés, en tenant compte de la configuration politique du Congrès, son président étant choisi dans un groupe parlementaire ou un groupe politique auquel n'appartient pas, selon le cas, le président de la République ou le premier ministre[299].

En vue de l'adoption de la résolution autorisant les poursuites ou la mise en accusation, la Commission établit un rapport qu'elle distribue aux membres du Congrès quarante-huit heures, au moins, avant la tenue de la séance plénière au cours de laquelle il sera débattu[300]. Ne peuvent prendre la parole que les membres du Congrès désignés par les groupes parlementaires, les groupes politiques et les parlementaires non-inscrits, la séance se terminant par la dernière intervention du président de la Commission, qui précède le vote au scrutin secret[301].

Une fois approuvée à la majorité de deux tiers des membres composant le Congrès, la résolution autorisant les poursuites ou la mise en accusation du président de la République ou du premier ministre est communiquée au procureur général près la Cour constitutionnelle par le président du Congrès. Par une requête aux fins de fixation d'audience, le procureur général saisit, en cas de présomption de culpabilité, la Cour constitutionnelle qui, le cas échéant, fait citer le prévenu et, les coauteurs et/ou les complices[302] ; elle peut, également, autoriser la mise en détention préventive du président de la République ou du premier ministre, dont elle détermine les modalités. Dans la pratique, cependant, la détention préventive est transformée en assignation à résidence surveillée[303].

---

[298] Art. 6 l, al. 2 du Règlement intérieur de la Cour constitutionnelle.
[299] Art. 41 du Règlement intérieur du Congrès.
[300] Art. 42 du Règlement intérieur du Congrès.
[301] Art. 43 du Règlement intérieur du Congrès.
[302] Art 65 du Règlement intérieur de la Cour constitutionnelle.
[303] Art. 63 du Règlement intérieur de la Cour constitutionnelle.

L'organisation de la Cour constitutionnelle a convaincu de l'interdiction faite de se saisir d'office, aucune possibilité de citation directe n'étant admise, en raison du mariage entre ses compétences et ses fonctions qui permettent de se faire une idée sur la juridiction.

2. Les fonctions de la juridiction de contrôle

On admet que ni la Constitution encore moins la loi organique ne circonscrivent, avec précision, les fonctions de la Cour constitutionnelle, dont les compétences peuvent s'orienter vers la garantie de la légalité constitutionnelle, l'unification de la jurisprudence et la régulation de la vie politique, ainsi que la protection des droits fondamentaux.

2.1. La gardienne de la légalité constitutionnelle

Juge de la constitutionnalité des actes législatif et réglementaire, la Cour constitutionnelle veille au respect de la légalité constitutionnelle ; fonction jadis exercée par la Cour suprême de justice, toutes sections réunies. Un regard rétrospectif sur l'organisation constitutionnelle de cette fonction permet d'affirmer que, la Loi fondamentale du 19 mai 1960 confère à la « chambre de constitutionnalité la compétence de prononcer et d'examiner d'office la conformité à la Constitution des lois, règlements ou ordonnances[304] ».

Plus discrète, la Constitution du 1er août 1964 énumère seulement les personnes ou organes habilités à saisir la Cour constitutionnelle, d'un recours en appréciation de la Constitution ; attitude qui a séduit le constituant du 24 juin 1967, alors que celui de la transition du 4 avril 2003 a confié, à la Cour suprême de justice, le pouvoir de connaître de la constitutionnalité des lois et des actes ayant force de loi[305] ; la Constitution du 18 février 2006 ayant conféré à la Cour constitutionnelle le pouvoir de contrôler la constitutionnalité de tout acte législatif ou réglementaire. C'est, justement, sur ce terrain que la Cour constitutionnelle semble très sollicitée, sa saisine étant ouverte à toute personne.

2.2. L'unification de la jurisprudence

Depuis son installation, le 23 novembre1968, la Cour suprême de justice a exercé les attributions dévolues sous d'autres cieux à la Cour de cassation, au Conseil d'État, à la Cour d'arbitrage[306], au Conseil constitutionnel[307]ou à

[304] Article 231, point 4 de la Loi fondamentale du 19 mai 1960.

[305] Article 150, alinéa 1er de la Constitution de la transition du 4 avril 2003.

[306] En Belgique, la Cour d'arbitrage exerçait, avant la révision constitutionnelle de mai 2007, les attributions de la Cour constitutionnelle.

[307] France ou Turquie par exemple.

la Cour constitutionnelle ; la raison est que le système juridictionnel congolais d'avant 2006 conservait la marque d'unicité de juridictions.

Suggérée, en 1992, lors des travaux de la Conférence nationale souveraine, l'idée d'éclater la Cour suprême de justice en trois hautes juridictions autonomes a été formalisée par le constituant de 2006 qui considère, par ailleurs, la Cour constitutionnelle comme un ordre juridictionnel à part[308] ; la portée d'une telle option ayant été « théoriquement recadrée » par sa loi organique[309].

Juge de règlement des conflits d'attributions entre la Cour de cassation et le Conseil d'État, la Cour constitutionnelle participe à l'unification de la jurisprudence produite par les différents ordres juridictionnels, sa décision subséquente devant déterminer l'ordre de juridiction préféré et compétent[310].

2.3. La régulation de la vie politique

Réguler la vie politique, c'est la régler pour lui assurer un fonctionnement harmonieux, cohérent et rationnel ; mettre de l'ordre là où il n'y en a pas, et établir l'équilibre là où il y manque ou est menacé.

Assurée par le juge, la régulation couvre deux activités essentielles ; elle prévient, d'une part, le blocage réel et imminent, dans le fonctionnement régulier d'une institution de l'État ou la prise des décisions arbitraires et inconstitutionnelles et se présente, d'autre part, comme une compétence, au service du recadrage, en dehors de toute crise, des comportements des acteurs politiques et sociaux.

Dans l'une et l'autre hypothèse, la régulation poursuit le déblocage des situations qui menacent le fonctionnement régulier de certaines institutions, évite la paralysie du processus électoral[311]et fait du juge l'arbitre des situations qui menacent ou tendent de compromettre la stabilité politique, le fonctionnement régulier des institutions politiques et, plus globalement, des pouvoirs publics. Le droit comparé offre, à cet égard, deux recettes, l'une déclinant l'attribution expresse de la compétence au juge constitutionnel et l'autre déduite de son activité jurisprudentielle.

a. La régulation organisée par la Constitution

Avec des fortunes diverses, quelques Constitutions reconnaissent à la juridiction constitutionnelle le pouvoir de réguler le fonctionnement des

---

[308] Exposé des motifs de la Constitution, *Journal officiel de la République démocratique du Congo*, n° spécial du 18 février 2006, p.7.

[309] L'exposé des motifs de la Loi organique du 15 octobre 2015 indique que la Cour constitutionnelle exerce une compétence matérielle spécifique, sans dire qu'elle constitue un ordre de juridiction autonome.

[310] Article 70 de la Loi organique du 15 octobre 2013.

[311] BADET G., *Les attributions originaires de la Cour constitutionnelle du Bénin*, Cotonou, Friedrich Ebert Stiftung, 2013, pp. 241 et ss.

institutions[312] et l'activité des pouvoirs publics[313]. Il s'agit notamment des Constitutions béninoise[314], camerounaise[315], congolaise[316], gabonaise[317], ivoirienne[318], malgache[319], malienne[320], tchadienne[321] et togolaise[322].

Au Bénin, on note que la création, en 2010, de la Commission électorale nationale autonome, en lieu et place de la Commission électorale indépendante, la prise en compte des conditions de résidence exigée des candidats à l'élection présidentielle, la composition du bureau de l'Assemblée nationale et la possibilité du désistement d'un candidat à l'élection présidentielle ont été des ingrédients qui ont failli conduire à une crise politique, si le juge constitutionnel ne fut pas intervenu.

La Cour constitutionnelle du Gabon a, de son côté, réglé la crise née des conflits d'attribution entre le gouvernement et le Conseil économique et social, ainsi qu'entre la majorité et l'opposition à l'Assemblée nationale au sujet de la convocation, par deux membres du bureau de l'Assemblée nationale[323], de la deuxième session du parlement[324] ; deux décisions à la base d'un conflit de compétences au sein dudit bureau.

C'est le cas également de la Cour suprême malgache qui a réussi à désamorcer, en 2007, des situations des conflits entre le pouvoir judiciaire et le pouvoir exécutif, ainsi qu'entre l'État et l'église catholique.

Régulant l'activité des institutions et des pouvoirs publics, elle s'était prononcée sur les mesures présidentielles, suspendant les droits des citoyens, pourtant, garantis par la Constitution ou les tentatives de révision constitutionnelle rappelant, par moments, l'importance de la « sauvegarde de la sécurité juridique », de la « cohésion nationale », ainsi que du « consensus national » érigés en principes à valeur constitutionnelle.

Selon l'objet de la requête, les circonstances de sa saisine et le climat politique dans lequel son action est appelée à se déployer, le juge peut, en cas de besoin, donner des injonctions qui lui paraissent devoir s'imposer, en

---

312 Tel qu'au Cameroun.

313 En Côte d'ivoire, au Gabon, au Mali, au Tchad et au Togo.

314 Art. 114 de la Constitution du Bénin du 11 décembre 1990.

315 Art. 46 de la Constitution du Cameroun du 14 avril 2008.

316 Art 165 de la Constitution de la République du Congo du 25 octobre 2015.

317 Art. 83 de la Constitution de la République du Gabon du 12 janvier 2011.

318 Art. 88, al. 2 de la Constitution de la République de Côte d'Ivoire du 23 juillet 2000.

319 Art. 116, point 2 de la Constitution Malgache du 11 février 2010.

320 Art. 85, al. 2 de la Constitution du Mali du 12 janvier 1992.

321 Art. 162, al. 5 de la République du Tchad du 15 juillet 2005.

322 Art. 99 de la Constitution du Togo du 14 octobre 1992.

323 Œuvre du premier vice-président, en l'absence du président, la première convoquait la deuxième session du parlement le 1er octobre 2014, alors que pour la même session, le président de l'Assemblée nationale le convoque pour le 7 octobre 2014.

324 Dans son avis n° 25 du 9 octobre 2014, la Cour a débouté douze députés de l'opposition qui accusaient la majorité à l'Assemblée nationale de violer la Constitution. Elle a jugé qu'en l'absence du président, le premier vice-président, selon l'ordre de préséance, a compétence pour convoquer l'Assemblée nationale en session.

vue d'un nouveau comportement plus conforme aux prescriptions constitutionnelles[325].

Il en est ainsi du juge constitutionnel béninois qui a intimé l'ordre au COS-LEPI[326] de se retirer du processus de production et de distribution des cartes d'électeurs et de transférer la somme de 611.580.000 FCFA au Centre national de traitement, aux fins de poursuivre la distribution desdites cartes[327].

Évitant une crise politique consécutive à la mise en accusation du président de la République, par l'Assemblée nationale, la Haute Cour constitutionnelle malgache a enjoint à « l'exécutif et au législatif de respecter les principes de la séparation et de la collaboration des pouvoirs, fondement du régime semi-présidentiel de la quatrième République », tout en les invitant à œuvrer en faveur d'un pacte de responsabilité, garant du bon fonctionnement de l'État, dans le cadre de la Constitution en vigueur[328].

b. La régulation découlant de l'activité du juge

Plutôt que d'être expressément organisée par la Constitution, la régulation est, également, déduite de l'idée que le juge se fait de ses compétences constitutionnelles et du rôle qu'il est appelé à jouer dans la consolidation de l'État de droit, le respect de la Constitution et la protection des droits fondamentaux et des libertés publiques. L'activisme des juges constitutionnels américain, français et congolais peut être cité en exemple.

On signale que, saisi en matière de contrôle de constitutionnalité, par voie d'exception, le juge américain rendit, le 24 février 1803, un arrêt dans l'affaire William Marbury contre Madison aux termes duquel, il s'est attribué, en dehors de toute prévision constitutionnelle, le pouvoir de réguler l'activité des pouvoirs publics.

Se définissant comme régulateur de l'activité des pouvoirs publics, le Conseil constitutionnel français prit, le 6 novembre 1962, la décision n° 62-20 dans laquelle il donna à sa mission une définition plus générale que celle, jadis, consacrée au titre VII de la Constitution[329].

Dans un arrêt désormais historique, la Cour constitutionnelle congolaise a, pour asseoir la démocratie, réaffirmé son rôle d'organe de régulation du fonctionnement des institutions[330] et ordonné, le 8 septembre 2015, au

---

[325] GALA P., GHEVONTIAN R., MELIN-SOUCRAMANIEN F., OLIVA E. et ROUX A., *Les grandes décisions du Conseil constitutionnel*, Paris, 17e éd. Dalloz, 2013, p. 263.

[326] Conseil d'orientation et de supervision de la liste électorale permanente informatisée installé le 30 avril 2013.

[327] Sur pied de la décision DCC 15-092 du 14 avril 2015.

[328] Décision n° 24-HCC/D3 du 12 juin 2015.

[329] GALA. P., GHEVONTIAN R.; MELIN-SOUCRAMANIEN F., OLIVA E. et ROUX A., *Les grandes décisions du Conseil constitutionnel*, *op. cit.*, p. 150.

[330] Dans le Rapport de la Commission politique, administrative et judiciaire de l'Assemblée nationale sur la proposition de la Loi organique portant organisation et fonctionnement de la

gouvernement et à la Commission électorale nationale indépendante de prendre, chacun, un certain nombre de mesures, pour permettre la poursuite du processus électoral menacé de blocage[331] ; faisant de la régulation une attribution effective du juge constitutionnel congolais[332].

Exercée pour la première fois dans une décision du 13 septembre 2006[333], la fonction régulatrice du juge constitutionnel congolais n'a cessé de s'affirmer au fil du temps ; plusieurs autres décisions sont intervenues dans le cadre de la prévention d'une crise politique et, notamment, d'un vide institutionnel en gestation[334].

Récemment remise en selle[335], cette fonction insiste également sur la protection des droits et des libertés publiques garantis par la Constitution, en l'espèce, le droit d'être électeur ou éligible dans les conditions prévues par la loi.

Dans le même registre, on signale la décision désamorçant la crise politique consécutive à la non tenue, dans le délai légal, de l'élection des gouverneurs et vice-gouverneurs de nouvelles provinces concernées par la loi de programmation n° 15/004 du 28 février 2015, enjoignant au gouvernement de la République[336] et à la Commission électorale nationale indépendante[337] de prendre, chacun en ce qui le concerne, des mesures

---

Cour constitutionnelle, on peut lire que l'on insiste sur le rôle de la Cour en tant qu'organe de régulation du fonctionnement des institutions pour assurer la véritable démocratie.

331 CC, 8 septembre 2015, R. Const. 0089/2015 rendu en matière d'interprétation de la Constitution sur saisine de la Commission électorale nationale indépendante, *Journal officiel de la République démocratique du Congo*, n° 21, col. 82.

332 Rapport de la Commission politique, administrative et judiciaire de l'Assemblée nationale sur la proposition de la loi organique portant organisation et fonctionnement de la Cour constitutionnelle, Kinshasa, Palais du Peuple, 2008, inédit, p.3.

333 CSJ, 13 septembre 2006, R. Const. 037/TSR autorisant la Commission électorale indépendante d'organiser, pour de raisons de force majeure, le deuxième tour de l'élection présidentielle au-delà du délai constitutionnel de quinze jours après la publication des résultats définitifs du premier tour.

334 Notamment CSJ, 27 août 2007, R. Const. 055/TSR et CSJ, 31 janvier 2008, R. Const. 059/TSR prolongeant, respectivement, le mandat de la Commission électorale indépendante et de la Haute autorité de médias pour assurer la continuité des services publics, en raison du retard pris dans l'installation de la Commission électorale nationale indépendante et du Conseil supérieur de l'audiovisuel et de la communication.

335 Par l'arrêt CC, 28 août 2015, R. Const. 038/2015 rendu en matière d'interprétation de la Constitution sur saisine de Madame MUNGOMBE Olive contre le Sénat, *Journal officiel de la République démocratique du Congo*, n° 23 du 1erdécembre 2015, col. 33.

336 Au Gouvernement, il a été notamment ordonné d'accélérer l'installation des bureaux définitifs des Assemblées provinciales de nouvelles provinces et de doter la Commission électorale nationale indépendante des moyens nécessaires, pour l'organisation impérative de l'élection des gouverneurs et vice-gouverneurs de nouvelles provinces, avant toute élection des députés provinciaux sur toute l'étendue de la République.

337 À la Commission électorale nationale indépendante, il a été ordonné d'évaluer, en toute indépendance et impartialité, tout le processus électoral conduisant aux élections prévues dans son calendrier global du 12 février 2015 et, notamment, celle des gouverneurs et vice-gouverneurs de provinces avant la tenue des élections provinciales.

urgentes, pour permettre la poursuite du processus électoral menacé de blocage[338].

En exécution de cet arrêt, le gouvernement a pu doter la Commission électorale des moyens nécessaires, pour l'organisation de l'élection des gouverneurs et vice-gouverneurs de provinces, concernées par le démembrement.

Prévu par la décision n° 0031CENI/BUR/6 du 10 février 2016 portant réaménagement du calendrier de l'élection des gouverneurs et vice-gouverneurs de nouvelles provinces, ce scrutin eut, effectivement, lieu le 26 mars 2016, pour les vingt provinces, à l'exception de celle du Sud-Ubangi qui n'a pu se tenir que le 1er avril 2016[339].

On signale, également, que par leur requête du 14 avril 2016, deux cent soixante-seize députés nationaux de la majorité présidentielle saisirent la Cour constitutionnelle en interprétation[340] de l'article 70, alinéa 2 de la Constitution[341] en combinaison, d'une part, avec les articles 103[342], 105[343] et 197[344] et, d'autre part, des articles 75[345] et 76[346] de la même Constitution. Selon les requérants, le président de la République, arrivé fin mandat[347], doit

---

338 Dans son arrêt CC, du 8 septembre 2015, R. Const. 0089/2015 rendu en matière d'interprétation de la Constitution, sur saisine de la Commission électorale nationale indépendante

339 Ce scrutin a été reporté, à cause de la gestion du contentieux lié à l'élection du bureau définitif de l'Assemblée provinciale de la province du Sud-Ubangi par la section administrative de la Cour d'appel de Mbandaka, faisant office de la Cour administrative d'appel de la dite province.

340 L'alinéa 1er de l'article 161 de la Constitution indique que la Cour constitutionnelle connait des recours en interprétation de la Constitution, sur saisine du président de la République, du Gouvernement, du président du Sénat, du président de l'Assemblée nationale, d'un dixième des membres de chacune des chambres parlementaires, des gouverneurs de province et des présidents des Assemblées provinciales.

341 Aux termes de cette disposition, le président de la République reste en fonction jusqu'à l'installation effective du nouveau président élu.

342 Cet article indique que le député national est élu pour un mandat de cinq ans. Il est rééligible. Le mandat du député national commence à la validation des pouvoirs par l'Assemblée nationale et, expire à l'installation de la nouvelle Assemblée.

343 La lecture de cette disposition fait apparaitre que, élu pour un mandat de cinq ans, le sénateur est rééligible. Son mandat commence à la validation des pouvoirs et expire, à l'installation du nouveau Sénat.

344 Cet article qui concerne les députés provinciaux précise, notamment, que l'article 103 leur est, mutatis mutandis, applicable.

345 Aux termes de cette disposition constitutionnelle, on note qu'en cas de vacance, pour cause de décès, de démission ou de toute cause d'empêchement définitif, les fonctions du président de la République, à l'exception de celles mentionnées aux articles 78, 81 et 82 sont provisoirement exercées par le président du Sénat.

346 L'alinéa 1erde cet article indique que la vacance de la présidence de la République est déclarée par la Cour constitutionnelle saisie par le gouvernement.

347 Élu pour un second mandat de cinq ans, le président de la République actuellement en fonction a été investi le 20 décembre 2011 et son mandat expire le 20 décembre 2016.

rester en fonction, même si l'élection présidentielle[348] a lieu, au-delà du mandat du président en exercice, opinion qui n'est pas partagée par une partie de l'opposition qui considère la non tenue, dans le délai constitutionnel[349], du scrutin présidentiel comme constitutive d'une cause d'empêchement définitif, ouvrant ainsi la voie à la vacance de la présidence de la République.

Dans une décision du 11 mai 2016[350], la Cour relève qu'étant clair, l'alinéa 2 de l'article 70 ne nécessite pas, en principe, d'interprétation ; le président de la République, actuellement en exercice, reste en fonction et y demeure, jusqu'à l'installation effective du nouveau président élu, car aux termes de la Constitution[351], le président de la République élu entre en fonction, dans les dix jours qui suivent la proclamation, par la Cour constitutionnelle, des résultats définitifs de l'élection présidentielle et devant laquelle il prête serment avant d'entrer en fonction.

Se prononçant sur la vacance éventuelle de la présidence de la République au cas où l'élection présidentielle n'a pas lieu dans le délai constitutionnel, la juridiction rappelle que, survenant en cours de mandat, la vacance de la présidence de la République renvoie à l'hypothèse où la fonction présidentielle est dépourvue du titulaire à la suite du décès, de la démission ou de toute autre cause d'empêchement définitif[352], situation qui requiert l'intervention de la Cour constitutionnelle qui en fait la déclaration, sur saisine du gouvernement[353]. Cette décision aurait, selon une certaine opinion, cautionné un coup d'État constitutionnel, œuvre des « juges instrumentalisés » qui ont interprété la Constitution dans le seul but de permettre aux « gouvernants de mauvaise foi » de se maintenir au pouvoir[354].

Confuse et ambigüe, cette position ne permet pas de distinguer le coup d'État constitutionnel de la violation de la Constitution et la fraude à la Constitution ; elle ne précise pas, non plus, le rôle joué par les « juges

---

348 Dont la date arrêtée, par le calendrier global de la Commission électorale nationale indépendante du 12 février2015, encore en vigueur, est le 27 novembre 2016.

349 L'article 73 de la Constitution précise que, le scrutin, pour l'élection du président de la République, est convoqué par la Commission électorale nationale indépendante, quatre-vingt-dix jours avant l'expiration du mandat en exercice.

350 Rendu sous CC, 11 mai 2016, R. Const. 262 et publié au *Journal officiel de la République démocratique du Congo*, numéro spécial du 5 juillet 2016.

351 En son article 74.

352 L'article 84 de la Loi organique n° 13/026 du 15 octobre 2013 portant organisation et fonctionnement de la Cour constitutionnelle définit l'empêchement définitif comme la situation où le président de la République se trouve dans l'impossibilité absolue d'exercer personnellement les fonctions qui lui sont dévolues par la Constitution et les lois de la République.

353 Art. 76, al. 1er de la Constitution du 18 février 2006.

354 MABANGA G., *Le principe de continuité de l'État : issue de secours à la prohibition du troisième mandat ? Analyse critique de l'arrêt de la Cour constitutionnelle congolaise du 11 mai 2016,* Paris, l'Harmattan, Études africaines, Série Droit, 2016, p. 30.

instrumentalisés » dans la préparation et l'exécution, par les gouvernants de mauvaise foi, du coup d'État constitutionnel.

Il importe d'indiquer, à cet égard, qu'un coup d'État est une prise de pouvoir, par des moyens non constitutionnels, imposée par surprise ou utilisant la force ; les auteurs s'appuyant, généralement, sur tout ou une partie de l'armée avec le soutien de la population ou des acteurs politiques ou sociaux. Entreprise secrète connue de seuls auteurs, commanditaires ou complices, le coup d'État vise à s'emparer, brutalement, du pouvoir ou à s'y maintenir en violation de la Constitution. Lorsqu'il débouche sur la neutralisation d'un organe constitutionnel, le coup d'État devient alors constitutionnel, mais en raison du contenu qu'on veut bien lui donner, l'expression semble mal perçue dans un régime constitutionnel.

On admet qu'un coup d'État est constitutionnel à partir du moment où l'acte incriminé porte la marque soit de la violation de la Constitution, soit de la fraude à la Constitution, soit qu'il bénéficie de la complicité d'un autre organe constitutionnel, le parlement-en cas de révision constitutionnelle-ou la Cour constitutionnelle au moment du contrôle de constitutionnalité ou de l'interprétation de la Constitution.

La violation de la Constitution est l'acte par lequel un citoyen ou membre d'un organe institué enfreint une disposition constitutionnelle ; elle se distingue de la fraude à la Constitution qui autorise l'exercice détourné, par un organe étatique, de ses prérogatives constitutionnelles. Plus proche de l'abus de droit[355], la fraude fait appel au dol acceptant le recours soit au tripatouillage de l'initiative de révision constitutionnelle, soit au détournement de la procédure de révision, soit encore à la manipulation du quorum de siège et de vote.

Rattachée à l'une ou l'autre de ces notions (violation de la Constitution, fraude à la Constitution ou abus de droit), l'analyse ne permet pas de situer, avec exactitude, la responsabilité de la juridiction de contrôle dans la préparation et l'exécution du coup d'État constitutionnel, œuvre des gouvernants de mauvaise foi soucieux de se maintenir au pouvoir.

Quelle que soit, par ailleurs, l'appréhension que l'on peut avoir sur la décision de la Cour, il importe d'avoir à l'esprit que, n'ayant pas été saisie d'une demande de report éventuel des élections, la juridiction ne pouvait, logiquement, pas statuer ultra petita. On ne doit pas, non plus, perdre de vue qu'au moment de son élaboration, la Constitution du 18 février 2006 n'a pas entendu régler l'hypothèse où les élections présidentielles ne seraient pas organisées dans le délai constitutionnel. C'est dans ce cadre qu'il convient de se faire une idée plus claire de la lettre et de l'esprit de l'alinéa 2 de l'article 70 dont le champ d'application ne couvre que la situation d'un président de la République déjà élu, mais attendant son installation effective. La Constitution précise, à ce sujet, que le président de la République élu

[355] ECK L., *L'abus de droit en droit constitutionnel, op. cit.*, p. 34.

entre en fonction dans les dix jours qui suivent la proclamation des résultats définitifs de l'élection présidentielle[356].

Le droit comparé offre, à cet égard, un échantillon intéressant de cas organisant, la passation constitutionnelle des pouvoirs entre un président de la République fin mandat et son successeur élu, mais attendant son installation effective. On note qu'élu, le 19 mars 2000, président de la République, Abdoulaye Wade a, dans l'attente de son investiture officielle, résolu de laisser son prédécesseur, Abdou Diouf, représenter, sur pied du principe de la continuité de l'État, le Sénégal au sommet Europe-Afrique tenu au Caire du 3 au 4 avril 2000.

Se fondant sur le même principe, le Bénin a organisé la passation des pouvoirs entre Patrice Talon élu président de la République le 20 mars 2016 et Thomas Boni Yayi assuré de jouer le rôle de gardien du temple jusqu'à l'investiture officielle de son successeur. De même, on signale que, porté à la tête des États-Unis d'Amérique, le 7 novembre 2016, Donald Trump n'a pu effectivement entrer en fonction que le 15 janvier 2017 au moment où l'administration fédérale américaine était assurée par Barack Obama. Aussi, élu président de la République française, le 7 mai 2017, Emmanuel Macron a attendu son investiture, le 14 mai 2017, pour prendre possession effective de ses nouvelles charges laissant à François Hollande président de la République en exercice, le soin de conduire les affaires publiques.

On observe que, significatives par leurs portées, les décisions jusque-là rendues en matière de régulation de la vie politique paraissent encore insuffisantes, pour se faire une idée plus ou moins claire sur l'audace du juge constitutionnel congolais et l'étendue réelle de son activité. On devra s'attendre, à l'avenir, à d'autres tout aussi courageuses, pour placer cette fonction dans la durée, seule perspective qui rende compte de l'apport de la jurisprudence constitutionnelle, dans la consolidation de la démocratie et de l'État de droit[357]. Il reste qu'en raison des enjeux qu'elle suscite, la fonction conduise le juge à disposer d'un esprit de créativité pour chercher, constamment, l'équilibre institutionnel indispensable à la sauvegarde de l'État de droit et de la démocratie.

Mission exaltante et difficile à mener, dans les pays en transition démocratique ou sortis de crises et, où les menaces de remise en question de l'ordre constitutionnel sont encore présentes, la régulation relève bien de la compétence du juge constitutionnel qui lui donne, finalement, le contenu réel.

Elle permet d'inscrire l'action du juge dans la prévention des crises politiques (régulation préventive) et la protection des libertés publiques et droits fondamentaux garantis dans la Constitution (régulation protectrice).

---

[356] Art. 74, al. 1er de la Constitution du 18 février 2006.

[357] Lire aussi MBORATSUO M.-M., *La contribution des cours constitutionnelles à l'État de droit en Afrique,* Paris, Économica, 2007.

Dans le cadre de la régulation de la vie politique, l'action du juge peut emprunter la voie conduisant tantôt à la « juridicisation[358] » des rapports sociaux, tantôt à leur « justiciarisation » ou leur « judiciarisation ». Si la juridicisation autorise l'intrusion du droit dans des secteurs de la vie sociale, auxquels il n'avait naguère accès, la « justiciarisation » fait appel à la garantie d'égalité de tous, dans l'administration de la justice, alors que la judiciarisation évoque l'idée du contrôle judiciaire des actes des pouvoirs publics.

Insistant sur l'intervention du juge dans la politique, l'une ou l'autre de ces activités aboutit, soit à la mise en jeu de la responsabilité professionnelle des hommes politiques, soit à la saisine de la politique par le droit, soit à l'organisation d'un « procès constitutionnel[359] » à l'issue duquel le juge tranche les différends nés des actes des pouvoirs publics[360].

§3. Le bloc de constitutionnalité

La Constitution congolaise du 18 février 2006 consacre sa suprématie sur toute autre norme de conduite sociale, en même temps, qu'elle organise des mécanismes de sa protection, dont celui juridictionnel assuré par la Cour constitutionnelle. Reconnaissons tout de suite qu'à l'exception des États-Unis d'Amérique, rares sont des pays qui n'organisent pas, dans leurs Lois fondamentales, le contrôle de constitutionnalité des lois.

La République démocratique du Congo offre, à cet égard, une tradition constitutionnelle constante soumettant les actes des gouvernants et, plus globalement, ceux des pouvoirs publics au contrôle juridictionnel de constitutionnalité[361]. On rappellera que la Loi fondamentale du 19 mai 1960 relative aux structures du Congo, reconnaissait à la chambre constitutionnelle la compétence de contrôler la constitutionnalité de chaque Constitution provinciale ; elle déclarait, sur saisine du président du gouvernement provincial ou de celui de l'Assemblée provinciale, conforme ou non toute ou une partie d'une loi ou d'une ordonnance-loi[362].

La Constitution du 1er août 1964 détermine, de manière précise, les normes convoquées ou soumises au contrôle du juge, en l'occurrence, les lois nationales, les actes ayant force de loi nationale, les lois provinciales et

---

358 Pour un meilleur rapprochement de deux notions à la justice constitutionnelle congolaise, lire ODIMULA LUFUNGUSO *L., La justice constitutionnelle et la juridicisation de la vie politique en droit positif congolais,* Kinshasa, l'Harmattan RDC, 2016, pp. 19-20.

359 PASCAL J., *Le procès constitutionnel,* Paris, LGDJ, 2001.

360 MABANGA MONGA MABANGA, *Le contentieux constitutionnel congolais, op. cit.*, pp. 11-13.

361 Lire dans ce sens, ESAMBO KANGASHE J.-L., « Les normes susceptibles de contrôle de constitutionnalité en droit congolais », *Revue de Droit Africain,* RDJA, Bruxelles, n° 54 avril 2010, p. 94.

362 Art. 231, al. 1er et 2e de la Loi fondamentale du 19 mai 1960.

les actes de gouverneurs des provinces ayant force de loi provinciale[363], pendant que celle du 24 juin 1967 réduit la compétence du juge constitutionnel aux seuls lois et actes ayant force de loi[364].

À l'exception du Décret-loi constitutionnel du 27 mai 1997[365], les Constitutions de la transition consacrent, dans l'ensemble, le contrôle de constitutionnalité des lois et actes ayant force de loi ; il en est, également, de la Constitution actuelle[366].

Indispensable à l'édification de l'État de droit, le contrôle de constitutionnalité renforce l'attachement des pouvoirs publics et des citoyens à la suprématie de la Constitution. Il importe, donc, d'en fixer le contour ; le bloc de constitutionnalité qui lui sert de fondement essentiel renfermant, en réalité, l'énigme d'une normativité improbable que, seule la foi au droit à l'issue du procès permet de découvrir, a priori, que le concept est dépourvu de quantification exhaustive et obligatoire au juge.

A. L'énigme d'une normativité improbable

Concept d'évocation courante en droit constitutionnel, le bloc de constitutionnalité n'a, paradoxalement, pas de couverture normative, sa bâtisse étant, essentiellement, produite par la doctrine et la jurisprudence. Au niveau de la doctrine, il s'observe encore la carence d'une construction unanimement partagée suggérant, en contrepartie, la variété des recettes qui n'ont de sens que si elles sont collées aux réalités de chaque pays.

Même si on a pris l'habitude d'attribuer la paternité de la réflexion à la doctrine française qui offre, à cet égard, quelques indications intéressantes, le bloc de constitutionnalité semble signifier rien d'autre que ce que dit la Constitution, au sens large, [367] et à laquelle le Conseil constitutionnel se réfère dans son contrôle[368]. On y voit, également, un faisceau d'actes juridiques considérés comme supérieurs et fondamentaux au point d'être garantis d'une supériorité que le juge se charge de protéger.

Ce sont, en effet, des textes, principes et valeurs auxquels le juge accorde une supériorité sur d'autres de rang inférieur[369].

Plus large est l'idée de trouver dans le concept, l'ensemble de principes et dispositions qui fondent le contrôle de constitutionnalité incluant,

---

363 Art. 168 de la Constitution du 1er août 1964.

364 Art. 71, al. 1er de la Constitution du 24 juin 1967.

365 Il s'agit bien du Décret-loi constitutionnel n° 003 du 27 mai 1997 relatif à l'organisation et à l'exercice du pouvoir en République démocratique du Congo.

366 L'article 162, al. 2 de la Constitution indique que toute personne peut saisir la Cour constitutionnelle de l'inconstitutionnalité de tout acte législatif ou réglementaire.

367 FAVOREU L. et LOIC P., *Les grandes décisions du Conseil constitutionnel,* Paris, 11e éd. Dalloz, 2001, p. 250.

368 De WILLIERS M. et Le DIVELLEC A., *Dictionnaire du droit constitutionnel,* Paris, 9e éd. Sirey, 2013, p.28.

369 FAVOREU L., *La Constitution et son juge*, Paris, Economica, 2014, p. 565.

naturellement, le dispositif constitutionnel, mais aussi d'autres, tels que le préambule de la Constitution, la Déclaration de 1789, les principes fondamentaux reconnus par les lois de la République et la Charte de l'environnement ainsi que les décisions du Conseil constitutionnel[370].

C'est cet ensemble et non pas seulement le corps de la Constitution qui a valeur constitutionnelle et dont le Conseil constitutionnel impose le respect au législateur, textes auxquels il s'en sert comme documents de référence pour apprécier et contrôler la constitutionnalité des lois qui forme le bloc de constitutionnalité[371].

De ces constructions doctrinales, on retient qu'en France le contenu du bloc de constitutionnalité est, certes, orienté par la doctrine, mais déterminé par le juge. Dubitative sur la question, la doctrine congolaise se console à n'évoquer que le principe[372] ou les hypothèses de réalisation[373] affichant encore une réserve prudente tout en espérant que, par une décision de principe, la Cour constitutionnelle en détermine le contenu[374].

Bien qu'intéressante, la jurisprudence constitutionnelle produite jusque-là attend d'être enrichie par des pensées scientifiques objectives pour qu'à l'occasion de l'analyse des cas, on arrive à placer l'activité du juge en direction de la légalité constitutionnelle. En attendant, il parait indiqué d'en circonscrire le contour en recourant à deux itinéraires, dont l'un normatif et l'autre casuel.

B. Le bloc de constitutionnalité est d'essence normative

Le dispositif normatif congolais établit une liste, plus ou moins, précise des normes susceptibles de contrôle, à savoir les lois organiques, les traités et accords internationaux, les lois, les actes ayant force de loi, les règlements intérieurs des chambres parlementaires, du Congrès et des institutions d'appui à la démocratie, les édits et les actes réglementaires des autorités

---

[370] DEBARD T., *Dictionnaire du droit constitutionnel,* Paris, 2e éd. Ellipses, 2007, p. 39.

[371] ROUSSEAU D., *Droit du contentieux constitutionnel,* Paris 9e éd. Montchrestien et Lextenso éditions, Coll. Domat droit public, 2010, p. 97.

[372] NTUMBA LUABA LUMU A., *Droit constitutionnel général,* Kinshasa, EUA, 2007, p. 142 ; WESTSH'OKONDA KOSO M., *La protection des droits de l'homme par le juge constitutionnel congolais. Analyse critique de la jurisprudence (2003-2013),* Paris, l'Harmattan, Coll. Notes de cours, 2016, p.72.

[373] NGONDANKOY NKOY ea LOONGYA P.-G., *Le contrôle de constitutionnalité en République démocratique du Congo. Étude critique d'un système de justice constitutionnelle dans un État à forte tradition autoritaire,* Thèse de doctorat en droit public, Université Catholique de Louvain, 2007-2008, pp. 197-199.

[374] MAVUNGU MVUMBI-di-NGOMA J.-P., *La justice constitutionnalité en République démocratique du Congo. Aperçu sur la compétence de la Cour constitutionnelle et la procédure devant cette haute juridiction*, Kinshasa, Éditions universitaires africaines, 2017, p. 16.

administratives[375] ainsi que les décisions de la Cour de cassation et du Conseil d'Etat, uniquement lorsqu'elles interviennent dans le cadre du conflit d'attribution. En raison cependant de leur importance dans la protection ou non de la Constitution, les lois référendaires ou de révision constitutionnelle ne devaient pas échapper à l'attention du juge constitutionnel.

1. Les lois référendaires et de révision constitutionnelle

Une confusion est, par moments, possible dans l'appréhension que l'on puisse avoir de la loi référendaire quelque fois prise comme similaire à celle de révision constitutionnelle. Selon leurs finalités, on arrive cependant à dégager la distance qui les sépare, la loi référendaire poursuit la mise en place d'une nouvelle Constitution ou la matérialisation d'une réforme constitutionnelle ou législative, la consultation populaire qu'elle induit pouvant porter sur un texte de nature constitutionnelle ou législative[376]. À l'opposé, la loi constitutionnelle ou de révision constitutionnelle ne vise que la modification de la Constitution en vigueur, elle est soumise au respect de la procédure de révision telle que fixée par le constituant originaire. Tout en fixant certaines exigences de quorum de siège et de majorité de vote, plusieurs Constitutions modernes autorisent, leur révision par le parlement[377].

Ainsi comprises, les lois référendaires et de révision constitutionnelle ne sont pas de censure automatique, leur justiciabilité dépendant bien souvent de la mise en cohérence entre les textes organiques et l'activité des juridictions constitutionnelles. On arrive ainsi à reconnaitre qu'à l'exception de quelques pays[378], ces normes échappent, en principe, au contrôle de constitutionnalité[379], en raison, d'une part, des limites imposées aux compétences du juge et, d'autre part, de la souveraineté populaire détenue par les parlementaires, auteurs des normes dont le contrôle est sollicité[380]. En

---

375 Art. 160 et 162 de la Constitution du 18 février 2006 et 43 de la Loi organique n° 13/026 du 15 octobre 2013 portant organisation et fonctionnement de la Cour constitutionnelle.

376 ESAMBO KANGASHE J.-L., *Le droit constitutionnel, op. cit.*, p.109.

377 Aux termes de l'alinéa 4 de l'article 218 de la Constitution congolaise du 18 février 2006, le projet, la proposition ou la pétition en vue d'une révision constitutionnelle n'est pas soumis au référendum lorsque l'Assemblée nationale et le Sénat réunis en Congrès l'approuvent à la majorité des trois cinquième des membres les composant.

378 Parmi lesquels, on cite l'Allemagne, l'Autriche, le Bénin, l'Espagne, les États-Unis d'Amérique, la Finlande, l'Italie, le Mali, le Nigéria ou le Tchad.

379 En France, c'est par la décision CC, n° 2003-469 DC du 26 mars 2003 que le Conseil constitutionnel a décliné sa compétence à contrôler la constitutionnalité d'une loi de révision constitutionnelle.

380 BLEOU M., « La question de l'effectivité de la suprématie de la Constitution. À propos des poches de résistance au contrôle juridictionnel de constitutionnalité des lois en France et dans les États africains de succession française », *Mélanges dédiés au Doyen Francis V. WODIÉ,* Toulouse, Presses de l'Université Toulouse 1 Capitole, 2016, pp. 48-50.

France, par exemple, le principe est que les lois référendaires et de révision constitutionnelle sont exclues du contrôle de constitutionnalité quel que soit leur objet, telle est la position prise par le Conseil constitutionnel. Il suffit, pour la République démocratique du Congo, d'évoquer à l'égard de ces normes, l'exigence de la protection de la Constitution et de ses valeurs pour que la justiciabilité soit encouragée.

Le pouvoir constituant originaire ayant établi des limites matérielles et temporelles à celui dérivé, le contrôle de constitutionnalité d'une loi référendaire ou celle de révision constitutionnelle reste possible lorsque, exerçant ses attributions, le pouvoir institué dépasse les frontières qui lui sont imposées, notamment, lorsqu'il s'autorise à violer la procédure prévue par la Constitution ou porte atteinte aux droits et libertés fondamentales auxquels la Constitution accorde une protection particulière.

Faisant usage de l'adjectif indéfini « tout acte », le constituant s'exprime en termes généraux et ne laisse aucune possibilité de distinction à propos de la justiciabilité des lois, peu importe la nature et l'objet ; toute personne pouvant saisir la Cour constitutionnelle de l'inconstitutionnalité de tout acte législatif ou réglementaire[381]. Il précise qu'aux mêmes fins d'examen de la constitutionnalité, les lois peuvent être déférées à la Cour constitutionnelle, avant leur promulgation, par le président de la République, le premier ministre, le président de l'Assemblée nationale, le président du Sénat ou un dixième des députés ou des sénateurs[382], tout acte déclaré non conforme à la Constitution est nul de plein droit[383].

Dans la pratique, la loi référendaire ou celle de révision constitutionnelle n'est pas toujours ce que les électeurs pensent ou veulent, mais plutôt, ce que les gouvernants et, notamment, le président de la République a décidé.

Abusant parfois du mandat obtenu à la suite d'une victoire électorale, cette autorité peut s'autoriser de modifier, à souhait, la Constitution, prétextant répondre à la demande des électeurs, alors que l'entreprise ne vise que le renforcement de son pouvoir.

C'est le cas lorsque le référendum ou la révision constitutionnelle, par voie parlementaire, est faussement évoquée à l'appui d'une promesse faite pendant la campagne électorale ou la réponse à une demande pressante du peuple[384].

Pour autant que le référendum ou la révision constitutionnelle s'appuie, généralement, sur une loi, un projet ou une proposition de loi et, donc, un

---

[381] Art. 162, al. 2 de la Constitution du 18 février 2006.

[382] Art. 160, al. 1er de la Constitution du 18 février 2006.

[383] Art. 168, al. 2 de la Constitution du 18 février 2006.

[384] Dans leurs campagnes électorales, rares sont les candidats président de la République qui placent la révision constitutionnelle, renforçant leur pouvoir, comme une priorité en cas d'une victoire électorale. On note, en revanche, que l'entreprise a souvent lieu dans les deux ans qui suivent les élections, le vainqueur bénéficiant encore d'un état de grâce de la part des électeurs qui finiront par se rendre compte, qu'ils ont été tout simplement désabusés et dupés.

acte législatif, la juridiction constitutionnelle ne peut pas se déclarer impuissante lorsque la norme mise en cause viole les droits fondamentaux de la personne humaine ou les libertés publiques[385]. C'est, également, dans ce sens que s'exprime le législateur[386] lorsqu'il indique que le recours en contestation des résultats du référendum peut être fait, dans les huit jours, par tout parti politique, toute association ou toute personne intéressée, ainsi que le procureur général de la République, dans les quinze jours ouvrables qui suivent la proclamation des résultats. Lorsqu'elle émane d'une personne physique, la requête doit être appuyée par une pétition réunissant au moins les signatures du tiers des électeurs de son bureau de vote ; la Cour suprême de justice peut, en cas des irrégularités ayant, de manière déterminante, influé sur les résultats du scrutin, annuler le vote en tout ou en partie[387].

Rarement saisi ou pas du tout, le juge constitutionnel ne peut que s'offrir, dans le domaine, une disette jurisprudentielle qui ne saurait indéfiniment perdurer. La Cour constitutionnelle du Mali vient, par une décision du 4 juillet 2017[388], de tempérer cette allégation en affirmant sa compétence à apprécier la constitutionnalité d'une loi de révision constitutionnelle[389] initialement proposée au référendum populaire le 9 juillet 2017[390].

2. Les traités et accords internationaux

La Constitution congolaise indique que les traités et accords internationaux sont négociés et ratifiés par le président de la République[391], le gouvernement conclut, après délibération en Conseil des ministres, les accords internationaux non soumis à la ratification et en informe l'Assemblée nationale et le Sénat[392].

Régulièrement conclu et signé, un traité ou un accord international peut comporter une clause contraire à la Constitution, sollicitant ainsi l'intervention de la Cour constitutionnelle, préalablement saisie par le président de la République, le premier ministre, le président de l'Assemblée nationale ou du Sénat ainsi qu'un dixième de députés nationaux ou de

385 Art. 49 de la Loi organique du 15 octobre 2013.

386 Il s'agit de la Loi n° 05/012 du 2 décembre 2005 modifiant et complétant la Loi n° 05/010 du 22 juin 2005 portant organisation du référendum en République démocratique du Congo.

387 Art. 49, al. 1er, 2 et 4 et 52, al. 3 de la Loi du 2 décembre 2005.

388 Il s'agit en l'espèce de l'arrêt n° 2017-04/CCM/Réf du 4 juillet 2017 rendu sur requêtes, d'une part, de dix-neuf députés à l'Assemblée nationale et, d'autre part, de Monsieur Ibrahima Sory DEMBELE agissant en qualité de citoyen malien inscrit sur la liste électorale.

389 En l'occurrence la Loi n° 2017/AN-RM du 2 juin 2017 portant révision de la Constitution du 25 février 1992.

390 En vertu du Décret n° 2017-0448/13-RM du 7 juin 2017 portant convocation du collège électoral au scrutin référendaire.

391 Art. 213, al. 1er de la Constitution du 18 février 2006.

392 Art. 213, al. 2 de la Constitution du 18 février 2006.

sénateurs[393]. La ratification d'un tel traité ou accord n'a lieu qu'après révision de la Constitution.

À l'égard des traités et accords internationaux, le contrôle de constitutionnalité n'a lieu qu'en cas de contrariété entre une stipulation conventionnelle et la Constitution. Saisi par l'autorité compétente, le juge doit s'assurer que cette contrariété empêche la ratification ou l'application du traité ou de l'accord international avant d'ordonner la modification de la Constitution aux fins de la conformer à la stipulation conventionnelle. Bien qu'organisé, ce contrôle n'est pas, faute de cas recensés, encore effectif.

3. Les lois organiques

Prévue dans la Constitution, la loi organique peut être perçue d'un double point de vue formel et matériel. Du point de vue formel, cette norme législative est élaborée et/ou adoptée selon une procédure différente de celle d'usage pour une loi ordinaire ; elle requiert, pour ce faire, un quorum spécial de siège et une majorité absolue de délibération et de vote. Le constituant précise, en effet, que les lois organiques sont votées et modifiées à la majorité absolue des membres composant chacune des chambres parlementaires[394].

Sur le plan matériel, la loi organique porte sur l'organisation et le fonctionnement d'une institution politique ou des pouvoirs publics[395], elle complète et précise, de ce fait, certaines dispositions constitutionnelles. Constituent également le domaine d'intervention de la loi organique, l'organisation de la justice[396], des provinces et des entités territoriales décentralisées[397] ; l'organisation et le fonctionnement de la banque centrale[398], de la Cour des comptes[399], de la Caisse nationale de péréquation[400], de la police nationale[401] et des forces armées[402] ; l'organisation et le fonctionnement du Conseil économique et social[403], de la Commission électorale nationalc indépendante[404], du Conseil supérieur de

[393] Art. 216 de la Constitution du 18 février 2006.
[394] Art. 124 de la Constitution du 18 février 2006.
[395] ESAMBO KANGASHE J.-L., *Le droit constitutionnel*, *op. cit.*, p. 92.
[396] Art. 150, al. 3, 152, al. 6, 153, al. 5, 155, al. 4, 156, al. 3, 169 et 179 de la Constitution du 18 février 2006.
[397] Art. 2, al.5, 3, al.4, 196, al. 2 et 200, al. 7 de la Constitution du 18 février 2006.
[398] Art. 177 de la Constitution du 18 février 2006.
[399] Art. 179 de la Constitution du 18 février 2006.
[400] Art. 181 de la Constitution du 18 février 2006.
[401] Art. 186 de la Constitution du 18 février 2006.
[402] Art .191 de la Constitution du 18 février 2006.
[403] Art. 210 de la Constitution du 18 février 2006.
[404] Art. 211 de la Constitution du 18 février 2006.

l'audiovisuel et de la communication[405] ainsi que d'autres institutions d'appui à la démocratie[406].

Le législateur organique intervient, aussi, dans la détermination du statut de l'opposition politique[407], le recouvrement, l'acquisition et la perte de la nationalité congolaise[408] ainsi que la promotion, par l'État, de la présence des personnes vivant avec handicap au sein des institutions nationales, provinciales et locales[409].

La combinaison de ces deux critères aboutit à la conviction que le domaine d'affluence de la loi organique dépasse largement l'organisation et le fonctionnement des pouvoirs publics. C'est dans ce sens que s'est prononcée la Cour suprême de justice, lorsqu'elle juge que :

> « les lois organiques sont, en général, des lois importantes votées par le parlement pour préciser ou compléter les dispositions de la Constitution. Ce sont des mesures d'application de la Constitution, dont certains articles donnent lieu expressément à des lois de ce type pour préciser des modalités de mise en œuvre. Elle relève que, contrairement à la Constitution du 1er août 1964 qui a tenu à différencier les lois organiques des autres lois importantes, soumises, comme elles, à une procédure d'élaboration spéciale, en insistant sur le fait que les premières concernent l'organisation et le fonctionnement des pouvoirs publics, la Constitution du 18 février 2006 ignore ce critère, en prévoyant expressément que certaines matières importantes, sans rapport avec l'organisation et le fonctionnement d'un service public, seront fixées par une loi organique. Il en est ainsi de l'article 10 lequel prescrit les conditions de reconnaissance, d'acquisition, de perte et de recouvrement de la nationalité congolaise, de l'article 49 sur les droits de la personne vivant avec handicap ou l'article150, alinéa 3 relatif au statut des magistrats[410] ».

Ainsi définies, les lois organiques sont, avant leur promulgation, soumises au contrôle préventif de la Cour constitutionnelle, dont la jurisprudence est parvenue à distinguer, en raison de la nature de la loi déférée devant elle, deux cas de figure, l'un s'assurant de la constitutionnalité d'une loi organique modifiant celle ordinaire et, l'autre, censurant la loi organique portant révision de celle ordinaire.

Porté par la loi ordinaire n° 023-2002 du 18 novembre 2002, le Code judiciaire militaire a été révisé par une loi organique déclarée conforme à la Constitution[411], avant sa promulgation par le président de la République. Cette vérification est justifiée par le fait qu'avant la Constitution du 18 février 2006, la réglementation sur la justice militaire relevait de la

---

[405] Art. 212 de la Constitution du 18 février 2006.
[406] Art. 222, al. 3 de la Constitution du 18 février 2006.
[407] Art. 8, al. 2 de la Constitution du 18 février 2006.
[408] Art. 10, al.4 de la Constitution du 18 février 2006.
[409] Art. 49, al. 3 de la Constitution du 18 février 2006.
[410] CSJ, 6 juin 2009, R. Const. 067/TSR.
[411] Par l'arrêt CC, 19 février 2016, R. Const. 214.

compétence du législateur ordinaire, alors qu'avec la nouvelle Constitution, la matière rentre dans le domaine d'intervention du législateur organique[412].

Le deuxième cas est déduit de l'inconstitutionnalité de la loi organique modifiant celle ordinaire[413]. Dans une décision du 18 août 2016, la Cour relève que :

> « la formule introductive du texte de la loi organique modifiant et complétant la loi n° 002/2001 du 3 juillet 2001 portant création, organisation et fonctionnement des tribunaux de commerce ne comporte pas d'indication que la Cour constitutionnelle a statué, après adoption par l'Assemblée nationale et le Sénat, avant la promulgation par le président de la République et cela en vue de respecter les prescrits de l'article 124 point 3 de la Constitution. Le présent arrêt doit y pourvoir. Cette formule doit renseigner sur le contrôle de constitutionnalité opéré par la Cour constitutionnelle, en précisant que l'Assemblée nationale et le Sénat ont adopté, la Cour constitutionnelle a statué, le président de la République promulgue la loi dont la teneur suit...[414] ».

Prises par la Cour suprême de justice faisant office de Cour constitutionnelle, plusieurs décisions confirment la justiciabilité des lois organiques, dont l'objet porte sur les modalités d'organisation et de fonctionnement de la Conférence des gouverneurs[415], la composition, l'organisation et le fonctionnent des entités territoriales décentralisées et leurs rapports avec l'État et les provinces[416], l'organisation et le fonctionnement de la Commission électorale nationale indépendante[417], l'organisation, le fonctionnement et la compétence des juridictions de l'ordre judiciaire[418], ainsi que l'organisation et le fonctionnement de la Cour constitutionnelle[419] ; jurisprudence maintenue par la Cour constitutionnelle dans le cadre du contrôle de constitutionnalité des lois organiques portant organisation et fonctionnement de la Commission nationale des droits de l'homme[420], organisation et fonctionnement de la Caisse nationale de péréquation[421], statut des magistrats[422], organisation et fonctionnement des juridictions de l'ordre administratif[423].

---

412 Art. 154, al. 2 de la Constitution du 18 février 2006.

413 Il s'agit de la Loi n°002/2001 du 3 juillet 2001 sur les tribunaux de commerce en République démocratique du Congo.

414 CC, 18 août 2016, R. Const. 310.

415 CSJ, 29 septembre 2008,R. Const. 070/TSR.

416 CSJ, 29 septembre 2018, R. Const. 071/TSR.

417 CSJ, 25 juin 2010, R. Const. 127/TSR.

418 CSJ, 20 janvier 2012, R. Const.180/TSR.

419 CSJ, 30 novembre 2010, R. Const. 139/TSR ; CSJ, 2 août 2011, R. Const. 165/TSR.

420 CC, 6 août 2015, R. Const. 0084.

421 CC, 19 août 2015, R. Const. 0094 ; CC, 19 février 2016, R. Const. 213.

422 CC, 29 mai 2015, R. Const. 0014 ; CC, 10 juin 2016, R. Const. 212/216.

423 CC, 10 août 2016, R. Const. 309.

4. Les autres actes législatifs

Parlant de lois censurables devant le juge, le constituant congolais utilise l'expression actes législatifs comprenant la loi au sens large[424], mais également les actes ayant force de loi, dont la Cour s'assure de la constitutionnalité, soit par voie d'action, soit par celle d'exception, en tout cas, lorsqu'ils contiennent des dispositions contraires à la Constitution.

Par acte législatif, on entend la norme juridique de portée générale, impersonnelle et abstraite émanant d'une assemblée parlementaire délibérante ou du chef de l'exécutif agissant dans le cadre de ses prérogatives législatives. Le constituant précise à ce sujet que la Cour constitutionnelle est chargée de la constitutionnalité des lois et des actes ayant force de loi[425] ; elle est, également, juge de l'exception d'inconstitutionnalité soulevée devant ou par une juridiction[426]. Il indique que les lois peuvent lui être déférées, avant leur promulgation, par le président de la République, le premier ministre, le président de l'Assemblée nationale, le président du Sénat ou un dixième des députés ou des sénateurs[427].

À l'égard des lois à promulguer, la Cour peut être saisie de la demande du président de la République ou du premier ministre, dans les quinze jours qui suivent la transmission à eux faite de la loi définitivement adoptée, du président de l'Assemblée nationale, de celui du Sénat ou du dixième au moins des députés nationaux ou des sénateurs, dans les quinze jours qui suivent l'adoption définitive de la loi. Elle se prononce dans les trente jours de sa saisine. Mais en cas d'urgence, ce délai peut, à la demande du gouvernement, être ramené à huit jours. Passé ce délai, la loi est réputée conforme[428] et, donc, susceptible de promulgation par le président de la République.

La jurisprudence fournie jusque-là par la Cour constitutionnelle permet d'affirmer qu'à deux années et demie d'activités[429], cette juridiction a rendu, en 2015, cent cinquante-six décisions, dont onze d'inconstitutionnalité[430] et trente-huit en appréciation de conformité à la Constitution[431]. La même juridiction a, en 2016, rendu soixante arrêts en matière de contrôle de

[424] Comprenant aussi bien les lois constitutionnelles, les lois organiques, les lois cadres, les lois ordinaires que les édits provinciaux.

[425] Art. 160, al. 1er de la Constitution du 18 février 2006.

[426] Art. 162, al. 1er de la Constitution du 18 février 2006.

[427] Art. 160, al. 2 de la Constitution du 18 février 2006.

[428] Art. 47 de la Loi organique n° 13/026 du 15 octobre 2013.

[429] C'est, en effet, le 4 avril 2015 que fut installée la Cour constitutionnelle après la présentation de ses membres à la Nation et prestation de serment devant le président de la République.

[430] Dont cinq d'incompétence et cinq d'irrecevabilité.

[431] Parmi lesquelles neuf portent sur la recevabilité des requêtes, quatorze décrétant leur irrecevabilité des requêtes, une déclinant la compétence de la Cour, une autre jugeant la requête fondée et vingt de conformité.

constitutionnalité et quatorze en appréciation de conformité à la Constitution. Dans le courant de deux trimestres de l'année 2017, il est renseigné vingt-trois décisions prononcées en matière de contrôle de constitutionnalité.

Bien qu'encourageant, cette activité du juge semble ne pas émouvoir une certaine opinion plus portée vers le sensationnisme de la Cour constitutionnelle, dont on peine à connaitre la procédure et les règles de fonctionnement pourtant indispensables à l'évaluation objective de son ardeur et, partant, de sa contribution à la construction d'un État de droit démocratique[432]. Aussi, pour un domaine si complexe et technique, on ne devra pas s'attendre à l'immédiat que l'activité du juge constitutionnel soit à la portée de tous et comprise des non-initiés.

5. Les règlements intérieurs des chambres parlementaires, du Congrès et des institutions d'appui à la démocratie

Les règlements intérieurs des chambres parlementaires, du Congrès, des assemblées provinciales et des institutions d'appui à la démocratie sont, avant leur mise en application, soumis au contrôle préventif de la Cour constitutionnelle.

La constitutionnalité des règlements intérieurs des chambres parlementaires et du Congrès n'a été rendue effective qu'à la faveur de la Constitution du 18 février 2006, même si celle des règlements intérieurs des assemblées provinciales n'est apparue qu'un peu plus tard et cela en deux temps. Le premier prend effet en 2007 où, à l'issue des élections des députés provinciaux, les assemblées provinciales n'ont pas, avant la formation de leurs bureaux définitifs, déféré au contrôle de constitutionnalité leurs règlements intérieurs[433]. L'exercice ne s'est accommodé qu'avec la gestion des crises politiques au sein de quelques assemblées provinciales avec en toile de fond, la mise en jeu de la responsabilité politique du gouverneur de province, conduisant à la sollicitation du juge constitutionnel dans la résolution des crises politiques provoquées par des motions de défiance votées[434], sur pied des règlements intérieurs non encore déclarés conformes à

---

[432] Aux termes de l'alinéa 1er de l'article 1er de la Constitution du 18 février 2006, la République démocratique du Congo est, dans ses frontières du 30 juin 1960, un État de droit, indépendant, souverain, uni et indivisible, social, démocratique et laïc.

[433] On note cependant que l'Assemblée provinciale de l'Équateur avait soumis au contrôle de conformité à la Constitution son règlement intérieur devant la Cour suprême de justice faisant office de Cour constitutionnelle. Cette juridiction n'a pas, jusqu'à l'installation de la Cour constitutionnelle, rendu un arrêt de conformité si bien que ce règlement intérieur a été, faute d'une décision de la Cour, d'une application automatique à l'expiration du délai constitutionnel de trente jours (art. 160, al. 4 de la Constitution).

[434] En l'espèce les motions de défiance dirigées contre Messieurs Simon Pierre MBATSHI BATSHIA, Richard NDAMBU, José MAKILA et André KIMBUTA respectivement gouverneurs des provinces du Bas-Congo, de Bandundu, de l'Équateur et de Kinshasa.

la Constitution. Le rejet de la plupart des requêtes en contestation de la « révocation des gouverneurs » par les assemblées provinciales a fini par convaincre de la nécessité de doter chaque assemblée provinciale d'un règlement intérieur conforme à la Constitution.

Le deuxième temps s'opère à partir de l'installation de la Cour constitutionnelle et, par la suite, de nouvelles provinces en application des dispositions pertinentes de la loi de programmation n° 15/004 du 28 février 2015. Aux termes de ces dispositions, chaque nouvelle assemblée provinciale est dotée, avant l'élection de son bureau définitif et, plus tard, de celle du gouverneur de province, d'un règlement intérieur déclaré conforme à la Constitution. La jurisprudence fournie à ce sujet renseigne que depuis la Constitution de transition de 4 avril 2003, ces normes sont, régulièrement, soumises au contrôle de constitutionnalité[435].

6. Les actes réglementaires des autorités administratives

Bien que prévu dans la Constitution, l'acte règlementaire est loin d'y trouver une clarification souhaitée. On peut, néanmoins, convenir qu'il est une norme juridique de portée générale, impersonnelle et abstraite prise par une autorité exécutive en rapport avec l'organisation d'un service administratif. Proche de la norme législative, il se distingue également d'un acte administratif individuel lequel procède d'une décision unilatérale d'une autorité administrative, mais destinée à produire des effets juridiques à l'endroit des bénéficiaires ; on dit même qu'un acte administratif a pour destinataires des personnes bien déterminées, il concerne également des situations concrètes. Cet acte est soit individuel, soit collectif selon que les effets se rapportent à un destinataire déterminé, une personne nommément désignée ou à la pluralité de sujets, mais correctement identifiés[436].

À la différence d'une décision administrative qui a vocation à créer des droits subjectifs à l'égard des bénéficiaires, l'acte règlementaire organise, plutôt, le fonctionnement d'un service public ; il vise la satisfaction de l'intérêt général. Il en est ainsi d'une décision administrative, réglementant l'exploitation des débits de boisson ou l'exercice, dans une agglomération donnée, du transport en commun. De portée individuelle ou collective, la décision administrative organise, en revanche, la situation personnelle des bénéficiaires envers lesquels elle produit des effets juridiques. On pense

[435] CSJ, 23 avril 2007, R. Const. 46/TSR ; CSJ, 30 novembre 2008, R. Const. 061/TSR ; CSJ, 21 décembre 2010, R. Const. 043/TSR ; CSJ, 06 décembre 2013, R. Const. 267/TSR ; CC, 29 mai 2015, R. Const. 0014, CC, 25 août 2015, R. Const. 0096 ; CC, 11 septembre 2015, R. Const. 111 ; CC, 25 septembre 2015, R. Const. 122 ; CC, 25 septembre 2015, R. Const. 130 ; CC, 26 septembre 2015, R. Const. 137 ; CC, 08 octobre 2015, R. Const. 142 ; CC, 08 octobre 2015, R. Const. 145 ; CC, 09 octobre 2015, R. Const. 144 ; CC, 14 octobre 2015, R. Const. 140 ; CC, 14 octobre 2015, R. Const. 150 ; CC, 14 octobre 2015, R. Const. 151 et CC, 13 octobre 2015, R. Const. 146.

[436] VUNDUAWE te PEMAKO F., *Traité de droit administratif, op. cit.*, p. 667.

ainsi à la décision administrative intervenue dans le cadre de la gestion normale et courante, notamment celle portant nomination, promotion du personnel de l'administration publique. Prise par l'autorité administrative compétente pour assurer l'exécution ou l'application d'une loi, la décision administrative s'apparente à un règlement d'administration.

Il en découle qu'un acte réglementaire est un acte juridique d'une autorité administrative édictant des règles de portée générale et impersonnelle appelées, à régir des situations abstraites et indéterminées ou des personnes non expressément identifiées[437] ; il crée les règles juridiques générales, abstraites, impersonnelles[438] et opposables à tous. C'est une décision unilatérale de l'autorité administrative intervenue, dans la sphère de ses compétences légales et, qui n'est conditionnée par aucun accord préalable avec les destinataires auxquels elle s'adresse.

La norme réglementaire émane, donc, d'une autorité exécutive, mais également de celle appartenant à un organe délibérant ou parlementaire ; elle concerne l'organisation d'un service administratif, comportant les règles juridiques à la base des droits subjectifs et des obligations à remplir.

Plutôt que de se limiter à l'exécution de la loi (acte réglementaire subordonné), elle bénéficie également d'un espace d'intervention plus étendu (règlement autonome) et peut régir un domaine de collaboration entre le législateur et les autorités revêtues du pouvoir d'édicter les mesures d'application[439].

Dans l'exercice de ses prérogatives exécutives, le président de la République peut être amené à prendre, en plus des actes réglementaires[440], ceux de nature purement administrative concernant notamment la gestion courante des services administratifs attachés à la présidence de la République. Dans l'un comme dans l'autre cas, il agit par voie d'ordonnance délibérée ou non en Conseil des ministres[441].

La Constitution indique à ce sujet que le président de la République proclame l'état d'urgence ou de siège, lorsque les circonstances graves menacent, d'une manière immédiate, l'indépendance ou l'intégrité du territoire national ou qu'elles provoquent l'interruption du fonctionnement régulier des institutions, après concertation avec le premier ministre et

---

[437] CSJ, 14 août 2013, R. Const. 134/TSR, *Bulletin des arrêts de la Cour suprême de justice, matière de constitutionnalité*, numéro spécial, Kinshasa, 2008, p.75.

[438] VUNDUAWE te PEMAKO F, *Traité de droit administratif*, *op. cit.*, pp. 304-305.

[439] CC, 12 février 2016, R.Const. 091.

[440] Il dispose, en vertu de l'alinéa 1er de l'article 92 de la Constitution, d'un pouvoir réglementaire différent de celui dévolu au premier ministre.

[441] Toutes les ordonnances du président de la République ne sont pas délibérées en Conseil des ministres. Échappent, notamment, à cette exigence, les ordonnances intervenues en matière de nomination du premier ministre, d'investiture du président de la Cour constitutionnelle, celle des gouverneurs et vice-gouverneurs de provinces, l'octroi de la grâce présidentielle, l'accréditation des ambassadeurs et des envoyés extraordinaires.

autorisation de deux chambres du parlement ; il en informe la nation par un message[442].

L'état d'urgence décrit une situation de crise, autorisant le président de la République à exercer, en cas de menace imminente d'atteintes graves à l'ordre public[443] ou ayant le caractère de calamité publique[444], un pouvoir débordant celui accompli en temps normal. Décidé en Conseil des ministres, il est accordé par les deux chambres du parlement, les mesures dérogatoires qui l'accompagnent étant, préalablement, soumises à la Cour constitutionnelle qui, toutes affaires cessantes, les déclare conformes ou non à la Constitution[445].

D'une durée de trente jours prorogeables de quinze jours successifs, sur décision conjointe de l'Assemblée nationale et du Sénat saisis par le président de la République[446], l'état de siège consacre[447], une sorte de « dictature constitutionnelle » du président de la République[448] autorisé à prendre, par ordonnance délibérée en Conseil des ministres, des mesures nécessaires, pour faire face à la situation[449]. Il peut ainsi restreindre l'exercice de certaines libertés[450], substituer, pour le maintien de l'ordre et de la police, l'autorité militaire à celle civile, confier la répression des certaines infractions aux juridictions militaires[451] ou étendre le pouvoir de la police administrative. En cas de déclaration de la guerre, par ordonnance délibérée en Conseil des ministres, le Conseil supérieur de la défense entendu, le président de la République sollicite l'autorisation de l'Assemblée nationale et du Sénat[452], après quoi, il en informe la nation par un message.

---

442 Art. 85, al. 1er de la Constitution du 18 février 2006.

443 Il s'agit notamment de la paralysie du fonctionnement régulier des institutions par une grève générale et prolongée, menaces d'attentat sur tout ou partie du territoire national.

444 Tels que le tremblement de terre, l'érosion causée par des pluies diluviennes ou l'épidémie déclarée dans tout ou partie du territoire national.

445 Art. 145, al. 2 de la Constitution du 18 février 2006.

446 Art. 144, al. 4 et 5 de la Constitution du 18 février 2006.

447 En cas de péril imminent résultant notamment d'une guerre étrangère, de l'invasion du territoire national par les forces armées non invitées, d'une insurrection armée ou des menaces graves de déstabilisation du pays.

448 VUNDUAWE te PEMAKO F., *Traité de droit administratif*, *op. cit.*, p. 235.

449 Art. 145 de la Constitution du 18 février 2006.

450 À l'exception du droit à la vie, de l'interdiction de la torture et des peines ou traitements cruels, inhumains ou dégradants, de l'interdiction de l'esclavage et de la servitude, du principe de légalité des infractions et des peines, des droits de la défense et du droit de recours, de l'interdiction d'emprisonnement pour dettes, de la liberté de pensée, de conscience et de religion.

451 Aux termes de l'alinéa 2 de l'article 156 de la Constitution du 18 février 2006, le président de la République peut, en temps de guerre ou lorsque l'état de siège ou d'urgence est proclamé suspendre, par une décision délibérée en Conseil des ministres, sur tout ou partie de la République et pour la durée et les infractions qu'il fixe, l'action répressive des cours et tribunaux de droit commun au profit de celle des juridictions militaires à l'exception du droit d'appel qui ne peut être suspendu.

452 Art. 86 de la Constitution du 18 février 2006.

Dans l'une ou l'autre circonstance, on se trouve devant une situation particulière couverte par la théorie dite des circonstances exceptionnelles susceptible de conduire à l'instauration de la légalité de crise[453] et provisoire devant être remplacée, dès que possible, par la légalité ordinaire. Cette situation exige, donc, la collaboration entre le gouvernement et le président de la République, ainsi que le contrôle politique du parlement et celui juridictionnel de la Cour constitutionnelle, dont l'intervention ne vise nullement la constitutionnalité au fond des mesures prises, mais plutôt la justification qu'elles ont été décidées dans le cadre de l'état d'urgence ou de siège.

7. Les décisions de la Cour de cassation et du Conseil d'État

La Constitution congolaise fait de la Cour constitutionnelle la juridiction devant laquelle sont portés les recours contre les arrêts de la Cour de cassation et du Conseil d'État, uniquement en tant qu'ils se prononcent sur l'attribution du litige aux juridictions de l'ordre judiciaire ou administratif[454]. Elle rend, dans ce domaine et dans bien d'autres, des décisions insusceptibles d'aucun recours et immédiatement exécutoires, obligatoires et imposables aux pouvoirs publics, à toutes les autorités administratives et juridictionnelles, civiles et militaires ainsi qu'aux particuliers[455]. Cette attribution confirme, si besoin en était, l'affirmation selon laquelle le bloc de constitutionnalité est, également, si pas fondamentalement l'œuvre du juge.

C. Le bloc de constitutionnalité dérive de l'activité du juge

La lecture de certaines dispositions constitutionnelles peut faire croire que le juge constitutionnel congolais serait désarmé pour contrôler des normes non expressément reprises dans la Constitution, la quelle précise, néanmoins, que tout acte déclaré non-conforme est nul de plein droit[456]. Il appartient donc au juge de déterminer l'étendue de ses pouvoirs pour le censurer, en cas de contrariété avec une disposition constitutionnelle l'acte incriminé. Peuvent être concernés par cette activité, le préambule et l'exposé des motifs d'une loi, les actes d'assemblée et les accords politiques.

---

[453] COSSALTER P., « La légalité de crise et État d'urgence », *Revue Générale du Droit*, n° 22919, Paris, 2015.
[454] Art. 161, al. 4 de la Constitution du 18 février 2006.
[455] Art. 168, al. 1er de la Constitution du 18 février 2006.
[456] Art. 168, al. 2 de la Constitution du 18 février 2006.

1. Le préambule et l'exposé des motifs d'une loi

Le contrôle de constitutionnalité du préambule ou de l'exposé des motifs d'une loi relève de l'activité du juge[457], même si il subsiste encore quelques hésitations en raison de l'absence d'uniformité des recettes applicables à toutes les situations.

Contenant les déclarations et engagements solennels, le préambule d'une loi peut, en cas de contrariété avec une disposition de la Constitution, être soumis à la censure du juge. On a pu, dans la pratique, distinguer deux systèmes, l'un autorisant la justiciabilité des déclarations de droit reconnues comme devant revêtir une valeur constitutionnelle et l'autre, excluant cette possibilité d'appréciation du juge en raison, sans doute, de la vocation purement philosophique des déclarations dépourvues, par ailleurs, de force contraignante.

La justiciabilité, en France, du préambule et des déclarations des droits qui y figurent est l'œuvre de la jurisprudence qui considère, d'une part, qu'en soumettant au peuple et le texte de la Constitution et le préambule, le constituant n'a pas entendu créer une discrimination entre les deux, les plaçant ainsi sur le même pied d'égalité et, d'autre part, qu'en conférant au Conseil constitutionnel la compétence de contrôler la constitutionnalité des lois, sans lui interdire, comme le fit la Constitution de 1946, de se référer aux déclarations, laisse la porte ouverte à leur utilisation constitutionnelle. C'est dans ce sens que fut attribuée au préambule de la Constitution de 1946[458] et à la Déclaration de 1789[459] une valeur constitutionnelle.

La Cour constitutionnelle congolaise contrôle la constitutionnalité du préambule ou de l'exposé des motifs d'une loi, dont le contenu viole une disposition constitutionnelle. Rendu effectif par une récente décision de cette juridiction[460], l'exercice n'est pas facile, le juge doit s'efforcer de scruter le contenu du préambule ou de l'exposé des motifs pour y dénicher la formulation qui énerve la Constitution.

Bien fournis, le préambule et l'exposé des motifs de la Constitution congolaise contiennent des principes[461] qui ont été intégrés dans le corps du texte comme dispositions impératives. Il appartient au juge de s'assurer

---

457 HAMON F. et TROPER M., *Droit constitutionnel,* Paris, 28e éd., LGDJ, 2003, pp. 772-774.

458 Décision CC71-44DC du 16 juillet 1971.

459 Décision CC73-51DC du 27 décembre 1973.

460 CC, 19 août 2015, R. Const. 0094, *Journal officiel de la République démocratique du Congo*, n° 18 du 15 septembre 2015, col. 93.

461 On pense ainsi aux principes de solidarité nationale et de la parité homme-femme et, pour l'exposé des motifs à l'autonomie des provinces et des entités territoriales décentralisées, à la source populaire de la souveraineté, au suffrage universel, au pluralisme politique, à l'alternance démocratique, à la continuité et au fonctionnement régulier de l'État, à la bonne gouvernance, à l'institution du contreseing ou encore à la répartition des compétences entre le pouvoir central et les provinces.

qu'un principe constitutionnel[462] peut avoir une orientation différente de celui à valeur constitutionnelle[463].

À l'actif de la Constitution espagnole du 27 décembre 1948[464], on signale le fait d'avoir accordé au principe une place importante dans le dispositif constitutionnel, au point d'inspirer, une décennie plus tard, le constituant français qui a fini par reconnaitre le principe constitutionnel comme équipollant au principe à valeur constitutionnelle, en raison de l'utilisation indistincte[465] qu'il en fait peu importe l'emplacement de l'un et l'autre dans le texte de la Constitution[466].

Peu étudié en droit constitutionnel, le principe constitutionnel est, avant tout, une idée de droit ou un énoncé philosophique sans force obligatoire, mais capable d'orienter la conduite sociale. Affirmé dans le préambule ou l'exposé des motifs de la Constitution, cet énoncé acquiert, par la suite, une valeur constitutionnelle, attendant d'être intégrée, dans le corps du texte, pour revêtir la forme d'une disposition contraignante. Dans l'une comme dans l'autre hypothèse, le juge constitutionnel doit être préparé pour ordonner, le cas échéant, le retrait en cas de violation de la Constitution.

2. Les actes d'assemblée

De construction doctrinale, les actes d'assemblée sont des décisions prises par les assemblées politiques délibérantes et qui ne sont pas soumises à la procédure législative. Ils portent, selon le cas, la marque de résolution, de recommandation ou de motion intervenue dans le cadre du contrôle politique[467] exercé sur le gouvernement, les entreprises publiques, les établissements publics et les services publics.

Les règlements intérieurs de l'Assemblée nationale, du Sénat et des Assemblées provinciales disposent en termes semblables que dans les matières non législatives, l'assemblée plénière statue par voie de résolution, de recommandation, de motion de censure ou de défiance, de motion d'approbation ou encore celle portant levée des immunités ou autorisation des poursuites pénales ou la mise en accusation d'une catégorie des justiciables, notamment le président de la République, le président de l'Assemblée nationale, celui du Sénat, le premier ministre, les membres de la Cour constitutionnelle, les députés et sénateurs, les membres du gouvernement…

---

462 ZARKA J.-C., *Introduction au droit constitutionnel*, Paris, 5e éd., Ellipses, 2014, p. 54.
463 ROBERT J., *Le juge constitutionnel, juge des libertés*, Paris, Montchrestien, 1999, pp. 31-39.
464 Telle que modifiée par le DL n° 521, 1990 du 27 avril 1990.
465 ESAMBO KANGASHE J.-L., *Le droit constitutionnel*, *op. cit.*, p. 93
466 BIGAUT C., *Le droit constitutionnel en fiche*, Paris, Ellipses, 2003, p. 278.
467 ESAMBO KANGASHE J.-L., *La Constitution congolaise du 18 février 2006 à l'épreuve du constitutionnalisme. Contraintes pratiques et perspectives*, *op. cit.*, p. 287.

Il en découle que l'acte d'assemblée n'a pas de clarification constitutionnelle, même si on l'évoque régulièrement dans le cadre du contrôle parlementaire sur le gouvernement, des entreprises publiques ainsi que les établissements et services publics.

Comme tel, cet acte d'assemblée n'est pas censurable devant le juge constitutionnel, mais se fondant sur l'idéal de l'État de droit proclamé dans le préambule de la Constitution et repris dans certaines de ses dispositions[468], la Cour constitutionnelle congolaise a, de façon répétée[469], affirmé sa compétence à connaitre de la constitutionnalité des actes d'assemblées politiques délibérantes lorsqu'ils violent des droits et principes fondamentaux auxquels la Constitution attache une protection particulière, même alors que l'état de siège ou l'état d'urgence aura été décrété d'une part et, de l'inexistence, d'autre part, d'une juridiction à même de connaitre de cette violation[470].

Considérant la République démocratique du Congo comme un État de droit appelé à garantir et à faire respecter les droits humains et les libertés publiques fondamentales contre l'arbitraire, affirme-t-elle, la Constitution a fait du pouvoir judiciaire, dont fait partie la Cour constitutionnelle, le garant des libertés individuelles et des droits fondamentaux des citoyens. Gardienne de la Constitution et des valeurs que celle-ci proclame, la Cour constitutionnelle se doit, en vue de prévenir le développement de zones de non-droit, d'affirmer sa compétence chaque fois qu'est en cause la violation des droits et libertés fondamentaux auxquels est accordée une protection constitutionnelle particulière, à l'instar des droits de recours et de la défense[471].

Alors que le droit de recours implique l'usage, dans une instance en cours, des voies de contestation ordinaire[472] et extraordinaire[473] en vue d'en garantir un procès équitable, le droit de la défense couvre une triple nécessité, d'abord, d'informer, régulièrement et dans les procédures usuelles en la matière, la personne concernée de l'existence des griefs portées contre elle, ensuite, de lui indiquer le lieu et l'heure où elle est appelée à se

---

468 Art. 1er, 149 et 150 de la Constitution du 18 février 2006.

469 CC, 10 mars 2017, R. Const. 356 ; CC, 17 mars 2017, R. Const. 410 ; CC, 17 mars 2017, R. Const. 11 ; CC, 26 mai 2017, R. Const. 469 ; CC, 31 mai 2017, R. Const. 443 et CC, 9 juin 2017, R. Const. 372/414.

470 Art. 19, al. 3 et 4 et 61. 5 de la Constitution du 18 février 2006. Aux termes de cette dernière disposition, on peut lire qu'en aucun cas, et même lorsque l'état de siège ou l'état d'urgence aura été proclamé, il peut être dérogé aux droits et principes fondamentaux, dont droit à la vie, l'interdiction de l'esclavage et de la servitude, le principe de légalité des infractions et des peines, les droits de la défense et le droit de recours, l'emprisonnement pour dettes et la liberté de pensée, de conscience et de religion.

471 CC, 26 mai 2017, R. Const. 356.

472 Tels que l'appel, l'opposition et la cassation.

473 Comme la tierce opposition, la requête civile, la prise à partie et la révision.

présenter pour y être entendue et, enfin, de lui donner la possibilité de s'expliquer.

Notification, invitation et présentation des moyens de défense constituent, donc, le contenu du droit de la défense, dont le juge est tenu de vérifier chaque fois qu'est votée une motion de censure ou de défiance contre un gouverneur de province[474] ou un président de l'assemblée provinciale[475].

Une riche et abondante jurisprudence renseigne le rejet, pour violation du droit de la défense, des motions de défiance votées contre les gouverneurs de provinces du Sud-Kivu[476], de l'Équateur[477] du Kasaï-Occidental[478] et du Bandundu[479] ou poursuivant la déchéance des présidents des Assemblées provinciales du Maniema[480] et de Kinshasa[481], mais par un arrêt de principe du 10 mars 2017[482], la Cour constitutionnelle a opéré un revirement de la jurisprudence qui considérait, jusque-là, la motion de censure ou de défiance comme un acte législatif. Elle précise, en effet, avoir été :

> « saisie d'une requête en inconstitutionnalité d'une motion de défiance, laquelle n'est ni un acte législatif, ni un acte réglementaire, mais un acte d'assemblée qui ne relève pas, en principe, de sa compétence ».

Dans la même décision, la juridiction relève :

> « qu'aux termes de l'article 1er de la Constitution, la République démocratique du Congo est un État de droit, que suivant les articles 149, alinéa 2 et 150, alinéa le` de la même Constitution, la Cour constitutionnelle fait partie du pouvoir judiciaire, garant des libertés et droits fondamentaux des citoyens ».

Elle s'estime, à ce titre, compétente pour connaitre de la requête en vertu des articles 19, alinéa 3 et 61 point 5 de la Constitution qui garantissent le droit de la défense et celui du recours auxquels il ne peut être dérogé en tant que droits et principes fondamentaux des citoyens même lorsque l'état de siège ou d'urgence aura été décrété.

Elle juge que dès lors qu'une motion de défiance ou de censure viole les droits auxquels la Constitution consacre une protection particulière, la Cour doit affirmer sa compétence.

Il en découle que les décisions politiques des assemblées délibérantes ne relèvent pas de la compétence de la Cour constitutionnelle, sauf en cas de violation des droits fondamentaux des citoyens dont la protection a été

---

474 CSJ, 27 décembre 2007, R. Const. 062 /TSR ; CSJ, 4 mars 2009, R. Const. 072/TSR ; CSJ, 31 juillet 2007, R. Const. 051/TSR et CSJ, 22 octobre 2010, R. Const. 152 /TSR.

475 CSJ, 28 décembre 2007, R. Const. 060 /TSR et CSJ, 22 octobre 2010, R. Const. 137 /TSR.

476 CSJ, 27 décembre 2007, R. Const. 062 /TSR.

477 CSJ, 4 mai 2009, R. Const. 072 /TSR.

478 CSJ, 31 juillet 2007, R. Const. 051/TSR.

479 CSJ, 22 octobre 2010, R. Const. 152 /TSR.

480 CSJ, 28 décembre 2007, R. Const. 060 /TSR.

481 CSJ, 22 octobre 2010, R. Const. 137/TSR.

482 CC, 10 mars 2017, R. Const. 356.

voulue particulière par le constituant, tels les droits de la défense et du recours.

3. Les accords politiques

La justiciabilité des accords politiques à la base des réformes constitutionnelles[483] ou de leur mise en œuvre[484] est soutenable. Car, essentiellement technique, ce contrôle ne porte que sur la cohérence entre la stipulation conventionnelle et la disposition constitutionnelle en vigueur. Il appartient au juge saisi, de s'assurer, qu'au moment de son intégration dans le dispositif juridique positif, la stipulation énerve l'esprit de la Constitution ; la requête devant indiquer, avec précision, la distance prise vis-à-vis de la volonté du constituant[485].

Dans le même temps, on note qu'élaborés, bien souvent, dans des circonstances de crise ou de sortie de crise, les accords politiques peuvent comporter une clause indiquant qu'en cas de conflit avec la Constitution en vigueur, le juge constitutionnel statue[486], rendant ainsi leur justiciabilité, techniquement, possible[487] et réalisable, même si aucune espèce n'a jusque-là été recensée.

Il ressort de cette analyse que, contrairement au droit français qui offre, en l'absence d'un dispositif constitutionnel formel, une passerelle au cadrage doctrinal du bloc de constitutionnalité inspirant, par la suite, l'activité du Conseil constitutionnel, le droit congolais propose une démarche différente situant l'origine du concept dans la nomenclature des normes soumises au contrôle de constitutionnalité pour que par sa jurisprudence, le juge s'autorise d'élargir son domaine d'intervention. Par cette extension des compétences de la Cour constitutionnelle, on arrive à se faire l'idée que le

---

483 Une riche doctrine est consacrée aux accords politiques comme mécanismes de résolution des crises politiques ou institutionnelles. Lire, à cet égard, AIVO J., « La crise de normativité de la Constitution en Afrique », *Revue de droit public*, Paris, janvier, 2012 ; Du BOIS DE GAUDUSSON J., « L'accord de Marcoussis, entre droit et politique », *Afrique contemporaine*, Paris, 2003 ; KPODAR A., « Bilan d'un demi-siècle du constitutionnalisme en Afrique noire francophone », *Afrilex*, janvier 2013 ; MAMB0 P., « Les rapports, entre la Constitution et les accords politiques dans les États africains : réflexion sur la légalité constitutionnelle en période de crise », *Revue de droit de Mc GILL*, Vo1.57, n° 4, 2012.

484 On note qu'au Burkina Faso, au Burundi, en Côte d'Ivoire, au Libéria, en Madagascar, au Mali, en République centrafricaine, en République démocratique du Congo, au Rwanda, en Sierra Leone, au Soudan (avant l'éclatement en deux États souverains) ou encore au Togo, les accords politiques sont apparus comme un phénomène juridique à la base de la résolution des crises politiques.

485 AKANDJI KOMBE J.-F., « Contrôle de constitutionnalité et actes politiques de règlement des crises institutionnelles », communication présentée au Colloque international de Bamako, du 26 au 27 avril 2016, sur Le rôle des juridictions constitutionnelles dans la consolidation de l'État de droit, inédit, p. 12.

486 Art. 25 de la Charte de la transition au Burkina Faso du 16 novembre 2014.

487 AKANDJI KOMBE J.-F., « Contrôle de constitutionnalité et actes politiques de règlement des crises institutionnelles », *op.cit.*, p.15.

bloc de constitutionnalité est, finalement, ce que le juge décide, sa ferveur s'inscrivant toujours dans la recherche permanente des réelles intentions du constituant et de ses objectifs.

De même, alors que le droit français prédispose le bloc de constitutionnalité en un ensemble des normes et principes considérés comme supérieurs et fondamentaux pour être garantis par la Constitution d'une supériorité que le juge se charge de protéger, le droit congolais fait de la Constitution la Loi suprême à laquelle doivent se conformer les autres normes qui lui sont inférieures. L'activité du juge se positionne donc dans l'unique et seul cadre de la Constitution, la Cour constitutionnelle disposant dans ce cas, non pas d'une seule recette, mais bien de plusieurs.

§4. L'indépendance de la juridiction de contrôle

L'indépendance de la juridiction chargée du contrôle de constitutionnalité ne se réduit pas au seul mode de désignation de ses membres, ni à leur statut ; elle est, également, dépendante de l'organisation et du fonctionnement de la Cour.

A. Le mode de désignation des membres

Il n'existe pas de mode idéal et uniforme de désignation des membres composant les juridictions constitutionnelles, chaque pays pouvant s'adjuger la technique qui lui paraît la mieux indiquée, même si la pratique offre souvent le cadre propice d'une concurrence entre la nomination et l'élection des juges constitutionnels.

À l'exception de l'Allemagne qui autorise l'élection d'une partie de membres de la Cour constitutionnelle par le parlement[488], plusieurs sont d'autres modalités de désignation des juges constitutionnels, sollicitant l'intervention du président de la République[489] et d'autres pouvoirs constitués tels que le parlement[490] et le Conseil supérieur de la magistrature[491]. Ainsi qu'on le voit, la désignation des juges constitutionnels fait intervenir les autorités politiques auxquelles se joint le pouvoir judiciaire. La procédure fait du Chef de l'État, l'autorité de nomination, celle-ci pouvant être soumise à la confirmation d'un organe constitué (le

[488] Proposés par les partis politiques et élus de manière égale entre les deux chambres du parlement, les seize juges à la Cour constitutionnelle sont nommés par le président de la fédération allemande.

[489] En France, les neuf membres du Conseil constitutionnel sont nommés par le président de la République en raison de trois à son initiative, trois par le président de l'Assemblée nationale et trois autres par le président du Sénat.

[490] La Constitution du Bénin confère au président de la République le pouvoir de nomination de sept membres de la Cour constitutionnelle dont trois à son initiative et quatre sur proposition du président de l'Assemblée nationale.

[491] C'est le cas en Guinée Bissau ou en République démocratique du Congo.

Sénat aux États-Unis pour la nomination des juges à la Cour suprême de justice) ou à l'absence de son opposition (les assemblées parlementaires en France). Il s'ensuit qu'en l'absence des désignations faites par les assemblées parlementaires et les autorités judiciaires, le président de la République ne peut s'autoriser, sans violer la Constitution, de nommer, proprio motu, les juges à la Cour constitutionnelle.

Même dans l'hypothèse où il est reconnu aux organes de désignation l'initiative de proposer à la nomination du président de la République, les candidats juges à la Cour constitutionnelle, cette initiative est, en réalité, un véritable pouvoir de nomination, la décision présidentielle revêtant qu'une simple formalité d'authentification.

En République démocratique du Congo, on observe que les neuf membres de la Cour constitutionnelle sont nommés par le président de la République[492], dont trois sur sa propre initiative, trois désignés par le parlement réuni en Congrès, et trois autres par le Conseil supérieur de la magistrature[493].

Pour les deux dernières catégories des membres à la Cour constitutionnelle, les procès-verbaux de désignation sont transmis au président de la République dans les quarante-huit heures pour nomination[494], cette autorité ne peut ni récuser, ni s'opposer à la nomination d'un membre désigné par le Congrès ou le Conseil supérieur de la magistrature.

Une fois nommés, les membres de la Cour ne peuvent pas être révoqués, leur fonction prenant fin aux termes du mandat, par décès, démission ou empêchement définitif consécutif à une condamnation pénale par la Cour de cassation.

À l'exception des membres désignés par le Conseil supérieur de la magistrature, le choix des autres a, ainsi qu'il a été suggéré[495], tenu compte, d'une part, des forces politiques au sein du parlement et, d'autre part, de l'indispensable collaboration entre le président de la République, chef de l'exécutif et le premier ministre, chef du gouvernement.

Au niveau du Congrès et pour assurer la cohésion entre les forces politiques au sein du parlement, la majorité a concédé à l'opposition de désigner un membre sur les trois[496]. Même si le président de la République est investi du pouvoir de désignation de trois membres de la Cour

---

492 Les membres qui composent la première formation de la Cour constitutionnelle ont été nommés par Ordonnance n° 14/021 du 7 juillet 2014, *Journal officiel de la République démocratique du Congo,* numéro spécial du 25 juillet 2014.

493 Art. 158, al. 1er de la Constitution.

494 Art. 2, al. 3 de la Loi organique du 15 octobre 2013.

495 ESAMBO KANGASHE J.-L., *La Constitution congolaise du 18 février 2006 à l'épreuve du Constitutionnalisme. Contraintes pratiques et perspectives, op. cit.*, p. 250.

496 Sur les trois membres désignés par le Congrès, VUNDUAWE te PEMAKO Félix a été proposé par l'opposition pendant que les candidatures de BANYAKU LUAPE EPOTU Eugene et WASENDA N'SONGO Corneille étaient soutenues par la majorité au parlement.

constitutionnelle, cette autorité ne s'était pas empêchée d'associer le premier ministre dans la sélection des candidatures, au point d'en soutenir une[497].

B. Le statut des membres

Le statut renforce l'indépendance du juge, protège sa fonction et l'efficacité de sa jurisprudence. La loi organique sur la Cour indique que ses membres sont régis par un statut particulier[498] définissant les limites de la fonction et la protection de sa juridiction[499].

Le contenu du serment prêté par le juge constitutionnel rend plus contraignante sa fonction, en ce qu'il l'oblige à :

> « l'exercer en toute impartialité, dans le respect de la Constitution, de garder le secret des délibérations et des votes, de ne prendre aucune position publique, de ne donner aucune consultation à titre privé sur les questions relevant de la compétence de la Cour constitutionnelle et de n'entreprendre aucune activité mettant en cause l'indépendance, l'impartialité et la dignité de la Cour[500] ».

Le législateur précise qu'à l'exception de la fonction d'enseignant dans un établissement d'enseignement supérieur ou universitaire, le juge constitutionnel ne peut, cumulativement, exercer les fonctions de membre du gouvernement, ni être revêtu d'un mandat électif, il ne peut pas, non plus, exercer tout emploi public, ni avoir la qualité de mandataire public. Aucun membre de la Cour constitutionnelle ne peut appartenir à un parti, regroupement politique, ni à un syndicat ; il lui est, également, interdit de faire, directement ou indirectement, du commerce[501].

La dignité que confère la fonction du juge constitutionnel s'exprime aussi par l'obligation de réserve et de retenue, dans sa vie publique et privée ; dans cette dernière, le juge doit s'interdire de mentionner son nom ou sa qualité dans un document susceptible d'être publié, en rapport avec une quelconque activité publique ou privée.

Au regard des obligations et interdictions imposées au juge constitutionnel, se greffe la question de sa rémunération qui doit contribuer au renforcement de son indépendance. Prise en exécution de la loi organique sur la Cour constitutionnelle, l'ordonnance n° 16/070 du 22 août 2016 portant dispositions relatives au statut particulier des membres de cette juridiction indique que, ces derniers et ceux du parquet général y rattaché, ainsi que les conseillers référendaires ont droit à un traitement, à des

---

[497] La candidature de KALONDA KELE OMA Yvon a été soutenue par le premier ministre lors des consultations menées par le président de la République.

[498] Art. 11 de la Loi organique du 15 octobre 2013.

[499] ESAMBO KANGASHE J.-L., *La Constitution congolaise du 18 février 2006 à l'épreuve du Constitutionnalisme. Contraintes pratiques et perspectives*, *op. cit.*, pp. 254-256.

[500] Art. 10, al. 2 de la Loi organique du 15 octobre 2013.

[501] Art. 31 et 33 de la Loi organique du 15 octobre 2013.

indemnités et autres avantages conséquents qui, assurent leur indépendance et leur dignité ; ceux-ci sont prévus dans la loi de finances publiques[502].

Dans l'exercice de leurs fonctions, les membres de la Cour constitutionnelle et ceux du parquet général près cette dernière bénéficient d'un traitement hors échelon, en plus d'une indemnité d'installation, équivalant à six mois de leur traitement mensuel qui leur est allouée à la prise de leurs fonctions[503].

Une autre question, non moins importante, est liée à la qualité du juge conférée aux membres de la Cour constitutionnelle ; la Constitution ne précisant pas qu'ils sont des magistrats, même si les deux tiers doivent être des juristes provenant de la magistrature, du barreau ou de l'enseignement universitaire[504]. Ainsi, pour autant que la Cour statue par voie d'arrêt[505], les membres qui la composent sont, nonobstant leurs origines professionnelles, des magistrats à mandat.

L'ingénierie constitutionnelle mise en place renforce, donc, la conviction que, les membres de la Cour exercent un mandat certes non électif, mais constitutionnel : ce sont des juges distincts de ceux de carrière régis par le statut des magistrats[506] et, portent en tant que tels, la qualité de juge à la Cour constitutionnelle[507], signent les décisions rendues[508] et, ne peuvent donc pas faire l'objet d'aucune récusation[509].

C. L'organisation de la Cour constitutionnelle

Le dispositif organique de la Cour constitutionnelle permet d'y déceler la composition et la structuration.

1. La Composition

La Cour constitutionnelle est composée de neuf membres, dont un président élu par ses pairs, pour un mandat de trois ans renouvelables une seule fois et investi par ordonnance du président de la République[510], les

---

[502] Art. 13 de l'Ordonnance n° 16/070du 22 août 2016 portant dispositions relatives au Statut particulier des membres de la Cour constitutionnelle, *Journal officiel de la République démocratique du Congo,* numéro spécial du 24 août 2016.
[503] Art, 14 al. 1er et 2 de l'Ordonnance n° 16/070 du 22 août 2016.
[504] Art. 158, al. 2 de la Constitution du 18 février 2006.
[505] Art. 168 de la Constitution du 18 février 2006.
[506] Le fait de compter parmi les membres de la Cour constitutionnelle des personnalités qui ne sont pas de magistrats ou n'ayant pas la formation de juriste n'infère pas qu'elles sont dépourvues de la qualité de juge.
[507] L'article 92 de la Loi organique du *15* octobre 2013 indique, avec précision que, les membres de la Cour constitutionnelle sont des juges.
[508] Art. 3, al. 3 du Règlement intérieur de la Cour constitutionnelle, *Journal officiel de la République démocratique du Congo,* numéro spécial du 22 mai 2015.
[509] Art. 30, al. 2 du Règlement intérieur de la Cour constitutionnelle.
[510] Art. 158, al. 5 de la Constitution du 18 février 2006.

deux tiers des membres étant des juristes[511] provenant de la magistrature[512], du barreau[513] et de l'enseignement universitaire[514].

Sauf, en ce qui concerne la gestion du contentieux électoral et référendaire, où elle siège avec trois membres[515], la Cour constitutionnelle ne peut valablement siéger, ni délibérer qu'en présence de tous ses membres, sauf empêchement temporaire de deux d'entre eux, au plus, dûment constaté par les membres[516] ; ces deux chiffres (neuf ou sept) symbolisant la représentation des trois pouvoirs de l'État (législatif, exécutif et judiciaire), desquels sont issus les membres de la Cour constitutionnelle.

2. L'organisation proprement dite

En plus de la plénière des juges, l'organisation de la Cour s'appuie sur le parquet général, le corps des conseillers référendaires et le secrétariat général.

2.1. La plénière des juges

Organe de décisions, la plénière est constituée de tous les juges ; elle élit son président, adopte son règlement intérieur qui organise, pour chaque membre de la Cour, un cabinet dirigé, pour celui du président, par un directeur de cabinet et, pour les autres juges, un chef de cabinet. De cet organe dépendent la Commission de filtrage, le Centre de documentation, d'études et de publication, ainsi que la Cellule de communication et de la presse.

Sous la supervision du juge, le Centre de documentation, d'études et de publication se charge de la publication du bulletin des arrêts de la Cour constitutionnelle ; elle est, également, compétente pour assurer la gestion du

---

[511] De neuf membres formant la première composition de la Cour constitutionnelle, huit sont des juristes issus de la magistrature, du barreau et de l'enseignement universitaire. Il s'agit des juges ESAMBO KANGASHE Jean-Louis, FUNGA MOLIMA MWATA Evariste Prince, KALONDA KELE OMA Yvon, KILOMBA NGOZI MALA Noel, LWAMBA BINDU Benoit, MAVUNGU MVUMBI di NGOMA Jean-Pierre, VUNDUAWE te PEMAKO Félix et WASENDA N'SONGO Corneille.

[512] Parmi lesquels, on compte les juges ESAMBO KANGASHE Jean-Louis, FUNGA MOLIMA MWATA Évariste Prince, KALONDA KELE OMA Yvon, KILOMBA NGOZI MALA Noel et LWAMBA BINDU Benoit

[513] Le juge WASENDA N'SONGO Corneille est, avant sa nomination à la Cour constitutionnelle, avocat au barreau près la Cour suprême de justice.

[514] Les juges BANYAKU LUAPE EPOTU Eugène, ESAMBO KANGASHE Jean-Louis, MAVUNGU MVUMBI di NGOMA Jean-Pierre et VUNDUAWE te PEMAKO Félix enseignent le droit à l'Université de Kinshasa, pour les trois derniers, et la science politique, pour le premier.

[515] Art. 110 de la Loi organique du 15 octobre 2013.

[516] Art. 90 de la Loi organique du 15 octobre 2013

répertoire, l'acquisition et la conservation des publications législatives, jurisprudentielles et doctrinales nécessaires au travail de la Cour.

L'établissement périodique du bulletin des arrêts de la Cour, des actes législatifs et règlements publiés au journal officiel, ainsi que l'organisation des colloques, conférences et ateliers sur les questions intéressant l'activité de la Cour, relèvent du même service également compétent pour pourvoir à la conservation et la distribution, pour le compte de la Cour, dudit bulletin, le stockage de toutes autres informations utiles, les réformes législatives appropriées et études juridiques ayant trait à l'activité de la Cour[517].

Composée de trois membres, dont un directeur et deux adjoints désignés par le président de la Cour constitutionnelle, après avis des autres juges, la Cellule de communication et de la presse diffuse les activités de la Cour et assure le relais avec la presse et l'opinion publique.

2.2. Le parquet général

Près la Cour constitutionnelle est institué un parquet général, dirigé par le procureur général, assisté des premiers avocats généraux et des avocats généraux.

Il recherche et constate les infractions relevant de la compétence de la Cour constitutionnelle, soutient l'accusation, requiert les peines et émet les avis motivés dans les autres matières qui requièrent la décision de la Cour.

Les membres du parquet général assistent aux audiences de la Cour, y prennent parole pour présenter les avis et observations nécessaires[518]. Ne participant pas au délibéré[519], le procureur général pourvoit, tout de même, à l'exécution des décisions de la Cour constitutionnelle[520].

2.3. Le corps des conseillers référendaires

Placé sous l'autorité du président, la Cour se dote de soixante[521] conseillers référendaires recrutés sur concours[522] et nommés par ordonnance

[517] Art. 24, al. 2 du Règlement intérieur de la Cour constitutionnelle.

[518] Il peut, néanmoins, être dispensé de donner un avis motivé lorsque la Cour siège dans le cadre des affaires soumises à la procédure de filtrage, telle qu'organisée par son Règlement intérieur. Aux termes de l'article 48 de ce texte, toute requête ou exception soulevée par ou devant une juridiction manifestement irrecevable, soit pour forclusion du délai, tel que prévu par l'article 50 de la loi organique, soit par une personne n'ayant pas qualité pour agir, sera soumise à un filtrage, avant son examen, par la Cour afin de donner la suite qu'il échet. Dans la pratique, en effet, l'avis du procureur général se limite à demander l'application de la disposition rappelée du Règlement intérieur de la Cour constitutionnelle, pour que cette dernière constate l'irrecevabilité de la requête ou son incompétence à connaitre de la demande.

[519] Art. 14, al, 2 à 5 de la Loi organique du 15 octobre 2013.

[520] Art. 94, al. 2 de la Loi organique du 15 octobre 2013.

[521] Art. 20 de la Loi organique du 15 octobre 2013.

[522] Art. 24 de la Loi organique du 15 octobre 2013.

du président de la République, sur proposition de la Cour. Ils assistent la Cour dans l'étude et la préparation technique des dossiers, effectuent des recherches documentaires, examinent les dossiers qui leur sont soumis. Leurs rapports relatent succinctement les faits de la cause, l'état de la procédure suivie, les moyens des requérants, ainsi que d'éventuelles fins de non-recevoir opposées par d'autres parties à la cause et proposent des notes juridiques aux juges responsables du traitement desdits dossiers. Ils peuvent, sur décision de la Cour, être associés à des enquêtes ou des instructions menées par les membres de la Cour constitutionnelle et font rapport de l'exécution de leurs missions[523].

De nationalité congolaise, tout candidat conseiller référendaire doit être titulaire du diplôme de licence en droit ou d'un diplôme équivalent, de bonne moralité et justifier d'une expérience professionnelle de dix ans au moins dans le domaine juridique, administratif ou politique[524] ; les trois quarts étant des juristes. Les candidats non juristes doivent produire, en plus de la nationalité congolaise, le diplôme de licence ou celui équivalent, la bonne moralité et l'expérience professionnelle de quinze ans au moins dans le domaine politique ou administratif[525].

2.4. Le Secrétariat général

Indispensable dans l'organisation et la gestion de la Cour constitutionnelle, le secrétariat général est appelé à coordonner l'ensemble des services administratifs et techniques ainsi que la gestion financière de la juridiction. En son sein sont, notamment, organisés le greffe, le secrétariat de plénières et la direction administrative et financière.

Dirigé par un greffier en chef chargé, entre autre, du maintien de l'ordre, de la distribution du travail et de la coordination des activités qui s'y déploient[526], le greffe comprend, outre les greffiers, les huissiers et agents administratifs[527] ; il reçoit et enrôle les affaires portées devant la Cour et prend des parties toutes les pièces nécessaires[528]. Il y est, également, tenu des rôles et registres correspondant aux domaines de compétences de la Cour, à savoir, les rôles constitutionnel, pénal, contentieux électoral, contentieux référendaire, conflits d'attribution auxquels s'ajoutent les registres de déclaration du patrimoine familial, des prestations de serment, des états des

[523] Art. 5 de l'Ordonnance n°16/070 du 22 août 2016.
[524] Art. 22 de la Loi organique du 15 octobre 2013.
[525] Art. 23 de la Loi organique du 15 octobre 2013.
[526] Art. 2 du Décret n° 14/035 du 4 décembre 2014 portant organisation et fonctionnement du greffe de la Cour constitutionnelle.
[527] Art. 21 du Règlement intérieur de la Cour constitutionnelle.
[528] Art. 22, al. 2 et 4 du Règlement intérieur de la Cour constitutionnelle.

frais de justice, des huissiers, comptable, des ordonnances du président ainsi que le rôle disciplinaire[529].

Composé de trois membres (un secrétaire et deux adjoints), tous nommés par le président de la Cour, après avis des autres juges, le secrétariat de plénières organise les réunions des juges, rédige les procès-verbaux, conserve les archives et assure, pour la tenue des audiences de la Cour, la liaison avec le greffe.

Autorisés à participer aux réunions des juges, les membres du secrétariat de plénières n'ont pas des voix délibératives et, sont tenus au secret des délibérations ; le serment de confidentialité qu'ils prêtent devant la Cour avant leur entrée en fonction, les y oblige.

La direction administrative et financière comprend cinq services chargés, respectivement, des ressources humaines, des finances et de la comptabilité, de l'intendance, de l'informatique ainsi que de la gestion du courrier.

D. Le fonctionnement de la Cour

Mieux connaître la procédure de saisine de la Cour permet de saisir le long et fastidieux processus d'élaboration de ses décisions, l'autorité y attachée et leur exécution.

1. La saisine

La loi organique sur la Cour constitutionnelle aménage des dispositions procédurales communes à toutes les matières à côté des celles particulières aux questions spécifiques[530]. De manière générale, la Cour est saisie par requête écrite des parties ou du procureur général, déposée contre récépissé, établi par le greffe. Sauf, lorsqu'elle émane du procureur général, la requête mentionne, sous peine d'irrecevabilité, les noms, qualité et adresse du requérant, ainsi que l'objet et les moyens de la demande.

Pour être recevable, l'exception d'inconstitutionnalité soulevée, devant ou par une juridiction, doit être motivée, quant à la disposition légale contestée et applicable au litige ou à la procédure. La requête doit, également, préciser les droits constitutionnels qui auraient été violés.

Tout en précisant l'objet, la requête doit être accompagnée des pièces à l'appui des moyens invoqués, elle indique également l'élection de domicile au greffe de la Cour constitutionnelle ou au cabinet du conseil, s'il y en a, ainsi que l'adresse de son auteur, sauf si l'exception d'inconstitutionnalité est soulevée par la juridiction ou le ministère public[531].

Dans cette procédure, la Cour ne peut se saisir d'office, aucune constitution de la partie civile n'étant, en matière pénale, admise devant

---

529 Art. 23 du Règlement intérieur de la Cour constitutionnelle.

530 Titre V de la Loi organique du 15 octobre 2013.

531 Art. 46, al. 4 du Règlement intérieur de la Cour constitutionnelle.

elle[532] ; elle ne peut pas non plus statuer d'office, sur les dommages-intérêts et réparations civiles, l'action pénale étant distincte de l'action civile.

En vue de sa recevabilité par la Cour, la requête doit être écrite, dactylographiée et signée, par l'auteur ou l'avocat dûment mandaté[533], après quoi le greffier l'inscrit dans un rôle ou registre correspondant[534], la signifie à toutes les parties concernées, pour le dépôt de leurs conclusions dans le délai de huit jours. Passé ce délai, le double du dossier est communiqué au procureur général pour son avis à intervenir, dans le même délai[535]; la procédure étant contradictoire et publique, les parties peuvent être représentées ou assistées de leurs avocats[536]. Cette procédure exclut donc toute comparution volontaire ni toute saisine verbale de la Cour[537].

2. La préparation des décisions de la Cour

Le processus de traitement des dossiers et d'élaboration des décisions de la Cour est soigneusement organisé[538], la communication au greffe de l'avis du procureur général conduit à la désignation, par le président de la juridiction, du juge rapporteur dont le rôle est déterminant, dans le processus devant aboutir à la décision de la Cour.

2.1. L'examen du dossier par le juge rapporteur

Une fois reçue au greffe et enregistrée dans un rôle correspondant à son objet, la requête ainsi que les pièces y annexées forment le dossier judiciaire dont le double est transmis par le greffier en chef au procureur général pour son avis et aux parties, si elles existent pour leurs conclusions à donner dans le délai de huit jours.

Aussitôt l'avis du procureur général retourné, le même greffier en chef transmet le dossier et les annexes au président de la Cour constitutionnelle pour la désignation du juge rapporteur chargé de son étude ; il entreprend, dans ce cadre, toutes les recherches nécessaires à la conclusion de l'affaire, entend, le cas échéant, les parties et toute personne dont l'audition lui paraît indispensable ou sollicite, par écrit, des avis qu'il juge nécessaires. La personne appelée à déposer, soit verbalement ou par écrit, doit y déférer, sinon elle est poursuivie comme un témoin défaillant et encourt la peine prévue par le Code pénal[539].

---

532 Art. 106, al. 1er de la Loi organique du 15 octobre 2013.
533 Art. 27, al. 2 du Règlement intérieur de la Cour constitutionnelle.
534 Art. 88 de la Loi organique du 15 octobre 2013.
535 Art. 89 de Loi organique du 15 octobre 2013.
536 Art. 91, al. 2 de la Loi organique du 15 octobre 2013.
537 CC, 10 mars 2017, RDPF 184-3 17.
538 Notamment en ses articles 29 et 35.
539 Art. 29 du Règlement intérieur de la Cour constitutionnelle.

2.2. Les délibérations de la Cour

À l'issue de l'examen du dossier, le juge rédige et présente à la plénière des juges son rapport, la note juridique et le projet d'arrêt. Le rapport présente les faits de la cause, retrace la procédure suivie et l'objet de la requête, analyse les moyens soulevés et les points à trancher. Signé de l'auteur, il est discuté en plénière de la Cour, versé au dossier de la cause à l'issue de l'audience publique organisée à cette fin.

À l'égard de ce rapport, les parties sont autorisées à faire des observations éventuelles à verser dans le dossier ; elles doivent s'abstenir d'y évoquer ou de développer les nouveaux moyens non soumis à la contradiction, question de ne pas nuire aux règles d'un procès équitable. Une note de plaidoirie peut toujours être produite et déposée dans un délai fixé par la Cour.

Document essentiel et confidentiel aux délibérations des juges, la note juridique exprime le point de vue de l'auteur sur les questions de droit posées par la requête ; elle prépare, pour chaque cause, la décision à intervenir et propose, pour chaque moyen soulevé et point à trancher, une solution de droit.

C'est dans la note juridique que le juge rapporteur propose une ou plusieurs solutions aux discussions et délibérations des juges, en plénière.

À la différence du rapport, la note juridique n'est pas versée au dossier, mais signée par son auteur, elle est distribuée à tous les juges avant sa discussion pendant les délibérations ; le juge qui le désire peut, par écrit[540] ou verbalement, faire ses observations aux travaux présentés par le juge rapporteur tenu de les rencontrer, par écrit ou oralement pendant la plénière des juges convoquée à cette fin.

On rappelle qu'en vue de l'examen d'une requête, la Cour constitutionnelle ne peut, valablement siéger et délibérer qu'en présence de tous ses membres, sauf empêchement temporaire de deux d'entre eux au plus dûment constaté par les autres membres[541].

En intercalant la conjonction de coordination *« et »* entre les verbes *« siéger »* et *« délibérer »,* le législateur a entendu soumettre les deux activités judiciaires à un quorum sans lequel aucune réunion, ni aucune décision de la Cour constitutionnelle n'est valable.

Il en résulte que, faute de ce quorum, la juridiction ne peut siéger, ni délibérer.

L'empêchement temporaire de deux membres ne pouvant pas se présumer, doit être dûment constaté par les autres membres au cours d'une réunion régulièrement convoquée.

---

[540] Écrites, ces observations sont communiquées aux autres juges, un jour au moins, avant la tenue de la plénière, et peuvent être exposées, par l'auteur, en séance publique consacrée au dossier auquel elles se rapportent.

[541] Art. 90 de la Loi organique du 15 octobre 2013 et 30 du Règlement intérieur de la Cour constitutionnelle.

De même, et pour autant que la loi ne les précise pas, les motifs d'empêchement doivent être portés à la connaissance des autres membres, en vue du constat du défaut de quorum et, du report, selon le cas, de la réunion ou des délibérations.

S'agissant des matières qui exigent que la décision intervienne dans un délai précis, la jurisprudence de la Cour renseigne des cas où, faute de quorum, le prononcé de la décision a été postdaté, mention faite dans le corps de l'arrêt à intervenir[542].

Il importe d'observer, sur ce point, la variation de délai, en fonction de la nature du contentieux, pour retenir qu'il est de trente[543], quinze[544], huit[545], sept[546] ou trois jours,[547] à compter de la saisine de la juridiction.

On relève qu'à chaque délibéré, la Cour se prononce sur le rapport, la note juridique et le projet d'arrêt préparés par le juge rapporteur. Une fois adopté, le projet d'arrêt est rendu public au cours d'une audience publique organisée à cet effet et engage, selon le cas, la Cour ou la composition qui l'a pris ; il formalise la décision prise, après délibérations, par la plénière des juges.

Les délibérés de la Cour sont secrets, aucune personne étrangère ne peut en être au courant. Dans le délibéré, le juge le moins ancien donne son avis le premier et le président le dernier, mais en cas de partage des voix, celle du président est prépondérante ; les décisions à intervenir étant prises à la majorité de voix des membres. C'est ici l'occasion de préciser la différence entre le quorum de siège et de délibérations et la majorité de décisions, cette dernière étant identifiée après le vote et constat préalable du quorum de siège ou de délibération. Il en découle que, sans le quorum de siège ou de délibération, la majorité dans la prise de décision ne peut être valablement et régulièrement dégagée. Dans la pratique, en effet, plusieurs juridictions constitutionnelles ont résolu de recourir au consensus comme mode de prise

---

542 Lire avec intérêt les arrêts CC, 12 novembre 2015, R. Const. 26 ; CC, 14 octobre 2015, R. Const. 0140.

543 En matière de contrôle de constitutionnalité des lois, des actes ayant force de loi, des règlements intérieurs des chambres parlementaires, du Congrès et des institutions d'appui à la démocratie, la Cour statue dans le délai de trente jours, délai qui peut être ramené, en cas d'urgence et à la demande du gouvernement, à huit jours (art.160 de la Constitution du 18 février 2006) et d'interprétation de la Constitution (art. 55, al. 1er de la Loi organique du 15 octobre 2013).

544 En matière de contrôle de constitutionnalité par voie d'action (art. 44, al. 3 de la Loi organique du 15 octobre 2013).

545 En cas de constat de la vacance de la présidence de la République pour les autres causes d'empêchement définitif.

546 Dans le cadre de la gestion du contentieux de l'élection du président de la République (art. 74, al. 2 de la loi électorale) ;

547 En cas de décès ou de démission du président de la République, l'arrêt de la Cour constatant la vacance de la présidence de la République intervient dans les soixante-douze heures de sa saisine.

de décision, question de ne pas froisser les membres ayant émis les opinions minoritaires.

En matière pénale, s'il se forme plus de deux opinions, le juge ayant émis l'opinion la moins favorable au prévenu se rallie à l'une des deux autres[548]. Au cours du délibéré, il peut se dégager une opinion dissidente ou individuelle pour qu'à la demande de l'auteur, elle soit intégralement reproduite à la fin de l'arrêt et publiée en même temps que l'arrêt.

Les repères historiques des opinions dissidentes ou individuelles sont à situer, au 14e siècle, dans la tradition des tribunaux anglais de la Common Law qui autorisait aux juges de se prononcer individuellement et publiquement sur une affaire à juger ou les pouvoirs en appel où il était admis une polyphonie de voix et de voies de droit. Exprimées par les juges, les opinions dissidentes ou individuelles ne nuisent nullement à l'autorité du jugement acquis à la majorité des voix, ni au crédit de la juridiction qui l'a rendue. L'originalité de la pratique a conduit à son adoption, au 19e siècle, par les juridictions américaines[549] et, plus tard, par les juridictions internationales.

À la différence de l'opinion individuelle qui vise à faire connaitre la position défendue par le juge, au cours d'un délibéré, indépendamment, de la décision prise à l'issue du vote, celle dissidente concerne, plutôt, la position prise par le juge, au cours d'un délibéré, et qui s'est révélée, après le vote, minoritaire. Si l'opinion dissidente découle des résultats du vote, celle individuelle ne l'est pas nécessairement, elle est faite pour permettre au juge de faire connaître sa position affirmée au moment du délibéré.

Il importe de noter que la divulgation d'une opinion dissidente ou individuelle n'a pas pour effet d'anéantir la décision, régulièrement, prise par la majorité des juges ni de violer le secret des délibérés, mais en raison des interprétations politiques auxquelles elle peut donner, on conseille un usage prudent et modéré dans l'activité des juridictions constitutionnelles en quête permanente d'unité entre les membres et de cohésion, dans la jurisprudence.

Le secret des délibérés tire son fondement de la confidentialité qui entoure la fonction du juge, les réunions, discussions et délibérations de la Cour, ainsi que la discrétion et du devoir de réserve de ses membres. Si la confidentialité renvoie à l'obligation de ne garder qu'aux seuls juges les informations en rapport avec la cause soumise à leur examen, ils ne peuvent, sous peine des poursuites pénales ou disciplinaires[550], les révéler à des tierces personnes ; la discrétion impose, en plus, au juge le devoir de retenue

---

548 Art. 92 de la Loi organique du 15 octobre 2013.

549 ZOLLER E., « La pratique de l'opinion dissidente aux États-Unis », *La République, Mélanges Pierre AVRIL*, Paris, Montchrestien, 2001, p. 6I0.

550 L'article 23 de l'Ordonnance n° 16/070 du 22 août 2016 portant dispositions relatives au statut particulier des membres de la Cour constitutionnelle retient comme faute disciplinaire la violation des termes du serment.

et de circonspection à l'égard des faits dont il a connaissance et qui, de par leur nature, présente un caractère confidentiel.

Le secret du délibéré renforce, donc, l'indépendance du juge constitutionnel et l'autorité de sa décision ; la formule du serment qu'il prête, avant d'entrer en fonction, lui interdit de révéler, quoi que ce soit, de ce qu'il connait des discussions qui ont précédé la prise d'une décision ou l'adoption d'une position.

Dans les systèmes démocratiques, le contentieux constitutionnel est parfois à la base des polémiques, si les décisions du juge ne sont pas comprises, alors qu'elles sont censées avoir été rédigées selon les règles de l'art, lesquelles devaient contribuer à la compréhension de son raisonnement, la perception de sa pensée et la pertinence de sa décision. La pratique offre, en effet, le choix entre le style sobre et stéréotypé[551] et celui libre et prolixe, entre la brièveté et la longueur des décisions.

L'intime conviction du juge procède, ainsi, de l'appréciation personnelle qu'il a des faits et du droit applicable, ainsi que de l'opinion qu'il se fait du droit qu'il applique, dans une cause portée devant lui.

Elle fonde, en dehors de tout sentiment ou de toute considération subjective l'analyse objective et raisonnée des éléments du dossier (les prétentions et moyens des parties, les pièces du dossier, l'avis du ministère public), du droit applicable et de la cohérence pertinente entre les faits et le droit.

Bien qu'attachée à la personnalité du juge et de son activité professionnelle, l'intime conviction ne le dispense pas de la recherche, pour chaque cas, des preuves suffisantes au soutènement de son raisonnement et, partant, de sa décision.

Mise en perspective en droit comparé[552], la motivation des décisions de justice est, en droit congolais, une obligation constitutionnelle[553] ; elle remplit, également, une fonction pédagogique et permet d'expliquer le sens de la décision appelée à être comprise, d'une opinion septique et d'une doctrine moins au fait de sa procédure mais, de plus en plus, exigeante[554], ainsi que du législateur à qui elle donne, par moments, un éclairage indispensable à l'élaboration des lois conformes à la Constitution[555].

---

551 Rédigé en articles soutenus par les *« considérants »* et *« des attendus »,* ce style est d'usage, dans plusieurs juridictions constitutionnelles d'expression française.

552 Sur l'importance du rôle de la motivation des décisions des juridictions suprêmes en droit comparé français, lire notamment HOURQUEBIE F. et PANTHEREAU M.-C., *La motivation des décisions des cours suprêmes et cours constitutionnelles,* Paris, Bruylant-LGDJ, 2012.

553 L'alinéa 1er de l'article 21 de la Constitution du 18 février 2006 précise que « *tout jugement est écrit et motivé. Il est prononcé en audience publique* ».

554 ROUSSEAU D., *Droit du contentieux constitutionnel,* Paris, 10e éd. LGDJ, 2013, p.152.

555 Adoptées avec des dispositions inconstitutionnelles, la Loi organique sur la Caisse nationale de péréquation (CC, 19 août 2015, R. Const. 0094) et celle modifiant la Loi

Exercice habituel pour le juge, la motivation est une garantie d'une bonne administration de la justice et un gage à la sécurité juridique.

3. L'autorité des décisions de la Cour

Bien que revêtue de l'autorité de la chose jugée, l'opposabilité des décisions de la Cour constitutionnelle dépend également de la maîtrise des règles procédurales, de la position hiérarchique de la juridiction et de la portée de ses décisions. Compte tenu, cependant, de la nature politique des questions soumises à ces juridictions, une controverse doctrinale s'est ajoutée au débat politique doutant que ces « entités politiques » soient investies de prendre des décisions revêtues de l'autorité absolue de la chose jugée[556].

On admet qu'en grande partie académique, ce débat semble faire partie de l'histoire, le dispositif constitutionnel créant ces juridictions ayant tranché sur la question : les décisions des juridictions constitutionnelles sont exemptées de tout recours et s'imposent aux pouvoirs publics, à toutes les juridictions civiles et militaires ainsi qu'aux particuliers.

Rendues en audience publique, les décisions de la Cour constitutionnelle sont signées par les juges faisant partie de la composition qui les ont rendues, avant d'être signifiées aux parties et aux autorités habituellement concernées : elles sont publiées au journal officiel et au Bulletin des arrêts de la cour. Obligatoires et sans recours, ces décisions sont immédiatement exécutoires, opposables à tous[557] et revêtues de l'autorité de la chose jugée.

L'existence de la Cour constitutionnelle ne suffit pas pour que soient opposables ses décisions, l'autorité d'une juridiction ne peut, en effet, s'apprécier aux seules qualités de ses juges, elle est, également, redevable de l'usage qui en est fait et qui, de toute évidence, est loin d'être uniforme.

4. L'exécution des décisions de la Cour

Auteur de ses propres décisions, la Cour constitutionnelle n'assure ni ne contrôle leur mise en pratique ; cette mission étant confiée au procureur général près la juridiction. Si une décision de la Cour souffre d'inapplication, c'est à cette autorité qu'il revient d'y pourvoir, au besoin par le recours à la force, mais au regard de l'image ou de la couleur qu'on veut bien leur donner[558], les décisions de la Cour constitutionnelle se prêtent à devenir une

---

organique sur le statut des magistrats (CC, 10 juin 2016, R. Const. 212/216) ont été censurées et retournées au législateur, pour une meilleure écriture conforme à la Constitution.

556 KANTE B. et KWASI P., « L'autorité des décisions des juridictions compétentes en matière de contrôle de constitutionnalité », in BOCKENFORDE M., KANTE B., NGENGE Y. et KWASI P., (dir), *Les institutions juridictionnelles en Afrique de l'Ouest. Analyse comparée,* IDÉA-Hanns Seidel Stiftung, Suède, 2016, pp. 135-145.

557 Art. 168, al. 1er de la Constitution du 18 février 2006.

558 Notamment en matière du contentieux constitutionnel, électoral ou pénal.

chasse croisée entre le droit et la politique, rendant difficile le service qu'elles sont, par ailleurs, censées rendre à la démocratie et à l'État de droit.

Dans cette perspective, on signale les difficultés éprouvées par le procureur général dans l'exécution de certains arrêts rendus par la Cour constitutionnelle annulant les motions de défiance votées contre les gouverneurs de provinces du Haut-Katanga et de la Tshuapa ainsi que la vice-gouverneur de la province de l'Équateur. À la place, c'est le vice-premier ministre et ministre de l'intérieur et de la sécurité qui, en l'absence de toute circonstance mettant fin aux fonctions de l'une et l'autre autorité[559] décida, par une correspondance du 14 juillet 2017[560] adressée à la Commission électorale nationale indépendante, de constater *proprio motu* la vacance créée dans quelques provinces.

Déférant à cette correspondance, la Commission électorale nationale indépendante prit le 18 juillet 2017 la décision n° 044/CENI/BUR/17 portant convocation du scrutin et publication du calendrier de l'élection des gouverneurs et vice-gouverneurs de onze provinces. Par cette décision, on se rend bien compte de la violation flagrante des dispositions constitutionnelles qui rendent obligatoires, immédiatement exécutoires, sans recours et imposables à tous les décisions de la Cour constitutionnelle.

Dans la perspective de la construction de l'État de droit, on doit éviter d'emprunter les raccourcis qui en réduisent la portée et l'attachement des congolais à la démocratie et à la Constitution ; il suffit, à cet égard, de recourir aux recettes juridiques disponibles pour surmonter les difficultés susceptibles d'apparaitre dans la gestion de la gouvernance politique au Congo.

Quoi qu'il en soit, l'exécution des décisions des juridictions constitutionnelles semble se prêter en une question récurrente en Afrique toujours à la recherche des systèmes politiques capables d'offrir à chaque citoyen le droit d'émettre un avis ou une opinion sur l'activité du juge, sans remettre en cause les décisions du juge ni l'existence de la juridiction constitutionnelle qui les a rendues.

Indispensable à l'appropriation de l'activité de la Cour constitutionnelle, l'accès à ses décisions constitue un indicateur à même de réduire la distance qui les sépare des destinataires, souvent privés de leur compréhension parce que rédigées par les hommes de l'art et dans un style peu ordinaire. Dans un pays comme la République démocratique du Congo, où les acteurs politiques

---

[559] Les fonctions du gouverneur ou vice-gouverneur de province prennent fin par décès, démission, vote d'une motion de censure par l'Assemblée provinciale, empêchement définitif ou mise en accusation suivie de la condamnation par la Cour de cassation.

[560] Il s'agit de la lettre n° 25/CAB/VPM/MININTERSEC/ERS/538/2017 par laquelle le vice-premier ministre, ministres de l'intérieur et de la sécurité notifie à la Commission électorale nationale indépendante les vacances créées dans les exécutifs provinciaux des provinces du Bas-Uélé, de l'Équateur, du Haut-Katanga, du Haut-Lomami, du Kasaï central, du Kwilu, de la Mongala, du Sud-Kivu, du Sud-Ubangi, de la Tshopo et de la Tshuapa.

se vouent une méfiance presque congénitale, même à l'égard des institutions établies de commun accord, la tâche du juge constitutionnel devient de plus en plus délicate[561]. Et lorsque ses décisions sont interprétées, à la longueur des journées, par des « télé constitutionnalistes » ou des « prédicateurs de la Constitution », la désinformation et la désorientation sont inévitables et les dérives tolérées.

Apparait ainsi le besoin de recadrer l'activisme des « constitutionnalistes autoproclamés » par la définition même du constitutionnaliste, qui ne peut se réduire à « ce professeur spécialiste de droit constitutionnel ou analyste politique, mobilisant ses connaissances en la matière et se présentant comme référence absolue sur des questions constitutionnelles[562] ». Cette définition tend, ainsi qu'on le voit, à privilégier le titre académique ou le grade universitaire, à l'exclusion de toute expertise ou autorité scientifique reconnue[563], jetant un doute sur l'identification et l'organisation du cercle qui confère l'agrégation à la dignité des constitutionnalistes.

Devant cette énigme, s'invite au débat la rareté des études sur la juridiction constitutionnelle[564], son activité, ses difficultés et, naturellement, les opportunités qu'elle peut explorer pour améliorer, au besoin, sa jurisprudence.

À ce sujet, on note qu'après vingt-six mois d'activités effectives, la Cour constitutionnelle congolaise a reçu, au total, cinq cents et cinq requêtes dont quatre cent quatre-vingt-sept en inconstitutionnalité, cinquante-quatre en appréciation de la conformité à la Constitution, vingt-six en interprétation de la Constitution et sept en annulation. Elle a, pour la même période, rendu cent soixante-trois arrêts, dont quatre-vingt-dix-neuf en inconstitutionnalité, cinquante-deux en appréciation de la conformité à la Constitution et douze en interprétation de la Constitution. Par année, cinquante-six décisions ont été prononcées en 2015, soixante-dix-neuf en 2016 et vingt-huit pendant les deux trimestres de l'année 2017.

Au regard de la matière traitée, on signale que onze décisions d'inconstitutionnalité[565], trente-huit d'appréciation de conformité à la Constitution[566] et sept en interprétation de la Constitution[567] ont été rendues

---

561 ESAMBO KANGASHE J.-L., *Le droit constitutionnel, op. cit.*, p. 180.

562 SACRISTE G., *La République des constitutionnalistes. Professeurs de droit et légitimation de l'État en France (1870-191'4), op. cit.*, p. 541.

563 Il suffit d'accéder à une dignité doctorale et d'émettre une opinion sur les questions constitutionnelles, pour légitimer son appartenance au cercle fermé des constitutionnalistes.

564 À la décharge de cette opinion, on lira avec intérêt, ESAMBO KANGASHE J.-L., *La Constitution congolais du 18 février 2006 à l'épreuve du constitutionnalisme. Contraintes pratiques et perspectives*, *op. cit.*, pp. 228-245, 257-293.

565 Dont cinq d'incompétence et cinq d'irrecevabilité.

566 Parmi lesquelles neuf portent sur la recevabilité des requêtes, quatorze décrétant leur irrecevabilité des requêtes, une déclinant la compétence de la Cour, une autre jugeant la requête fondée et vingt de conformité.

en 2015. En 2016, la Cour a, en matière d'inconstitutionnalité, rendu soixante arrêts contre quatorze en appréciation de la conformité à la Constitution et cinq en interprétation de la Constitution. Dans le courant du premier semestre de l'année 2017, la même juridiction a rendu vingt-huit décisions en matière de contrôle de constitutionnalité.

Bien qu'encourageant, ce bilan à mi-parcours ne semble pas émouvoir une certaine opinion plus portée vers l'activisme sensationnel de la Cour constitutionnelle cachant le spectre d'un gouvernement des juges dont on ignore le fonctionnement pour que soit autorisée une évaluation objective de sa contribution à la construction d'un État de droit démocratique[568]. Dans un domaine où la capacité de mobilisation du raisonnement juridique et donc technique reste essentielle, on ne doit pas s'attendre à ce que l'activité du juge constitutionnel soit à la portée de tous et comprise par les non-initiés, tant et si bien qu'en matière un décalage est toujours possible entre ce qui appartient à la « la fabrique des décisions[569] » et la spéculation des commentaires.

---

[567] Une requête a été déclarée recevable, six rejetées, une non fondée, trois jugeant la Cour compétence contre deux prononçant son incompétence.

[568] Aux termes de l'alinéa 1er de l'article 1er de la Constitution du 18 février 2006, la République démocratique du Congo est, dans ses frontières du 30 juin 1960, un État de droit, indépendant, souverain, uni et indivisible, social, démocratique et laïc.

[569] LATOUR B., *La fabrique du droit. Une ethnologie du Conseil d'État*, Paris, Éd. La découverte, Coll. Sciences humaines et sociales, 2004.

CHAPITRE II

LA NORME LÉGISLATIVE

Mieux présenter la notion de norme législative rend aisée l'étude de ses modulations et de la procédure de son élaboration.

SECTION 1. LA NOTION DE NORME LÉGISLATIVE

Traditionnellement étudiée dans le seul cadre de la loi entendue comme une règle de conduite générale, impersonnelle et abstraite votée par une assemblée législative, la norme législative a, de nos jours, une portée plus étendue, incluant également les actes de l'exécutif pris dans le domaine, initialement, réservé au législateur.

§1. La définition de la norme législative

Deux conceptions se disputent encore la définition de la loi, l'une matérielle et l'autre formelle. Du point de vue matériel, la loi est une règle de conduite sociale destinée à produire des effets juridiques. Sans se préoccuper de la nature, la qualité, la procédure et l'organe duquel émane la loi, la conception ne rend que très peu compte du contenu et des effets y attachés. Au sens formel, la loi est votée suivant la procédure arrêtée, dans la Constitution ou dans son règlement intérieur, par une assemblée législative et promulguée par l'autorité compétente.

Dans le domaine de production législative, la loi peut avoir une marque ordinaire ou exceptionnelle ; la première produite par le parlement et la deuxième intervenant dans les rapports entre le gouvernement et le parlement, et porte la dénomination d'acte ayant force de loi.

§2. Les origines de la norme législative

On distingue la norme législative ordinaire de celle exceptionnelle.

A. La norme législative ordinaire

Dans un système démocratique, la loi traduit la volonté populaire exprimée par les représentants de la Nation ; elle est, de ce fait, de portée générale, impersonnelle, abstraite et contraignante. L'évocation de la souveraineté populaire incarnée par ses délégués, siégeant au parlement suffit pour se convaincre de la supériorité de la loi sur toute autre règle juridique. Ainsi, construite autour de l'identité de vues entre la Nation et ses représentants, la souveraineté, incarnée par le parlement, a été le fil conducteur du *« légicentrisme »,* cette doctrine qui a longtemps consacré le règne de la loi[570].

Sur pied de cette théorie, il a été reconnu l'autorité absolue de la loi sur toute autre règle juridique, ses auteurs exprimant la volonté de la Nation, de qui ils tiennent le pouvoir de vouloir pour la communauté.

B. La norme législative exceptionnelle

L'apparition des normes législatives exceptionnelles coïncide avec l'implication du pouvoir exécutif et, notamment, du président de la République, dans la production législative et qui, selon le pays et le régime, peut prendre des actes ayant force de loi[571], qui ne sont valables que s'ils sont justifiés par l'urgence et l'intermède parlementaire.

Un regard rétrospectif sur la production des actes ayant force de loi permet d'indiquer, qu'après cinq décennies, la balance se penche en défaveur des lois votées par le parlement, dont l'influence a été sensiblement réduite. Aussi, profitant de l'environnement politique favorable, le président de la République a-t-il signé plusieurs ordonnances-lois, organisant le secteur de la justice, attitude manifestée par l'édiction de :

- l'ordonnance-loi n° 79-026 du 28 septembre 1979 portant création d'une commission de gestion des biens saisis et confisqués ;
- l'ordonnance-loi n° 79-028 du 28 septembre 1979 portant organisation du barreau, du corps des défenseurs judiciaires et du corps des mandataires de l'État ;
- l'ordonnance-loi n° 82-017 du 31 mars 1982 relative à la procédure devant la Cour suprême de justice ;
- l'ordonnance-loi n° 82-018 du 31 mars 1982 portant statut des Magistrats ;
- l'ordonnance-loi n° 82-020 du 31 mars 1982 portant Code de l'organisation et de la compétence judiciaires telle que modifiée et complétée par la loi organique n° 13/011B du 11 avril 2013 portant

570 ESAMBO KANGASHE J-L., *La Constitution congolaise du 18 février 2006 à l'épreuve du constitutionnalisme. Contraintes pratiques et perspectives, op. cit.*, p. 243.
571 Ordonnances-lois, Ordonnances législatives ou Décrets-lois.

organisation, fonctionnement et compétences des juridictions de l'ordre judiciaire.

Exerçant les fonctions législatives, en cas d'urgence et pendant l'intersession parlementaire, le président de la République a, entre 1982 et 1987, signé deux cent trente-neuf ordonnances-lois contre quarante-deux lois, tendance qui s'est nettement consolidée jusqu'en 1996, où cette autorité a signé vingt-cinq ordonnances-lois, prises contre onze lois votées par le parlement. Entre 1997 et 2002, la fonction législative a été assurée par le président de la République qui disposait, par ailleurs, du droit de dissolution du parlement ; il prit vingt-huit décrets-lois qui rivalisaient avec cinq lois votées par le parlement.

Restituant au parlement ses lettres de noblesse, la Constitution de la transition du 4 avril 2003 permit un recadrage des rapports entre le président de la République et le parlement dans le domaine de production législative ; aucun décret-loi n'a pu être signé entre 2003 et 2005, mais en face, quatre-vingt-une lois ont pu être votées et publiées au Journal Officiel[572].

La Constitution du 18 février 2006 encadre, quant à elle, l'intervention du président de la République dans le domaine législatif, lorsqu'elle indique que « le gouvernement peut, pour l'exécution urgente de son programme d'action, demander à l'Assemblée nationale ou au Sénat l'autorisation de prendre, par ordonnances-lois pendant un délai limité et sur des matières déterminées, des mesures qui sont normalement du domaine de la loi ».

Délibérées en Conseil des ministres, ces ordonnances-lois sont signées par le président de la République et entrent en vigueur, dès leur publication au journal officiel ; elles deviennent caduques, si le projet de loi de ratification n'est pas déposé devant le parlement au plus tard à la date limite fixée par la loi d'habilitation. À l'expiration de ce délai, et si le parlement ne les ratifie pas, ces ordonnances-lois cessent, de plein droit, de produire leurs effets. Ainsi comprises, ces ordonnances-lois ne peuvent être modifiées que par des lois ; elles cessent, de plein droit, de produire leurs effets en cas de rejet du projet de loi de ratification[573] ».

En application de cette disposition constitutionnelle, neuf ordonnances-lois ont été prises pour réglementer la nomenclature des impôts, droits, taxes et redevances, ainsi que leurs modalités de recouvrement par le pouvoir central, les provinces et les entités territoriales décentralisées.

---

[572] Sur cet inventaire, lire utilement ESAMBO KANGASHE J.-L., *La Constitution congolaise du 18 février 2006 à l'épreuve du constitutionnalisme. Contraintes pratiques et perspectives*, *op. cit.*, p. 129.

[573] Art. 129 de la Constitution du 18 février 2006.

Il s'agit notamment de :

- l'ordonnance-loi n°13/001 du 23 février 2013 fixant la nomenclature des impôts, droits, taxes et redevances des provinces et des entités territoriales décentralisées ainsi que leurs modalités de répartition ;
- l'ordonnance-loi n° 13/002 du 23 février 2013 fixant la nomenclature des droits, taxes et redevances du pouvoir central ;
- l'ordonnance-loi n° 13/003 du 23 février 2013 portant réforme des procédures relatives à l'assiette fiscale, au contrôle et aux modalités de recouvrement des recettes non fiscales ;
- l'ordonnance-loi n° 13/004 du 23 février 2013 portant abrogation de certaines dispositions de la loi n° 006/03 du 13 mars 2003 fixant les modalités de calcul et de perception des acomptes et précomptes de l'impôt sur les bénéfices et profits ;
- l'ordonnance-loi n° 13/005 du 23 février 2013 modifiant et complétant certaines dispositions de la loi n° 004/ 2003 du 13 mars 2003 portant réforme des procédures fiscales ;
- l'ordonnance-loi n° 13/006 du 23 février 2013 portant régime fiscal applicable aux entreprises de petite taille en matière d'impôt sur les bénéfices et profits ;
- l'ordonnance-loi n° 13/007 du 23 février 2013 modifiant et complétant certaines dispositions de l'ordonnance-loi n° 10/001 du 20 août 2010 portant institution de la taxe sur la valeur ajoutée ;
- l'ordonnance-loi n° 13/008 du 23 février 2013 et l'ordonnance-loi n°12/008 du 23 février 2013 modifiant et complétant certaines dispositions de l'ordonnance-loi n° 69/009 du 10 février 1969 relative aux impôts cédulaires sur les revenus et ;
- l'ordonnance-loi n° 13/009 du 23 février 2013 modifiant et complétant certaines dispositions de l'ordonnance-loi n° 90-046 du 8 août 1990 portant réglementation du petit commerce[574].

L'analyse de cette disposition constitutionnelle conduit à soutenir que, l'intervention du pouvoir exécutif dans le domaine législatif est subordonnée à quelques conditions. On note, à cet égard, que :

- le gouvernement doit se trouver devant une urgence que requiert l'application, pendant un délai limité et sur des matières déterminées, de son programme. Il ne doit donc pas s'agir de l'ensemble du programme du gouvernement, mais plutôt d'un secteur clairement identifié ;
- pour prendre des mesures relevant, normalement, du domaine de la loi, le gouvernement doit en formuler la demande expresse, auprès de l'Assemblée nationale ou du Sénat ;

---

574 *Journal officiel de la République démocratique du Congo,* numéro spécial du 27 février 2013.

- les ordonnances-lois envisagées sont impérativement discutées et délibérées en Conseil des ministres, avant leur présentation à l'une ou l'autre chambre parlementaire ;
- en vue de leur application, ces ordonnances-lois sont, préalablement, autorisées par le parlement et publiées au journal officiel ;
- la validité de ces ordonnances-lois est circonscrite dans le délai prévu par la loi d'habilitation, au point qu'en l'absence d'un projet de loi de ratification dans ce délai, elles deviennent caduques et cessent, également, de produire leurs effets en cas de rejet du projet de ratification ;
- le défaut de ratification parlementaire, à l'expiration du délai fixé, prive ces ordonnances-lois de toute valeur juridique ;
- en tout état de cause, les ordonnances-lois, délibérées en Conseil des ministres et ratifiées, ne peuvent être modifiées que par la loi.

En vue de leur conformité à la procédure prévue dans la Constitution, ces ordonnances-lois ont été certifiées par des lois de ratification votées par le parlement. Il s'agit, en l'occurrence, de la :

- loi n° 13/014 du 26 juin 2013 portant ratification de l'ordonnance-loi n° 13/001 du 23 février 2013 fixant la nomenclature des impôts, droits, taxes et redevances des provinces et des entités territoriales décentralisées ainsi que leurs modalités de répartition ;
- loi n° 13/015 du 26 juin 2013 portant ratification de l'ordonnance-loi n° 13/002 du 23 février 2013 fixant la nomenclature des droits, taxes et redevances du pouvoir central ;
- loi n° 13/016 du 26 juin 2013 portant ratification de l'ordonnance-loi n° 13/003 du 23 février 2013 portant réforme des procédures relatives à l'assiette fiscale, au contrôle et aux modalités de recouvrement des recettes non fiscales ;
- loi n° 13/017 du 26 juin 2013 portant ratification de l'ordonnance-loi n° 13/004 du 23 février 2013 portant abrogation de certaines dispositions de la loi n° 006/03 du 13 mars 2003 fixant les modalités de calcul et de perception des acomptes et précomptes de l'impôt sur les bénéfices et profits ;
- loi n° 13/018 du 26 juin 2013 portant ratification de l'ordonnance-loi n° 13/005 du 23 février 2013 modifiant et complétant certaines dispositions de la loi n° 004/ 2003 du 13 mars 2003 portant réforme des procédures fiscales ;
- loi n° 3/019 du 26 juin 2013 portant ratification de l'ordonnance-loi n° 13/006 du 23 février 2013 portant régime fiscal applicable aux entreprises de petite taille en matière d'impôt sur les bénéfices et profits ;
- loi n° 13/020 du 26 juin 2013 portant ratification de l'ordonnance-loi n° 13/007 du 23 février 2013 modifiant et complétant certaines

dispositions de l'ordonnance-loi n° 10/001 du 20 août 2010 portant institution de la taxe sur la valeur ajoutée ;
- loi n° 13/021 du 26 juin 2013 portant ratification de l'ordonnance-loi n° 13/008 du 23 février 2013 modifiant et complétant certaines dispositions de l'ordonnance-loi n°69/009 du 10 février 1969 relative aux impôts cédulaires sur les revenus et ;
- loi n° 13/022 du 26 juin 2013 portant ratification de l'ordonnance-loi n° 13/009 du 23 février 2013 modifiant et complétant certaines dispositions de l'ordonnance-loi n° 90046 du 8 août 1990 portant réglementation du petit commerce[575].

Un regard rétrospectif sur l'incursion du président de la République, dans le domaine législatif, permet de distinguer deux types d'actes ayant force de loi ; les uns pris en dehors de toute habilitation parlementaire, et les autres, soumis à cette autorisation.

On note, à cet égard, que jusqu'à l'avènement de la Constitution du 18 février 2006, les actes ayant force de loi n'étaient justifiés que sur la double conditionnalité de l'urgence (dont l'appréciation relève de la seule autorité du président de la République) et l'intermède parlementaire ; aucune habilitation parlementaire, ni aucun contrôle juridictionnel, *a priori* ou *a posteriori,* n'était admis.

À l'inverse, sont reconnues les ordonnances-lois justifiées, certes, par l'urgence dans l'application du programme gouvernemental et l'intermède parlementaire, mais limitées dans la durée et préalablement autorisées par le parlement avant d'être publiées au Journal officiel ; un encadrement qui évite les abus du pouvoir auxquels s'est, souvent, livré le président de la République dans l'exercice de ses attributions législatives. Comme actes législatifs, ces ordonnances-lois sont soumises au contrôle de constitutionnalité devant la Cour constitutionnelle.

Section 2. La classification des normes législatives

Indépendamment de son origine, la norme législative peut se prêter à une multiplicité de classifications, sans qu'aucun lien logique ne soit établi entre elles. D'après le cadre d'intervention, la loi nationale se distingue de la loi provinciale ou édit provincial, mais lorsqu'on considère l'objet et la procédure d'élaboration, la loi constitutionnelle prend ses distances vis-à-vis de la loi organique et de la loi ordinaire. Selon la matière, la loi cadre se démarque de celle de programmation, de ratification ou d'habilitation.

---

[575] L'ensemble de ces lois a été publié au *Journal officiel de la République démocratique du Congo, n° 14 du 15* juillet 2013.

Toutes ces classifications se valent et dépendent d'un pays à un autre, le droit positif congolais offrant, à cet égard, une richesse exploitable dans la mesure où, consacrée de 1960 à 2003, la distinction entre lois constitutionnelles, lois organiques et ordinaires a été vite abandonnée au profit de celle séparant les lois constitutionnelles de celles cadres et ordinaires.

À l'heure actuelle, les lois organiques se partagent l'espace législatif avec celles cadres, ordinaires et des édits provinciaux.

§1. Les lois organiques

Définie dans la Constitution, la loi organique est perçue d'un double point de vue, formel et matériel. Du point de vue formel, elle est élaborée et/ou adoptée selon une procédure différente de celle d'usage pour la loi ordinaire, en ce que l'examen et l'adoption sont soumis à des conditions restrictives de quorum et de majorité et, sa promulgation conditionnée au contrôle préventif de constitutionnalité.

En droit, le quorum désigne le nombre ou le pourcentage minimum requis des membres pour qu'une assemblée siège et délibère valablement. Si ce nombre n'est pas atteint, l'assemblée ne peut siéger, ni délibérer ; elle diffère à plus tard la réunion ou la décision, les membres présents ou représentés s'assurant, au préalable, que le quorum exigé pour siéger, est atteint, avant toute délibération ou toute décision.

Une fois le quorum obtenu, l'assemblée peut valablement siéger et délibérer, avec le quorum antérieur ou un autre plus réduit prévu dans la loi ou un texte spécifique[576] ; la décision qui en résultera ne sera pas contestée, ni remise en question, parce que régulière et valide.

À la différence du quorum qui conditionne la tenue d'une assemblée, la délibération ou la prise d'une décision, la majorité fixe la proportion minimale de voix exigées, pour qu'une décision, régulièrement, prise soit acceptée ou validée ; elle est, selon la matière, modulée en majorité qualifiée, absolue ou simple. La majorité qualifiée ou renforcée[577] désigne un quorum plus important au soutènement d'une décision ou d'un vote, elle

---

576 L'article 64 du Règlement intérieur de l'Assemblée nationale du 23 novembre 2006 précise, en effet, que cette chambre parlementaire ne prend ses décisions que, si les deux tiers de ses membres sont présents, mais si, à la première séance, ce quorum n'est pas atteint, le président suspend le vote, à la séance subséquente portant sur la même matière, les décisions sont valablement prises à la majorité relative. Il en est de même de l'article 79, alinéa 1er et 2 du Règlement intérieur du Sénat du 3 mars 2007 qui indique que *« le Sénat ne siège valablement qu'à la majorité absolue des membres qui le composent. Il ne prend ses décisions que si deux tiers de ses membres sont présents. Toutefois, si à la première convocation du Sénat, le quorum de deux tiers n'est pas atteint, les décisions sont valablement prises si la majorité absolue des membres se trouve réunie à la séance subséquente »*.

577 Elle est en pratique fixée à deux tiers ou trois cinquième des membres présents ou représentés.

sécurise l'une et l'autre contre des modifications intempestives, celle absolue exigeant plus de la moitié des voix favorables ; l'absence de l'une ou l'autre de ces majorités conduit d'office à celle simple ou relative.

Le caractère organique d'une loi découle donc de la volonté du constituant qui précise, dans chaque cas d'espèce, que telle matière sera régie par une loi organique, celle à qui elle n'a pas conféré cette nature étant ordinaire[578]. Le constituant indique à ce sujet que, les lois organiques sont votées et modifiées à la majorité absolue des membres composant chacune des chambres parlementaires, dans les conditions suivantes[579]:

- la proposition de loi n'est soumise à la délibération et au vote de la première chambre saisie qu'à l'expiration d'un délai de quinze jours après son dépôt au gouvernement ;
- l'application de la procédure prévue à l'article 132, mais faute d'accord entre les deux chambres, le texte est adopté par l'Assemblée nationale, en dernière lecture, à la majorité absolue de ses membres ;
- les lois organiques ne peuvent être promulguées qu'après déclaration, par la Cour constitutionnelle obligatoirement saisie par le président de la République, de leur conformité à la Constitution dans un délai de quinze jours[580].

Sur le plan matériel, la loi organique a pour objet l'organisation et le fonctionnement d'une institution politique ou des pouvoirs publics[581] ; elle complète et précise certaines dispositions constitutionnelles[582]. La Constitution du 18 février 2006 précise les domaines d'intervention du législateur organique, à savoir l'organisation de la justice[583], celle des provinces et des entités territoriales décentralisées[584], l'organisation et le fonctionnement de la banque centrale[585], de la Cour des comptes[586], de la Caisse nationale de péréquation[587], de la police nationale[588] et des forces armées[589], de l'organisation et du fonctionnement du Conseil économique et social[590], de la Commission électorale nationale indépendante[591], du Conseil

---

578 YUMA BIABA L., *Manuel de droit administratif, op. cit.*, p. 46.
579 Art. 124 de la Constitution du 18 février 2006.
580 Art. 160 de la Constitution du 18 février 2006.
581 ESAMBO KANGASHE J.-L., *Le droit constitutionnel, op. cit.*, p. 92.
582 Lire également MUHINDU MALONDA, *Droit administratif et institutions administratives, op. cit.*, p.230.
583 Art. 150, al. 3, 152, al. 6, 153, al. 5, 155, al. 4, 156, al. 3, 169 et 179 de la Constitution du 18 février 2006.
584 Art. 2, al. 5, 3, al. 4, 194, 196, al.2 et 200, al. 7 de la Constitution du 18 février 2006.
585 Art. 177 de la Constitution du 18 février 2006.
586 Art. 179 de la Constitution du 18 février 2006.
587 Art. 181 de la Constitution du 18 février 2006.
588 Art. 186 de la Constitution du 18 février 2006.
589 Art. 191 de la Constitution du 18 février 2006.
590 Art. 210 de la Constitution du 18 février 2006.
591 Art. 211, al. 4 de la Constitution du 18 février 2006.

supérieur de l'audiovisuel et de la communication[592] et des autres institutions d'appui à la démocratie[593].

Le même législateur organique intervient, également, dans la détermination du statut de l'opposition politique[594], le recouvrement, l'acquisition et la perte de la nationalité congolaise[595], ainsi que la promotion, par l'État, de la présence des personnes vivant avec handicap au sein des institutions nationales, provinciales et locales[596].

Dans une approche combinatoire de deux aspects (définitions formelle et matérielle) d'une même réalité, le constituant congolais étend le domaine de la loi organique au-delà de l'organisation et du fonctionnement des pouvoirs publics. C'est dans ce sens que s'est prononcée la Cour suprême de justice faisant office de Cour constitutionnelle, lorsqu'elle juge que :

> « Les lois organiques sont, en général, des lois importantes votées par le parlement pour préciser ou compléter les dispositions de la Constitution. Ce sont des mesures d'application de la Constitution, dont certains articles expressément donnent lieu à des lois de ce type pour préciser des modalités de mise en œuvre. Elle relève que, contrairement à la Constitution du 1er août 1964 qui a tenu à différencier les lois organiques des autres lois importantes, soumises, comme elles, à une procédure d'élaboration spéciale, en insistant sur le fait que les premières concernent l'organisation et le fonctionnement des pouvoirs publics, la Constitution du 18 février 2006 ignore ce critère, en prévoyant expressément que certaines matières importantes, sans rapport avec l'organisation et le fonctionnement d'un service public, seront fixées par une loi organique. Il en est ainsi de l'article 10 relatif aux conditions de reconnaissance, d'acquisition, de perte et de recouvrement de la nationalité congolaise, de l'article 49 sur les droits de la personne vivant avec handicap ou de l'article 150, alinéa 3 relatif au statut des magistrats[597] ».

§2. Les lois cadres

Prévues dans la Constitution, la loi cadre pose les règles de portée générale sur une matière donnée ; elle intervient, également, dans un domaine de collaboration entre le législateur et le pouvoir réglementaire.

On admet que, quel que soit l'objet, la loi cadre impose au législateur de se borner à poser les principes fondamentaux, laissant au pouvoir exécutif le soin d'édicter les règles plus détaillées. C'est une norme législative à part entière, qui ne se confond pas aux mesures d'application d'une loi existante.

---

[592] Art. 212, al. 4 de la Constitution du 18 février 2006.
[593] Art. 222, al. 3 de la Constitution du 18 février 2006.
[594] Art. 8, al. 2 de la Constitution du 18 février 2006.
[595] Art. 10, al. 4 de la Constitution du 18 février 2006.
[596] Art. 49, al. 3 de la Constitution du 18 février 2006.
[597] Lire dans ce sens, l'arrêt CSJ, 6 juin 2009, R. Const. 067/TSR.

La Constitution précise que la loi détermine les principes fondamentaux concernant la libre administration des provinces et des entités territoriales décentralisées, de leurs compétences et de leurs ressources, la création des entreprises, établissements et organismes publics, le régime foncier, minier, forestier et immobilier, la mutualité et l'épargne, l'enseignement et la santé, le régime pénitentiaire, le pluralisme politique et syndical, le droit de grève, l'organisation des médias, la recherche scientifique et technologique, la coopérative, la culture et les arts, les sports et loisirs, l'agriculture, l'élevage, la pêche et l'aquaculture, la protection de l'environnement et le tourisme, ainsi que la protection des groupes vulnérables[598].

La mise en place d'une loi-cadre n'a pas besoin de procédure, ni de majorité singulière ; elle est élaborée et/ou modifiée, selon la procédure prévue pour une loi ordinaire, aucun contrôle préventif de constitutionnalité n'étant exigé avant sa promulgation.

§3. Les lois ordinaires

Les lois qui ne sont pas constitutionnelles, organiques ou cadres, sont ordinaires ; elles n'exigent aucune procédure singulière d'élaboration ou de modification, ni aucun quorum particulier de délibération ; ces lois sont élaborées à la majorité simple non pas des membres composant chaque chambre parlementaire, mais de ceux présents à la constitution du quorum de délibération et celui du vote.

Après son adoption, la loi ordinaire est immédiatement transmise au président de la République pour sa promulgation, dans le délai constitutionnel. Lorsque le parlement est bicaméral, elle est soumise, selon la règle de la navette, aux délibérations de l'autre chambre parlementaire, celle-ci devant l'adopter en termes identiques avant sa promulgation par ordonnance présidentielle, sinon il est constitué une Commission paritaire mixte chargée d'harmoniser les divergences.

En cas de persistance des désaccords entre les deux chambres, c'est à l'Assemblée nationale qu'il revient de statuer en dernier ressort ; elle peut reprendre le texte élaboré par la commission mixte paritaire, celui voté par elle ou modifié, le cas échéant, par un ou plusieurs amendements adoptés par le Sénat[599].

Une loi ordinaire peut comporter des dispositions qui énervent la Constitution et qui ne peuvent en être extirpées que par un contrôle postérieur de constitutionnalité se déroulant, naturellement, par voie d'action.

Le constituant congolais autorise, néanmoins, un contrôle préventif facultatif d'une loi ordinaire, avant sa promulgation par le président de la

[598] Art. 123 de la Constitution du 18 février 2006.
[599] Art. 135, al. 4 de la Constitution du 18 février 2006.

République, à la requête de ce dernier, du premier ministre, du président de l'Assemblée nationale, du président du Sénat ou d'un dixième des députés ou des sénateurs[600].

§4. Les édits provinciaux

Selon la forme de l'État retenue, la Constitution organise, à côté des institutions nationales, celles provinciales composées de l'Assemblée provinciale et du gouvernement provincial[601]. Elle aménage une nette répartition des compétences entre l'État et les provinces ; celles-ci sont soit exclusives au pouvoir central, soit concurrentes avec les provinces, soit encore exclusives aux provinces.

On pense, ainsi, à la Loi fondamentale du 19 mai 1960 relative aux structures du Congo[602], à la Constitution du 1er août 1964[603] et à la Constitution du 18 février 2006[604].

Dans le domaine législatif, les provinces légifèrent, selon la Constitution, par voie de lois provinciales[605] ou d'édits[606], l'initiative appartenant concurremment au gouvernement provincial et à chaque député provincial.

Une fois adopté par le gouvernement en Conseil des ministres, le projet d'édit est déposé au bureau de l'Assemblée provinciale, de même la proposition d'édit est, avant délibération et adoption, notifiée, pour information, au gouvernement qui adresse, dans les quinze jours de leur réception ses observations au bureau de l'Assemblée provinciale. Passé ce délai, elle est mise en délibération[607].

Dans l'exercice de ses prérogatives législatives, l'Assemblée provinciale peut légiférer sur les matières relevant de la compétence concurrente avec le pouvoir central. Ainsi, tout édit provincial incompatible avec les lois et règlements d'exécution nationaux est nul et abrogé de plein droit[608], mais dans le cadre de la collaboration avec le parlement national, une Assemblée provinciale peut se voir habiliter à légiférer sur une matière de la compétence exclusive du pouvoir central[609].

Dans tous les cas, l'édit provincial fixe les règles concernant le plan d'aménagement de la province, la fonction publique provinciale et locale, la

---

[600] Art 160, al. 3 de la Constitution du 18 février 2006.
[601] Art. 195 de la de la Constitution du 18 février 2006.
[602] Titre V de la Loi fondamentale du 19 mai 1960 relative aux structures du Congo.
[603] Titre III de la Constitution du 1er août 1964.
[604] Art. 201 à 204 de la Constitution du 18 février 2006.
[605] Art. 117, al. 1 et 2 de la Constitution du 1er août 1964.
[606] Art. 104, al. 2 de la Loi fondamentale du 19 mai 1960 relative aux structures du Congo et 197, al. 2 de la Constitution du 18 février 2006.
[607] Art. 33 de la Loi n° 8/012 du 31 juillet 2008 portant principes fondamentaux relatifs à la libre administration des provinces, telle que modifiée à ce jour.
[608] Art. 34 de la Loi du 31 juillet 2008.
[609] Art. 38 de la Loi du 31 juillet 2008.

dette publique provinciale, les finances publiques provinciales, les emprunts intérieurs pour les besoins de la province, les travaux et marchés publics d'intérêt provincial et local, l'enseignement maternel, primaire, secondaire, professionnel et national, ainsi que l'alphabétisation des citoyens conformément aux normes établies par le pouvoir central, l'établissement des peines d'amende ou de prison pour assurer le respect des édits en conformité avec la législation nationale, les taxes et droits provinciaux et locaux, notamment, l'impôt foncier, l'impôt sur les revenus locatifs et l'impôt sur les véhicules auto moteurs, la production de l'eau pour les besoins de la province, ainsi que la planification provinciale[610]. Voté selon la procédure arrêtée dans le Règlement intérieur de l'Assemblée provinciale, l'édit est promulgué par le gouverneur et publié au Bulletin officiel de la province.

L'évolution de la production législative au niveau provincial révèle qu'aucun édit n'a été voté et publié dans la période allant de 1960 à 1961 en raison de l'ineffectivité des Assemblées provinciales pourtant prévues par la Constitution. À l'inverse, on relève qu'entre 1961 à 1962, les Assemblées provinciales ont effectivement légiféré dans divers domaines de leurs compétences constitutionnelles avec quatre édits votés. Quasi nulle, l'activité législative des Assemblées provinciales s'est révélée entre 2007 à 2015.

Le rapport établi par le ministère des relations avec le parlement répertorie entre 2007 et 2015, soit huit ans cent soixante-dix-huit édits[611]votés dans les domaines budgétaire[612] et fiscal[613] aux dépens d'autres domaines pourtant vitaux pour le développement des provinces[614]. Il indique en moyenne que vingt édits ont été votés par an, soit un ratio de deux édits en moyenne par province[615].

Le même rapport renseigne que cent trente-trois édits ont été déclarés conformes à la Constitution et à la législation nationale, soit 81,6 % contre trente déclarés non conformes, soit 18,4 % qui ont heurté, au moment de leur élaboration et adoption, certaines dispositions constitutionnelles violées[616]

---

610 Art. 35 de la Loi du 31 juillet 2008.

611 Rapport de l'Atelier d'Étude de conformité à la Constitution et à la législation nationale des Edits provinciaux, 2015, p. 4.

612 Au total cinquante-huit édits, soit 35,58 %.

613 En l'occurrence cinquante-six édits, soit 34,36 %.

614 Les autres matières ne représentent qu'un faible taux de production législative, soit six édits (3,68 %) pour l'organisation des associations et environnement et cinq édits, soit 3,07 % pour la culture.

615 Par province, le document place la province du Kasaï-Oriental en tête avec trente-cinq édits, suivie des provinces du Nord-Kivu avec dix-huit édits, du Kasaï-Occidental avec dix-sept édits, du Sud-Kivu avec seize édits, du Katanga avec quatorze édits, du Bas-Congo et de l'Équateur avec treize édits, de Maniema avec onze édits, de la province Orientale avec huit édits, ainsi que de la province de Bandundu avec six édits.

616 Notamment les articles 122, 123, 128, 202 et 203 de la Constitution du 18 février 2006.

relevant du domaine du règlement ou de la loi, fixant les principes fondamentaux se rapportant aux matières relevant de la compétence exclusive du pouvoir central et de celle concurrente avec le pouvoir central, après que celui-ci a légiféré[617].

Cette maigreur dans la production législative est notamment due au contexte politique moins incitatif à l'exercice de la démocratie, à l'inexpérience et au niveau d'instruction relativement faible des membres des Assemblées provinciales, au rendement déficitaire des assistants parlementaires, ainsi qu'à l'absence de culture politique et démocratique au sein des institutions provinciales.

SECTION 3. L'ÉLABORATION DE LA NORME LÉGISLATIVE

L'élaboration d'une norme législative est loin d'être uniforme, selon qu'elle est d'origine gouvernementale ou parlementaire ; la procédure est également différente, lorsqu'elle porte sur les lois ordinaires, organiques ou constitutionnelles.

§1. La loi

La Constitution organise l'exercice concurrent de l'initiative législative par le gouvernement et chaque parlementaire, elle émane du gouvernement et porte la marque de « projet de loi » ou d'un parlementaire et se nomme « proposition de loi ». L'initiative législative est préalable à la procédure d'adoption et de promulgation d'une loi.

A. L'initiative législative

D'origine gouvernementale ou parlementaire, l'initiative législative obéit à un processus laborieux, incluant son dépôt, sa recevabilité et son adoption.

1. Le dépôt de l'initiative

L'initiative gouvernementale est, habituellement, préparée par le ministre sectoriel compétent, qui la fait valider, par la Commission gouvernementale des lois et textes réglementaires ; elle est ensuite discutée et adoptée en Conseil des ministres, avant sa transmission au parlement. À chaque étape de son examen par les instances gouvernementales, l'initiative est débattue et subit, le cas échéant, d'enrichissements nécessaires.

Acceptée en Conseil des ministres, elle est déposée par le chef du gouvernement au bureau du parlement et porte le stigmate de projet de loi.

---

[617] Rapport de l'Atelier d'Étude de conformité à la Constitution et à la législation nationale des Édits provinciaux, 2015, p. 6.

Lorsque le parlement est bicaméral, l'initiative est déposée au bureau de l'une ou l'autre chambre parlementaire. L'initiative parlementaire est, selon le cas, directement déposée au bureau du parlement ou de la chambre à laquelle appartient l'auteur, en cas de parlement bicaméral ; elle est, selon le régime, notifiée pour information au gouvernement, en vue d'obtenir, le cas échéant, ses observations dans le délai requis[618].

Discutées en Conseil des ministres, les observations gouvernementales sont, selon le cas, communiquées au parlement ou à la chambre demanderesse par le chef du gouvernement. À défaut de ce faire, elle est immédiatement mise en délibération, mais en cas de pluralité d'initiatives portant la même matière, priorité est accordée, soit au texte antérieur en date, soit à celui le mieux élaboré. Il s'agit là d'une option que seul le bureau du parlement ou de la chambre saisie est compétent pour lever, après concertation des auteurs.

S'agissant, particulièrement, de l'initiative parlementaire, le bureau du parlement ou de la chambre saisie peut, après avoir reçu les avis techniques de ses experts, la compléter, l'enrichir ou la reformuler, en vue de son endossement par l'auteur. Cette procédure s'applique, également, en cas de fusion ou d'harmonisation de plusieurs initiatives parlementaires.

Pour le projet de loi des finances, la Constitution exige qu'il soit, obligatoirement, déposé au plus tard le quinze septembre de chaque année, au bureau de l'Assemble nationale. D'origine gouvernementale ou parlementaire, l'initiative législative est, avant son examen, au fond, soumise à la Conférence des présidents, qui se prononce sur son inscription ou non au calendrier de la session parlementaire projetée. Il en est de même du projet ou de la proposition de loi déjà déclaré(e) recevable par la première chambre saisie, dans le cadre du parlement bicaméral. Pour cette initiative, en effet, la deuxième chambre ne délibère plus sur sa recevabilité, mais plutôt sur le texte qui lui est transmis.

2. L'examen de l'initiative

Dans la perspective de son examen au fond, l'initiative législative est, selon la forme du parlement, déclarée ou non recevable par la plénière dudit parlement ou de la chambre saisie.

2.1. La recevabilité

Retenue à la Conférence des présidents, l'initiative législative est présentée et débattue en séance plénière du parlement ou de la chambre saisie, qui se prononce sur sa recevabilité ; elle est, au cours d'une plénière, défendue par son auteur, suivie d'un débat général.

---

618 Délai de 15 jours.

Reçue, l'initiative est envoyée à la Commission compétente, pour son examen au fond, le président de la séance habilité à fixer, avec l'accord de l'assemblée plénière, la date de la prochaine séance, au cours de laquelle le rapport et les conclusions de la Commission compétente seront débattus et, le cas échéant, approuvés.

À l'issue de cette plénière, au cours de laquelle chaque parlementaire, qui le désire est autorisé à présenter ses observations sur le rapport et ses annexes, l'initiative est soumise au vote, elle ne peut, en cas de rejet, être réintroduite au cours de la même session parlementaire, parce que retirée par son auteur. Accepté, le texte est soumis à l'examen de la Commission compétente et, plus tard, de la chambre parlementaire qui a initialement reçu l'initiative.

2.2. L'examen du projet ou de la proposition de loi

Après sa recevabilité, le projet ou la proposition de loi est examiné (e) par la Commission compétente, avant son adoption à la plénière du parlement ou de la chambre saisie.

a. L'étape de la Commission compétente

Au niveau de la Commission compétente, le projet ou la proposition de loi est analysée article par article, les amendements individuels ou collectifs, préalablement, présentés et débattus. Sauf s'il est requis un huit clos, les séances de la Commission sont publiques et reçoivent, sans voix délibérative, les parlementaires qui n'en font pas partie, les membres du gouvernement et les experts requis ou désignés pour y participer.

b. L'intervention de l'assemblée plénière

Les conclusions de la Commission compétente sont consignées dans un rapport à soumettre au débat et approbation de la plénière, au terme d'un débat général, conduisant au vote du rapport et de l'ensemble du texte de loi, les membres du gouvernement qui souhaitent y prendre part étant autorisés.

Quelle que soit l'issue (rejet ou acceptation du projet ou de la proposition de loi), la plénière se prononce par un vote (pour, contre et abstention), dont le résultat est consigné dans un procès-verbal ad hoc, conservé par la direction des séances.

B. L'adoption de la loi

Selon que le parlement est ou non monocaméral, la loi est définitivement adoptée par la plénière de l'organe délibérant, qui l'a examinée ou, la Commission paritaire mixte instituée, après constat des divergences apparues entre les deux chambres.

1. L'examen de la loi par chaque chambre parlementaire

Inscrite à l'ordre du jour de la session parlementaire, l'initiative législative est discutée par l'assemblée plénière, qui décide ou non de son bien-fondé. Le rapport et les conclusions de la Commission spécialisée sont, selon le cas, discutés par le parlement ou l'une ou l'autre de ses chambres. En cas d'adoption, le texte de la loi est transmis au président de la République pour promulgation.

2. La convocation de la Commission mixte paritaire

Dans un parlement bicaméral, chaque chambre examine, selon son règlement intérieur, la proposition ou le projet de loi qu'elle adopte, avant sa transmission à l'autre. Ainsi instituée, la procédure de « navette de la loi » poursuit l'adoption du même texte par les deux chambres, avant sa promulgation, mais en cas des divergences éventuelles, il est autorisé la mise en place d'une Commission mixte-paritaire appelée à les aplanir.

Lorsque les divergences persistent, c'est l'Assemblée nationale qui, en raison du poids de la représentation directe du peuple que portent ses membres, décide en dernier ressort. Il a été, ainsi, de l'adoption définitive de la loi organique portant organisation et fonctionnement de la Commission électorale nationale indépendante ou de celle organique sur la Commission nationale des droits de l'homme.

C. La promulgation de la loi

Aussitôt adoptée selon la procédure en vigueur, la loi est transmise, dans les six jours, au président de la République, pour sa promulgation ; cette opération vise à lui conférer une existence effective et une force obligatoire. L'autorité de promulgation ne peut s'en dérober ; elle exerce une compétence liée, même si elle jouit de la possibilité de demander, dans un délai de quinze jours de la transmission de la loi, sa seconde délibération ou de certaines de ses dispositions à l'Assemblée nationale ou au Sénat ; demande qui ne peut lui être refusée. Dans les autres cas, la loi est promulguée, endéans quinze jours de sa transmission et, à défaut, la promulgation est acquise de plein droit[619], le premier ministre en reçoit ampliation[620].

Pour les lois organiques, le président de la République est tenu de s'assurer, dans les quinze jours de leur réception, du contrôle préalable de constitutionnalité de la Cour constitutionnelle, obligatoirement, saisie par

---

619 L'article 140, al. 2 de la Constitution qui organise la promulgation, de piano, de la loi est une reproduction de l'alinéa 5 de l'article 40 de l'Acte constitutionnel de la transition du 9 avril 1994. Dans ce dernier texte, en effet, la promulgation de droit est faite par le président du Haut conseil de la République-parlement de transition.

620 Art. 136 de la Constitution du 18 février 2006.

lui-même, sinon il peut, dans les quinze jours de la réception, la retourner au parlement, pour une seconde lecture, la nouvelle version de la loi ne peut être promulguée qu'après avoir été soumise à la vérification de sa conformité à la Constitution. Une fois la procédure observée, la loi est promulguée et revêtue du sceau de l'État, elle est opposable à tous, produit des effets juridiques et publiée au journal officiel. Sauf lorsqu'elle en dispose autrement[621], la loi entre en vigueur trente jours, après sa publication au journal officiel. Au niveau provincial, la loi porte la marque d'édit promulgué, par le gouverneur, dans les quinze jours de sa transmission par le président de l'Assemblée provinciale. Passé ce délai, la promulgation est acquise de droit[622] et l'édit est publié au bulletin officiel de la province.

§2. Les actes ayant force de loi

Dans le domaine de la production législative, le gouvernement intervient tant par l'initiative que par la prise des actes ayant force de loi. Ce sont, en effet, des déclarations de volonté destinées à produire des effets juridiques équivalents à ceux de la loi ; ils sont, selon le régime, nommés « ordonnances législatives, ordonnances-lois ou décrets-lois ».

Le droit positif congolais subordonne l'élaboration des actes ayant force de loi, par l'implication des instances gouvernementales compétentes et l'autorisation du parlement.

A. La mise à contribution du gouvernement

Le constituant du 18 février 2006 indique que le gouvernement peut, pour l'exécution urgente de son programme d'action, demander à l'Assemblée nationale ou au Sénat l'autorisation de prendre, par ordonnances-lois, pendant un délai limité et sur des matières déterminées, des mesures qui sont normalement du domaine de la loi.

Ces ordonnances-lois sont préparées par les ministres sectoriels compétents, discutées et adoptées tant au niveau de la Commission gouvernementale des lois et textes réglementaires qu'en Conseil des ministres.

Signées par le président de la République, ces ordonnances-lois sont publiées au journal officiel, avant leur transmission au parlement pour ratification. Lorsque le parlement est bicaméral, il est fait dépôt au bureau de l'une ou de l'autre chambre parlementaire, mais en pratique, c'est au bureau

---

[621] L'article 118 de la Loi organique du 15 octobre 2013 indique que, cette juridiction ne sera mise en place que dans les six mois de sa promulgation. Aux termes de l'article 28 de la Loi n° 08-005 du 10 juin 2008 portant financement public des partis politiques, celle-ci ne sera en vigueur qu'à la prochaine législature.

[622] Art. 28, al. 5 et 6 de la Loi n° 08-005 du 10 juin 2008.

de l'Assemblée nationale que sont déposés les projets d'ordonnance-loi, en vue de leur ratification par le parlement.

B. L'autorisation du parlement

On rappelle que, pour leur application, les ordonnances-lois sont autorisées par le parlement et la validité circonscrite, dans le délai prévu par la loi d'habilitation, au point qu'en l'absence d'une telle couverture, elles deviennent caduques.

Une fois autorisées, ces ordonnances-lois cessent de produire leurs effets, lorsque le parlement ne les ratifie pas ; le défaut de ratification, à l'expiration du délai fixé, leur prive de toute valeur juridique ; mais ratifiées, elles ne sont modifiées qu'en vertu d'une loi votée par le parlement, comme pour dire que, tout au long du processus de son élaboration, le parlement joue un rôle capital.

La production législative de cinq dernières décennies, soit entre 1960 et 2014, souligne l'importance, relativement, faible du rôle joué par les parlementaires au profit de celui du président de la République, en témoignent trois cent dix-sept lois votées et publiées au Journal officiel, contre mille soixante-huit actes ayant force de loi[623].

On relève que, dans la même période, le volume de projets de lois a, essentiellement, couvert les domaines économique et financier (lois budgétaires, celles de ratification des accords de financement des divers projets dans le secteur économique ou social), alors que les propositions des lois à dominance politique, culturelle et sociale ont été, dans l'ensemble, initiées par les parlementaires[624], traduisant ainsi les hésitations du gouvernement à engager les réformes institutionnelles nécessaires à la vitalité démocratique et la construction d'un État de droit.

Cet état de choses est, notamment, dû à l'incursion du président de la République[625] dans un domaine, jadis, réservé au parlement, réduisant du coup son influence sur la gouvernance démocratique.

À présent, que l'initiative législative est partagée avec le gouvernement, les parlementaires sont appelés à être plus audacieux, en vue de doter le pays des lois indispensables à la vie démocratique.

---

623 Ces données ont été obtenues des services du Journal officiel de la République démocratique du Congo.

624 On cite, en exemple, les lois organiques sur la Cour constitutionnelle, la Commission nationale des droits de l'Homme, le Conseil supérieur de l'audiovisuel et de la communication, la loi portant statut de l'opposition, celle sur la liberté de presse, les modifications apportées à la loi électorale, ...toutes initiées par les parlementaires de l'opposition.

625 La Constitution faisait de lui un législateur d'exception revêtu, par moments, du pouvoir de dissolution du parlement qu'il convoquait en session ordinaire ou extraordinaire. Dans bien des cas, l'ordre du jour des sessions parlementaires est fixé par la décision de convocation.

CHAPITRE III

LA NORME RÉGLEMENTAIRE

La présentation de la norme réglementaire précède l'étude de sa place, dans l'ordonnancement juridique congolais et sa démarcation d'avec celle législative.

SECTION 1. LA NOTION DE NORME RÈGLEMENTAIRE

La définition de la norme règlementaire aide à dégager ses caractéristiques et la classification usuelle.

§1. La définition de la norme règlementaire

On définit la norme règlementaire comme un acte juridique de l'autorité exécutive intervenu dans l'exercice de ses compétences administratives ; elle est perçue d'un double point de vue organique et matériel. Sur le plan organique, la norme réglementaire est établie par une autorité exécutive ou administrative, dans le cadre de ses attributions normatives ; au plan matériel, elle se décline en une décision de portée générale, impersonnelle et abstraite relative à l'organisation d'un service administratif.

Proche de la norme législative, celle réglementaire se distingue de la décision administrative individuelle ou collective, de celle de l'administration ou de la note de service. À la différence d'une décision administrative, qui a vocation à créer des droits subjectifs, la norme règlementaire organise plutôt le fonctionnement d'un service public ; elle vise la satisfaction de l'intérêt général. Il en est ainsi d'une décision administrative, réglementant l'exploitation des débits de boisson ou l'exercice, dans une agglomération donnée, du transport en commun.

De portée individuelle ou collective, la décision administrative organise la situation personnelle des bénéficiaires envers lesquels elle produit, par ailleurs, des effets *erga partes.* On pense, ainsi, à la décision administrative intervenue, dans le cadre de la gestion normale et courante, notamment celle portant nomination, promotion du personnel de l'administration publique. La décision de l'administration est une mesure prise par l'autorité administrative compétente, pour assurer l'exécution ou l'application d'une loi, elle s'apparente à un règlement d'administration.

La norme réglementaire est aussi différente de la note de service, de la note circulaire, de l'instruction administrative ou de service. Celle-ci est, en effet, une simple mesure d'ordre interne, ne revêtant aucun caractère réglementaire.

Cette définition a été affirmée par la Cour suprême de justice faisant office de Cour constitutionnelle dans une décision du 14 août 2013[626], aux termes de laquelle, la norme réglementaire a été définie comme « un acte juridique d'une autorité administrative édictant des règles de portée générale et impersonnelle appelées à régir des situations abstraites et indéterminées ou des personnes non expressément identifiées[627] ».

§2. Les caractères de la norme règlementaire

Acte unilatéral de l'administration, la norme réglementaire crée les règles juridiques générales, abstraites, impersonnelles[628] et opposables à tous ; elle ne peut être modifiée que par l'autorité émettrice, dans les formes de son élaboration. C'est une décision unilatérale de l'autorité administrative prise, dans la sphère de ses compétences légales et qui n'est conditionnée par aucun accord, préalable, avec les destinataires auxquels elle s'adresse.

Une opinion rattache certains actes unilatéraux des autorités administratives aux normes règlementaires, soumises à un régime juridique différent de celui des normes qui ne sont pas ; elle met en évidence la décision, organisant les modalités de participation des parents au fonctionnement d'un établissement scolaire ou celle protégeant les monuments historiques[629].

La norme réglementaire émane, donc, d'une autorité administrative exécutive, mais également de celle appartenant à un organe délibérant ou parlementaire ; elle concerne l'organisation d'un service administratif, comportant les règles juridiques à la base des droits subjectifs et des obligations à remplir.

---

[626] CSJ, 14 août 2013, R. Const. 134/TSR.

[627] *Bulletin des arrêts de la Cour suprême de justice, matière de constitutionnalité*, numéro spécial, Kinshasa, 2008, p.75.

[628] VUNDUAWE te PEMAKO V., *Traité de droit administratif, op. cit.*, pp. 304-305.

[629] Lire dans ce sens, CHRÉTIEN P. et CHIFFLOT N., *Droit administratif,* Paris, 13e éd. Sirey, 2012, p. 186.

§3. La classification des normes règlementaires

La Constitution congolaise du 18 février 2006 fait une nette distinction entre le domaine de la loi et celui du règlement, elle indique, en même temps, que le premier ministre, chef du gouvernement, assure l'exécution des lois et dispose du pouvoir règlementaire, qui induit l'organisation de l'administration et, notamment, la création des services et établissements publics, ne relevant pas de la compétence du président de la République. Elle oppose la norme réglementaire autonome à celle subordonnée ; la première, intervenant dans les domaines non pourvus par la loi et la seconde assurant l'exécution d'une loi et la clarifie au besoin.

Dans la mise en place d'un règlement autonome, l'administration publique est tenue de prendre des mesures de portée générale, visant la satisfaction de besoin d'intérêts communautaires ; elle est, par moments, repérable, dans une Constitution qui n'a pas, clairement délimité les domaines de la loi et du règlement[630].

N'obéissant à aucune procédure particulière d'élaboration, la norme réglementaire est, néanmoins, soumise au respect des règles de compétence (matérielle et territoriale), de forme (respect de la procédure d'élaboration) et de la légistique ; la compétence étant d'attribution, l'autorité qui en est dépourvue ne peut s'incruster dans le domaine d'intervention d'une autre ; elle est, également, tenue de l'agencer selon les règles de l'art.

SECTION 2. LA NORME RÈGLEMENTAIRE DANS L'ORDONNANCEMENT JURIDIQUE NATIONAL

Mesure administrative, la norme règlementaire est hiérarchiquement inférieure à celle de nature constitutionnelle ou législative, la prépondérance se constate aussi au sein d'une même norme règlementaire. Même si la Constitution fait de la Cour constitutionnelle l'autorité compétente pour connaitre de la constitutionnalité de tout acte législatif ou règlementaire, ce dernier ne peut avoir la même portée que les deux premières normes.

Prise en exécution de la loi, la norme réglementaire peut comporter des dispositions inconstitutionnelles, la vérification de la légalité qu'elle convoque, faisant prioritairement appel au juge administratif, l'intervention du juge constitutionnel n'étant sollicitée que dans la mesure où elle vise à restaurer la constitutionnalité de la norme législative, qui en constitue la couverture.

Parlant de l'exercice, par le juge administratif, de ses compétences légales, une opinion reconnaît tout de même l'existence des entraves découlant de la théorie de la loi écran, mieux celle de l'écran législatif,

---

[630] YUMA BIABA I., *Manuel de droit administrai général, op. cit.*, 2012, p. 47.

laquelle interdit à la juridiction administrative de statuer sur une norme réglementaire conforme à la loi, mais contraire à la Constitution[631].

Même si le juge constitutionnel parvenait à censurer l'inconstitutionnalité de la loi mise en cause ou certaines de ses dispositions, celles-ci resteraient d'application dans d'autres cas portés devant des juridictions de jugement, sauf exception d'inconstitutionnalité soulevée, entretemps, devant l'une ou l'autre juridiction de fond.

Au sein de la même administration, une hiérarchie des normes juridiques est possible, une décision administrative ne peut déroger aux dispositions réglementaires qui lui sont supérieures, de même, un acte administratif individuel ne peut se soustraire de la norme règlementaire, quelle que soit la place de l'auteur, dans la sphère administrative[632].

Par rapport à leurs auteurs, les normes règlementaires sont également hiérarchisées[633] si bien qu'une ordonnance du président de la République n'a pas la même valeur juridique qu'un décret du premier ministre, le décret émanant de cette autorité ayant, naturellement, une prépondérance sur l'arrêté ministériel. Quoique statuant tous par voie d'arrêté, la norme réglementaire du gouverneur de province aura une portée juridique supérieure à celle du ministre provincial, du maire de la ville, du bourgmestre, du chef de secteur ou de chefferie.

Selon le régime, le pouvoir règlementaire est exercé par le président de la République ou le premier ministre, il est, en régime présidentiel ou présidentialiste, exercé par le président de la République qui détermine et conduit la politique de la nation appliquée par le gouvernement. Cumulant les fonctions exécutives et gouvernementales, cette autorité exerce, pleinement, le pouvoir réglementaire. Les régimes institués par la Constitution du 24 juin 1967 et le décret-loi constitutionnel du 27 mai 1997 servent, à cet égard, d'exemples.

Dans le cadre de la collaboration institutionnelle instituée dans un régime parlementaire, le pouvoir règlementaire est partagé entre le président de la République et le premier ministre, chef de gouvernement ; hypothèse consacrée par la Constitutions du 1er août 1964 et celle du 18 février 2006. Compte tenu de la brièveté marquant son existence, la Constitution de Luluabourg n'a pas, en réalité, offert un cadre efficient d'exercice du pouvoir réglementaire. Il n'empêche qu'exercé dans la période allant de 2006 à 2015, ce pouvoir fait pencher la balance en faveur du premier ministre, avec quarante et un décrets pris contre neuf ordonnances

---

631 YUMA BIABA I., *Manuel de droit administratif général, op. cit.*, pp. 38 et 47.

632 YUMA BIABA I., *Manuel de droit administratif général, op. cit.*, p. 48.

633 ESAMBO KANGASHE J.-L., *La Constitution congolaise du 18 février 2006 à l'épreuve du constitutionnalisme. Contraintes pratiques et perspective, op. cit.*, p. 282.

présidentielles intervenues dans le même domaine et publiées au Journal officiel[634].

Dans la perspective des régimes innommés instaurés par divers textes constitutionnels de la transition, le pouvoir réglementaire n'a pu être structuré, de manière claire et précise, pour qu'il soit aisé d'en évaluer la portée exacte.

SECTION 3. LE DOMAINE DU RÈGLEMENT EST DIFFÉRENT DE CELUI DE LA LOI

Les règles générales de conduite sociale ne figurent pas que dans la Constitution ou la loi, on les retrouve, également, dans le dispositif réglementaire mis en place. Aussi, après avoir affirmé la toute puissance du législateur, bon nombre de pays ont résolu de reconnaitre le rôle combien important joué par le pouvoir règlementaire, dans la régulation de l'activité administrative.

Révélatrice de deux indicateurs, cette évolution admet, d'une part, que les textes constitutionnels sont demeurés longtemps silencieux ou lacunaires sur la reconnaissance formelle du pouvoir réglementaire, pour qu'il soit ressenti, d'autre part, le besoin d'édicter de règlements à même de permettre l'exécution ou l'application aisée des lois.

Depuis lors, le pouvoir réglementaire n'a cessé de se développer au point de concurrencer, par moments, le législateur. Selon les pays, le domaine du règlement est ou peut être aménagé à côté de celui de la loi.

Si le Royaume-Uni reconnait encore la toute puissance du parlement réduisant, du coup, la marge de manœuvres du règlement, dont la tâche principale est d'assurer l'exécution des lois ; la France est parvenue à recadrer l'omnipotence du législateur, aux plans vertical et horizontal. Sur le plan vertical, l'autorité de la loi ne peut déborder les limites que lui impose la Constitution, les autres matières étant prises en charge par le pouvoir règlementaire, pour que le parlement cesse d'être le législateur de droit commun, au profit de celui d'attribution.

Au plan horizontal, on admet que, pour les matières relevant de sa compétence, le parlement n'a plus les mains, totalement, libres et obligé, par moments, de se borner à poser les principes fondamentaux, laissant au pouvoir réglementaire le soin d'édicter les mesures d'application détaillée[635].

En République démocratique du Congo, la ligne de démarcation entre le domaine du règlement et celui de la loi couvre deux époques, à savoir la

634 Statistiques offertes par les services du Journal officiel de la République démocratique du Congo.

635 CHRÉTIEN P. et CHIFFLOT N., *Droit administratif, op. cit.*, pp. 156-177.

situation avant la Constitution du 18 février 2006 et celle qui lui est postérieure.

§1. Le domaine de la loi et du règlement avant la Constitution du 18 février 2006

À l'accession du pays à l'indépendance, et quelques années plus tard, le domaine de la loi n'a pas été, rationnellement, circonscrit dans la Constitution, lacune qui n'a pu être corrigée, en raison de la perception que l'on a de la loi et de la fonction du législateur. D'un côté, on fait valoir la prépondérance formelle de la loi votée par le parlement composé des représentants de la Nation, sans égard à son objet, ni à la matière qu'elle régit, de l'autre, c'est la conception matérielle de la loi qui s'est s'imposée, au point de donner une préférence au contenu du texte, plutôt qu'au processus de son élaboration.

De part et d'autre, en effet, l'exercice du pouvoir règlementaire, par le gouvernement pris comme entité juridique distincte du président de la République, n'a été que l'ombre de lui-même, en raison de la nature du régime politique et de l'incursion du Chef de l'État, dans le domaine législatif.

Consacrée par la Loi fondamentale du 19 mai 1960[636], cette conception du parlement représentant de la volonté populaire, mais diminué dans l'exercice de sa fonction législative, a été affirmée dans la Constitution de Luluabourg[637] et celle du 24 juin 1967[638]. Il demeure qu'en raison de son inexistence comme organe constitutionnel[639] ou de l'exercice de ses prérogatives par le président de la République[640], le parlement a perdu toute influence sur la détermination des règles générales ou la fixation des principes fondamentaux, régissant les matières relevant, pourtant, de ses compétences législatives traditionnelles.

Dans cette perspective, la ligne de démarcation entre le domaine de règlement et celui de la loi ne peut qu'être faible, en raison, d'une part, de la reconnaissance du président de la République comme chef du gouvernement

---

636 Aux termes de l'article 50 de cette Constitution, la compétence législative est assurée par les deux chambres.

637 Art. 90, al. 1er de la Constitution du 1er août 1964.

638 Art. 45, al. 1er de la Constitution du 24 juin 1967.

639 Dans sa version originale, le Décret-loi constitutionnel n° 002 du 27 mai 1997 relatif à l'organisation et à l'exercice du pouvoir en République démocratique du Congo ne reconnaissait pas le parlement, dont les prérogatives étaient assurées aux termes de l'article 5 par le président de la République.

640 Aux termes de l'article 30, al. 2 de la Loi n° 74-020 du 15 août 1974 portant révision de la Constitution du 24 juin 1967, le président du Mouvement populaire de la révolution, de droit, président de la République préside le Bureau politique, le Congrès, le Conseil législatif, le Conseil exécutif et le Conseil judiciaire. Il exerce, conformément à l'article 37, alinéa 1erdu même texte, le pouvoir de légiférer avec le concours du Conseil législatif.

et, d'autre part, du rôle combien important qu'il est appelé à jouer dans l'édiction des normes législatives.

§2. Le domaine de la loi et du règlement dans la Constitution du 18 février 2006

La distinction entre le domaine de la loi et du règlement est apparue comme une innovation importante introduite par la Constitution du 18 février 2006 et mise en œuvre par quatre dispositions constitutionnelles. Le constituant édicte que le premier ministre assure l'exécution des lois et dispose du pouvoir réglementaire, décide de la sphère de compétences du président de la République et du premier, dans la nomination aux emplois civils et militaires[641]. Il définit, ensuite, le domaine de la loi[642], en spécifiant les cas où le législateur fixe les règles générales et détermine les principes fondamentaux régissant certaines matières précises, laissant au pouvoir règlementaire le soin d'assurer la matérialisation dans le détail. En autorisant le contrôle de constitutionnalité de tout acte législatif ou réglementaire[643], le constituant impose à toute norme réglementaire une double couverture légale et constitutionnelle.

La portée exacte du domaine réglementaire ne se réduit, donc, pas à la seule lecture des dispositions constitutionnelles sus invoquées, mais s'apprécie, également, avec l'apport de la jurisprudence. Tout en reconnaissant au pouvoir réglementaire un domaine d'intervention plus étendu que la simple exécution des lois, la Cour constitutionnelle juge l'article 123 de la Constitution qu'il institue comme un domaine de collaboration entre le législateur et le pouvoir réglementaire[644].

La distinction entre le domaine dans lequel le législateur fixe les règles générales et celui où il détermine les principes fondamentaux a été confirmée. Dans l'un comme dans l'autre cas, le législateur doit se limiter à poser les normes de portée générale, sans aller au-delà par l'édiction des règles détaillées, relevant de la compétence du pouvoir règlementaire.

Même dans les matières dévolues au pouvoir réglementaire, l'intervention du législateur n'est pas pour autant interdite ; elle est plutôt facultative et encadrée, le constituant s'étant refusé de placer des bornes dans la sphère de compétences du législateur.

---

[641] Art. 92, al. 1er de la Constitution du 18 février 2006.

[642] Art. 122 et 123 de la Constitution du 18 février 2006.

[643] Art. 162, al. 2 de la Constitution du 18 février 2006.

[644] CC, 12 février 2016, R. Const. 0091 rendu à la requête de Monsieur Aubin MINAKU NDJALANDJOKO, président de l'Assemblée nationale qui sollicitait, le 28 août 2014, l'interprétation de l'article 123 point 5 de la Constitution en rapport avec le fondement juridique de la proposition de loi sur la santé de la reproduction.

CHAPITRE IV

LES NORMES JURIDIQUES CATÉGORIELLES

Dans l'histoire politique de la République démocratique du Congo, certains organes politiques délibérants se sont vus autorisés à prendre, à côté des actes d'assemblée, certaines décisions échappant à toute nomenclature classique, à savoir les décisions d'État, qui marquent, tout de même, l'exception constitutionnelle congolaise.

SECTION 1. LES ACTES D'ASSEMBLÉE

On entend par acte d'assemblée, toute décision prise par une assemblée parlementaire, à l'exclusion de celle intervenue, dans le cadre de ses fonctions législatives. Généralement accomplis dans les rapports entre le parlement et le gouvernement, les actes d'assemblée sont constitués des recommandations, des résolutions et des motions ; ils échappent, en principe, au contrôle du juge.

§1. Les recommandations

Peu connue en droit constitutionnel, la recommandation relève du droit international public et des relations internationales ; elle désigne une invitation solennelle faite aux membres, pour l'adoption d'une attitude ou d'une conduite à tenir[645].

La recommandation ne comporte à l'égard des membres aucune obligation particulière ; elle est dépourvue de valeur juridique contraignante.

Prise dans le cadre du fonctionnement d'une organisation internationale, la recommandation ressemble à une résolution, tant et si bien qu'elle invite à afficher une attitude donnée ou à agir d'une certaine manière.

---

645 MINAKU NDJALANDJOKO A. et BOKONA WIPA BONDJALI F., *Lexique des assemblées politiques délibérantes,* Louvain-la-Neuve, Bibliothèque de droit africain 10, Académia-l'Harmattan, 2014, p. 126.

Dans la pratique, on distingue les recommandations simples de celles contrôlées obligeant les États à motiver leur attitude. En droit constitutionnel congolais, la recommandation intervient dans le cadre du contrôle parlementaire[646] exercé par l'Assemblée nationale[647], le Sénat[648] ou l'Assemblée provinciale[649], conseillant ou demandant, avec insistance, au gouvernement ou un des membres, aux entreprises publiques, aux établissements et services publics d'agir ou de ne pas agir, dans un sens donné, sur une matière bien déterminée.

Dans un passé lointain, la recommandation était prise par le Congrès du Mouvement populaire de la révolution et avait une force morale sur les autres organes du parti.

§2. Les résolutions

D'usage fréquent en droit international et, notamment, dans le cadre du fonctionnement des organisations internationales, la résolution est une position de principe adoptée par une conférence internationale ou un organe d'une organisation internationale, qui ne préjuge pas du fond, mais comporte un engagement moral, quant à la finalité à atteindre, parce que, laissant aux États membres la liberté de choix des moyens nécessaires à sa mise en exécution ; l'auteur ou l'organe de qui elle émane, pouvant toujours lui attacher une force juridique contraignante. Au niveau du Conseil des communautés européennes, par exemple, la résolution peut, en l'absence de toute prévision conventionnelle, comporter des effets déterminés, dans les relations entre, d'une part, la communauté et les États membres et, d'autre part, dans les rapports entre les institutions.

En droit interne, la résolution est une délibération adoptée, par une assemblée parlementaire, en dehors de toute procédure législative ; elle a pour objet, une décision d'ordre intérieur sur le fonctionnement et la discipline, au sein de ladite assemblée[650]. Selon le cas, la résolution peut avoir comme objet, la création d'une commission d'enquête ou la mise en accusation d'une autorité publique devant la juridiction compétente[651].

Dans le cadre du contrôle parlementaire ou la mise en accusation d'un membre du gouvernement, du premier ministre ou du président de la République, la résolution est, selon le cas, prise par l'Assemblée nationale

---

646 Dans le cadre du contrôle parlementaire, la majorité des assemblées délibérantes formulent des recommandations au gouvernement, aux entreprises publiques, aux établissements et services publics.

647 Art. 9, al.3 du Règlement intérieur de l'Assemblée nationale.

648 Art. 9, al. 3 du Règlement intérieur du Sénat.

649 Art. 9, al. 3 du Réglementaire intérieur de l'Assemblée provinciale du Bandundu.

650 MINAKU NDJALANDJOKO A. et BOKONA WIPA BONDJALI F., *Lexique des assemblées politiques délibérantes,, op. cit.*, p. 13.

651 Art. 9, al. 1er du Règlement intérieur de l'Assemblée nationale.

ou le Congrès[652] ; elle était, il ya peu, prise par le Congrès du Mouvement populaire de la révolution[653] avec une finalité différente de celle que lui confère, actuellement, le droit constitutionnel congolais.

§3. Les motions

Décision prise par une assemblée parlementaire ou politique, en dehors de toute procédure législative, la motion est une mesure d'ordre intérieur, exprimant un vœu d'intérêt général ou proposant de faire ou de ne pas faire quelque chose, d'agir ou de ne pas agir, dans tel ou tel autre sens[654]. C'est une décision politique, mais produisant des effets juridiques à l'égard des parties, même si l'objet peut concerner le déroulement d'une réunion ou l'adresse à un destinataire extérieur[655].

La motion se distingue de la résolution, en ce qu'elle est directement soumise au vote sans faire, préalablement, l'objet d'une proposition renvoyée en commission ad hoc. Dans la pratique parlementaire, la motion de forme se distancie de celle du fond ; la motion d'ordre de celle de procédure, la motion incidentielle de celle préjudicielle, la motion d'ajournement de celle de renvoie et d'information, la motion d'approbation de celle de désapprobation, la motion de censure de celle de défiance.

La motion de fond est celle par laquelle l'assemblée parlementaire ou politique est saisie du fond d'une affaire ; celle de forme oriente plutôt la manière dont une motion de fond doit être conduite. La motion d'ordre vise à établir l'ordre de traitement des questions à discuter, la clôture des débats sur un point en discussion, ainsi que la suspension ou la levée d'une séance ; elle ne porte pas sur le fond de la matière débattue, alors que la motion de procédure concerne un point du règlement intérieur ou la manière dont la réunion est conduite.

Intervenant au début ou au cours des débats, à propos duquel l'assemblée politique doit se prononcer, avant de commencer ou de poursuivre les débats, sur une question principale, la motion incidentielle se distingue de celle préjudicielle, soulevée à l'occasion de l'examen d'une matière ; elle porte également sur une question, dont la solution relève d'un organe extérieur à la chambre législative.

À l'opposé de la motion d'ajournement, qui tend à différer un débat ou une séance, celle de renvoie est une décision prise, au terme de la discussion générale d'un texte, qui suspend le débat jusqu' à la présentation par la

---

652 Art. 166, al. 1 et 2 de la Constitution du 18 février 2006.

653 Art. 49, al. 3 de la Loi n° 74-020 du 15 août 1974 portant révision de la Constitution du 24 juin 1967.

654 MINAKU NDJALANDJOKO A. et BOKONA WIPA BONDJALI F., *Lexique des assemblées politiques délibérantes, op. cit.*, p. 103.

655 AVRIL P. et GICQUEL P., *Lexique de droit constitutionnel, op. cit.*, p. 80.

commission d'un nouveau rapport. Quant à la motion d'information, elle donne un complément d'information essentielle à l'orientation des débats en cours.

La motion d'approbation conduit à l'acceptation du programme gouvernemental, de la déclaration de la politique générale et à l'investiture du gouvernement ; elle est, en cas de rejet du programme gouvernemental ou de la politique générale, transformée en motion de désapprobation, entraînant la démission de l'équipe gouvernementale. Adoptée par un vote positif, supérieur ou égal à la majorité absolue des députés nationaux, la motion de censure met en cause la responsabilité politique du gouvernement ; elle entraine la démission du gouvernement, tandis que la motion de défiance concerne la responsabilité politique d'un membre du gouvernement.

SECTION 2. LES DÉCISIONS POLITIQUES INNOMMÉES

Bien que prévue dans la Constitution qui a, par moments, déterminé de quel organe elle émane, la décision d'État n'a jamais été clairement définie. Prise, selon le cas, par le Bureau politique[656] ou le Comité central[657] du Mouvement populaire de la révolution, elle oblige, selon le cas, le Conseil législatif ou le Conseil exécutif, à préparer les textes législatifs ou à élaborer les règlements conformes.

Intervenue dans le cadre du rôle dirigeant du Mouvement populaire de la révolution, la décision d'État est un acte hautement politique[658] capable d'enfreindre une disposition constitutionnelle sans que le juge ne soit compétent pour la censurer ; la Constitution alors en vigueur ayant décidé de retirer cette compétence à la Cour suprême de justice[659].

Supervisées par les membres du Comité central, les élections législatives de 1987 ont été, dans certaines circonscriptions, entachées d'irrégularités et de soupçons de fraudes favorisées ou couvertes par les personnes sensées les éviter, ce qui conduisit à un volume important de recours devant la Cour suprême de justice, seule compétente en la matière.

Pendant qu'on attendait le verdict de cette juridiction, il se tint le 20 août 1987, subitement, la réunion spéciale du Comité central du Mouvement populaire de la révolution, à l'issue de laquelle, intervint la décision d'État,

---

656 Art. 44, al. 4 de la Loi n° 74-020 du 15 août 1974 portant révision de la Constitution du 24 juin 1967.

657 Art. 64, al. 1er de la Loi n° 82-004 du 31 décembre 1982 portant modification des certaines dispositions de la Constitution.

658 Lire dans ce sens, KITETE KEKUMBA OMOMBO A., *Droit constitutionnel et institutions politiques, op. cit.*, pp. 72-74.

659 Art. 103, al. 1er de la Loi n° 078-010 du 15 février 1978 portant révision de la Constitution.

recommandant le transfert du contentieux électoral de la Cour suprême de justice à son niveau.

Cette décision fut, par la suite, matérialisée par l'ordonnance-loi n° 87-042 du 28 août 1987 qui a consacré, sans révision préalable de la Constitution, le contentieux politique, les recours initialement introduits devant la Cour suprême de justice ne furent plus examinés, la juridiction compétente ayant été dépouillée des moyens juridiques nécessaires[660].

Critiquant l'intervention personnelle du Chef de l'État, qui voulait épargner quelques membres du Comité central, auteurs ou coauteurs, avérés ou supposés, des fraudes des poursuites pénales, devant la Cour suprême de justice, une opinion a pu lier le transfert du contentieux électoral du Conseil judiciaire au Comité central à une volonté politique délibérée[661]. C'est dans ces circonstances qu'intervint, le 27 janvier 1988, la révision constitutionnelle, officialisant la gestion du contentieux électoral par un organe politique, à la place de la Cour suprême de justice[662], elle-même impuissante de censurer une décision politique, prise en violation de la Constitution.

Construit autour des normes constitutionnelles, législatives, réglementaires et catégorielles, le droit constitutionnel normatif recèle une variété de recettes que la simple imagination d'esprit ne saurait, a priori, en dévoiler le contenu. On note, par exemple, qu'établies, pour l'essentiel, par le pouvoir constituant, les normes constitutionnelles conservent une influence significative des accords politiques qui leur servent soit de source matérielle[663], soit de trajectoire à même de résister à une crise politique menaçant leur existence[664]. Le conventionnalisme constitutionnel que convoitent ces réformes constitutionnelles trouve, ci et là, un terrain d'expression et d'expansion approprié : il crée le droit qui se transforme, par moments, en béquilles indispensables à son équilibre.

Il s'observe, en même temps, que portées sur fond des crises politiques et/ou institutionnelles, ces réformes semblent s'accoutumer des textes de

---

660 DJELO EMPENGE-OSAKO V., *Impact de la coutume sur l'exercice du pouvoir en Afrique noire. Le cas du Zaïre, op. cit.*, pp. 131-132.

661 *Idem, p. 130.*

662 Aux termes de l'article 64 de la Loi n° 83-004 du 27 janvier 1982 portant révision des certaines dispositions de la Constitution, le Comité central qui est l'organe de conception, d'inspiration, d'orientation et de décision du Mouvement populaire de la révolution, connait également des contestations électorales.

663 Il s'agit notamment de l'Acte portant dispositions constitutionnelles relatives à la période de la transition du 4 août 1992, de l'Acte constitutionnel harmonisé relatif à la période de la transition du 2 avril 1993, de l'Acte constitutionnel de la transition du 9 avril 1994 et de la Constitution du 4 avril 2003.

664 Confrontée à une crise politique créée par la non tenue, dans les délais constitutionnels des élections générales, la Constitution du 18 février 2006 n'a pu survivre, dans certaines de ses dispositions, qu'à la faveur de l'accord politique du 18 octobre 2016 pour l'organisation d'élections apaisées, crédibles et transparentes en République démocratique du Congo et celui politique global et inclusif du 31 décembre 2016 du Centre interdiocésain de Kinshasa.

crises ou de sortie de crises, en tout cas, de circonstances, modulant à souhait la participation populaire à l'œuvre constituante. Ce sont, en effet, des Constitutions essentiellement tournées vers la résolution des crises politiques conjoncturelles plutôt que d'ambitionner la résistance aux épreuves du temps.

Confrontée aux difficultés de leur mise en œuvre, grande est la tentation d'appeler à leur révision, dont certaines sont discrètes, tactiques et stratégiques et d'autres ostentatoires et visibles, mais poursuivant, d'une part, la redéfinition de la fonction présidentielle et, d'autre part, le recadrage du rôle du parlement et de la justice, désormais pris comme outil de réalisation des politiques gouvernementales.

Pour donner forme aux réformes constitutionnelles, le recours est, logiquement, fait au législateur, en plus de la sollicitation quasi acquise du pouvoir réglementaire. On note que la marche vers l'établissement du droit constitutionnel normatif au service de la démocratie et de l'État de droit, soit encore redevable de la connaissance de l'histoire politique du Congo et de la mentalité de son peuple.

DEUXIÈME PARTIE

DROIT CONSTITUTIONNEL INSTITUTIONNEL

À l'instar d'autres systèmes constitutionnels, celui de la République démocratique accorde une place de choix aux institutions traditionnelles de l'État à côté de celles d'appui à la démocratie, même si entre ces deux types d'institutions, d'autres attachées à la vie du Mouvement populaire de la révolution ont pu influer sur l'exercice du pouvoir. Le rôle des forces politiques et sociales dans le fonctionnement des institutions politiques mérite une attention particulière.

CHAPITRE I

LES INSTITUTIONS TRADITIONNELLES DE L'ÉTAT

Un coup d'œil rétrospectif sur l'aménagement des pouvoirs publics congolais de cinq dernières décennies permet d'indiquer que l'architecture institutionnelle est essentiellement aménagée autour des pouvoirs exécutif, législatif et judiciaire.

SECTION 1. LE POUVOIR EXÉCUTIF

Composé du président de la République et du gouvernement, le pouvoir exécutif dévoile, par son étude, l'ancrage du régime politique institué par la Constitution.

§1. Le président de la République

Le cadrage des conditions d'éligibilité rend aisé l'examen du mode de désignation, du statut et des prérogatives du président de la République.

A. Les conditions d'éligibilité

La question de l'éligibilité du président de la République intéresse le constituant, mais également le législateur électoral. En règle générale, les conditions d'éligibilité à la présidence de la République sont loin d'être uniformes pour toutes les Constitutions.

Si la Loi fondamentale du 19 mai 1960 relative aux structures du Congo reste réservée sur les conditions d'éligibilité du président de la République, la Constitution du 1er août 1964 en consacre trois : tout citoyen congolais de naissance, âgé de quarante ans révolus et remplissant les conditions d'éligibilité au Sénat peut être élu président de la République[665].

---

[665] Art. 55, al. 2 de la Constitution du 1" août 1964.

Prise en exécution de la Constitution, la loi électorale du 18 septembre 1964[666] indique que tout congolais de sexe masculin, âgé de trente ans à une date fixée pour le dépôt des candidatures, est éligible au Sénat[667].

La Constitution du 24 juin 1967 autorise à tout congolais de naissance, âgé de quarante ans révolus et remplissant les conditions d'éligibilité à l'Assemblée nationale de se porter candidat président de la République[668]. Pour être éligible, il suffit d'être congolais de deux sexes, âgé de vingt-cinq ans révolus à la date limite de dépôt des candidatures et ne pas se trouver dans un des cas d'exclusion prévus par la loi électorale[669].

La loi constitutionnelle du 15 août 1974 précise que tout zaïrois de naissance, âgé de quarante ans révolus et remplissant les conditions d'éligibilité au Conseil législatif peut être élu président du Mouvement populaire de la révolution, président de la République.

On voit combien l'appartenance au parti unique est de nature à influer sur la sélection, mieux, l'élection du candidat président de la République.

La loi électorale du 30 mars 1977 impose au candidat président de la République d'être zaïrois de naissance et âgé de quarante ans révolus au moins[670]. Il en est également de la loi du 20 janvier 1984, qui précise que le candidat président de la République doit avoir la nationalité zaïroise d'origine, il doit être né des père et mère zaïrois[671].

La Constitution du 18 févier 2006 n'exige du candidat président de la République que d'être congolais d'origine, avoir au moins trente ans révolus, jouir de ses droits civiques et politiques et ne pas se trouver dans un cas d'incompatibilités prévues par la loi électorale.

Modifiée par la loi n° 11/003 du 25 juin 2011, la loi électorale du 9 mars 2006 ajoute à ces conditions, le niveau d'instruction d'au moins égal ou supérieur à celui de graduat ou la justification d'une expérience professionnelle, d'au moins cinq ans, dans le domaine politique, administratif, économique ou socioculturel[672].

Ce rappel permet de retenir qu'en droit constitutionnel congolais, les conditions d'éligibilité du président de la République tiennent, soit à la nationalité congolaise d'origine, soit à l'âge qui a varié entre vingt, trente et quarante ans révolus à la date fixée pour le dépôt des candidatures, soit à la

---

[666] Il s'agit du Décret-loi relatif aux commissions spéciales chargées de la préparation et du contrôle des élections législatives nationales et provinciales de 1965.

[667] Art. 107 du Décret-loi du 18 septembre 1964.

[668] Art 21, al. 2 de la Constitution du 24 juin 1967.

[669] Art. 17 de l'Ordonnance-loi n° 70-026 du 17 avril 1970 portant organisation des élections législatives.

[670] Art. 6 de la Loi n° 77-027 du 30 mars 1977 portant organisation de l'élection du président du Mouvement populaire de la révolution, président de la République.

[671] Art. 7 de la Loi n° 84/001 du 20 janvier 1984 portant élection du président du Mouvement populaire de la révolution, président de la République.

[672] Art.103, point 4 de la Loi n° 06/006 du 9 mars 2006 portant organisation des élections présidentielle, législatives, provinciales, urbaines, municipales et locales.

jouissance des droits civiques et politiques et, quelque fois, au niveau d'instruction.

B. Le mode de désignation

La République démocratique du Congo autorise la désignation populaire du président de la République. Elle en organise, dans ce cas, le système majoritaire avec application variée du scrutin se déroulant soit à un, soit à deux tours. Il importe de noter, toutefois, qu'à la suite du décès, le 16 janvier 2001, du président Laurent Désiré Kabila, sa succession non prévue par le texte constitutionnel, alors en vigueur, a ouvert les portes de la République à la cooptation de son fils. À part cette exception, la République ne connait pas de chef d'État qui ne soit pas élu, en temps normal, au suffrage universel direct.

Si l'élection à un tour a été consacrée dans la Loi fondamentale du 19 mai 1960, la Constitution du 1er août 1964 et la loi constitutionnelle du 20 janvier 2011, l'ensemble de textes constitutionnels postérieurs à la Constitution du 24 juin 1967 organise le scrutin majoritaire à deux tours, pour la désignation du président de la République.

Cette institution fut, en application des dispositions de la Loi fondamentale du 19 mai 1960 et de la Constitution du 1er août 1964, selon le cas, élu par un corps électoral constitué des membres du parlement national[673], des délégués de Léopoldville et des membres des Assemblées provinciales[674].

De 1967 à 1984, cette autorité a été désignée au suffrage universel direct, au scrutin majoritaire à deux tours. Cette règle n'a pas été d'application constante car, même prévue par la Constitution, l'organisation du second tour est apparue, en pratique, hypothétique, en raison de l'élection, au premier tour, du candidat Mobutu choisi par le Mouvement populaire de la révolution, qui le présentait aux suffrages des électeurs. De 1970 à 1984, le président de la République a été élu avec un pourcentage estimé à plus de 99 % des suffrages exprimés.

On retiendra, en revanche, qu'à l'instar de la Constitution du 1er août 1964, celle du 24 juin 1967 a, théoriquement, autorisé la pluralité des candidatures à l'élection présidentielle par un corps électoral plus large composé, cette fois-ci, de tous les congolais en âge de voter et remplissant les conditions prévues dans la loi électorale.

---

673 L'article 12 de la Loi fondamentale du 19 mai 1960 précise que « la désignation du chef de l'État est acquise à la majorité de deux tiers de tous les membres qui composent les deux chambres du parlement réunies ».

674 L'article 56, al. 1er de la Constitution de Luluabourg indique que « le président de la République est élu par un corps électoral composé des membres du parlement et des délégués de la ville de Léopoldville qui votent dans la capitale, ainsi des membres des Assemblées provinciales qui votent, chacun, au chef-lieu de la province qu'il représente ».

S'agissant de la durée du mandat du président de la République, elle a varié entre cinq[675]et sept ans[676] ; la période de la transition de 1990 à 2003, ayant recouru à la technique de reconduction tacite, en dehors de toute élection, du président de la République en fonction.

Révisée le 5 juillet 1990, la Constitution du 24 juin 1967 indique que, le président de la République actuellement en fonction demeure président de la République jusqu'aux prochaines élections[677]. Selon le régime, cette disposition a été, maintes fois, maintenue pendant la période de la transition et notamment, dans la Constitution du 4 avril 2003[678], qui a servi de fondement à celle du 18 février 2006.

Modifiée le 20 janvier 2011, la Constitution du 18 février 2006 indique que le président de la République est élu au suffrage universel direct pour un mandat de cinq ans renouvelable une seule fois.

À la fin de son mandat, il (président de la République) reste en fonction jusqu'à l'installation effective du nouveau président élu[679].

La non tenue des élections présidentielle, législatives et provinciales dans les délais constitutionnels a été à la base d'une illégitimité quasi générale des institutions à mandat électif, ouvrant ainsi la voie aux négociations politiques ayant accouché deux accords politiques, dont l'un intervenu le 18 octobre 2016 et, l'autre, le 31 décembre 2016.

Dans l'un et l'autre cas de compromis politique, le président de la République est maintenu à son poste jusqu'à l'installation effective du nouveau président, non pas élu, mais à élire[680] à l'issue d'une période

---

[675] Organisé par les articles 55, al. 1er de la Constitution du 1er août 1964 et 70 de la Constitution du 18 février 2006.

[676] Art. 21, al. 1er de la Constitution du 24 juin 1967.

[677] Art.4, al. 1er de la Constitution du 24 juin 1967, telle que modifiée par la Loi n° 90-002 du 5 juillet 1990.

[678] Aux termes de l'article 65 de la Constitution de la transition du 4 avril 2003, « le président de la République en exercice au moment de la promulgation de la Constitution de la transition reste en fonction pour toute la durée de la transition, sous réserve de l'application des dispositions de l'article 66 de la présente Constitution ».

[679] Art. 70 de la Constitution du 18 février 2006.

[680] Le point 111. 2.1 de l'Accord politique global et inclusif du Centre interdiocésain de Kinshasa du 31 décembre 2016 indique que « tout président ayant épuisé le deuxième et dernier mandat ne peut plus briguer un troisième. Bien qu'étant à la fin de son mandat, le président de la République restera en fonction jusqu'à l'installation de son successeur élu ».

préélectorale fixée au départ à deux ans[681], avant d'être ramené, théoriquement, à une année[682].

C. Le statut du président de la République

Le statut est l'ensemble de dispositions constitutionnelles ou légales qui protège l'exercice d'une fonction publique ou un mandat électif. Pour le président de la République, cette protection est d'autant justifiée par le volume et l'importance des prérogatives lui conférées par la Constitution et, du rôle qu'elle veut bien lui faire jouer dans la stabilité et l'équilibre institutionnel. Il implique les droits du président de la République, ses devoirs et les incompatibilités à sa fonction.

1. Les droits du président de la République

La Constitution protège la fonction et la personne du président de la République, elle précise à cet effet que, la personne du Chef de l'État est inviolable[683] et ses actes couverts par une irresponsabilité pénale, pour les actes accomplis, dans l'exercice de ses fonctions et en dehors de celles-ci. Cette irresponsabilité n'est, toutefois, pas absolue, la Constitution ayant organisé la responsabilité pénale du président de la République[684]autorisée au préalable par le Congrès, se prononçant à la majorité qualifiée de deux tiers de ses membres.

Pour permettre le plein exercice par le président de la République de ses charges, le constituant lui fait bénéficier des émoluments et de la liste civile fixés par la loi de finances[685]. Il importe de noter qu'aucune loi de finances n'a, jusqu'à ce jour, fixé ces émoluments et la liste civile, ouvrant ainsi la voie à une certaine anarchie dans ce domaine.

La nomination du premier ministre relève de la compétence exclusive du président de la République[686], le constituant n'exigeant seulement qu'elle se

---

[681] L'article 5 de l'Accord politique du 18 octobre 2016 indique que la constitution du nouveau fichier électoral a lieu le 31 juillet 2017, elle est suivie de la convocation, le 30 octobre 2017, des scrutins à partir de la promulgation de la loi sur la répartition des sièges. Dès la convocation des scrutins, la Commission électorale nationale indépendante prépare et organise les élections du président de la République et des députés nationaux dans un délai de six mois. Toutefois, en collaboration avec le Comté de suivi, la Commission électorale nationale indépendante devra procéder à l'évaluation de son calendrier, pour s'assurer de sa mise en œuvre et en tirer toutes les conséquences pour son parachèvement.

[682] Le point IV. 2 de l'Accord du 31 décembre 2016 fixe au plus tard en décembre 2017 l'organisation, en une seule séquence, des élections présidentielle, législatives nationales et provinciales.

[683] Art. 19 de la Loi fondamentale du 19 mai 1960 et 20 de la Constitution du 1er août 1964.

[684] Art. 34, al. 1er et 2 de la Constitution du 24 juin 1967 et 166, al. 1er de la Constitution du 18 février 2006.

[685] Art. 89 de la Constitution du 18 février 2006.

[686] Art. 78, al. 1er de la Constitution du 18 février 2006.

fasse, au sein de la majorité parlementaire, après consultation de celle-ci. Il importe de préciser les notions de majorité parlementaire et présidentielle et les circonstances de survenance.

Fonction essentiellement exercée dans les assemblées politiques délibérantes, la majorité est constituée du nombre égal ou supérieur de suffrages requis, elle peut, selon les circonstances, être parlementaire ou présidentielle. Constituée sur la base du nombre des suffrages réellement obtenus par le président de la République, la majorité présidentielle est, également, agencée à partir du nombre bien identifié des électeurs qui ont voté pour le président de la République.

À la différence de la majorité présidentielle, celle parlementaire est constituée des groupes parlementaires soutenant, pendant toute la durée de la législature, l'action du gouvernement, elle ne peut changer qu'à la suite d'une nouvelle élection générale. Une fois identifiée, la majorité parlementaire est obligatoirement consultée avant la nomination du premier ministre censée être, lui-même, parlementaire.

En cas de crise persistante entre le gouvernement et l'Assemblée nationale, le président de la République peut, après consultation du premier ministre et des présidents des deux chambres du parlement, prononcer la dissolution de l'Assemblée nationale[687] et provoquer l'organisation anticipée des élections législatives.

C'est au président de la République qu'il revient, également, de déclarer l'état d'urgence ou de siège, lorsque les circonstances graves menacent, d'une manière immédiate, l'indépendance ou l'intégrité du territoire national ou qu'elles provoquent l'interruption du fonctionnement régulier des institutions. Il le fera, après concertation avec le premier ministre et les présidents de deux chambres du parlement[688].

Pour maintenir l'indépendance et l'intégrité territoriale, le président de la République déclare la guerre, par ordonnance délibérée en Conseil des ministres, après avis du Conseil supérieur de la défense et autorisation de l'Assemblée nationale et du Sénat[689].

Exerçant, également, le pouvoir réglementaire, cette autorité nomme, relève de leurs fonctions et, le cas échéant, révoque, sur proposition du gouvernement délibérée en Conseil des ministres, les ambassadeurs et les envoyés extraordinaires, les officiers généraux et supérieurs de forces armées et de la police nationale, le Conseil supérieur de la défense entendu, le chef d'état-major général, le chef d'état-major et les commandants des grandes unités des forces armées ainsi que les hauts fonctionnaires de l'administration publique, les responsables des services et établissements

---

[687] Art. 148 de la Constitution du 18 février 2006.
[688] Art. 85 de la Constitution du 18 février 2006.
[689] Art. 86 de la Constitution du 18 février 2006.

publics, les mandataires de l'État dans les entreprises et organismes publics, excepté les commissaires aux comptes[690].

2. Les devoirs du président de la République

Les devoirs du président de la République résultent essentiellement des termes de son serment constitutionnel.

Celui-ci est un engagement solennel de comportement d'une personne, lors de la prise de ses fonctions. C'est une promesse de fidélité ou de loyauté envers une nation, un peuple ou une autorité politique[691]. Le serment est un appel à l'honneur, qui lie l'assermenté. La nature de certaines charges publiques exige qu'avant la prise des fonctions, le prestataire soit soumis à l'accomplissement préalable du serment, tels le président de la République, les magistrats en général et les membres de la Cour constitutionnelle en particulier. Le non-accomplissement de cette exigence peut priver à la personne concernée la sécurité juridique et la protection dont elle est en droit de bénéficier.

Le constituant congolais est demeuré constant, dans l'obligation faite au chef de l'État de prêter serment, avant d'entrer en fonction. À l'exception de la Loi fondamentale du 19 mai 1960 relative aux structures du Congo et de quelques Constitutions de la transition[692], cette exigence est une tradition en République démocratique du Congo.

Prévue par la Constitution[693] et concrétisée par un acte réglementaire[694], la formule du serment varie d'un texte à un autre, mais en règle générale, cette formalité est accomplie devant la Cour constitutionnelle et, quelque fois, devant la Nation représentée par le Congrès, en présence de la Cour suprême de justice[695].

La Constitution du 18 février 2006 prévoit qu'avant d'entrer en fonction, le président de la République prête, devant la Cour constitutionnelle, le serment ainsi libellé :

---

690 Art. 81 de la Constitution du 18 février 2006.

691 AVRIL R. et GICQUEL P., *Lexique de droit constitutionnel, op. cit.*, p. 112.

692 Notamment l'Acte portant dispositions constitutionnelles relatives à la période de la transition du 2 août 1992, l'Acte constitutionnel harmonisé relatif à la période de transition du 2 avril 1993, l'Acte constitutionnel de la transition du 9 avril 1994 ou le Décret-loi constitutionnel n°003 du 27 mai 1997 relatif à l'organisation et à l'exercice du pouvoir en République démocratique du Congo.

693 Art. 56, al. 6 de la Constitution du 1er août 1964, 22 de la Constitution du 24 juin 1967, 32 de la Loi constitutionnelle n° 4-020 du 15 août 1974, 37 de la Loi constitutionnelle n° 078-010 du 15 février 1978, 39 de la Loi constitutionnelle n° 90-002 du 5 juillet 1990, 76 de la Constitution de la transition du 4 avril 2003 et 74 de la Constitution de la République démocratique du Congo du 18 février 2006.

694 ESAMBO KANGASHE J.-L., « Le texte de la Constitution du 4 avril 2003 à l'épreuve de l'identité constitutionnelle », *Revue de droit africain, n° 27,* Bruxelles, 2003, pp. 361-362.

695 Art. 37 de la Constitution du 24 juin 1967, telle que révisée par la Loi n° 74/020 du 15 août 1974.

« moi… élu président de la République démocratique du Congo, je jure solennellement devant Dieu et la Nation d'observer et de défendre la Constitution et les lois de la République, de maintenir son indépendance et l'intégrité de son territoire, de sauvegarder l'unité nationale, de ne me laisser guider que par l'intérêt général et le respect de droits de la personne humaine, de consacrer toutes mes forces à la promotion du bien commun et de la paix, de remplir loyalement et en fidèle serviteur du peuple les hautes fonctions qui me sont confiées ».

Exerçant ses prérogatives constitutionnelles, le président de la République convoque et préside le Conseil des ministres ; il peut, en cas d'empêchement ou d'absence, en déléguer l'exercice au premier ministre[696]. Sous sa présidence ou celle du premier ministre, le Conseil des ministres se réunit, en session ordinaire, une fois la semaine et, en session extraordinaire, chaque fois que de besoin. L'initiative de convoquer le Conseil des ministres émane, soit du président de la République, soit du premier ministre, ce qui suggère une collaboration permanente entre les deux autorités, en vue de s'accorder sur les points à inscrire à l'ordre du jour.

Le président de la République assure, par son arbitrage, le fonctionnement régulier des pouvoirs publics et des institutions ainsi que la continuité de l'État. Garant de l'indépendance nationale, de l'intégrité du territoire et de la souveraineté nationale, il veille au respect de la Constitution, des traités et accords internationaux[697].

Cette autorité a, également, le devoir de déposer, avant son entrée en fonction et à l'expiration de celle-ci, devant la Cour constitutionnelle, la déclaration écrite de son patrimoine familial, énumérant ses biens meubles, y compris actions, parts sociales, obligations, autres valeurs, comptes en banques, ses biens immeubles, y compris terrains non bâtis, forêts, plantations et terres agricoles, mines et tous autres immeubles, avec indication des titres pertinents. Ce patrimoine inclut les biens du conjoint, selon le régime matrimonial, des enfants mineurs et des enfants, mêmes majeurs à charge du couple[698].

Durant l'exercice de ses fonctions, le président de la République ne peut, par lui-même ou par personne interposée, ni acheter, ni acquérir d'aucune autre façon, ni prendre en bail un bien qui appartient au domaine de l'État, des provinces ou des entités territoriales décentralisées.

Il ne peut, de même, prendre part, directement ou indirectement, aux marchés publics au bénéfice des administrations ou des institutions dans lesquelles le pouvoir central, les provinces et les entités territoriales décentralisées ont des intérêts[699].

---

[696] Art. 79 de la Constitution du 18 février 2006.
[697] Art. 69 de la Constitution du 18 février 2006.
[698] Art. 99 al. 1er de la Constitution du 18 février 2006.
[699] Art. 98 de la Constitution du 18 février 2006.

3. Les incompatibilités à la fonction du président de la République

Conséquence de son statut, les incompatibilités interdisent au président de la République d'exercer, cumulativement, toute fonction, tout emploi ou toute activité publique ou privée rémunérée.

La fonction du président de la République est, ainsi, incompatible avec toute autre fonction publique ou privée, rémunérée ou gratuite[700], ou à l'exercice de tout autre mandat électif, de tout emploi public, civil ou militaire et de toute activité professionnelle. Elle ne peut, cumulativement, s'exercer avec toute autre responsabilité au sein d'un parti politique[701].

Il est, en revanche, autorisé que le président de la République exerce, pendant une période limitée, un mandat électif à la tête d'une organisation internationale et qui ne donne lieu à une quelconque rémunération.

De manière générale, il est interdit au président de la République d'exercer, durant ses fonctions, un autre mandat électif, ni d'accepter un emploi rémunéré par le trésor public ou un Etat étranger. Il ne peut, directement ou indirectement, exercer le commerce, sous quelque forme que ce soit.

D. Les prérogatives du président de la République

Avec des fortunes diverses, les Constitutions congolaises aménagent les prérogatives présidentielles dans les domaines exécutif, législatif et juridictionnel. Leur étude permet de se faire une idée sur la fonction présidentielle en République démocratique du Congo.

1. Les prérogatives exécutives

Dans ses rapports avec le gouvernement, le président de la République peut ou non cumuler les attributions exécutives et gouvernementales. À cet effet, il peut être amené à nommer le premier ministre et les membres du gouvernement, à convoquer et présider le Conseil des ministres.

1.1. La nomination du premier ministre

La nomination du premier ministre est, quel que soit le régime politique mis en place, une prérogative exclusive du président de la République qui l'exerce, avec ou sans l'accord du parlement. La Loi fondamentale du 19 mai 1960 relative aux structures du Congo indique que le pouvoir exécutif appartient au Chef de l'État qui l'exerce sous le contreseing du ministre responsable[702]. Il nomme et révoque le premier ministre et les ministres[703],

---

[700] Art. 170, al. 1er de la Constitution du 1er août 1964.
[701] Art. 96 de la Constitution du 18 février 2006.
[702] Art. 17 de la Loi fondamentale du 19 mai 1960.
[703] Art. 22 de la Loi fondamentale du 19 mai 1960.

ses décisions n'ayant d'effet que si elles sont contresignées par un ministre qui, par ce seul fait, s'en rend responsable[704]. De la même Constitution, on peut lire qu'en accord avec le Conseil des ministres qu'il préside, le premier ministre dirige l'action du gouvernement[705], par ailleurs, responsable devant les chambres[706].

Fort de ses prérogatives constitutionnelles, le Chef de l'État a décidé de révoquer, le 5 septembre 1960, le premier ministre et quelques ministres du gouvernement, qu'il connaissait responsables devant la chambre des Représentants[707]. Contresignée par deux ministres du gouvernement Lumumba[708], cette révocation a été effective, même si elle se heurta à l'opposition de la majorité parlementaire qui, à deux reprises, refusa d'entériner la désignation de joseph Ileo[709], comme premier ministre, en remplacement de Patrice Emery Lumumba.

Dans le même temps, on note que, convoquée en urgence par le premier ministre, en violation de la Constitution[710], la chambre des Représentants décida, le 7 septembre 1960, de n'accorder aucune valeur à la décision présidentielle ; position qui fut affichée par le Sénat, vingt-quatre heures plus tard. Réunies en Congrès, le 13 septembre 1960, les deux chambres parlementaires donnèrent des pleins pouvoirs au premier ministre[711].

On observe, également, qu'en violation de la Constitution[712], le Chef de l'État va s'adjuger le droit d'assimiler le vote du parlement à un simple vœu, pour se permettre d'ajourner, conformément à la Loi fondamentale[713], les chambres parlementaires[714], dont la sympathie envers le premier ministre était de plus en plus manifeste[715].

---

704 Art. 20, al. 1er de la Loi fondamentale du 19 mai 1960.

705 Art. 36, al. 1er et 2 de la Loi fondamentale du 19 mai 1960.

706 Art. 43-46 de la Loi fondamentale du 19 mai 1960.

707 Aux termes de l'article 43, al. 1er de la Loi fondamentale du 19 mai 1960, la responsabilité solidaire du gouvernement est mise en cause par le dépôt d'une motion de défiance.

708 Il s'agit de Justin Marie BOMBOKO, ministre des Affaires étrangères qui sera, quelques jours plus tard gratifié du poste de président du Conseil des commissaires généraux, en quelque sorte, premier ministre du gouvernement provisoire et de Delvaux, ministre résident, dont l'hostilité envers le premier ministre ne faisait l'ombre d'aucun doute.

709 Alors président du Sénat.

710 Seul le chef de l'État est, aux termes de l'article 30 de la Loi fondamentale du 19 mai 1960, compétent pour convoquer les chambres en session extraordinaire.

711 DJELO EMPENGE-OSAKO V., *L'impact de la coutume sur l'exercice du pouvoir en Afrique noire. Le cas du* Zaïre, *op. cit.*, pp. 33-34.

712 Aux termes de l'article 51 de la Loi fondamentale du 19 mai 1960, seul le parlement a compétence d'interpréter la Constitution. Il peut, à cette fin, solliciter l'interprétation du parlement belge.

713 Notamment en son article 37

714 Par Décret-loi constitutionnel du 29 septembre 1960, *Moniteur Congolais* n° 4 du 3 octobre 1960.

715 LIBOIS G. et VERHAEGEN B., *Congo 1960,* T II, Bruxelles, CRISP, 1960, p. 863.

Il importe de relever qu'aux termes de la même Loi fondamentale, l'ajournement d'une chambre n'a lieu que, pendant une session parlementaire ; elle ne peut excéder un mois, ni être renouvelée dans la même session, sans l'assentiment de la chambre concernée[716].

Tel n'a pas été le cas, parce que l'ajournement décidé ne fut pas levé, nonobstant le décret-loi constitutionnel du 9 février 1961 pris en remplacement de celui intervenu le 29 septembre 1960[717].

Même si la décision du Chef de l'État pouvait, juridiquement, se justifier, il reste que, dans le cadre du régime parlementaire, rares sont des cas où le contreseing ministériel poursuive la révocation du premier ministre et, conséquemment, de l'équipe gouvernementale toute entière.

L'exception congolaise est donc un cas d'école, qui ne manquera, certainement, pas d'aiguiser la réflexion sur la conception ; mais également, la caricature du régime parlementaire dans lequel le contreseing ministériel autorise l'auteur à confirmer sa révocation par le Chef de l'État ; il scie, en quelque sorte, l'arbre sur lequel est assise sa légitimité.

On retiendra que l'exigence n'a pour finalité que d'authentifier la décision de l'autorité supérieure, protéger le domaine d'intervention ou engager la responsabilité politique du ministre compétent, laquelle n'a lieu que, devant la majorité parlementaire, selon la procédure arrêtée à cette fin.

Aucune de ces hypothèses n'étant de mise, c'est en vain que l'on cherchera la constitutionnalité de la révocation du premier ministre par le Chef de l'État, qui ne peut exercer d'autres pouvoirs que ceux lui attribués formellement par la loi fondamentale[718].

Politiquement, en revanche, la justesse de la décision présidentielle serait motivée par le risque de guerre civile et de coup d'État, prétendument, d'origine communiste, dont le premier ministre serait le responsable et, probablement, de l'issue tragique des événements de Bakwanga[719].

Toute aussi inconstitutionnelle fut la décision de révocation du Chef de l'État par le premier ministre, dont l'autorité n'a cessé de s'effriter dans l'opinion nationale, les chancelleries occidentales à Léopoldville et au niveau des Nations Unies.

Pour apprécier l'accommodation du régime parlementaire aux mœurs politiques congolaises, il importe d'évaluer, quotidiennement, l'ancrage

[716] Art. 70 de la Loi fondamentale du 19 mai 1960.

[717] Le point 3 de ce texte constitutionnel indique que le pouvoir législatif dévolu aux chambres par la Loi fondamentale du 19 mai 1960 est exercé par le gouvernement provisoire, sous forme de Décrets-lois contresignés par le premier ministre et le ministre intéressé.

[718] Art. 21 de la Loi fondamentale du 19 mai 1960.

[719] En vue de rétablir la souveraineté de l'État sur l'ensemble du territoire national et, notamment, dans l'État indépendant du Sud-Kasaï, le premier ministre résolut d'y déployer des troupes loyalistes qui réussirent à prendre, le 29 août 1960, le contrôle de la capitale de cet État contraignant, ainsi, son chef Albert KALONJI à se réfugier à Élisabethville. Les massacres de la population civile auraient été commis par les troupes gouvernementales.

constitutionnel des valeurs professées par ce régime et l'influence du système politique, dans le fonctionnement réel des institutions. Aussi, pourra-t-on expliquer les distances que prend souvent la pratique du pouvoir vis-à-vis du dispositif constitutionnel en vigueur.

Restituant au président de la République la totalité de ses prérogatives exécutives et gouvernementales, la Constitution du 1er août 1964 en a fait le chef de l'exécutif central, il nomme le premier ministre et sur proposition de ce dernier, les autres membres du gouvernement[720]. Déterminant la politique de l'État qu'il conduit, le président de la République fixe, en même temps, l'action du gouvernement, veille à son application et informe le parlement de son évolution[721]. Cet ancrage fut maintenu, voire, renforcé, dans la Constitution du 24 juin 1967[722], aux termes de laquelle le président de la République nomme et révoque les membres du gouvernement[723].

La Constitution du 18 février 2006 précise que, le président de la République nomme le premier ministre au sein de la majorité parlementaire, après consultation de celle-ci[724] : cette disposition impose une collaboration entre le président de la République et la majorité parlementaire au sujet de la nomination du premier ministre issu de la majorité au sein de l'Assemblée nationale.

Dans la pratique, l'autorité de nomination a souvent pris l'habitude d'enfreindre la Constitution s'adjugeant le droit de nommer, proprio motu, le premier ministre. On observe que, sans être parlementaire, Antoine Gizenga Fundji fut, en dehors de toute concertation avec la majorité parlementaire, nommé premier ministre[725]. En dépit de cet écueil, son gouvernement a été, tout de même, investi par l'Assemblée nationale. La même procédure a inspiré la nomination, le 10 octobre 2008, du premier ministre Adolphe Muzitu[726] et, le 18 avril 2012, du premier ministre Augustin Matata Ponyo[727].

La volonté manifeste d'esquiver les prescrits de la Constitution a, également, couvert les nominations, le 26 novembre 2016, de Samy Badibanga Ntita[728] et, le 7 avril 2017 de Bruno Tshibala Nzenze[729], tous deux issus de l'opposition[730].

---

[720] Art. 65, al. 1er et 2 de la Constitution du 1er août 1964.

[721] Art. 54 de la Constitution du 1er août 1964.

[722] Art. 20 de la Constitution du 24 juin 1967.

[723] Art.29, al. 1er de la Constitution du 24 juin 1967.

[724] Art. 78 de la Constitution du 18 février 2006.

[725] Par Ordonnance n° 06/001 du 30 décembre 2006 portant nomination d'un premier ministre.

[726] En vertu de l'Ordonnance n° 08/064 du 10 octobre 2008 portant nomination d'un premier ministre.

[727] Sur pied de l'Ordonnance n° 12/003 du 18 avril 2012 portant nomination d'un premier ministre.

[728] Suivant l'Ordonnance n° 16/099 du 26 novembre 2016 portant nomination d'un premier ministre.

Si la désignation du premier l'a été à la faveur de l'accord politique de la cité de l'Union africaine du 18 octobre 2016 pour l'organisation d'élections crédibles, apaisées et transparentes en République démocratique du Congo[731], le second a été porté à la tête du gouvernement en application de l'accord politique global et inclusif du Centre interdiocésain de Kinshasa du 31 décembre 2016.

Cette nomination a été, néanmoins, faite en l'absence de l'arrangement particulier[732] appelé à déterminer notamment les modalités pratiques de nomination du premier ministre[733] et, donc, en violation de l'accord de la Saint Sylvestre[734].

Quelque soit le cas de figure, le premier ministre ne peut, une fois nommé conformément à la Constitution, être révoqué par la seule volonté du président de la République ; ses fonctions prennent fin soit par décès, soit par démission volontaire, soit par le refus de l'Assemblée nationale d'approuver le programme gouvernemental, soit par l'adoption d'une motion de censure contre le gouvernement qui entraîne, également, la démission du premier ministre[735]. La condamnation pénale définitive du premier ministre par la Cour constitutionnelle entraîne, ipso facto, sa déchéance[736] et donc la perte de ses fonctions.

1.2. La convocation et la présidence du Conseil des ministres

Quel que soit le régime politique institué par la Constitution, le président de la République est chef de l'exécutif : il convoque et préside le Conseil des ministres. De 1960 à 1964, cette attribution a été rendue effective, en raison de l'exercice, par son titulaire, de l'ensemble de ses pouvoirs exécutifs et gouvernementaux.

---

729 Conformément à l'Ordonnance n° 17/004 du 7 avril 2017 portant nomination d'un premier ministre.

730 Précisément de l'Union pour la démocratie et le progrès social.

731 Aux termes de l'article 17, point C dudit accord, le premier ministre est, sans préjudice des dispositions constitutionnelles et législatives nationales en vigueur, issu de l'opposition signataire du présent accord.

732 Dont la signature intervint le 27 avril 2017, soit vingt jours après la nomination du premier ministre, entre les délégués de la majorité présidentielle, deux dissidents du rassemblement des forces politiques et sociales de l'opposition acquises au changement et quelques membres du Mouvement de libération du Congo agissant au nom du front pour le respect de la Constitution.

733 Aux termes du point III.3.4 de l'Accord politique global et inclusif du 31 décembre 2016, les modalités pratiques de la mise en œuvre des principes de désignation du premier ministre et du partage des portes feuilles au sein du gouvernement sont déterminées dans l'Arrangement particulier signé par les parties prenantes.

734 Dans une déclaration du 20 avril 2017, la CENCO considère la nomination du premier ministre comme une entorse à l'Accord de la Saint-Sylvestre et explique la persistance de la crise.

735 Art. 147 de la Constituions du 18 février 2006.

736 Art. 167, al. 1er de la Constitution du 18 février 2006.

De 1967 à 1990 et de 1997 à 2003, le président de la République cumulait également les prérogatives exécutives et gouvernementales. Chef de l'État et du gouvernement, il convoque et préside le Conseil des ministres. La Constitution de la transition du 4 avril 2003 précise que le président de la République convoque et préside le Conseil des ministres au moins une fois tous les quinze jours[737]. En cas d'empêchement provisoire, il est remplacé par un vice-président désigné à tour de rôle[738].

Aux termes de la Constitution du 18 février 2006, le président de la République convoque et préside le Conseil des ministres. Il peut, en cas d'empêchement, déléguer ce pouvoir au premier ministre[739]. Une ordonnance délibérée en Conseil des ministres fixe l'organisation du gouvernement et les modalités de collaboration entre le président de la République et le gouvernement, ainsi qu'entre les membres du gouvernement[740].

Prise en exécution de la Constitution, l'ordonnance n° 07/017 du 3 mai 2007[741], qui porte organisation et fonctionnement du gouvernement et modalités pratiques de collaboration entre le président de la République et le gouvernement ainsi qu'entre les membres du gouvernement précise que les réunions du gouvernement ont lieu en Conseil des ministres.

Regroupant le premier ministre, les ministres, les vice-ministres et, le cas échéant, les vice-premiers ministres, les ministres d'État et les ministres délégués[742], le Conseil des ministres est l'instance de discussion, de concertation et de décision du gouvernement. Il se tient, en session ordinaire, le vendredi à intervalle de quinze jours[743] et, en session extraordinaire, chaque fois que les circonstances l'exigent[744].

L'ordre du jour des réunions du Conseil des ministres est fixé par le président de la République en concertation avec le premier ministre, l'inscription d'un dossier à l'ordre du jour du Conseil des ministres étant préalablement sollicitée par une note adressée au premier ministre, ampliation faite au secrétaire général du gouvernement[745].

Telle qu'agencée, la fréquence des réunions du Conseil des ministres permet de connaître l'activité quotidienne du gouvernement en vue d'en évaluer la performance, mais dans la pratique, on observe une rareté qui

---

[737] Art. 69 de la Constitution de transition du 4 avril 2003.

[738] Art. 92 de la Constitution de transition du 4 avril 2003.

[739] Art. 79, al. 1er de la Constitution du 18 février 2006.

[740] Art. 91, al. 6 de la Constitution du 18 février 2006.

[741] Telle que modifiée et complétée par l'Ordonnance n° 08/006 du 25 janvier 2008 elle-même modifiée par celles n° 12/007 du 11 juin 2012 et n° 15/014 du 21 mars 2015.

[742] Art. 90, al. 1er de la Constitution du 18 février 2006.

[743] Dans sa formulation initiale (art. 46, al. 1er de l'Ordonnance n° 07/017 du 3 mai 2007), cette disposition indiquait que les réunions du Conseil des ministres ont lieu une fois par semaine, soit chaque vendredi de la semaine et chaque fois que les circonstances l'exigent.

[744] Art. 45, al. 1er de l'Ordonnance n° 15/014 du 21 mars 2015.

[745] Art. 47 de l'Ordonnance n° 15/014 du 21 mars 2015.

témoigne de l'inactivité du gouvernement. Entre 2007 et 2016, le gouvernement est censé avoir organisé au moins une réunion ordinaire, toutes les deux semaines, et plusieurs réunions extraordinaires. Il se révèle, également, que, entre mai 2009[746] et novembre 2016[747], seuls quatre-vingt-quatorze sessions[748] du Conseil des ministres ont été organisées. Par année, on signale que seize Conseils des ministres ont été tenus en 2009, huit en 2010, huit en 2011, dix en 2012, dix-sept en 2013, dix en 2014, douze en 2015, treize en 2016[749].

L'indisponibilité du président de la République ou son empêchement éventuel aurait conduit à la délégation expresse du pouvoir au profit du premier ministre, mais faute d'une telle précaution, ce dernier s'est offert l'initiative d'organiser, une fois la semaine, des réunions informelles[750] de quelques ministres assorties des décisions engageant l'ensemble du gouvernement.

On note aussi que formé à l'issue de l'accord politique du 18 octobre 2016, le gouvernement investi, le 20 décembre 2016, par l'Assemblée nationale n'a, jusqu'à sa démission, le 6 avril 2017, tenu que deux réunions extraordinaires. Il en est également du gouvernement nommé sur pied de l'accord du 31 décembre 2016 dont la tenue irrégulière des réunions du Conseil des ministres contraste étrangement avec d'innombrables défis auxquels il est pourtant confronté[751].

Ainsi relevé, le rythme imposé aux réunions du Conseil des ministres est de nature à impacter sur la solidarité de ses membres, la cohérence des décisions et, naturellement, l'efficacité gouvernementale.

Dans ses rapports avec le gouvernement, le président de la République bénéficie, ainsi qu'on le voit, d'une prééminence entretenue par le constituant qui lui semble lui reconnaitre un rôle bien particulier.

2. Les prérogatives législatives

Même si, constitutionnellement, le président de la République ne dispose pas d'initiative législative, il n'a cessé d'intervenir, dans ce domaine, par la promulgation des lois votées par le parlement. Exerçant cette attribution, le

---

746 On notera qu'entre mai 2007 et mai 2009, soit deux ans, la tenue des réunions du Conseil n'ont pas été soigneusement organisée.

747 Après la démission, le 14 novembre 2016, du gouvernement dirigé par le premier Augustin MATATA PONYO.

748 Il s'agit des sessions ordinaires et extraordinaires, effectivement, organisées par le gouvernement.

749 Ces statistiques sont disponibles au Secrétariat général du gouvernement.

750 Baptisées de troïkas stratégiques par le premier ministre.

751 Investi par l'Assemblée nationale en vertu de la Résolution n° 001/CAB/P/AN/AM/200T le 16 mai 2017, le gouvernement dirigé par le premier ministre TSHIBALA NZENZE Bruno n'a jusqu' à mi juillet 2017 tenu que sept conseils des ministres dont quatre ordinaires et trois extraordinaires.

Chef de l'État certifie l'existence effective d'une loi régulièrement votée. Il n'empêche que la Constitution fasse, dans les conditions qu'elle prescrit, jouer à cette autorité le rôle de législateur d'exception ; règle qui n'est pas d'application uniforme, parce que dépendant d'un régime à un autre.

La lecture de la Loi fondamentale du 19 mai 1960 révèle qu'à l'exception de la convocation des chambres en session ordinaire, à leur ajournement et dissolution, le président de la République a été écarté du processus de la production législative.

Profitant de la neutralisation des chambres parlementaires, qu'il accusait d'être proches du premier ministre, le Chef de l'État résolut de prendre, le 29 septembre 1960, un décret-loi constitutionnel attribuant, en violation de la Constitution, au Conseil des commissaires généraux, le pouvoir de légiférer par décrets-lois contresignés par le président du Conseil et le commissaire général intéressé[752].

C'est en vain que l'on cherchera à s'assurer de la constitutionnalité des décisions présidentielles ; la Cour constitutionnelle prévue, par la Loi fondamentale[753], n'était pas encore installée, et ses attributions exercées transitoirement par le Conseil d'État de Belgique[754].

Dans le domaine législatif, le président de la République peut, dans le délai exigé, demander une seconde lecture de la loi par le parlement. Selon le régime, et dans les conditions prévues par la Constitution, il peut ajourner[755] ou dissoudre les chambres[756].

On note qu'exercée durant la période allant de 1960 à 1964, cette prérogative a, dans l'ensemble, énervé les dispositions constitutionnelles en la matière.

3. Les prérogatives dans le domaine judiciaire

Globalement, les Constitutions congolaises reconnaissent l'indépendance du pouvoir judiciaire à l'égard des pouvoirs législatif et exécutif. On note, cependant, que jusqu'à la mise en place de la Constitution du 18 février 2006, c'est le président de la République qui exerçait les attributions du président du Conseil supérieur de la magistrature, le ministre de la justice étant, de droit, vice-président.

L'observation admet l'absence de cette autorité, dans la présidence et la conduite du Conseil supérieur de la magistrature, totalement, contrôlé par le ministre de la justice qui, déterminait et fixait l'ensemble du dispositif de

[752] Art. 2, point 2 du Décret-loi constitutionnel du 29 septembre 1960 relatif à l'exercice des pouvoirs législatif et exécutif à l'échelon central.
[753] Art 226 à 229 de la Loi fondamentale du 19 mai 1960.
[754] Art. 250 de la Loi fondamentale du 19 mai 1960.
[755] Art. 31 de la Loi fondamentale du 19 mai 1960.
[756] Art. 32 de la Loi fondamentale du 19 mai 1960 et 148 de la Constitution du 18 février 2006.

gestion de la carrière des magistrats, son influence sur l'activité judiciaire des cours et tribunaux étant réelle.

On rappelle que, par deux fois et sur proposition du ministre de la justice, le président de la République a signé plusieurs ordonnances d'organisation judiciaire portant révocation[757], mise à la retraite[758] ou promotion des magistrats de siège et du ministère public, en violation des dispositions constitutionnelles en la matière[759].

La Constitution du 18 février 2006 ayant confié la gestion du Conseil supérieur de la magistrature au président de la Cour constitutionnelle, il pourra être définitivement mis un terme à cette pratique. On note qu'en tant que chef de l'exécutif, le président de la République peut remettre, réduire ou commuer les peines, accorder la grâce, l'amnistie ou la liberté conditionnelle.

La grâce est une mesure de clémence, mieux un acte de bienveillance, pris par le pouvoir exécutif, en faveur d'une personne condamnée, par une décision revêtue de l'autorité de la chose jugée et ayant pour effet, de commuer la peine initiale en une autre plus favorable. Elle soustrait le délinquant à l'application d'une partie ou de la totalité de la peine encourue[760]. La commutation de peine est une modalité de grâce, visant à substituer en faveur du condamné une peine à une autre[761]. L'amnistie est, quant à elle, une mesure présidentielle de clémence ayant pour effet d'enlever, rétroactivement, à certains faits leur caractère infractionnel ; elle efface, rétroactivement, la peine encourue. La libération conditionnelle est une liberté que l'administration pénitentiaire accorde au condamné et destinée à stimuler le changement de son comportement, dans la perspective d'une liberté définitive, en cas de bonne conduite[762]. Sur proposition de l'administration pénitentiaire, l'amnistie et la liberté conditionnelle sont accordées par ordonnance du président de la République.

Il importe de noter qu'avant la Constitution du 18 février 2006 et, notamment, sous le régime de la Constitution du 24 juin 1967, les poursuites judiciaires contre les membres du gouvernement étaient subordonnées à l'autorisation du président de la République, qui ordonnait, également, leur mise en accusation devant la Cour suprême de justice.

---

757 En vertu du Décret d'organisation judiciaire n° 144 du 6 novembre 1998.

758 Par Ordonnances d'organisation judiciaire n° 08/10, 08/11, 08/12, 08/13, 08/14 et 08/16 du 9 février 2008.

759 ESAMBO KANGASHE J-L., *La Constitution congolaise dit 18 février 2006 à l'épreuve du constitutionnalisme. Contraintes pratiques et perspectives, op. cit.*, pp. 190-191.

760 NYABIRUNGU mwene SONGA, *Traité de droit pénal congolais,* Kinshasa, éd. Droit et Société, 2001, p. 453.

761 CORNU G., *Vocabulaire juridique,* Paris, PUF, 2000, pp. 174-175.

762 NYABIRUNGU mwene SONGA, *Traité de droit pénal congolais, op. cit.*, pp. 438 et 456.

E. Les prérogatives à l'égard des institutions provinciales

Rationnellement encadrées dans la Constitution, les prérogatives présidentielles à l'égard des institutions provinciales concernent la dissolution de l'Assemblée provinciale et le relèvement du gouverneur de ses fonctions.

Lorsqu'une crise politique grave et persistante menace d'interrompre le fonctionnement régulier des institutions provinciales, le président de la République peut, par une ordonnance délibérée en Conseil des ministres et après concertation avec le bureau de l'Assemblée nationale et du Sénat, dissoudre l'Assemblée provinciale. Dans ce cas, la Commission électorale nationale indépendante organise les élections provinciales, dans un délai de soixante jours, à compter de la dissolution[763].

La dissolution de l'Assemblée provinciale est soumise à une procédure fastidieuse, impliquant les institutions nationales et provinciales. Le fait déclencheur se trouve être le constat d'une crise grave et persistante, menaçant le fonctionnement régulier des institutions provinciales. Informé de cette crise, le président de la République se concerte, obligatoirement, avec le bureau de l'Assemblée nationale et celui du Sénat, pour tenter de la désamorcer. En cas de persistance de la crise, il convoque et préside un Conseil des ministres, qui se prononce sur l'opportunité de la dissolution de l'Assemblée provinciale.

Sur base de la décision du Conseil des ministres, il prononce la dissolution de l'Assemblée provinciale et ses membres sont renvoyés devant les électeurs, le nouveau scrutin intervenant, soixante jours, à compter de la dissolution.

À l'égard du gouverneur de province élu par l'Assemblée provinciale, le président de la République peut, dans les mêmes circonstances et selon la procédure identique à celle qui a conduit à la dissolution de l'Assemblée provinciale, relever le gouverneur de ses fonctions, l'élection d'un nouveau gouverneur devant, impérativement, avoir lieu dans un délai de trente jours[764].

Le seul cas connu est celui de Jean-Claude Baende Etafeliko relevé de ses fonctions de gouverneur de province de l'Équateur[765]. Par le passé, en revanche, le président de la République nommait et révoquait, de manière discrétionnaire, les gouverneurs et vice-gouverneurs de province.

Dans ses relations avec les institutions provinciales, le président de la République convoque et préside, au moins deux fois par an, la conférence de gouverneurs composée, outre les gouverneurs de provinces, de lui-même, du premier ministre et du ministre de l'intérieur. Tout autre membre du gouvernement (national) peut y être invité ; cette disposition étant rarement

---

763 Art. 197, al. 7 de la Constitution du 18 février 2006.

764 Art. 198, al. 10 de la Constitution du 18 février 2006.

765 En vertu de l'Ordonnance du président de la République n° 13/004 du 13 mars 2013.

appliquée, en témoigne le nombre peu significatif de sessions, au total, cinq seulement, organisées en sept ans de 2009 à 2016, de cette instance de concertation entre l'État et les provinces[766].

F. L'institution de contreseing[767]

Le contreseing est l'acte par lequel une autorité inférieure reconnaît l'existence effective de la décision de l'autorité supérieure et lui donne une force probante. Il remplit, d'abord, la fonction d'authentification et d'exécution d'une décision, ensuite, de transfert de responsabilité et, enfin, de protection du domaine visé.

Initialement prévu dans la Charte coloniale du 18 octobre 1908, le contreseing réapparut dans plusieurs textes constitutionnels congolais, dans lesquels l'institution n'a pas joué le même et unique rôle. On note qu'aux termes de la Loi fondamentale du 19 mai 1960 relative aux structures du Congo, le Chef de l'État nomme et révoque le premier ministre[768], aucun de ses actes ne produit d'effets s'il n'est contresigné par un ministre qui, pour cela, s'en rend responsable[769]. Le contreseing joue, à cet égard, la fonction d'authentification, mais également d'exécution d'une décision de l'autorité supérieure, en même temps, qu'elle opère un transfert de responsabilité à l'égard du ministre compétent.

La Constitution du 1er août 1964 indique que, les membres du gouvernement fédéral ne sont responsables que devant le président de la République fédérale ; ils s'engagent, par le contreseing qu'ils apposent aux actes du président de la République fédérale, à exécuter ces actes[770]. Tel qu'organisé, dans cette Constitution, le contreseing assure l'exécution des décisions présidentielles, le transfert de responsabilité et la protection du domaine spécifique, dans lequel sont intervenus les actes du président de la République.

L'Acte constitutionnel de la transition du 9 avril 1994 reconnait au président de la République le pouvoir de nommer, de relever de leurs fonctions et, le cas échéant, de révoquer, sur proposition du gouvernement délibérée en Conseil des ministres, et après avis conforme du Haut conseil de la République-parlement de transition, les ambassadeurs et les envoyés

---

[766] De 2009 à 2016, cinq sessions de la Conférence des gouverneurs ont été, chronologiquement, convoquées et tenues dans la province Orientale (du 24 au 25 juin 2008), la ville de Kinshasa (du 26 au 27 août 2011), celle du Kasaï-Occidental (du 18 au 19 mars 2013) et la province du Haut-Katanga (du 13 au 15 juin 2016).

[767] Sur l'évolution de la notion en droit constitutionnel congolais, lire avec intérêt ESAMBO KANGASHE J.-L., « Le contreseing dans l'évolution constitutionnelle de la République démocratique du Congo (1960 à 2010) », *Revue de droit africain,* RDJA, n° 56-Janvier 2010, Bruxelles, 2010, pp. 3-20.

[768] Art. 22 de la Loi Fondamentale du 19 mai 1960.

[769] Art. 20 de la Loi Fondamentale du 19 mai 1960.

[770] Art. 69, al. 1erde la Constitution du 1er août 1964.

extraordinaires, les gouverneurs et vice-gouverneurs de région, les officiers supérieurs et généraux des Forces armées et des forces de l'ordre ; le Conseil supérieur de la défense entendu, le chef d'État-major général, les chefs d'État-major et les commandants des grandes unités des Forces Armées, les Hauts fonctionnaires de l'administration publique, directeur, secrétaire général, les mandataires publics dans les entreprises et les organismes publics, excepté les Commissaires aux comptes. Il nomme, relève de leurs fonctions et, le cas échéant, révoque, par ordonnance, les magistrats du siège et du parquet, sur proposition du Conseil supérieur de la magistrature, après avis conforme du Haut conseil de la République-parlement de transition. Dans tous les cas énumérés ci-dessus, les ordonnances sont contresignées par le ministre compétent[771].

Sur proposition du premier ministre, le président de la République nomme et décharge de leurs fonctions les autres membres du gouvernement ; ses ordonnances étant, dans ce cas, contresignées par le premier ministre[772]. Dans le même ordre d'idées, on note que, par décret du premier ministre, délibéré en Conseil des ministres, le gouvernement nomme, révoque et, le cas échéant, relève de leurs fonctions les cadres de commandement, autres que ceux ci-haut visés. Ces nominations sont contresignées par le ministre compétent.

Qu'il s'agisse, en effet, de ce texte ou de la Constitution du 18 février 2006, le contreseing assure l'exécution de la décision de l'autorité supérieure, le transfert de responsabilité et la protection du domaine concerné par la décision. Dans cette dernière, les ordonnances du président de la République, autres que celles qui ont trait à la nomination du premier ministre, aux modalités de la fin de ses fonctions, à l'investiture des gouverneurs et vice-gouverneurs des provinces, sont contresignées par le premier ministre[773].

Chef du gouvernement, le premier ministre assure l'exécution des lois et dispose du pouvoir réglementaire[774]. Par décret délibéré en Conseil de ministre, il nomme aux emplois civils et militaires, autres que ceux pourvus par le président de la République ; ses actes sont contresignés, le cas échéant, par les ministres chargés de leur exécution[775].

Le contreseing est et a été organisé au niveau provincial. Déjà en 1960, la Constitution indique que « chaque membre du gouvernement provincial assure seul et sous sa propre responsabilité, sauf décision contraire du gouvernement provincial, l'exécution des décisions prises en collège et qui relèvent de ses attributions[776] ».

---

771 Art. 47 de l'Acte constitutionnel de la transition du 9 avril 1994.

772 Art. 81, al. 1 et 2 de l'Acte constitutionnel de la transition du 9 avril 1994.

773 Art. 79, al. 4 de la Constitution du 18 février 2006.

774 Art. 90, al. 2 et 92, al. 1er de la Constitution du 18 février 2006.

775 Art. 92, al. 2, 3 et 4 de la Constitution du 18 février 2006.

776 Art. 176, al. 2 de la Loi fondamentale du 19 mai 1960 relative aux structures du Congo.

Prise conformément à la Constitution, la loi n° 08/012 du 31 juillet 2008 portant principes fondamentaux relatifs à la libre administration des provinces précise que, le gouverneur agit par voie d'arrêté provincial délibéré en Conseil des ministres et que, cet arrêté est contresigné par le ministre provincial chargé de son exécution[777].

Peu importe le régime politique, le contreseing impose à l'autorité qui en fait l'usage une compétence liée ; devant s'exercer dans la stricte observance des règles de procédure et de compétence, même si, dans la pratique, l'autorité contresignataire d'une décision n'est pas privée, d'émettre des réserves ou des observations sur son inconstitutionnalité éventuelle, auquel cas, le refus possible du contreseing s'apparente à un contrôle tacite sur la régularité de la décision à contresigner.

§2. Le gouvernement

Institution de l'État chargée de la gestion courante des affaires publiques, le gouvernement fait partie du pouvoir exécutif. Il importe d'étudier sa composition, ses attributions, les droits et obligations des membres ainsi que leurs relations avec le président de la République.

A. La composition

Question essentiellement réglementaire, la configuration et la taille du gouvernement relèvent de la compétence exclusive du président de la République. En règle générale, le gouvernement est composé du président de la République et des autres membres, désignés selon la procédure prévue par la Constitution.

Le gouvernement est, selon le régime politique, monocéphale, bicéphale ou collégial. Le gouvernement monocéphale est celui qui autorise l'exercice cumulé des attributions exécutives et gouvernementales par le président de la République. De 1967 à 1990 et de 1997 à 2001 ainsi que pendant toute la période de la transition (2001 à 2003), le gouvernement congolais a été monocéphale.

Un gouvernement est dit bicéphale, lorsque le pouvoir exécutif est partagé entre le Chef de l'état et un gouvernement dirigé par un premier ministre. Il est, dans ce cas, composé du président de la République, du premier ministre et des autres membres, ministres nommés sur proposition du premier ministre avec l'autorisation du parlement.

Le gouvernement collégial est celui qui organise l'existence de deux titulaires de la fonction gouvernementale disposant, par ailleurs, des pouvoirs égaux. Cette égalité implique, d'une part, l'absence de préséance

[777] Art. 28, al. 7 de la Loi n° 08/012 du 31 juillet 2008.

ou de suprématie d'un membre sur un autre et, d'autre part, la prise unanime des décisions[778].

Pour avoir institué la présidence de la République composée du président de la République et des quatre vice-présidents de la République à pouvoirs égaux, la Constitution de la transition du 4 avril 2003 a consacré une collégialité singulière, au sein du gouvernement, en vue de la gestion consensuelle de la période de la transition[779].

B. Les attributions

Le gouvernement exerce essentiellement les attributions exécutives et législatives. On lui confère quelque fois, et dans les limites fixées par la Constitution, les attributions judiciaires.

1. Les attributions exécutives

Les attributions exécutives du gouvernement tournent autour de la définition, la fixation et la conduite de la politique de la Nation, elles portent essentiellement sur la conception, la détermination et le suivi des décisions par chaque membre du gouvernement.

Selon le régime, le Chef de l'État et le premier ministre exercent les fonctions exécutives souvent confondues aux fonctions gouvernementales. Lorsque les deux fonctions sont exercées par le président de la République, l'activité gouvernementale correspond à celle exécutive et l'autorité de l'institution, qui l'assume, est ressentie au niveau de la politique intérieure et extérieure du pays.

On note qu'au cas où les deux activités relèvent des compétences concurrentes du président de la République et du premier ministre, une ligne de démarcation s'établit entre la fonction exécutive, souvent, partagée entre les deux institutions et celle gouvernementale assurée par le premier ministre ; mais pour marquer cette différence, il est intéressant de s'assurer que la politique interne et externe de la Nation est conduite par le premier ministre, chef du gouvernement.

2. Les attributions législatives

Dans le domaine législatif, le gouvernement concourt avec l'initiative de lois, émet des observations aux propositions de lois initiées par les parlementaires et participe, sans voix délibérative, aux travaux parlementaires à travers ses ministres et autres experts dûment mandatés.

---

[778] ESAMBO KANGASHE J.-L., *Le droit constitutionnel, op. cit.*, p. 149.

[779] Lire aussi, LOKENGO ANTSHUKA NGONGA, *Consensus politique et gestion démocratique du pouvoir en Afrique,* Louvain-la-Neuve, Academia-l'Harmattan, 2015, pp. 47-57.

3. Les attributions judiciaires

Bien qu'écarté de la gestion courante du pouvoir judiciaire et, notamment, de la carrière des magistrats, le gouvernement exerce une influence certaine dans l'administration de la justice. Il lui revient de déterminer la politique judiciaire du pays que se chargent d'appliquer les cours et tribunaux. C'est, également, au gouvernement qu'est transmis le projet de budget du pouvoir judiciaire, élaboré par le Conseil supérieur de la magistrature, pour être intégré dans le budget général de l'État. Le gouvernement peut, par l'entremise du ministre de la justice, donner, enfin, des injonctions au parquet, dans le cadre de l'instruction d'un dossier judiciaire.

C. Les droits et obligations des membres du gouvernement

L'ordonnance n° 15/014 du 21 mars 2015 portant organisation et fonctionnement du gouvernement, modalités pratiques de collaboration entre le président de la République et le gouvernement ainsi qu'entre les membres du gouvernement détermine, clairement, les droits et obligations de chacun.

1. Les droits des membres du gouvernement

Dans l'exercice de ses fonctions, chaque membre du gouvernement a droit à une rémunération décente et digne qui assure sa dignité ; celle-ci étant fixée dans la loi des finances[780], l'État lui assure, en plus, une prise en charge sociale, ainsi que celle de sa famille. Pour toute la durée de ses fonctions, le membre du gouvernement a droit à un congé annuel de reconstitution de trente jours[781], aux frais d'installation, de logement et aux indemnités de congé, ainsi qu'à celles de sortie équivalent à six mois de ses derniers émoluments[782].

Dans le cadre de la collaboration entre le gouvernement et le parlement à la production législative, il est admis que chaque membre ou des experts dûment désignés, participe aux travaux parlementaires (plénière et commissions[783]), aux fins d'y prendre parole, fournir les explications nécessaires et proposer, le cas échéant, les amendements aux discussions en cours[784].

La protection professionnelle des membres du gouvernement est, également, assurée par le privilège de juridictions et les immunités des poursuites, dont ils bénéficient pour les infractions commises, pendant ou à l'occasion de l'exercice de leurs fonctions. Organisées devant la Cour de

780 Art. 39 de l'Ordonnance du 21 mars 2015.
781 Art. 40 de l'Ordonnance du 21 mars 2015.
782 Art. 41 de l'Ordonnance du 21 mars 2015.
783 Art. 131 de la Constitution du 18 février 2006.
784 Art. 133 de la Constitution du 18 février 2006.

cassation[785], les poursuites et la mise en accusation d'un membre du gouvernement n'ont lieu qu'après autorisation de l'Assemblée nationale, se prononçant, selon la procédure prévue dans son règlement intérieur, à la majorité absolue des membres la composant[786].

Conformément à cette procédure, la demande des poursuites ou la mise en accusation est faite par le procureur général près la Cour de cassation qui l'adresse, sous forme de réquisition, à l'Assemblée nationale qui, en séance publique, se réunit, pour entendre le discours du représentant du parquet et les interventions des députés qui le souhaitent[787] ; les délibérations et le vote de la résolution autorisant les poursuites ou la mise en accusation s'effectuant par bulletin secret[788].

2. Les obligations des membres du gouvernement

Complétée par l'ordonnance du 21 mars 2015, la Constitution impose une conduite à tenir, par chaque membre du gouvernement, avant et après la prise de ses fonctions. Avant d'entrer en fonction et à la fin de celle-ci, le membre du gouvernement dépose, devant la Cour constitutionnelle, la déclaration écrite de son patrimoine familial, énumérant ses biens meubles, y compris actions, parts sociales, obligations, autres valeurs, comptes en banque, ses biens immeubles, y compris terrains non bâtis, forêts, plantations et terres agricoles, mines et tous autres immeubles, avec indication des titres pertinents. Ce patrimoine inclut les biens du conjoint selon le régime matrimonial, des enfants mineurs et des enfants même majeurs à charge du couple[789].

Pendant toute la durée de ses fonctions, aucun membre du gouvernement ne peut, par lui-même ou par personne interposée, ni acheter, ni acquérir d'aucune façon, ni prendre en bail un bien qui appartienne au domaine public de l'État, des provinces ou des entités territoriales décentralisées. Il ne peut prendre part, directement ou indirectement, aux marchés publics au bénéfice des administrations ou des institutions dans lesquelles le pouvoir central, les provinces et les entités territoriales décentralisées ont des intérêts[790].

Investi des charges publiques, tout membre de l'exécutif est tenu d'assister, personnellement, aux réunions des commissions gouvernementales et du Conseil des ministres, d'y prendre parole et de présenter les dossiers relevant de ses compétences. Les membres du

---

785 Art. 153 de la Constitution du 18 février 2006.
786 Art. 166, al. 2 de la Constitution du 18 février 2006.
787 Dans la pratique, c'est par groupes parlementaires que les députés s'expriment en cette matière.
788 Art. 121, al. 5 de la Constitution du 18 février 2006.
789 Art. 99 de la Constitution du 18 février 2006.
790 Art. 98 de la Constitution du 18 février 2006.

gouvernement sont, également, tenus d'exécuter les décisions du Conseil des ministres, de conformer leurs actions à la politique du gouvernement et de s'abstenir de toute déclaration publique contraire[791]. Ils sont, en toute circonstance, tenus de préserver l'honneur et la dignité de leurs fonctions[792], astreints, dans leur vie publique et privée, à la discrétion, la réserve, la retenue et au secret des délibérations du Conseil des ministres[793]. Formant une équipe, les membres du gouvernement se doivent un respect mutuel et une solidarité, à tous égards.

§3. Les relations entre le président de la République et le gouvernement

Selon le régime politique, les relations entre le président de la République et le gouvernement révèlent soit l'hégémonie du premier sur le second, soit la nécessité d'un équilibre institutionnel.

A. L'hégémonie présidentielle

Selon le régime, l'hégémonie présidentielle a été justifiée par le besoin de faire du Chef de l'État l'institution, qui concentre et centralise l'essentiel du pouvoir.

Partie de l'idée d'assurer au président de la République le contrôle total du pouvoir politique, l'entreprise a fini par s'incruster, dans le domaine constitutionnel, au point de devenir une valeur dans les pays qui caressent, pourtant, les marques de la République.

1. En régime présidentiel

Dans un régime présidentiel ou de type présidentialiste, la dominance présidentielle est fonction de l'architecture institutionnelle et du système des partis politiques. Elle se décline en un affaiblissement du pouvoir de contrôle du parlement sur le gouvernement et la dévolution de ce dernier au président de la République, fondement de sa légitimité. Plutôt que d'être investis par le parlement, les membres du gouvernement prêtent, au contraire, serment devant le président de la République, qui leur en donne acte.

Exerçant les prérogatives législatives et exécutives[794], le président de la République réduisit le rôle du parlement (dont les membres sont nommés par lui) en une chambre d'enregistrement. Il définit, détermine et conduit la politique de la Nation, au point de faire du gouvernement un simple

---

[791] Art. 26 de l'Ordonnance du 21 mars 2015.

[792] Art. 36 de l'Ordonnance du 21 mars 2015.

[793] Art. 27 de l'Ordonnance du 21 mars 2015.

[794] Art. 37, al. 1er de la Loi n° 74-020 du 15 août 1974 portant révision de la Constitution du 24 juin 1967 et 5 du Décret-loi constitutionnel n° 003 du 27 mai 1997.

appendice et un organe technique chargé d'exécuter ses décisions et instructions. Institué par la Constitution du 24 juin 1967, ce régime s'est consolidé avec le Décret-loi constitutionnel du 27 mai 1997 relatif à l'organisation et l'exercice du pouvoir en République démocratique du Congo.

2. En régime parlementaire

Dans un régime parlementaire, la préséance présidentielle sur le gouvernement est fonction de la majorité détenue au sein de l'Assemblée nationale, au point qu'en cas de convergence des majorités présidentielle et parlementaire, son hégémonie devienne réelle ; le Chef de l'État étant, également, celui de la majorité parlementaire.

Chef du gouvernement, le premier ministre est, néanmoins, redevable politiquement devant le président de la République, qui peut provoquer sa démission ou sa révocation par la majorité parlementaire. Lorsque la position présidentielle faiblie devant la majorité parlementaire, la cohabitation s'invite, dans les rapports entre le président de la République, chef de l'exécutif et le premier ministre, chef du gouvernement. Dans cette hypothèse, la Constitution organise, bien souvent, une collaboration fonctionnelle entre le premier ministre, chef de la majorité parlementaire et le président de la République devenu, entre temps, chef de l'opposition. La dyarchie institutionnelle instituée par la Loi fondamentale du 19 mai 1960, la Constitution du 1er août 1964 et l'Acte portant dispositions constitutionnelles relatives à la période de transition du 4 août 1992 est illustrative.

S'agissant de la cohabitation au sein de l'exécutif, on note qu'elle a été tantôt imposée, tantôt voulue, mais encadrée. La première résulte de la mauvaise interprétation de la Constitution, qui a conduit à la révocation, le 5 septembre1960, du premier ministre Patrice Emery Lumumba et de quelques ministres du gouvernement, bénéficiant, pourtant, de la confiance de la majorité à la chambre des Représentants et, le 13 octobre 1965, du premier ministre, Moïse Tshombe, dont la majorité au parlement inquiétait sur ses ambitions présidentielles. La deuxième découle du refus, par le président de la République, de s'accommoder de l'esprit et la lettre de la Constitution, autorise une coopération entre le Chef de l'État privé de ses pouvoirs régaliens et le gouvernement dirigé par le premier ministre, dont la collaboration dans la définition et la détermination de la politique nationale est exigée.

La troisième procède de la double neutralisation[795] du premier ministre, Étienne Tshisekedi, potentiel adversaire du président de la République à la

[795] Les 21 octobre 1991 du gouvernement issu des accords du Palais de Marbre 1 et 1er décembre 1992 du gouvernement issu de la Conférence nationale souveraine tous dirigés par le premier ministre Etienne TSHISEKEDI.

magistrature suprême. À la suite de la deuxième révocation, le Chef de l'État a fait entendre que, jamais de son vivant, il ne fera un second Soglo en Afrique[796]. Cette attitude illustre bien une cohabitation voulue par le constituant, mais mal appliquée.

Il en résulte, donc, que peu importe la nature du régime politique (présidentiel ou parlementaire), l'hégémonie présidentielle est réelle : elle est à situer, dans l'idée que le titulaire se fait de sa fonction constitutionnelle et de l'apport du système des partis[797].

B. La recherche d'un équilibre institutionnel

La recherche de l'équilibre, au sein du pouvoir exécutif, a été à la base de l'instauration du régime parlementaire, lequel offre au gouvernement la possibilité de déterminer, en concertation avec le Chef de l'État, la politique de la Nation, qu'il conduit et dont il est responsable devant l'Assemblée nationale[798]. Ce régime organise un partage des responsabilités entre le président de la République élu au suffrage universel indirect (1960 et 1964) ou direct (2006), mais politiquement irresponsable et le gouvernement soutenu par la majorité parlementaire.

La collaboration fonctionnelle imposée au président de la République et au gouvernement peut ou non conduire à une dyarchie préjudiciable au fonctionnement harmonieux des institutions de l'État. Aussi, est-il apparu nécessaire de s'assurer que, l'équilibre institutionnel couvre la détermination de la politique nationale, la nomination du premier ministre, l'exercice du pouvoir réglementaire, la mise en jeu de la responsabilité politique du gouvernement ainsi que la dissolution de l'Assemblée nationale.

1. La détermination de la politique nationale

La Constitution congolaise du 18 février 2006 précise que le gouvernement définit, en concertation avec le président de la République, la politique de la nation et en assume la responsabilité. Il (le gouvernement) conduit la politique de la nation dont il est responsable devant l'Assemblée nationale[799] ; elle souligne l'importance de la détermination et la conduite de la politique de la nation.

---

[796] Allusion faite à Monsieur Dieudonné Nicéphore SOGLO qui, nommé en 1991 premier ministre par Matthieu KEREKOU à l'issue de la Conférence nationale souveraine, s'était porté candidat à l'élection présidentielle qu'il remporta aux dépens du président de la République en fonction.

[797] Parti unique ou multipartisme intégral non contrôlé.

[798] Institué par la Loi fondamentale du 19 mai 1960, la Constitution du 1er août 1964, l'Acte portant dispositions constitutionnelles relatives à la période de transition du 4 août 1992, l'Acte constitutionnel harmonisé relatif à la transition du 2 avril 1993, l'Acte constitutionnel de la transition du 9 avril 1994 et la Constitution du 18 février 2006.

[799] Art. 9 l, al. 1, 2 et 5 de la Constitution du 18 février 2006.

Déterminer la politique nationale, c'est en fixer les principales articulations, les finalités et les moyens de réalisation ; l'exercice consiste, pour le gouvernement, à concevoir une vision de la gouvernance, qu'il se propose de réaliser, pendant la législature ; il lui permet de préparer, pour la durée de la législature ou toute autre arrêtée d'avance, une offre politique, qu'il soumet à l'approbation de la représentation nationale, avant sa mise en œuvre. Mieux qu'une simple proclamation d'intentions politiques, la politique gouvernementale est contenue dans une déclaration faite devant le parlement ; elle doit être chiffrée, budgétisée et comporter un chronogramme précis d'activités à réaliser dans la durée : l'exercice conduit ou non à l'investiture du gouvernement.

La compréhension de cette disposition constitutionnelle impose une triple lecture politique, technique et pédagogique. Politiquement, une collaboration a été imposée entre le président de la République et le gouvernement dans la détermination de la politique nationale. Le terme a, d'ailleurs, été utilisé deux fois, pour ce qui est de la défense, la sécurité et les affaires étrangères considérées comme domaine de collaboration ainsi que dans les rapports entre le président de la République et le gouvernement.

Sur le plan de l'écriture constitutionnelle, le président de la République est repris deux fois, le gouvernement huit fois ; aucune allusion n'ayant été faite au premier ministre. Il est, donc, théoriquement difficile d'envisager un conflit constitutionnel entre le président de la République et le premier ministre pris individuellement.

Techniquement, il convient de se référer au temps utilisé dans les verbes « déterminer et conduire ». On se rend bien compte que, c'est à l'indicatif présent que s'est exprimé le constituant. En droit, le recours au temps présent a une valeur impérative[800]. Le président de la République est, donc, tenu de se concerter avec le gouvernement, dans la détermination de la politique nationale. De la lecture technique de cette disposition, on s'aperçoit que, le gouvernement dispose d'un pouvoir d'initiative et de décision, et le président de la République celui d'arbitrage[801]. Cette architecture ferait, néanmoins, croire à l'absence d'un lien fonctionnel entre les deux institutions nationales. Sur le plan strictement constitutionnel, la politique de la nation n'est recevable à l'Assemblée nationale que, dans la mesure où elle a été définie par le gouvernement, en concertation avec le président de la République. Il n'empêche que, dans le cadre de la répartition des compétences entre le président de la République et le gouvernement dirigé par le premier ministre, il apparaît une certaine concurrence fonctionnelle[802],

---

[800] Pour une situation semblable en France, lire GINESTE H.S., *Le droit constitutionnel en schémas,* Paris, 2e éd., Ellipses, 2008, p.340.
[801] GINESTE H.S., *Le droit constitutionnel en schémas, op. cit.*, p. 345.
[802] AVRIL 1P et GICQUEI J., *Chroniques constitutionnelles françaises de 1970 à 1982, d'un septennat à l'autre, op. cit.*, p. 425.

en matière de nomination aux emplois[803], autres que ceux pourvus par le président de la République[804].

La lecture pédagogique de cette disposition permet de connaître les différentes étapes prévues, dans la détermination et la conduite de la politique nationale. À ce sujet, on note qu'une fois nommé, au sein de la majorité parlementaire, après consultation de celle-ci, le premier ministre conçoit, avec le président de la République, la politique de la Nation qu'il présente, sous forme de déclaration de politique générale, à l'Assemblée nationale.

Une fois la politique nationale adoptée par l'Assemblée nationale, celle-ci investit le gouvernement et l'autorise à la conduire, l'exécuter ou en assurer la direction. Dans la pratique, c'est par une motion votée à la majorité absolue des membres composant cette chambre parlementaire qu'est approuvé, après son audition en séance plénière, le programme du gouvernement et, conséquemment, son investiture[805]. La conduite de la politique nationale consiste, donc, en une programmation, par le gouvernement, des actions à réaliser dans la durée et dont il répond devant l'Assemblée nationale.

Contrairement à une opinion qui attribue au seul gouvernement, issu de la majorité parlementaire, le pouvoir de définir et de conduire la politique de la nation dont il est responsable[806], le constituant du 18 février 2006 insiste sur la collaboration entre le gouvernement et le président de la République dans la détermination de la politique de la nation que conduit le gouvernement. On doit, également, se garder de conclure à la responsabilité politique du président de la République par le seul fait de sa participation, à la détermination de la politique de la nation ou d'inférer que la présentation par le premier ministre de la politique nationale (question de confiance) conduise, automatiquement, à la censure de son gouvernement (vote de défiance), les deux opérations ne sont pas obligatoirement concomitantes[807]. On note que, constitués en vertu de la Constitution, l'ensemble de gouvernements nommés par le président de la République ont collaboré à la détermination de la politique nationale.

803 Art. 92, al. 3 de la Constitution du 18 février 2006.

804 Art. 92, al. 4 de la Constitution du 18 février 2006.

805 Il en est ainsi de la motion n° 001/CAB/P/AN/AM/2016 du 22 décembre 2016 portant approbation du programme et investiture du gouvernement dirigé par Monsieur BADIBANGA NTITA Samy.

806 DJOLI ES'ENGEKELI J., *Droit constitutionnel. L'expérience congolaise (RDC), op. cit.*, p. 214.

807 SEGUR P., *La responsabilité politique,* Paris, PUF, Coll. Que sais-je ? 1998, p. 4.

2. La maîtrise de l'action gouvernementale

La maîtrise de l'action gouvernementale induit sur l'influence que peut jouer le président de la République, dans la désignation du premier ministre. Selon l'esprit de la Loi fondamentale du 19 mai 1960, le Chef de l'État et le premier ministre bénéficient de la même légitimité, à savoir l'élection de l'un et la désignation de l'autre par la majorité parlementaire.

Ainsi, bien qu'élu le 24 juin 1960 à la majorité de tiers des membres qui composent les deux chambres parlementaires réunies[808], le Chef de l'État nomme et révoque le premier ministre et les ministres[809]. Le constituant précise qu'après sa constitution, le gouvernement se présente devant chacune des chambres, en vue d'obtenir la confiance, qui doit être acquise à la majorité absolue des voix de tous les membres qui les composent[810], organisant du coup la responsabilité solidaire du gouvernement, par le dépôt d'une motion de défiance, dont la recevabilité est conditionnée à la réunion d'un cinquième, au moins, des signatures des membres de l'une ou de l'autre chambre[811].

Dans le même temps, on note que, la responsabilité individuelle d'un membre du gouvernement est mise en cause par le dépôt d'une motion de censure, dont la majorité pour sa recevabilité et son adoption ainsi que la procédure suivie sont les mêmes, que celles pour la motion de défiance[812]. Cet aménagement constitutionnel a été à la base d'une crise politique et institutionnelle, dont l'issue fut fastidieuse.

Intervenue dans un contexte de sortie de crise, la Constitution du 1er août 1964 semble avoir préparé le lit de la conflictualité, dans la nomination et la révocation du premier ministre, en ce qu'élu par un corps électoral composé des membres du parlement national, des délégués de la ville de Léopoldville et des membres des Assemblées provinciales[813],le président de la République dispose, néanmoins, du pouvoir de nomination du premier ministre et des autres membres du gouvernement central.

Cette autorité met fin aux fonctions du premier ministre, d'un ou de plusieurs membres du gouvernement central, sur présentation, par eux, de leur démission ou sur proposition du premier ministre. Le président de la République peut, également, de sa propre initiative, mettre fin aux fonctions du premier ministre, d'un ou plusieurs membres du gouvernement central, notamment, lorsqu'un conflit grave l'oppose à eux[814].

La responsabilité politique des membres du gouvernement central est attestée, par leur dévolution au Chef de l'État ; ils s'engagent, par le

808 Art. 12 de la Loi fondamentale du 19 mai 1960.
809 Art. 22 de la Loi fondamentale du 19 mai 1960.
810 Art. 42 de la Loi fondamentale du 19 mai 1960.
811 Art. 43, al. 1er de la Loi fondamentale du 19 mai 1960.
812 Art. 45 de la Loi fondamentale du 19 mai 1960.
813 Art. 56, al. 1er de la Constitution du 1er août 1964.
814 Art. 62, al. 1er à 3 de la Constitution du 1er août 1964.

contreseing qu'ils apposent aux actes du président de la République, à exécuter ses actes[815].

La même autorité est tenue de soumettre, dans les trente jours de la constitution de l'équipe gouvernementale, si les chambres sont en session au moment de la formation du gouvernement ou dans les trente jours à compter de la réunion des chambres, si celles-ci étaient en vacances au moment de la formation du gouvernement, à l'approbation du parlement réuni en congrès national, l'acte de nomination des membres du gouvernement.

Le refus d'approuver le gouvernement entraîne sa démission et la nomination, par le président de la République, d'un nouveau premier ministre chargé de composer un autre gouvernement, dont l'acte de nomination devra être approuvé conformément à l'alinéa précédent[816].

La pratique n'a pas offert un cas d'école, la révocation du premier ministre majoritaire au parlement, ayant été faite en violation de la Constitution, ouvrant ainsi la voie à la prise de pouvoir, le 24 novembre 1965, par le haut commandement militaire.

Tirant les leçons de cet héritage constitutionnel et institutionnel, le constituant du 18 février 2006 s'est résolu d'encadrer les rapports entre le président de la République et le premier ministre, de sécuriser et de stabiliser le gouvernement, souvent, confronté à l'autoritarisme du président de la République, dans l'exercice de ses attributions exécutives[817].

3. L'exercice du pouvoir réglementaire

Le droit constitutionnel congolais offre des indications précises, sur l'exercice du pouvoir réglementaire par le président de la République, le premier ministre, les gouverneurs de provinces et les autorités exécutives des entités territoriales décentralisées.

3.1. Le pouvoir réglementaire du président de la République

Le président de la République dispose, quel que soit le régime politique institué, d'un pouvoir réglementaire réel. La Loi fondamentale du 19 mai 1960 fait, par exemple, obligation au premier ministre de soumettre au Chef de l'État les propositions relatives à l'exercice du pouvoir réglementaire et à l'exécution des lois[818]. C'est au président de la République que la Constitution du 1er août 1964[819], celle du 24 juin 1967[820], le décret-loi

[815] Art. 69, al. 1er de la Constitution du 1er août 1964.
[816] Art. 64 de la Constitution du 1er août 1964.
[817] Lire également ESAMBO KANGASHE J.-L., *La Constitution congolaise du 18 février 2006 à l'épreuve du constitutionnalisme. Contraintes pratiques et perspectives*, *op. cit.*, p. 61.
[818] Art. 36, al. 3 de la Loi fondamentale du 19 mai 1960.
[819] Art. 6, al. 1 de la Constitution du 1er août 1964.
[820] Art. 27 de la Constitution du 24 juin 1967.

constitutionnel du 27 mai 1997[821] ainsi que la Constitution du 4 avril 2003[822] confèrent l'exclusivité du pouvoir réglementaire.

3.2. Le pouvoir réglementaire du premier ministre

Deux textes constitutionnels indiquent, de manière claire, que le pouvoir réglementaire est partagé entre le président de la République et le premier ministre, chef du gouvernement. Il s'agit de l'Acte constitutionnel de la transition du 9 avril 1994 et de la Constitution du 18 février 2006. Élaboré à la suite des négociations politiques du Palais du peuple, le premier texte insiste sur la collaboration des pouvoirs et, particulièrement, entre le président de la République et le premier ministre issu de l'opposition. Rendue nécessaire, cette collaboration a permis d'éviter tout conflit de compétence au sein du pouvoir exécutif[823], voire dans les rapports entre le président de la République et le parlement obligé d'émettre des avis conformes aux nominations opérées dans certains secteurs de la vie politique.

Le même constituant accorde au président de la République la compétence d'accréditer, sur proposition du gouvernement, après avis conforme du Haut conseil de la République-parlement de transition, les ambassadeurs et envoyés extraordinaires auprès des puissances étrangères et des organisations internationales[824] ; avis obligatoirement requis en cas de nominations ou de révocation dans la diplomatie[825], la territoriale[826], la défense nationale[827], l'administration publique[828] et la magistrature[829], au près du parlement, se prononçant conformément à la procédure prévue, dans son règlement intérieur.

Héritée de la pratique politique américaine, cette exigence dote le parlement d'un droit de regard et, donc, de contrôle sur certaines décisions du président de la République et renforce, en même temps, la collaboration

---

821 Art. 5 du Décret-loi constitutionnel du 27 mai 1997.

822 Art. 71 de la Constitution de la transition du 4 avril 2003.

823 Lire dans ce sens, ESAMBO KANGASHE J.-L., « Le président MOBUTU et le premier ministre sous l'Acte constitutionnel de la transition : duel ou duo ? », *Afrika Focus,* Vol.14, Nr. 2, Bruxelles, 1998, pp. 161-177.

824 Art. 40, al. 5 de l'Acte constitutionnel de la transition du 9 avril 1994.

825 Il s'agit des ambassadeurs et envoyés extraordinaires.

826 Tels les gouverneurs et vice-gouverneurs de provinces.

827 Les officiers supérieurs et généraux des forces armées et des forces de l'ordre, le chef d'État-major général, les Chefs d'Etat-major et les commandants des grandes unités des forces armées, après avoir entendu le Conseil supérieur de la défense.

828 Sont concernés par ce formalisme, les hauts fonctionnaires de l'administration (directeur et secrétaire général), les mandataires publics dans les entreprises et organismes publics, à l'exception des commissaires aux comptes.

829 Les ordonnances de nominations et/ou des révocations des magistrats du siège ou du parquet sont prises sur proposition du Conseil supérieur de la magistrature et après avis conforme du Haut conseil de la République-parlement de transition.

entre les deux institutions, mais la pratique n'a que très peu offert de cas où cette collaboration a été effective notamment, au moment des nominations au sein des forces armées et de la garde civile[830], de la diplomatie[831] et de l'administration publique[832].

Critiquant cette pratique dans une correspondance adressée, le 7 avril 1997, au président intérimaire du parlement de transition, le premier ministre pris acte de sa marginalisation, affirmant que, « ces ordonnances ne sont pas le fait du gouvernement qui n'en a pris connaissance qu'à l'occasion de leur publication à la télévision nationale »; dénonciation qui n'eut aucun effet jusqu'à la destitution, le 18 mars 1997, du gouvernement par la majorité parlementaire[833].

La gestion des relations extérieures n'a pas non plus échappé au phénomène de « duplication diplomatique[834] » et, notamment, dans la gestion de la présence des troupes françaises sur le territoire national, dans le cadre de l'opération turquoise au Rwanda. C'est non sans intérêt que l'on rappelle la position du Chef de l'État relayée, le 2 mars 1995, sur les antennes de la télévision nationale, par son directeur de cabinet[835], qui indiquait que « les grandes questions se traitent, sur le plan diplomatique, directement par téléphone[836] » et donc, sans besoin de collaboration avec le premier ministre.

Mise en place, la Constitution du 18 février 2006 encadre l'exercice, par le président de la République, du pouvoir réglementaire, par ailleurs, couvert par les délibérations du Conseil des ministres[837]. On note que cette couverture ne fut pas observée à l'occasion de la nomination du chef d'état-major général des forces armées[838], des maires et maires adjoints des villes, des commissaires de district et commissaires de district assistants, des

---

[830] En vertu des Ordonnances n° 96/061/062/063/064/065 et 066 du 8 décembre 1996 et 97/004 du 8 janvier 1997.

[831] Tel fut le limogeage, le 21 janvier 1997, de l'Ambassadeur Raymond RAMAZANI BAYA à partir de la France, sans consultation du gouvernement, ni du parlement de transition.

[832] Le 31 mars 1995, le président de la République prit une série d'ordonnances portant nomination et promotion des inspecteurs de l'Enseignement primaire, secondaire et professionnel en violation de l'article 47, al. 1[er]de la Constitution.

[833] ESAMBO KANGASHE J.-L., « Le président MOBUTU et le premier ministre sous l'Acte constitutionnel de la transition : duel ou duo ? », *op. cit.*, p. 168.

[834] Phénomène construit autour de la discordance entre la présidence de la République et le gouvernement sur la gestion des matières relevant, pourtant, du domaine de collaboration.

[835] En l'occurrence Félix VUNDUAWE te PEMAKO.

[836] ESAMBO KANGASHE J.-L., « Le président MOBUTU et le premier ministre sous l'Acte constitutionnel de la transition : duel ou duo ? », *op. cit.*, p.166.

[837] Art. 81 de la Constitution.

[838] Par Ordonnance n° 08/069 du 17 novembre 2008, *Journal officiel de la République démocratique du Congo,* n° 23 du 1er décembre 2008, Col. 1-66.

bourgmestres et bourgmestres adjoints, ainsi que des administrateurs du territoire et administrateurs de territoire assistants[839].

Comparant les deux contextes politiques, on relève qu'à la différence du cadre juridique organisant le pouvoir réglementaire du président de la République, se dessine paradoxalement une convergence des mobiles axés, dans l'un comme dans l'autre cas, sur la violation de la Constitution.

Statuant par voie de décret, le premier ministre assure l'exécution de lois et dispose également du pouvoir réglementaire, sous réserve des prérogatives dévolues au président de la République. Il nomme après délibération en Conseil des ministres, aux emplois civils et militaires, autres que ceux pourvus par le président de la République. Ses actes sont contresignés, le cas échéant, par les ministres chargés de leur exécution[840].

3.3. Le pouvoir réglementaire des gouverneurs de provinces

Le pouvoir réglementaire du gouverneur de province est constitutionnel[841] ou légal[842], cette autorité disposant de l'administration publique provinciale et supervisant les services publics provinciaux et nationaux en province. Dans l'exercice de son pouvoir réglementaire, le gouverneur agit par voie d'arrêtés contresignés par les ministres provinciaux, chargés de leur exécution.

3.4. Le pouvoir réglementaire des autorités exécutives des entités territoriales décentralisées

Les entités territoriales décentralisées sont gérées par les organes locaux[843]. Assurant l'exécution des lois, des édits, des règlements et des décisions des autorités supérieures ou des organes délibérants, les responsables des exécutifs des entités territoriales décentralisées exercent, par voie d'arrêtés, le pouvoir réglementaire.

4. La responsabilité politique du gouvernement

La Constitution indique que, le premier ministre peut, après délibération du conseil des ministres, engager, devant l'Assemblée nationale, la responsabilité du gouvernement sur son programme, sur une déclaration de politique générale ou sur le vote d'un texte[844].

---

[839] Par Ordonnances n° 08/055, 08/056, 08/057 et 08/058 du 24 septembre 2008, numéro spécial du 24 septembre 2008.

[840] Art. 92, al. 1er, 2 et 4 de la Constitution.

[841] Art. 165, al. 1 et 3 de la Loi fondamentale du 19 mai 1960 et 105, al. 6 de la Constitution du 1er août 1964.

[842] Art. 28 de la Loi n° 08/012 du 31 juillet 2008, telle que révisée à ce jour.

[843] Art. 183, 184, 199, 200, 215 et 216 de la loi électorale.

[844] Art. 147, al. 1erde la Constitution du 18 février 2006.

Lorsque l'Assemblée nationale adopte, à la majorité absolue de ses membres, la motion de censure contre le gouvernement, le premier ministre remet la démission du gouvernement au président de la République, dans les vingt-quatre heures qui suivent[845]. Il est, dans ce cas, fait recours à la Constitution[846] pour obliger le Chef de l'État à consulter la majorité parlementaire.

La responsabilité politique d'un membre du gouvernement est engagée par le vote d'une motion de défiance. Celle-ci n'est recevable que, si elle est signée par un dixième des députés.

En cas d'adoption, à la majorité absolue des membres de l'Assemblée nationale, d'une motion de défiance contre un membre du gouvernement, celui-ci est tenu de remettre sa démission au premier ministre[847] qui, dans ce cas, transmet au président de la République la démission, ainsi que la proposition de nomination d'un autre membre de gouvernement.

5. La dissolution de l'Assemblée nationale

D'usage en régime parlementaire, la dissolution vise à tempérer les ardeurs des députés, souvent, portés vers le renversement des équipes gouvernementales qu'ils ont, pourtant, investies. En Grande Bretagne, la menace de dissolution de la chambre des Communes aboutit à la retenue de ses membres et, donc, à la stabilisation du gouvernement.

Prévue dans la Loi fondamentale du 19 mai 1960[848], la dissolution a été souvent utilisée comme une arme contre une majorité parlementaire hostile au président de la République. On note qu'avant l'adoption définitive de la Constitution, la dissolution d'une ou de deux chambres ne peut être prononcée par le Chef de l'État qu'après délibération en Conseil des ministres et accord d'une des deux chambres au moins, acquise aux deux tiers des membres présents[849].

À plusieurs reprises, en effet, cette autorité s'est illustrée par des ajournements et/ou dissolutions inconstitutionnels des chambres parlementaires, dont l'hostilité à l'égard de sa gouvernance était, de plus en plus, ouverte.

Reprise dans la Constitution du 18 février 2006, la dissolution de l'Assemblée nationale n'est autorisée qu'en cas de crise persistante avec le gouvernement. Le président de la République peut, dans ce cas, prononcer la dissolution de l'Assemblée nationale, après avoir consulté le premier ministre et les présidents de deux chambres parlementaires. Aucune dissolution n'a lieu, dans l'année qui suit les élections, pendant l'état

[845] Art.78 de la Constitution du 18 février 2006.
[846] Art. 147, al. 2 de la Constitution du 18 février 2006
[847] Art. 153, al. 3 de la Constitution du 18 février 2006.
[848] Art. 30 de la Loi fondamentale du 19 mai 1960.
[849] Art. 71 de la Loi fondamentale du 19 mai 1960.

d'urgence, de siège ou de guerre, ni pendant l'intérim du président de la République[850].

§4. Les exécutifs provinciaux et des entités territoriales décentralisées

Combinées aux dispositions pertinentes de la Constitution, les dispositions de la loi portant principes fondamentaux relatifs à la libre administration des provinces et celles de la loi organique n° 08/016 du 7 octobre 2008 portant composition, organisation et fonctionnement des entités territoriales décentralisées et leurs rapports avec l'État et les provinces, aménagent respectivement la configuration des exécutifs provinciaux et celle des entités territoriales décentralisées.

A. Le gouvernement provincial

Organe exécutif de la province[851], le gouvernement provincial est composé du gouverneur, du vice-gouverneur et des ministres provinciaux. Le gouverneur et le vice-gouverneur sont élus, pour un mandat de cinq ans renouvelable une seule fois, par les députés provinciaux, au sein ou en dehors de l'Assemblée provinciale. Ils sont investis par ordonnance du président de la République.

Les ministres provinciaux sont désignés par le gouverneur, au sein ou en dehors de l'Assemblée provinciale. Leur nombre ne peut dépasser dix[852]. Avant d'entrer en fonction, le gouverneur présente, à l'Assemblée provinciale, le programme du gouvernement. Lorsque ce programme est approuvé par la majorité absolue des membres qui composent l'Assemblée provinciale, celle-ci investit les ministres[853].

Élus par les députés provinciaux, le gouverneur et le vice-gouverneur sont investis, par ordonnance du président de la République[854], dans les quinze jours qui suivent la transmission du procès-verbal de leur élection[855]. L'investiture a lieu, s'il n'a pas été enregistré de recours[856], devant la Cour d'appel[857] compétente.

---

[850] Art. 148, al. 1er et 2 de la Constitution du 18 février 2006.

[851] Art. 22 de la Loi n° 08/0 12 du 31 juillet 2008 portant principes fondamentaux relatifs à la libre administration des provinces.

[852] La limitation du nombre de portes-feuilles ministériels au niveau du gouvernement provincial est inspirée de la Constitution du 1er août 1964 qui le fixait, aux termes de l'article 102, al. 1er à six.

[853] Art. 198, al. 1-7 de la Constitution du 18 février 2006.

[854] Art. 172 de la Constitution du 18 février 2006.

[855] Art. 74, al. 2 de la loi électorale.

[856] Art. 300, al. 2 de la Constitution du 18 février 2006.

[857] Art. 200, al. 3 de la Constitution du 18 février 2006.

S'agissant du gouvernement provincial, il n'entre en fonction qu'après avoir été investi par l'Assemblée provinciale, à la suite de l'approbation du programme gouvernemental. Il convient ainsi de faire une distinction entre l'investiture du gouverneur de province et celle du gouvernement provincial.

La Constitution marque, à cet effet, une distinction entre l'entrée en fonction du gouvernement provincial et l'investiture du gouverneur, cette dernière exigeant la double intervention de l'Assemblée provinciale et du président de la République. L'investiture est un vote de confiance[858] ou une autorisation donnée, par une assemblée délibérante, au premier ministre de former son gouvernement[859], orientation qui a certainement inspiré le constituant de 2006, lorsqu'il précise qu'après leur élection par l'Assemblée provinciale, le gouverneur et le vice-gouverneur sont investis par ordonnance présidentielle.

On note qu'une fois investi, le gouverneur de province acquiert une existence juridique, il peut commencer à travailler, sans attendre de disposer de l'intégrité de ses pouvoirs[860], d'autant que, la Constitution ne fixe pas de délai, à peine de déchéance, entre l'investiture du gouverneur et la présentation de son gouvernement ou de son programme d'action, devant l'Assemblée provinciale.

Avant leur entrée en fonction et à l'expiration de celle-ci, les membres du gouvernement provincial dépose, devant la Cour administrative d'appel, la déclaration écrite de leur patrimoine familial, énumérant leurs biens meubles y compris actions, parts sociales, obligations, autres valeurs, comptes en banque, leurs biens immeubles, avec indication des titres pertinents.

Ce patrimoine inclut les biens du conjoint, selon le régime matrimonial, des enfants mineurs et des enfants mêmes majeurs, à charge du couple. La Cour administrative d'appel communique cette déclaration à l'administration fiscale.

Faute de cette déclaration, endéans trente jours, la personne concernée est réputée démissionnaire. Dans les trente jours suivant la fin des fonctions, faute de cette déclaration, en cas de déclaration frauduleuse ou de soupçon d'enrichissement sans cause, la Cour de cassation est saisie par les soins du procureur général près cette Cour[861].

Chef de l'exécutif provincial, le gouverneur représente la province en justice et auprès des tiers. Il nomme, relève de leurs fonctions et, le cas échéant, révoque les ministres provinciaux. Le gouverneur dispose de l'administration en province et promulgue les édits, dans les quinze jours de

---

858 MASCLET J.-C., *Droit électoral*, Paris, PUF, 1989, p.113.

859 ARDANT P., *Institutions politiques et droit constitutionnel, op. cit.*, pp. 519-524.

860 *Idem.*, p. 508.

861 Art. 24 de la Loi n° 08/012 du 31 juillet 2008 portant principes fondamentaux relatifs à la libre administration des provinces.

leur transmission[862]. Il organise le fonctionnement du gouvernement provincial et la répartition des compétences entre ses membres[863].

Cette autorité exerce, dans les conditions prévues par la loi, la tutelle sur les actes des entités territoriales décentralisées, activité qui peut se dérouler *a priori* ou *a postériori ;* il peut déléguer ce pouvoir à l'Administrateur de territoire.

Sont soumis au contrôle a priori, l'élaboration de l'avant-projet de budget afin de valider la compatibilité avec les hypothèses macroéconomiques retenues dans les prévisions du budget national, les projections des recettes et la prise en compte des dépenses obligatoires. La création des taxes et émission d'emprunt conformément à la loi sur la nomenclature des taxes et la loi financière, ainsi que celle d'entreprises industrielles et commerciales, la prise de participation dans les entreprises sont, également, soumises à ce contrôle. Il en est ainsi de la conclusion et de la signature de contrat comportant des engagements financiers sous différentes formes de prise de participation.

Les règlements de police assortis de peine de servitude pénale principale, l'exécution des travaux sur les dépenses d'investissement du budget de l'État, comme maître d'ouvrage délégué, les actes et actions entrainant des relations avec les États étrangers, quelle qu'en soit la forme, subissent un contrôle a priori. C'est aussi, la décision autorisant le recours à la procédure de gré à gré, par dérogation aux règles de seuil et de volume, normalement, soumis aux procédures d'appel d'offres[864].

Les autres actes, étant soumis au contrôle a posteriori, doivent être transmis au gouverneur de province, avant d'être mis à délibération ou à exécution. Cette autorité dispose de vingt jours, pour faire connaître ses avis. Passé ce délai, le projet d'acte est, selon le cas, soumis à délibération ou à exécution[865].

Dans le cadre de l'exercice de la tutelle, la décision négative de l'autorité tutélaire doit être écrite et motivée ; elle est, selon le cas, susceptible de recours administratif ou juridictionnel. La loi précise que, le silence de l'autorité de tutelle, endéans trente jours, est synonyme d'un rejet implicite, ouvrant ainsi la voie à l'entité territoriale décentralisée concernée de former un recours devant la Cour administrative d'appel, territorialement, compétente.

---

[862] Art. 28 de la Loi du 31 juillet 2008.

[863] Art. 27 de la Loi du 31 juillet 2008.

[864] Art. 97 de la Loi organique n° 08/016 du 31 juillet 2008 portant composition, organisation et fonctionnement des entités territoriales décentralisées et leurs rapports avec l'État et les provinces.

[865] Art. 98 de la même Loi.

B. Les exécutifs des entités territoriales décentralisées

La Constitution indique que les entités territoriales décentralisées sont constituées de la ville, de la commune, du secteur et de la chefferie, dotées de la personnalité juridique et gérées par les organes locaux. Elles jouissent de la libre administration et de l'autonomie de gestion des ressources économiques, humaines, financières et techniques[866].

Précisant la pensée du constituant, le législateur indique que, la province est subdivisée en villes et territoires. À l'intérieur d'une province, on retrouve des villes, elles-mêmes, divisées en communes au sein desquelles, il ya des quartiers et/ou groupements incorporés. On notera, également, que les territoires sont divisés en communes, secteurs et/ou chefferies ; chaque secteur ou chefferie étant constitué des groupements, eux-mêmes, formés par un ensemble de villages[867].

1. Le Collège exécutif urbain

La ville est dirigée par un maire, secondé d'un maire adjoint, tous deux élus sur une même liste, au suffrage universel indirect et au scrutin majoritaire à deux tours par les conseillers urbains (eux-mêmes élus par les conseillers municipaux), au sein ou en dehors, du conseil urbain, pour un mandat de cinq ans renouvelable[868]. Ils sont investis par le ministre de la République ayant les affaires intérieures dans ses attributions, dans les quinze jours de la proclamation des résultats. Passé ce délai, l'investiture est acquise de droit[869].

Chef du collège de l'exécutif urbain, le maire nomme, au sein ou en dehors du conseil urbain, trois échevins. Cette désignation est soumise à l'accord du conseil. Il peut, après décision du collège exécutif urbain, engager, devant le conseil, la responsabilité du collège exécutif sur son programme, sur une déclaration de politique générale ou sur le vote d'un texte[870].

Les règles et procédures de la mise en jeu de la responsabilité politique, en régime parlementaire (motion de censure ou de défiance), demeurent d'application à l'égard du Maire et des autres membres du collège exécutif urbain.

[866] Art. 3, al. 1-3 de la Constitution du 18 février 2006.

[867] Art. 4 de la Loi organique n° 8/016 portant composition, organisation et fonctionnement des entités territoriales décentralisées et leurs rapports avec l'État et les provinces.

[868] Art. 183 de la Loi électorale.

[869] Art. 30 al. 2 de la Loi organique n° 8/016 portant composition, organisation et fonctionnement des entités territoriales décentralisées et leurs rapports avec l'État et les provinces.

[870] Art. 36 de la même Loi.

2. Le Collège exécutif communal

Le collège exécutif communal est l'organe de gestion de la Commune et d'exécution des décisions du conseil communal. Il est composé du bourgmestre, du bourgmestre adjoint et de deux échevins communaux.

Élus au suffrage universel direct et au scrutin proportionnel de listes ouvertes, à une seule voix préférentielle, avec application de la règle du plus fort reste, les conseillers communaux choisissent, au sein ou en dehors du conseil, le bourgmestre et le bourgmestre adjoint, pour un mandat de cinq ans renouvelable[871], lesquels sont investis par arrêté du gouverneur de province, dans les quinze jours de la proclamation des résultats[872].

Les échevins communaux sont désignés par le bourgmestre, au sein ou en dehors du conseil communal, avec l'accord de ce dernier. Les membres du collège communal engagent leur responsabilité politique devant le conseil communal[873].

De manière générale, le bourgmestre est l'autorité exécutive de la commune et veille à son fonctionnement régulier. Il est le représentant du pouvoir central et du gouverneur de province, au sein de cette entité.

3. Le Collège exécutif de secteur ou de chefferie

Composé du chef de secteur ou de chefferie, d'un adjoint et de deux ou trois échevins, selon le cas, le collège exécutif de secteur et de chefferie assure la gestion quotidienne de cette entité et exécute les décisions de son conseil.

Le chef de secteur et le chef de secteur adjoint sont élus au suffrage universel indirect par les conseillers de secteur ; leur mandat étant de cinq ans renouvelables[874]. Après leur élection, ils sont investis par arrêté du gouverneur, dans les quinze jours de leur élection. Passé ce délai, l'investiture est acquise, de plein droit. Dans le respect de la loi sur le statut des chefs coutumiers, le gouverneur de province investit, par arrêté, le chef de chefferie désigné selon la coutume locale[875].

Avec l'accord du conseil, le chef de secteur ou de chefferie désigne, au sein ou en dehors de cet organe délibérant respectivement deux et trois échevins. Dans les mêmes conditions, règles et procédures que celles prévues pour les exécutifs provincial, urbain et municipal, les membres du

---

[871] Art. 199 de la Loi électorale.

[872] Art.56, al. 2 de la Loi organique n°08/016 portant composition, organisation et fonctionnement des entités territoriales décentralisées et leurs rapports avec l'État et les provinces.

[873] Art. 58 de la Loi électorale.

[874] Art. 215 de la Loi électorale.

[875] Art. 80 de la Loi organique n° 08/016 portant composition, organisation et fonctionnement des entités territoriales décentralisées et leurs rapports avec l'État et les provinces.

collège exécutif local, sauf le chef coutumier, engagent leur responsabilité politique devant le conseil de secteur ou de chefferie.

SECTION 2. LE POUVOIR LÉGISLATIF

L'étude de la structure du parlement est préalable à l'examen de la désignation de ses membres et des prérogatives qui lui sont dévolues.

§1. La structure du parlement

En droit constitutionnel congolais, le parlement a été, selon le régime, mono ou bicaméral. Monocaméral, il fut désigné Assemblée nationale[876], Conseil législatif[877], Haut conseil de la République[878], Haut conseil de la République-parlement de transition[879] ou Assemblée constituante et législative-parlement de transition[880]. Également organisé par la Constitution[881], le bicamérisme autorise l'existence, à côté de la chambre basse appelée, tantôt chambre des Représentants[882], tantôt Assemblée nationale[883]; d'une chambre haute dénommée le Sénat.

§2. La désignation des membres du parlement

Mieux connaitre les conditions d'éligibilité rend aisée l'étude du mode de scrutin, du statut et des incompatibilités des parlementaires.

A. Les conditions d'éligibilité

Dans un régime démocratique, l'élection est le mode, par excellence, de désignation d'une assemblée parlementaire. Cette règle n'est pas d'application absolue, certains pays africains ayant opté, dans certaines circonstances particulières de leur histoire politique, pour la cooptation ou la

---

876 Durant la période allant de 1967 à 1977 et de 1990 à 1992.

877 De 1977 à 1990.

878 En 1992.

879 En 1994.

880 De 1998 à 2001.

881 Notamment dans la Loi fondamentale du 19 mai 1960 relative aux structures du Congo, la Constitution du 1er août 1964, la Constitution de transition du 4 avril 2003 et la Constitution de la République démocratique du Congo du 18 février 2006.

882 En vertu de l'article 8 de la Loi fondamentale du 19 mai 1960 relative aux structures du Congo.

883 De 2003 à ce jour.

nomination des membres formant les assemblées parlementaires[884]. Pour la République démocratique du Congo, on signale les cas de nomination[885] des membres du parlement et/ou leur cooptation[886] sans aucune consultation populaire.

En dehors de ces exceptions, on admet que les conditions d'éligibilité aux assemblées parlementaires sont précisées dans la loi électorale. Ainsi, tout candidat député ou sénateur doit être de nationalité congolaise et jouir de ses droits civils et politiques.

Selon le régime électoral, il doit être âgé soit de vingt-un ans[887]ou de vingt-cinq ans[888] révolus, pour le candidat député national, soit de trente ans[889] ou quarante ans révolus[890] pour le candidat sénateur.

B. Les modes de scrutin

Dans l'organisation des élections pour la désignation des parlementaires, la République démocratique du Congo a eu recours à une variété de techniques empruntant tantôt le scrutin majoritaire, tantôt celui de la proportionnelle des listes ouvertes avec application de la règle du plus fort reste.

On note que, le système majoritaire uninominal à un tour a été utilisé pour la désignation des membres de l'Assemblée nationale prévue par la Constitution du 24 juin 1967, le nombre de circonscriptions électorales restant, par ailleurs, égal à celui des sièges à pourvoir.

Parallèlement à cette technique, un grand nombre de parlementaires ont été soit nommés sur décision unilatérale du président de la République[891], soit désignés par consensus au sein de la classe politique[892].

Une autre technique consiste à élire les parlementaires au moyen du système des listes[893] ou à la représentation proportionnelle des listes ouvertes, avec application de la règle du plus fort reste[894], modalité qui

---

884 On pense, notamment, au Burkina Faso, au Burundi, à l'Égypte, à la République centrafricaine, à la République du Congo, à la République démocratique du Congo ou à la Tunisie.

885 En 1977 et 1998.

886 Entre 1992 et 1994 et en 2003, les membres des assemblées parlementaires de transition furent cooptés au sein des partis politiques et des structures se réclamant de la société civile.

887 Art. 1er de la Loi du 23 mars 1960 relative aux élections législatives et provinciales.

888 Art. 18 de l'Ordonnance-loi du 6 octobre 1964 portant organisation des élections nationales et provinciales en vue de la mise en place des nouvelles institutions législatives prévues par la Constitution du 1er août 1964 et 17 de l'Ordonnance-loi n° 70-026 du 17 avril 1970 relative aux élections législatives.

889 Art. 107 de l'Ordonnance-loi du 6 octobre 1964.

890 Art. 108 de l'Ordonnance-loi du 6 octobre 1964.

891 En 1977 et 1998.

892 En 1992, 1994 et 2003.

893 En 1959.

894 En 1960, 1965, 2006 et 2011.

encourage la formation des partis politiques indépendants et se démarquant les uns des autres. Même corrigé par la règle de la plus forte moyenne, ce mode de scrutin assure difficilement le regroupement des partis politiques, mais encourage plutôt leur l'instabilité à la faveur des gouvernements de coalition, se soldant par des crises gouvernementales préjudiciables à l'unité et l'action du gouvernement.

C. Le statut du parlementaire

En droit parlementaire, le statut est constitué d'un dispositif juridique, qui protège la fonction et la personne du parlementaire pendant l'exercice de son mandat ; il organise, également, ses droits, ses devoirs et immunités ainsi que les incompatibilités à son mandat.

1. Les droits du parlementaire

Les droits du parlementaire sont organisés par la Constitution[895] et les règlements des assemblées délibérantes. Aux termes de la Constitution du 18 février 2006, le parlementaire a droit de circuler, sans restriction ni entrave, à l'intérieur du territoire national et d'en sortir, à une indemnité équitable prévue dans la loi de finances ainsi qu'à une indemnité de sortie égale à six mois de ses émoluments qui, lui assure une indépendance et une dignité. Le règlement intérieur de chaque Assemblée délibérante peut prévoir d'autres droits, qui renforcent la dignité de ses membres. Il en est ainsi, du droit de remboursement des frais de téléphone et celui de disposer d'un collaborateur (un assistant) payé par l'Assemblée à laquelle il appartient[896].

2. Les devoirs du parlementaire

Le parlementaire a l'obligation de respecter la Constitution et les lois de la République. Il est tenu de sauvegarder, à tout moment, l'honneur et la dignité de ses fonctions, ainsi que l'image de marque de son Assemblée et de participer à ses travaux. Pendant les vacances parlementaires, il est tenu de se rendre dans sa circonscription électorale, d'y rester au moins un mois aux fins de prendre langue avec ses électeurs et d'établir un rapport sur la vie politique, administrative, économique, sociale et culturelle de la circonscription électorale.

Il est interdit au parlementaire d'arborer ou de laisser user de sa qualité dans des entreprises financières, industrielles ou commerciales ou dans l'exercice des professions libérales. D'une façon générale, il ne peut user de

---

[895] Art. 109 et 197 de la Constitution du 18 février 2006.

[896] Lire dans ce sens, BOSHAB MABUJ E. et MATADI NENGA GAMANDA J., *Le statut de représentants du peuple dans les assemblées politiques délibérantes*, Louvain-la-Neuve, Académia-Bruylant, Bibliothèque de droit africain 8, 2010, pp. 135-136.

son titre pour des motifs autres que l'exercice de son mandat ; il a le devoir de respect mutuel, de courtoisie et de solidarité à l'égard de ses collègues.

3. Les immunités parlementaires

L'immunité consacre l'irresponsabilité pénale absolue et perpétuelle d'un parlementaire, pour les actes accomplis, pendant ou à l'occasion de l'exercice de son mandat ; il ne peut être poursuivi, recherché, arrêté, détenu ou jugé en raison des opinions ou votes émis dans l'exercice de son mandat.

Sauf en cas d'infraction flagrante commise par lui, aucun parlementaire ne peut, en cours de session, être poursuivi ou arrêté sans l'autorisation de la chambre à laquelle il appartient. En dehors de sessions, cette autorisation est, sauf flagrant délit, donnée par le bureau de la chambre à laquelle appartient le parlementaire. La détention ou la poursuite éventuelle du parlementaire est, à la demande de la chambre dont il fait partie, suspendue ; suspension qui ne peut dépasser la durée de la session en cours[897].

L'immunité parlementaire s'accommode de privilège de juridiction dont il bénéficie et qui n'autorise sa mise en accusation ou sa poursuite que devant une juridiction d'un rang élevé, en l'occurrence la Cour de cassation[898].

4. Les incompatibilités au mandat parlementaire

De manière générale, le mandat du parlementaire est incompatible avec l'exercice d'une fonction ou d'un mandat qui porte atteinte à son indépendance. Il ne peut ainsi cumuler son mandat avec celui d'un membre du gouvernement, d'une institution d'appui à la démocratie, de la fonction de membre des forces armées, de la police et des services de sécurité. Le mandat de parlementaire est, également, incompatible avec les fonctions de magistrats, d'agent de carrière de service public de l'État.

Il n`est pas autorisé à un parlementaire d'exercer les fonctions de cadre politico-administratif de la territoriale, à l'exception de chef de secteur, chef de chefferie ou de groupement, de mandataire public actif, de membre de cabinet du président de la République, du premier ministre, de président de l'Assemblée nationale ou du Sénat, de membre du gouvernement et, généralement, d'une autorité politique ou administrative de l'État, d'employé dans une entreprise publique ou dans une économie mixte. Un parlementaire ne peut, cumulativement, exercer un autre mandat électif, ni accepter une fonction rémunérée conférée par un État étranger ou un organisme international[899].

[897] Art. 107 de la Constitution du 18 février 2006.
[898] Art. 153, al. 3 de la Constitution du 18 février 2006.
[899] Art. 108 de la Constitution du 18 février 2006.

Les incompatibilités imposées aux députés nationaux et sénateurs le sont également pour les députés provinciaux. La Constitution indique que les dispositions de l'article 108 relatif aux incompatibilités au mandat de député national et du sénateur s'appliquent, mutatis mutandis, au député provincial[900].

S'agissant de membres des assemblées délibérantes des entités territoriales décentralisées, il leur est interdit d'exercer un mandat électif ou une fonction rémunérée conférée par un État étranger ou un organisme international[901].

Ils doivent, en règle générale, s'interdire d'exercer une activité publique ou privée susceptible de nuire à leur indépendance, leur neutralité et leur impartialité.

§3. Les prérogatives du parlement

À l'instar de tout parlement, celui de la République démocratique du Congo remplit traditionnellement la fonction législative et de contrôle, mais il peut, selon la volonté du constituant, exercer des attributions spécifiques.

A. Les attributions législatives

La première fonction de tout parlement est d'élaborer des lois à caractère général et impersonnel. On note que, de 1960 à 2006, la production législative a été, en raison de régimes politiques mis en place, relativement faible ; l'initiative parlementaire ayant été, dans la pratique, réduite au profit du pouvoir exécutif et, notamment, du président de la République, qui est apparu comme législateur ordinaire, en témoignent ses fréquentes interventions dans le secteur.

B. Les attributions de contrôle

La Constitution du 18 février 2006 indique que la politique de la nation est définie en concertation avec le président de la République ; elle est conduite par le gouvernement qui en répond devant l'Assemblée nationale[902]. Cette dernière agit, au moyen de la question orale ou écrite avec ou sans débat suivi du vote, de l'interpellation, des commissions d'enquête, de la question d'actualité, des auditions par les commissions[903], de la motion de défiance ou de censure[904].

---

[900] Art. 197, al. 6 de la Constitution du 18 février 2006.
[901] Art. 77, al. 9 de la Loi électorale.
[902] Art. 91, al. 1, 2 et 5 de la Constitution du 18 février 2006.
[903] Art. 152 du Règlement intérieur de l'Assemblée nationale du 23 novembre 2006, *Journal officiel de la République démocratique du Congo*, numéro spécial du 20 février 2007.
[904] Art. 146 et 147 de la Constitution du 18 février 2006.

Moyens d'information au service de l'Assemblée nationale, les questions orales et écrites sont, sommairement, rédigées et signées par les auteurs, leur objet défini et bien circonscrit. Adressée au membre du gouvernement ou gestionnaire d'une entreprise publique, d'un établissement ou service public, la question orale ou écrite peut, si elle porte sur la politique générale du gouvernement, l'être également en direction du premier ministre.

Dans tous les cas, la question orale ou écrite ne conduit pas à la sanction résultant du vote, son auteur devant préciser qu'elle a lieu ou non avec débat[905]. À la différence d'une question écrite, qui peut être posée pendant ou en dehors de sessions parlementaires[906], la question orale n'a lieu qu'en dehors de la session[907].

Lorsque l'auteur de la question orale ou écrite n'est pas satisfait de la réponse donnée, il peut la transformer en une interpellation[908] ; celle-ci étant assimilée à une demande d'explication adressée au gouvernement ou aux gestionnaires des entreprises publiques, établissements et services publics, les invitant à se justifier, selon le cas, sur l'exercice de leur autorité ou la gestion d'une entreprise publique, un établissement ou service public.

Intervenant à tout moment de la session ordinaire[909], l'interpellation donne lieu, en cas d'approbation de son objet, à un débat au sein de la plénière de l'Assemblée nationale, dont les conclusions peuvent comporter, le cas échéant, des recommandations ou des motions transmises, selon le cas, au président de la République, au premier ministre, au ministre de tutelle par le bureau de l'Assemblée nationale, dans les soixante-douze heures suivant la clôture du débat.

Au cas où les recommandations contiennent des propositions de sanctions et que, dans les trente jours qui suivent la transmission du rapport au président de la République, au premier ministre ou au ministre de tutelle, aucune sanction n'est prise, le président de l'Assemblée nationale saisit l'autorité judiciaire compétente[910].

Au sujet de l'interpellation, on note qu'au cas où l'interpellé n'y défère pas ou se présente après le délai indiqué, le bureau de l'Assemblée nationale adresse un rapport circonstanciel approuvé par la plénière avec des recommandations, selon le cas, au président de la République (si l'interpellé est premier ministre), au premier ministre (pour le ministre) ou au ministre de tutelle (pour le gestionnaire d'une entreprise publique, établissement ou service public[911]).

---

[905] Art. 161 du Règlement intérieur de l'Assemblée nationale.
[906] Art. 165 du Règlement intérieur de l'Assemblée nationale.
[907] Art. 160 du Règlement intérieur de l'Assemblée nationale.
[908] Art. 159 et 171 du Règlement intérieur de l'Assemblée nationale.
[909] Art. 171, al.2 du Règlement intérieur de l'Assemblée nationale.
[910] Art. 176 du Règlement intérieur de l'Assemblée nationale.
[911] Art. 177 du Règlement intérieur de l'Assemblée nationale.

L'Assemblée nationale peut créer une commission d'enquête en vue de recueillir les informations sur la gestion administrative, financière et technique du gouvernement, d'une entreprise publique, un établissement ou service public[912].

Sauf en période de vacances parlementaires et en cas d'urgence où cette tâche est assurée par le Bureau de cette chambre parlementaire, il peut être créé, en toute session, une Commission d'enquête[913].

Comme l'Assemblée nationale, la commission est autorisée à déférer en justice les auteurs des faits répréhensibles constatés lors de l'enquête. L'une ou l'autre agit en direction de l'autorité judiciaire compétente[914].

La question d'actualité est une demande écrite adressée par un député au gouvernement, au gestionnaire d'une entreprise publique, un établissement ou service public en vue d'obtenir des éclaircissements sur certains problèmes de l'heure qu'il juge importants. Précise et signée de son auteur, la question d'actualité donne lieu au débat[915], sans qu'aucune sanction consécutive au vote ne soit envisagée.

Les commissions permanentes de l'Assemblée nationale assurent, en plus de leurs attributions législatives, l'information de cette chambre parlementaire aux fins de l'exercice par elle de son contrôle politique sur la politique gouvernementale ou la gestion des entreprises publiques, les établissements ou services publics. Cette tâche est accomplie au moyen de l'audition des membres du gouvernement et des gestionnaires des entreprises publiques, établissements ou services publics[916].

Il convient d'avoir à l'esprit que les auditions en commissions et les missions d'information donnent lieu aux rapports d'information distribués aux députés et publiés, si la Commission en fait la demande.

À la suite d'une pétition, ce rapport peut donner lieu à un débat sur décision de la Conférence des présidents. Dans ce cas, le débat se déroule selon la procédure prévue pour les questions orales, le président de la commission faisant office de l'auteur de la question[917].

L'Assemblée nationale peut mettre en cause la responsabilité politique du gouvernement par le vote d'une motion de censure et, celle d'un membre du gouvernement par le vote d'une motion de défiance[918]. Adoptée à la majorité absolue des membres composant l'Assemblée nationale, la motion de

---

912 Art. 178 et 180 du Règlement intérieur de l'Assemblée nationale.
913 Art. 180, al. 2 et 3 du Règlement intérieur de l'Assemblée nationale.
914 Art. 185 du Règlement intérieur de l'Assemblée nationale.
915 Art. 169-170 du Règlement intérieur de l'Assemblée nationale.
916 Art. 189, al. 1er du Règlement intérieur de l'Assemblée nationale.
917 Art. 192 du Règlement intérieur de l'Assemblée nationale.
918 Art. 146, al. 2 de la Constitution du 18 février 2006 et 196, al. 1er du Règlement intérieur de l'Assemblée nationale.

censure ou de défiance entraîne, selon le cas, la démission du premier ministre ou du membre du gouvernement[919].

Le pouvoir de contrôle sur le gouvernement, les entreprises publiques et établissements publics est réel dans les deux chambres du parlement. Au niveau de l'Assemblée nationale, on note qu'en huit ans d'existence, soit de 2007 à 2015, cette chambre parlementaire a enregistré treize motions de défiance et huit motions de censure, à l'encontre de l'un ou l'autre membre du gouvernement ou du premier ministre.

Selon l'origine, on signale que trente-six motions ont été préparées par la majorité au pouvoir contre quatre-vingt-neuf émanant de l'opposition et cinq des députés non alignés. En rapport avec l'objet, quatre-vingt-neuf motions portent sur le domaine politique, dix-huit dans le secteur économique et treize dans le domaine social et culturel[920].

Pendant la même période, le Sénat a initié trente-deux questions orales avec débat, vingt-quatre questions d'actualité et douze questions écrites. En plus de onze commissions d'enquête instituées dans divers domaines, cette chambre parlementaire a procédé à l'interpellation d'un membre du gouvernement[921].

Organe délibérant de la province, l'Assemblée provinciale contrôle l'action du gouvernement et des services publics provinciaux et locaux[922] par l'adoption, selon le cas, d'une motion de censure ou de défiance[923].

C. Les attributions spécifiques

À côté des attributions classiques, le parlement congolais s'est vu conférer, par certains textes constitutionnels, des pouvoirs spécifiques découlant du contexte politique et des attentes du constituant. C'est dans ce cadre que l'Acte constitutionnel de la transition du 9 avril 1994 a conféré au parlement le pouvoir d'émettre des avis conformes, de suivre et de contrôler les actes de la conférence nationale souveraine ou leur interprétation.

1. L'émission des avis conformes

L'Acte constitutionnel de la transition du 9 avril 1994 indique que le Haut conseil de la République-parlement de transition a compétence d'émettre des avis conformes dans le délai de quinze jours à compter de la date de la réception des dossiers. Passé ce délai, l'avis favorable est

---

[919] Art. 147 de la Constitution du 18 février 2006, 196, al. 5 et 197 du Règlement intérieur de l'Assemblée nationale.

[920] Statistiques obtenues de la Direction de séances de l'Assemblée nationale.

[921] Discours du président du Sénat à l'ouverture de la session ordinaire de mars 2016, inédit, p. 6.

[922] Art. 197, al. 1er de la Constitution du 18 février 2006.

[923] Art. 198, al. 8 de la Constitution du 18 février 2006.

acquis[924]. Il importe de préciser la notion d'avis conforme avant d'indiquer les conditions de sa réalisation.

L'avis est une consultation juridique ou une opinion émise par une personne ou un organe requis et ayant pour but soit d'éclairer la personne ou l'organe qui en fait la demande, soit d'orienter sa décision. Habituellement, on distingue l'avis consultatif de celui obligatoire et/ou conforme. Appelé avis simple ou facultatif, l'avis consultatif découle d'une opinion émise sur une question précise. Dépourvue de force juridique obligatoire, cet avis ne lie pas l'organe ou l'autorité décisionnelle qui peut ou pas le demander. À l'opposé, l'avis obligatoire doit être sollicité par l'autorité requérante, l'inobservance de cette formalité empêche que soit prise la décision ou la position envisagée. Également obligatoire, l'avis conforme s'en démarque par le seul fait qu'une fois donné, l'autorité requérante s'y soumet.

Pratique d'usage dans les institutions (Conseil de sécurité, Assemblée générale ou institutions spécialisées des Nations Unies) et juridictions internationales (Cour internationale de justice), les avis sont généralement sollicités dans le cadre des relations interinstitutionnelles. Dans le système politique américain, en revanche, les avis conformes sont requis lorsque le Sénat exerce son pouvoir de contrôle sur la politique nationale (nomination dans les emplois fédéraux) et internationale du gouvernement (nomination dans la diplomatie).

Organisés par le constituant congolais du 9 avril 1994, les avis conformes sont exigés lorsque le président de la République se propose de nommer, de relever de leurs fonctions et, le cas échéant, de révoquer, sur proposition du gouvernement délibérée en Conseil des ministres et, après avis conforme du Haut conseil de la République-parlement de transition, les ambassadeurs et envoyés extraordinaires, les gouverneurs et vice-gouverneurs de région (province), les officiers supérieurs et généraux des forces armées et des forces de l'ordre, le Conseil supérieur de la défense entendu, les hauts fonctionnaires de l'administration publique (directeur et secrétaire général), les mandataires publics dans les entreprises publiques et organismes publics, excepté les commissaires aux comptes. Cette formalité est également requise en cas de la nomination, de relève et, le cas échéant, de révocation des magistrats du siège et du parquet sur proposition du Conseil supérieur de la magistrature[925]. Cette autorité peut, à la demande du gouvernement et après avis conforme du Haut conseil de la République-parlement de transition, déclarer la guerre[926]. On sait, néanmoins, que dans la pratique ces avis n'ont été que très peu, si pas du tout, sollicités par le président de la République.

---

[924] Art 58, al. 2, point 3 de l'Acte constitutionnel de la transition du 9 avril 1994.

[925] Art. 47 de l'Acte constitutionnel de la transition du 9 avril 1994.

[926] Art. 48, al. 1er de l'Acte constitutionnel de la transition du 9 avril 1994.

2. Le contrôle, le suivi et l'interprétation des actes de la Conférence nationale souveraine

Intervenu dans un contexte politique particulier consécutif au dédoublement constitutionnel et institutionnel, l'Acte constitutionnel de la transition du 9 avril 1994 se devait de consolider les acquis de la Conférence nationale souveraine et de donner effet à ses décisions. Dans le cadre de la conquête démocratique du pouvoir, la diversité d'opinions et la neutralité des médias publics, le parlement était chargé de suivre et contrôler l'exécution des actes de la Conférence nationale souveraine, les interpréter et définir la structure exerçant la tutelle sur les médias publics[927].

§4. Les rapports entre le parlement et le gouvernement

Au regard de l'aménagement constitutionnel du pouvoir et du système des partis politiques mis en place, les rapports entre le gouvernement et le parlement ont, selon le cas, institué un régime de collaboration, de juxtaposition des pouvoirs ou de domination d'un pouvoir sur l'autre.

La collaboration des pouvoirs se perçoit nettement dans le cadre du régime parlementaire, qui organise les moyens d'interaction ou de surveillance réciproque entre le parlement et le gouvernement.

Vis-à-vis du parlement, le gouvernement peut engager sa responsabilité politique (motion de censure) ou celle d'un de ses membres (motion de défiance). Comme contrepartie de cette action, le président de la République est autorisé à dissoudre l'Assemblée nationale, en cas de crise politique persistante avec le gouvernement[928]. Dans la perspective de son ancrage en République démocratique du Congo, ce régime a été aménagé et pratiqué, pendant plus de deux décennies, allant de juin 1960 à novembre 1965, d'août 1992 à mai 1997 et à partir de février 2006.

La juxtaposition des pouvoirs découle de la pratique du régime présidentiel avec, en toile de fond, la réduction des moyens d'action du parlement sur le gouvernement et l'influence quasi négative des partis politiques sur le recadrage de l'activité parlementaire. Pratiqué pendant plus de quatre décennies[929], ce régime assure la prééminence présidentielle sur les autres institutions de l'État, notamment le parlement et le gouvernement.

Les rapports de domination résultent de l'aménagement constitutionnel des pouvoirs et du système des partis politiques, échappant, d'une part, à la rationalisation des rapports entre les organes de l'État et, d'autre part, à la discipline au sein des formations politiques, caressant par ailleurs une organisation centralisée, conséquence de leur agencement dirigiste.

---

927 Art. 58, al. 2, points 4, 5 et 6 de l'Acte constitutionnel de la transition du 9 avril 1994.

928 Art. 148 de la Constitution du 18 février 2006.

929 Soit entre 1960 à 1965, de 1967 à 1990 et entre 1997 à 2001.

N'ayant aucun rapport institutionnel direct avec le parlement (à l'exception des messages qu'il lui adresse et qui ne donnent lieu à aucun débat), le président de la République peut, avec la majorité dont il y dispose et qu'il contrôle, influer sur son fonctionnement au point de lui priver de toute indépendance dans l'exercice de ses prérogatives. C'est, en effet, au chef de l'État qu'il revient de convoquer le parlement en session ordinaire ou extraordinaire, voire d'en fixer l'ordre du jour.

§5. Les Assemblées délibérantes provinciales et des entités territoriales décentralisées

Le régionalisme constitutionnel congolais autorise l'installation, à côté du parlement national, des assemblées provinciales et d'autres organes délibérants dans chaque entité territoriale décentralisée.

A. L'Assemblée provinciale

La présentation de la composition de l'Assemblée provinciale aide à connaitre ses attributions, les droits et obligations des membres ainsi que le fonctionnement de l'institution.

1. La composition

L'Assemblée provinciale est composée des députés provinciaux dont une partie élue au suffrage universel direct et au scrutin secret et, une autre constituée des chefs coutumiers cooptés, sur une liste présentée et agréée par la Commission électorale nationale indépendante. La cooptation n'a lieu qu'après vérification des pouvoirs des députés provinciaux élus ; elle est organisée par le bureau provisoire de chaque Assemblée provinciale, en concertation avec la représentation provinciale de la Commission électorale nationale indépendante[930].

Le nombre de députés provinciaux cooptés ne peut dépasser le dixième des membres qui composent l'Assemblée provinciale[931], alors que celui de sièges est déterminé par le nombre d'électeurs enrôlés dans ladite province. La province qui compte plus de 2.500.000 électeurs enrôlés, a droit à quarante-huit députés provinciaux, celle ayant enrôlé entre 2.000.001 à 2.500.000 électeurs, quarante-deux députés provinciaux ; celle dont le nombre d'enrôlés se situe entre 1500.001 et 2.000.000, bénéficie de trente-six députés provinciaux. De même, chaque province dont le nombre d'électeurs enrôlés se situe entre 1.000.001 et 1.500.000 jouit de trente députés provinciaux ; celle ayant totalisé le nombre d'électeurs enrôlés entre

[930] Art. 153 de la Loi électorale.
[931] Art. 197, al. 5 de la Constitution du 18 février 2006.

500.001 à 1.000.000, de vingt-quatre députés provinciaux. Dix-huit députés provinciaux ont été, enfin, attribués à chaque province comptant au maximum 5.00.000 électeurs enrôlés[932].

2. Les attributions

L'Assemblée provinciale exerce deux attributions essentielles, dans le domaine législatif et celui du contrôle. Organe délibérant de la province, l'Assemblée provinciale légifère par voie d'édit dans le domaine des compétences réservées à la province.

Le législateur précise que les matières suivantes sont, obligatoirement, couvertes par un édit provincial, à savoir :

- le plan d'aménagement de la province ;
- la fonction publique provinciale et locale ;
- la dette publique provinciale ;
- les finances publiques provinciales ;
- les emprunts intérieurs pour les besoins de la province ;
- les travaux et marchés publics d'intérêt provincial et local ;
- l'enseignement maternel, primaire, secondaire, professionnel et national ainsi que l'alphabétisation des citoyens conformément aux normes établies par le pouvoir central ;
- l'établissement des peines d'amende ou de prison pour assurer le respect des édits en conformité avec la législation nationale ;
- les taxes et les droits provinciaux et locaux, notamment l'impôt foncier, l'impôt sur les revenus locatifs et l'impôt sur les véhicules auto moteurs,
- la production de l'eau pour les besoins de la province et ;
- la planification provinciale[933].

Elle contrôle le gouvernement provincial, les entreprises publiques provinciales, les établissements et services locaux par la question orale ou écrite avec ou sans débat non suivi de vote, la question d'actualité, l'interpellation, la commission d'enquête, l'audition par les commissions, la motion de défiance ou de censure.

3. Les droits et obligations des membres

Pris en exécution de la Constitution, le règlement intérieur de chaque Assemblée provinciale aménage les droits et obligations des membres.

932 Art. 145 de la Loi électorale.
933 Art. 35 de la Loi n° 08/012 du 31 juillet 2008, telle que modifiée à ce jour.

3.1. Les droits des députés provinciaux

Investi d'un mandat électif, le député provincial a droit à la considération et à une indemnité équitable qui assure son indépendance ainsi qu'à une indemnité de sortie égale à six mois de ses émoluments[934]. Il a droit, dans l'exercice de son mandat, de circuler librement à l'intérieur du territoire national et d'en sortir[935] ; le règlement intérieur de chaque Assemblée provinciale pouvant prévoir d'autres droits qui renforcent la dignité de ses membres, tels que le droit au remboursement des frais de téléphone ou celui d'avoir un collaborateur (un assistant parlementaire) payé par l'Assemblée provinciale.

Justiciable de la Cour d'appel[936], le député provincial ne peut être poursuivi, recherché, arrêté, détenu ou jugé, en raison d'une opinion émise ou d'un vote réalisé dans l'exercice de son mandat ; il ne peut, en cours de sessions, être poursuivi ou arrêté, sauf en cas de flagrant délit, qu'avec l'autorisation de l'Assemblée provinciale. En dehors de sessions, son arrestation est, sauf cas de flagrance ou des poursuites autorisées ou encore de condamnation définitive ; subordonnée à l'autorisation du bureau de la dite Assemblée. Aux fins de l'autorisation des poursuites contre un de ses membres, l'Assemblée provinciale lève, par un vote à bulletin secret, ses immunités parlementaires ; l'intéressé, préalablement, entendu en vue de présenter ses moyens de la défense.

3.2. Les obligations des députés provinciaux

À l'instar de tout citoyen, le député provincial est tenu de respecter la Constitution et les lois de la République, mais en sa qualité de parlementaire, obligation lui est faite de sauvegarder, à tout moment, l'honneur et la dignité de son mandat ainsi que l'image de son Assemblée ; il est, également, tenu de participer aux travaux de celle-ci (plénières et commissions de l'Assemblée provinciale).

Pendant ses vacances parlementaires, le député provincial est tenu de se rendre dans sa circonscription électorale, d'y rester au moins un mois, de prendre langue avec ses électeurs et d'établir un rapport sur la vie politique, administrative, économique, sociale et culturelle de la circonstance. Il lui est interdit d'arborer ou de laisser user de sa qualité dans des entreprises financières, industrielles ou commerciales ou dans l'exercice des professions libérales.

De façon générale, le député provincial doit s'abstenir de faire usage de son titre pour des motifs autres que ceux liés à l'exercice de son mandat ; il

---

[934] Art. 11 de la Loi n° 08/012 du 31 juillet 2008, telle que modifiée à ce jour.
[935] Art. 12, al. 1er de la Loi n° 08/012 du 31 juillet 2008, telle que modifiée à ce jour.
[936] Art. 10 de la Loi n° 08/012 du 31 juillet 2008, telle que modifiée à ce jour.

a, donc, le devoir de respect mutuel, de courtoisie et de solidarité à l'égard de ses collègues.

4. Le fonctionnement de l'Assemblée provinciale

Le fonctionnement de l'Assemblée provinciale est déterminé par le règlement intérieur, lequel détermine notamment la durée et les règles de fonctionnement du bureau, les pouvoirs et prérogatives de son président ainsi que des autres membres du bureau ; le nombre, le mode de désignation, la composition, le rôle et la compétence de ses commissions permanentes ainsi que la création et le fonctionnement des commissions spéciales et temporaires ; l'organisation des services administratifs, le régime disciplinaire des députés provinciaux ainsi que les différents modes de vote, à l'exception de ceux prévus par la Constitution. Il est publié au Journal officiel[937].

Après la proclamation des résultats des élections provinciales par la Commission électorale nationale indépendante, l'Assemblée provinciale se réunit, le quinzième jour, suivant cette proclamation, de plein droit en session extraordinaire en vue de l'installation de son bureau provisoire dirigé par le doyen d'âge assisté de deux membres les moins âgés, la validation des pouvoirs, l'élaboration et l'adoption du règlement intérieur, l'élection et l'installation du bureau définitif.

Il est à noter que la séance d'ouverture de cette session est présidée par le fonctionnaire le plus gradé de l'administration de ladite Assemblée[938].

Une fois installée, l'Assemblée provinciale tient de plein droit chaque année deux sessions ordinaires : la première, allant du 30 mars jusqu'au 29 juin et, la seconde, du 30 septembre au 29 décembre ; cette dernière étant principalement consacrée à l'examen du budget devant, en cas d'adoption, être transmis au gouvernement central par le gouverneur de province, au plus tard le 31 mars[939].

Cet organe délibérant de la province peut être convoqué en session ordinaire par son président sur un ordre du jour déterminé, à la demande de son bureau, de la moitié de ses membres ou du gouvernement provincial. Cette session ordinaire ne peut dépasser trente jours[940].

Il est dirigé par un bureau composé d'un président, d'un vice-président, d'un rapporteur, d'un rapporteur adjoint et d'un questeur élus dans les conditions fixées par son règlement intérieur[941].

L'Assemblée provinciale est dissoute par le président de la République en cas de crise politique grave et persistante ; celle-ci a lieu, lorsque, pendant

[937] Art. 14 de la Loi n° 08/012 du 31 juillet 2008, telle que modifiée à ce jour.
[938] Art. 15 de la Loi n° 08/012 du 31 juillet 2008, telle que modifiée à ce jour.
[939] Art. 16 de la Loin° 08/012 du 31 juillet 2008, telle que modifiée à ce jour.
[940] Art. 17 de la Loin° 08/012 du 31 juillet 2008, telle que modifiée à ce jour.
[941] Art. 18 de la Loin° 08/012 du 31 juillet 2008, telle que modifiée à ce jour.

six mois successifs, l'Assemblée provinciale n'arrive pas à dégager une majorité ou, lorsqu'elle ne peut se réunir, pendant une session faute de quorum ou lorsque, au cours de deux sessions d'une année, le gouvernement provincial est renversé à deux reprises[942].

B. Les Assemblées délibérantes des entités territoriales décentralisées

Au niveau de chaque ville, commune, secteur ou chefferie, les assemblées délibérantes sont constituées, selon le cas, du conseil urbain, du conseil communal et du conseil de secteur ou de chefferie.

1. Le Conseil urbain

La composition du conseil urbain aide à comprendre ses attributions et son fonctionnement.

1.1. La composition

Organe délibérant de la ville, le conseil urbain est composé des membres élus par les conseillers municipaux au scrutin proportionnel des listes ouvertes à une seule voix préférentielle, avec application de la règle du fort reste, leur mandat étant de cinq ans renouvelables[943].

La taille du conseil urbain est déterminée par le nombre de communes au sein de chaque ville ; la commune étant représentée par quatre conseillers[944].

1.2. Les attributions

Le conseil urbain est l'organe délibérant de la ville, il statue par voie de décision[945]. Il délibère sur les matières d'intérêt urbain, notamment :

- l'adoption de son règlement intérieur ;
- la construction et l'aménagement de la voirie urbaine ;
- la construction et l'aménagement des collecteurs de drainage et d'égouts urbains ;
- l'éclairage urbain ;
- le plan d'aménagement de la ville ;
- l'aménagement, l'entretien et la gestion des marchés d'intérêt urbain ;
- l'organisation et la gestion d'un service anti-incendie ;
- l'organisation et la gestion d'un service d'hygiène, la construction, l'entretien et la gestion des morgues, le programme d'assainissement, la promotion de la lutte contre le VIH/SIDA et les maladies endémiques ;

[942] Art. 19 de la Loi du 31 juillet 2008 telle que modifiée à ce jour.
[943] Art. 175 de la Loi électorale.
[944] Art. 174 de la Loi électorale.
[945] Art 12, al. 5 de la de la Loi organique n° 08/016 du 7 octobre 2008.

- la construction et l'exploitation des microcentrales pour la distribution de l'énergie électrique, l'aménagement des sources et forages de puits d'eau ;
- la création et la gestion des centres culturels et des bibliothèques et ;
- l'initiative de la création des écoles primaires, secondaires, professionnelles et spéciales, conformément aux normes établies par l'État[946].

Il prend des règlements d'administration et de police, donne son avis sur la désignation, par le maire de trois échevins devant faire partie du collège exécutif urbain. À ce sujet, le conseil urbain exerce sur ce dernier le contrôle politique par la motion de censure ou de défiance ainsi que par d'autres moyens d'information d'usage en régime parlementaire.

Le conseil urbain peut, après décision du collège exécutif urbain, engager devant le conseil la responsabilité du collège exécutif sur son programme, sur une déclaration de politique générale ou sur le vote d'un texte. Il est, également, autorisé à recevoir la démission du maire ou maire adjoint qu'il transmet sans délai au gouverneur de province, qui en prend acte. Cette même autorité informe avec diligence la Commission électorale nationale indépendante et le ministre de la République ayant les affaires intérieures dans ses attributions[947].

1.3. Le fonctionnement

Le fonctionnement du conseil urbain est organisé par la loi et son Règlement intérieur. Le législateur précise, de manière générale, que le conseil urbain se réunit de plein droit en session extraordinaire au plus tard le quinzième jour suivant la proclamation des résultats de l'élection des conseillers urbains par la Commission électorale nationale indépendante en vue de l'installation de son bureau provisoire, dirigé par le doyen d'âge assisté de deux membres les moins âgés, la validation des pouvoirs des membres, l'élaboration et l'adoption du règlement intérieur ainsi que l'élection et l'installation du bureau définitif.

La procédure et les modalités de l'organisation de la séance d'ouverture sont les mêmes que pour l'Assemblée provinciale ; le Règlement intérieur de chaque conseil urbain prenant soin de déterminer les matières dont l'institution est compétente.

Avant sa mise en application, le Règlement intérieur du conseil urbain est transmis par le président du bureau provisoire à la cour administrative d'appel, qui se prononce sur sa conformité aux dispositions légales, dans un délai de quinze jours. Passé ce délai, le Règlement intérieur est réputé

---

946 Art. 14 de la Loi organique n°08/016 du 7 octobre 2008.
947 Art. 22 de la Loi organique n° 08/016 du 7 octobre 2008.

conforme, étant également entendu que les dispositions déclarées non conformes ne peuvent être mises en application[948].

Dirigé par un bureau, composé d'un président, d'un vice-président, d'un rapporteur et d'un questeur, le conseil urbain ne peut valablement siéger qu'à la majorité absolue de ses membres, ses décisions étant prises à la majorité absolue des membres présents. Les membres du bureau sont élus dans les conditions fixées par le Règlement intérieur en tenant compte, le cas échéant, de la représentation de la femme[949].Les séances du conseil urbain sont publiques, sauf si le huis clos est prononcé. Elles sont obligatoirement publiques, lorsque les délibérations portent sur le budget, les taxes, les emprunts et les comptes[950].

En vue de favoriser la collaboration avec le collège exécutif urbain, la loi autorise l'accès des membres du collège exécutif aux travaux du conseil urbain ainsi qu'à ceux des commissions. Ils sont obligés, s'ils en sont requis, d'assister aux séances du conseil urbain, d'y prendre la parole et de fournir toutes les explications qui leur sont demandées sur leurs activités.

Le conseil urbain peut inviter toute personne dont elle estime la présence utile à ses travaux, ces dernières n'ont pas voix délibérative[951]. La loi n'autorise pas aux conseillers urbains et aux membres du collège exécutif urbain d'assister aux délibérations du Conseil, si celles-ci portent sur les matières dans lesquelles ils ont un intérêt personnel.

Sous l'autorité de son président qui assure, par ailleurs, la police des débats et contresigne les procès-verbaux des délibérations publiés dans les annales du conseil urbain[952], celui-ci se réunit en session ordinaire une fois par trimestre suivant les modalités fixées par son Règlement intérieur ; la durée d'une session ordinaire ne pouvant pas dépasser trente jours.

Il tient une session budgétaire dans les délais compatibles avec le calendrier d'élaboration du budget de la province[953] et peut se réunir, en session extraordinaire à l'initiative de son bureau ou de la moitié au moins de ses membres ou encore à la demande du collège exécutif urbain. Les débats de la session extraordinaire ne portent que sur les matières figurant dans l'acte de convocation, la session ne se terminant qu'après épuisement de l'ordre du jour ; elle ne peut, en tout état de cause, dépasser quinze jours[954].

---

[948] Art. 15 de la Loi organique n° 08/016 du 7 octobre 2008.

[949] Art. 20 de la Loi organique n° 08/016 du 7octobre 2008.

[950] Art. 17 de la Loi organique n° 08/016 du 7 octobre 2008.

[951] Art. 18 de la Loi organique n° 08/016 du 7 octobre 2008.

[952] Art. 21 de la Loi organique n° 08/016 du 7 octobre 2008.

[953] Art. 23 de la Loi organique n° 08/016 du 7 octobre 2008.

[954] Art. 24 de la Loi organique n° 08/016 du 7 octobre 2008.

2. Le Conseil communal

La présentation du conseil communal sera suivie de celle de ses attributions et de son fonctionnement.

2.1. La composition

Élus au suffrage universel au scrutin proportionnel de listes ouvertes à une seule voix préférentielle avec application de la règle du plus fort reste, les membres du Conseil communal portent le titre de conseillers communaux.

Le nombre de sièges, pour chaque conseil municipal, varie de neuf à dix-huit. Il est de :

- neuf pour une commune de moins de cinq mille électeurs enrôlés ;
- onze pour une commune de plus de cinq mille jusqu'à douze mille cinq cents électeurs enrôlés ;
- treize pour une commune dont le nombre d'électeurs enrôlés ne dépasse pas vingt-cinq mille ;
- quinze pour une commune totalisant au maximum cinquante mille électeurs enrôlés et ;
- dix-huit pour une commune dont le nombre d'électeurs enrôlés dépasse cinquante mille[955].

2.2. Les attributions

Les attributions du conseil communal sont soigneusement fixées par la loi et son Règlement intérieur. On note que cet organe délibérant de la commune décide, de manière générale, sur les matières d'intérêt communal notamment l'entretien des voies, l'aménagement, l'organisation et la gestion des parkings.

Relèvent également de sa compétente, l'entretien des collecteurs de drainage et d'égouts, l'éclairage public communal, le plan d'aménagement de la commune, l'aménagement, entretien et gestion des marchés publics d'intérêt communal, la construction, l'aménagement, l'entretien et la gestion des parcs publics, des complexes sportifs et des aires de jeux, la construction et l'entretien des bâtiments publics appartenant à la Commune, ainsi que l'organisation et la gestion d'un service d'hygiène, le programme d'assainissement, la campagne de vaccination de la population et la promotion de la lutte contre le VIH/SIDA et les maladies endémiques.

Le conseil communal délibère, aussi, sur la création et la gestion des centres culturels et des librairies communales, la planification et la programmation du développement de la commune, l'autorisation de participation de cette entité dans l'association, avec une ou plusieurs autres

[955] Art. 192 de la Loi électorale.

communes limitrophes en vue de coopérer à la solution de divers problèmes d'intérêt commun[956].

Plus spécifiquement, le conseil est autorisé à prendre des règlements d'administration et de police qui ne peuvent, en aucune manière, contrarier les dispositions légales ou réglementaires édictées par l'autorité supérieure. Il est, également, compétent pour sanctionner les règlements de police de peines ne dépassant pas sept jours de servitude pénale principale et 15.000 francs congolais d'amende ou d'une de ces peines seulement[957].

2.3. Le fonctionnement

Pour son fonctionnement harmonieux, le conseil municipal est doté d'un Règlement intérieur qui reprend, mutatis mutandis, les matières de la compétence du conseil urbain, mais au niveau communal.

3. Le Conseil de secteur ou de chefferie

Mieux connaitre la composition du conseil de secteur ou de chefferie contribue à la maitrise du volume de ses compétences et de son fonctionnement.

3.1. La composition

Composé des membres élus au suffrage universel direct et au scrutin proportionnel de listes ouvertes à une seule voix préférentielle avec application de la règle du plus fort reste, chaque Conseil de secteur ou de chefferie comprend, selon le cas, un nombre de Conseillers variant entre sept et treize. Il est de :

- sept pour un secteur ou une chefferie de moins de cinq mille électeurs enrôlés ;
- neuf pour un secteur ou une chefferie de plus de cinq mille jusqu'à dix mille électeurs enrôlés ;
- onze pour un secteur ou une chefferie comptant jusqu'à quinze mille électeurs enrôlés et ;
- treize pour un secteur ou une chefferie de plus de quinze mille électeurs enrôlés[958].

3.2. Les attributions

Organe délibérant au niveau local, le conseil de secteur ou de chefferie statue souverainement sur les matières relevant de ses compétences légales et réglementaires. À cette fin, il décide sur la construction, l'aménagement et

---

956 Art. 50 de la Loi organique n° 08/016 du 7 octobre 2008.
957 Art. 52 de la Loi organique n° 08/016 du 7 octobre 2008.
958 Art. 208 de la Loi électorale.

l'entretien des voies d'intérêt local, l'organisation des péages au profit de l'entité conformément à la législation nationale, l'aménagement, l'organisation et la gestion des parkings d'intérêt local ainsi que l'organisation et la gestion d'un service d'hygiène de l'entité.

Le programme d'assainissement, la campagne de vaccination de la population et la promotion de la lutte contre le VIH/SIDA et les maladies endémiques sont décidés par le Conseil de secteur ou de chefferie. Il en est, également, de la construction et de l'entretien des bâtiments publics du secteur ou de la chefferie ainsi que des complexes sportifs dépendant de l'entité.

La loi reconnaît à cette institution locale le pouvoir de statuer sur les questions relatives à la construction et l'exploitation des microcentrales pour la distribution de l'énergie électrique, l'installation des panneaux solaires, l'aménagement des sources et les forages des puits d'eau pour la distribution.

L'initiative de création des crèches, des écoles maternelles, primaires, secondaires, professionnelles et spéciales, conformément aux normes établies par le pouvoir central ; celle touchant à l'établissement et la gestion des centres sociaux, l'assistance aux personnes vulnérables ainsi que la construction, la réhabilitation des bâtiments des crèches, des écoles maternelles sont décidées au niveau du conseil de secteur ou de chefferie. Il en est ainsi de la mise en place, au niveau local, des structures et de l'exécution des programmes d'alphabétisation des adultes[959] et de bien d'autres matières.

Dans les conditions fixées par la loi électorale, il élit le chef de secteur et le chef de secteur adjoint, le chef de chefferie étant désigné selon la coutume. Deux ou trois échevins désignés respectivement par le chef de secteur et de chefferie l'assistent dans l'accomplissement de ses charges.

3.3. Le fonctionnement

Le conseil de secteur ou de chefferie est doté d'un Règlement intérieur dont le contenu est quasi le même que celui du conseil urbain ou du conseil communal. Il est dirigé par un bureau composé d'un président, d'un vice-président et d'un rapporteur. Les membres du bureau du conseil de secteur ou de chefferie sont élus dans les conditions fixées par le Règlement intérieur en tenant compte, le cas échéant, de la représentation de la femme[960].

Faute pour la Commission électorale nationale indépendante de n'avoir pas organisé les élections urbaines, municipales et locales prévues par la loi,

---

[959] Art. 73 de la Loi organique n° 08/016 du 7 octobre 2008.

[960] Art. 76 de la Loi organique n° 08/016 du 7 octobre 2008.

l'effectivité des organes délibérants et exécutifs des entités territoriales décentralisées n'a pu être constatée.

À la place, ce sont plutôt des personnes nommées en violation du dispositif juridique en vigueur qui administrent ces entités. Seule la volonté politique, clairement affichée, peut permettre la réalisation de cette exigence constitutionnelle.

SECTION 3. LE POUVOIR JUDICIAIRE

Une mise au point sur la notion du pouvoir judiciaire permet de circonscrire sa composition, ses attributions et son indépendance.

§1. La notion du pouvoir judiciaire

La notion du pouvoir judiciaire est difficile à appréhender, à cause certainement de l'absence qu'entoure, bien souvent, la construction constitutionnelle ; laissant à la doctrine la liberté de s'attribuer la paternité.

On admet ainsi que le pouvoir judicaire soit, au sens restreint, uniquement constitué de juges chargés de dire le droit. Au sens large, en revanche, ce pouvoir regroupe non seulement les magistrats, mais également le personnel judiciaire et les auxiliaires de justice qui concourent à l'administration de la justice.

Dans certains pays comme en France, on lui préfère la notion d'autorité judiciaire[961], sans doute, pour faire valoir l'idée du « légicentrisme », cette tradition qui n'a jamais ou rarement encouragé l'indépendance totale du juge[962]. Qu'il s'agisse du pouvoir ou de l'autorité judiciaire, on s'accorde à lier la notion au rôle que le constituant veut bien assigner aux Cours et tribunaux dans leur mission de dire le droit.

Consacré par la Constitution, le pouvoir judiciaire a pour tâche principale de s'assurer que la loi, au sens général, est respectée, son application sans faille et son interprétation conforme. L'exercice, par les magistrats, de leurs compétences constitutionnelles et légales participe de l'édification de l'État de droit ainsi que l'indique la Constitution du 18 février 2006 définissant la République démocratique comme un État de droit, indépendant, souverain, uni et indivisible, social, démocratique et laïc[963].

---

961 Art. 64 de la Constitution française du 4 octobre 1958.

962 De la SAUSSAY D. et DIEU F., *Droit Constitutionnel et institutions politiques,* Paris, Hachette, 2000, p. 71.

963 Art. 1, al. 1er de la Constitution du 18 février 2006.

§2. La composition

La définition du pouvoir judiciaire induit sur sa composition dont l'aménagement est fonction de la Constitution ou du régime politique. Dans sa version originale, la Constitution du 18 février 2006 précise que le pouvoir judiciaire est dévolu aux cours et tribunaux qui sont : la Cour constitutionnelle, la Cour de cassation, le Conseil d'État, la Haute Cour militaire, les cours et tribunaux civils et militaires ainsi que des parquets rattachés à ces juridictions[964].

Bien que complète dans sa formulation, en ce qu'elle couvre les deux indicateurs indispensables à l'organisation et au fonctionnement de la justice, cette composition n'a pas toujours été, de tout temps, acceptée en droit positif congolais. On note que, de courte durée, la nouvelle composition du pouvoir judiciaire a été vite remise en question par le gouvernement, soucieux de maintenir son contrôle sur le parquet en initiant la révision constitutionnelle du 20 janvier 2011 que l'on attribue à la volonté du pouvoir exécutif de s'assurer du contrôle de l'action du ministère public à travers le droit d'injonction du ministre de la justice qui parait, à tous égards, inutile et inapproprié.

L'inutilité de la nouvelle formulation constitutionnelle, qui extirpe le parquet de la composition du pouvoir judiciaire, contrarie l'organisation du système judiciaire congolais, laquelle autorise l'existence, à côté de chaque juridiction, du parquet exerçant les attributions du ministère public.

L'inopportunité des modifications apportées dans la composition du pouvoir judiciaire résulte de ce que, l'exercice par le ministre de la justice du droit d'injonction sur les magistrats du ministère public n'est, nullement, lié à leur présence au sein du pouvoir judiciaire : le droit d'injonction est organisé indépendamment de cette incise.

Tout compte fait, le pouvoir judiciaire est composé des cours et tribunaux civils et militaires ainsi que des parquets y rattachés.

§3. Les attributions

Les attributions des cours et tribunaux sont soit constitutionnelles, soit légales mais en tout cas, rattachées à l'ordre juridictionnel auquel appartient le juge. La Constitution reconnait en plus de la Cour constitutionnelle, l'ordre juridictionnel judiciaire coiffé par la Cour de cassation et l'ordre administratif au sommet duquel se trouve le Conseil d'État.

Dans l'exercice de ses attributions, le juge n'est soumis qu'à l'autorité de la loi et à sa conscience. Il n'applique la coutume que, dans la mesure où elle n'est pas contraire à la Constitution, à la loi, à l'ordre public et aux bonnes mœurs. À cette fin, il exerce des compétences contentieuses ou non

---

[964] Art. 149, al. 2 de la Constitution du 18 février 2006.

contentieuses, lesquelles aboutissent au constat d'un fait ou d'une situation juridique sans devoir se prononcer ou trancher sur le fond du litige, tandis que les premières poursuivent le règlement juridictionnel d'un différend. Le juge devra, néanmoins, s'assurer que le litige lui déféré relève bien de sa compétence.

§4. L'indépendance du pouvoir judiciaire

L'indépendance du pouvoir judiciaire tire sa source dans la théorie de la séparation des pouvoirs conçue par Aristote[965] et systématisée par Montesquieu. Appliquée pour la première fois au 18e siècle et, notamment, dans la Constitution américaine de 1787, cette théorie a servi de repère dans l'élaboration de plusieurs Constitutions modernes[966] au point de devenir une référence[967].

La séparation des pouvoirs suppose que les trois fonctions de l'État (législative, exécutive et judiciaire) soient exercées par des organes distincts et qu'aucun d'eux ne soit autorisé à les cumuler. Mais pour renforcer l'indépendance du pouvoir judiciaire, la Constitution congolaise réaffirme l'inamovibilité du juge qui ne peut être déplacé qu'à sa demande, par une nouvelle nomination ou par rotation motivée, décidée par le Conseil supérieur de la magistrature[968].

Elle interdit au pouvoir exécutif de donner des injonctions au juge dans l'exercice de sa juridiction, ni statuer sur les différends encore moins d'entraver le cours de la justice ou de s'opposer à l'exécution d'une décision de justice. De son côté, le pouvoir législatif ne peut statuer sur des différends juridictionnels, modifier une décision de justice ou s'opposer à son exécution[969].

L'indépendance du pouvoir judiciaire ne peut se réduire à la seule garantie normative ou institutionnelle, elle tient aussi et peut être fondamentalement à l'audace du juge et à la foi que l'on a de ses décisions ; ces deux indicateurs étant tributaires de son environnement professionnel et de l'idée qu'il se fait de sa fonction.

Elle relève, donc, d'un état d'esprit qui fait de l'attitude du juge le thermostat et la démarche entreprise le thermomètre de l'État de droit, dont il est l'artisan le plus en vue.

---

965 Lire dans ce sens, ESPLUGAS P., et *alii, Droit constitutionnel, Paris,* Ellipses, 2004, p. 152.

966 DEBBASCH R, *Droit constitutionnel,* Paris, 2e éd. Litec, 2001, p. 40.

967 ESAMBO KANGASHE J.-L., « Regard sur l'État de droit dans la Constitution congolaise du 4 avril 2003 », *Justice, Science et Paix,* Revue juridique du Service de Documentation et d'Études du ministère de la justice, n° 001, septembre, 2004, p. 31.

968 Art. 150, al. 2 de la Constitution du 18 février 2006.

969 Art. 151, al. 2 et 3 de la Constitution du 18 février 2006.

CHAPITRE II

LES INSTITUTIONS D'APPUI À LA DÉMOCRATIE

L'idée de création des institutions d'appui à la démocratie fait suite au déficit de démocratie et de gouvernance des régimes autoritaires d'Europe de l'est et de l'Afrique noire. La Banque mondiale et le Fond monétaire international s'en sont servis, en 1984, dans le cadre de leur politique de restructuration et d'appui au développement.

La République démocratique du Congo l'a intégrée dans la Constitution du 4 avril 2003 avec la création, à côté des institutions traditionnelles de l'État, de celles dites citoyennes, pour compenser les faiblesses de la gouvernance étatique dans certains domaines.

Le point V de l'Accord global et inclusif sur la transition en République démocratique du Congo du 17 décembre 2002 indique que les institutions d'appui à la démocratie, cinq au total, sont dirigées par des personnalités issues de la société civile-forces vives. Il s'agit de la Commission électorale indépendante, de la Haute autorité des médias, de la Commission vérité et réconciliation, de l'Observatoire national des droits de l'homme et de la Commission de l'éthique et de la lutte contre la corruption.

On note, à ce sujet, que la Commission électorale indépendante récupérait les attributions traditionnellement exercées par le gouvernement et, notamment, le ministère en charge de l'administration du territoire dans le domaine de l'organisation et la gestion des élections. S'occupant de la gestion du secteur de l'information et des médias pendant la transition, la Haute autorité des médias récupère, également, une partie des attributions gouvernementales en la matière. Jadis exercées par le ministère gouvernemental en charge de la justice et des droits humains, certaines attributions ont été confiées à la Commission vérité et réconciliation, à celle de l'éthique et de la lutte contre la corruption ainsi qu'à l'Observatoire national des droits de l'homme.

En raison de l'importance particulière que leur accorde la Constitution de 2006, trois institutions d'appui à la démocratie ont été retenues dans le cadre de cette étude, à savoir la Commission électorale nationale indépendante, le

Conseil supérieur de l'audiovisuel et de la communication et la Commission nationale des droits de l'homme, lesquelles constituent l'objet de ce chapitre.

SECTION 1. LA COMMISSION ÉLECTORALE NATIONALE INDÉPENDANTE

Instituée par la Constitution[970], la Commission électorale nationale indépendante est chargée de l'organisation de l'ensemble du processus électoral, notamment l'enrôlement des électeurs, la tenue du fichier électoral, les opérations de vote, de dépouillement et du référendum. Elle assure la régularité du processus électoral et référendaire. La loi organique[971] fixe la composition, les attributions et le fonctionnement de la Commission électorale nationale indépendante, ce qui permet de jauger son indépendance vis-à-vis des contingences politiques.

§1. L'organisation

Aux termes de sa loi organique[972], la Commission électorale nationale indépendante est composée de treize membres désignés par les forces politiques au sein de l'Assemblée nationale, en raison de six délégués dont deux femmes issus de la majorité et de quatre délégués dont une femme choisis dans l'opposition. La société civile y est représentée par trois délégués issus respectivement des confessions religieuses, des organisations féminines de défense des droits de la femme et des organisations d'éducation civique et électorale. Cette composition assure, autant que possible, la représentation des forces politiques et sociales.

La même loi indique que la Commission électorale nationale indépendante est constituée de deux organes[973], à savoir l'assemblée plénière et le bureau. Composée de tous les membres, l'assemblée plénière conçoit, oriente, décide, évalue et contrôle les autorités de la Commission électorale nationale indépendante. Elle ne siège valablement qu'à la majorité absolue de ses membres. Ses décisions sont prises par consensus, ou à défaut par vote à la majorité des membres. En cas d'égalité des voix, celle du président est prépondérante[974].

Composé de six membres dont trois issus de la majorité au pouvoir, deux de l'opposition politique et un de la société civile[975], le bureau gère et

---

970 Art. 211 de la Constitution du 18 février 2006.

971 Loi organique n° 10/013 du 28 juillet 2010 modifiée et complétée par la loi organique n° 13/012 du 19 avril 2013.

972 Art. 10 de la Loi organique du 19 avril 2013.

973 Art. 23 bis de la Loi organique du 19 avril 2013.

974 Art. 23 quater al. 1er et 3 de la Loi organique du 19 avril 2013.

975 Art. 24 bis de la Loi organique du 19 avril 2013.

coordonne au quotidien les activités de la Commission électorale nationale indépendante et assure l'exécution des décisions de l'assemblée plénière. Il veille, également, au respect par les autorités politico-administratives, les partis politiques, les candidats, les observateurs nationaux et internationaux, les électeurs ainsi que les témoins des lois électorale et référendaire[976].

La composition quasi politisée de la Commission électorale nationale indépendante est loin d'assurer la neutralité et l'indépendance dont l'institution a besoin dans l'accomplissement de ses missions.

§2. Les attributions

La Constitution confère à la Commission électorale nationale indépendante l'organisation et la gestion du processus électoral et référendaire. La loi spécifie ses attributions dans l'organisation et la gestion des opérations préélectorales, électorales et référendaires.

Il s'agit, notamment, de l'identification et de l'enrôlement des électeurs, de la publication des listes électorales, de l'organisation du vote, du dépouillement, de la centralisation et de l'annonce des résultats provisoires ainsi que de la transmission desdits résultats à la juridiction compétente.

La passation des marchés liés aux opérations préélectorales, électorales et référendaires ainsi que la contribution à l'élaboration du cadre juridique relatif au processus électoral et référendaire[977] entrent dans la sphère de ses compétences.

Dans la pratique, en effet, l'exercice par la Commission électorale nationale indépendante de ses prérogatives subit des contraintes des divers ordres produites par l'environnement sociopolitique, mais également des convergences internes souvent difficiles à réaliser en raison de l'hétérogénéité des origines des membres qui la composent.

§3. Le fonctionnement

Les critiques faites sur l'absence de neutralité de l'administration publique dans l'organisation et la conduite des élections ainsi que sa dépendance éventuelle à l'égard du gouvernement ont abouti à la création, en 2004, d'une structure neutre nommée « Commission électorale indépendante » qui deviendra, en 2011, « la Commission électorale nationale indépendante ».

En vue de contribuer à l'indépendance de cette structure ainsi qu'à la transparence des élections, la loi a organisé un fonctionnement rationnel et hiérarchisé de ses structures organiques, administratives et opérationnelles.

---

[976] Art 24 de la Loi organique du 19 avril 2013.
[977] Art. 9 de la Loi organique du 19 avril 2013.

A. Les structures organiques

La Commission électorale nationale indépendante comprend deux structures organiques, à savoir l'assemblée plénière et le bureau.

1. L'assemblée plénière

Organe de conception, d'orientation, de décision et d'évaluation des activités de la Commission électorale nationale indépendante, l'Assemblée plénière[978] siège en présence de tous ses membres ou à la majorité absolue de ceux-ci. Si, à la première séance, ce quorum n'est pas atteint, la plénière peut, à la séance subséquente portant sur la même matière, valablement siéger, quel que soit le quorum.

La loi précise que les décisions de l'assemblée plénière se prennent par consensus et, à défaut, par vote à la majorité absolue de ses membres. En cas d'égalité des voix, celle du président est prépondérante[979].

Eu égard à sa composition, cette structure ressemble bien à un organe politique dont la neutralité paraît, de toute évidence, difficile à réaliser en toutes circonstances. Il importe, cependant, de noter qu'en tant qu'organe technique d'évaluation des activités opérationnelles de la Commission électorale nationale indépendante, l'assemblée plénière est dépourvue de couleur politique, ses membres se vouant une certaine confiance réciproque pour la réalisation des objectifs communs.

2. Le bureau

Composé de six membres[980], le bureau est l'organe de gestion et de coordination de la Commission électorale nationale indépendante. Structure d'exécution des décisions de l'assemblée plénière, il veille au respect par les autorités politico-administratives, les partis politiques, les candidats, les observateurs nationaux et internationaux, les électeurs ainsi que les témoins des lois électorale et référendaire[981].

B. Les structures administratives

Les structures administratives de la Commission électorale nationale indépendante sont constituées du secrétariat exécutif national, des secrétariats exécutifs provinciaux et des antennes[982].

---

978 Art. 23 ter de la Loi organique du 19 avril 2013.

979 Art. 23 quater de la Loi organique du 19 avril 2013.

980 Dont trois de la majorité, deux de l'opposition et une de la société civile.

981 Art. 24 de la Loi organique du 19 avril 2013.

982 Art. 59 du Réglementaire intérieur de la Commission électorale nationale indépendante.

1. Le secrétariat exécutif national

Chargé de la mise en œuvre des décisions et recommandations de la Commission électorale nationale indépendante, le secrétariat exécutif national en assure le rôle d'organe d'appui technique et administratif. C'est à lui qu'il revient de préparer, sous la supervision du bureau, les plans et activités électorales à réaliser par la Commission électorale nationale indépendante.

Le secrétariat exécutif national est composé des directions techniques et administratives créées par décision du président de la Commission électorale nationale indépendante, délibérée en assemblée plénière.

Dirigé par un secrétaire exécutif national, assisté d'un adjoint, ce service coordonne les activités des directions techniques, des secrétariats exécutifs provinciaux et des antennes de la Commission électorale nationale indépendante.

Sous la supervision du bureau, il prépare et exécute les plans, programmes et activités électorales et coordonne les activités opérationnelles des secrétariats exécutifs provinciaux et des antennes de la Commission électorale nationale indépendante.

Organe de liaison, le secrétariat exécutif national répercute auprès des directions techniques, des secrétariats exécutifs provinciaux et des antennes les différentes orientations, décisions et instructions de l'assemblée plénière et du bureau.

Il prépare les dispositions pratiques de mise en œuvre de ces orientations, décisions et instructions, les répercute auprès des directions techniques, des secrétariats exécutifs provinciaux et des antennes de la Commission électorale nationale indépendante

2. Le secrétariat provincial

Au chef-lieu de chaque province est institué un secrétariat exécutif provincial chargé de la gestion des activités de la Commission électorale nationale indépendante.

Dirigé par un secrétaire exécutif provincial, il est composé des services administratifs et techniques créés par décision du président, délibérée en assemblée plénière.

3. Les antennes locales

L'antenne est la structure locale de la Commission électorale nationale indépendante ; elle est située au niveau de chaque ville ou du chef-lieu du territoire. Dirigée par un chef d'antenne, elle est composée des services techniques et administratifs locaux, créés par décision du président de la Commission électorale nationale indépendante, délibérée en assemblée plénière.

C. Les démembrements opérationnels

Les démembrements opérationnels de la Commission électorale nationale indépendante sont constitués du centre local de compilation des résultats, du centre de vote et de dépouillement ainsi que du bureau de vote et de dépouillement.

1. Le centre local de compilation des résultats

Établi dans chaque circonscription électorale, le centre local de compilation des résultats est chargé de la compilation et la transmission des résultats électoraux aux autres structures organiques de la Commission électorale nationale indépendante.

Chaque centre local de compilation des résultats délibère, sous l'autorité de la Commission électorale nationale indépendante, sur les réclamations et contestations relatives aux erreurs matérielles constatées ou dénoncées par ou devant lui. Il est composé de six postes opérationnels, à savoir la centralisation, le collationnement, le dépouillement, la compilation, l'apurement et l'archivage des résultats provenant des Centres de vote et de dépouillement. Le poste de centralisation est composé de cinq agents chargés respectivement de la réception, du tri, de l'enregistrement, de la saisie et de la transmission au poste de collationnement des résultats des Centres de vote et de dépouillement.

Au niveau du poste de collationnement, il est pourvu un personnel chargé de la réception, la numérotation, le classement et la transmission des résultats au poste de dépouillement composé, en plus d'un secrétariat[983], de deux équipes dont l'une s'occupe de la délibération et l'autre du règlement de cas considérés difficiles.

Poste qui permet, notamment, à l'administration électorale de faire application des formules retenues dans le cadre du choix du mode de scrutin (par exemple la représentation proportionnelle avec la règle du plus fort reste), la compilation comprend, en plus d'une cellule de supervision, plusieurs opérateurs de saisie.

Une fois compilés, les résultats électoraux sont, avant leur transmission au bureau de la Commission électorale nationale indépendante et à la juridiction compétente, apurés (par une cellule de supervision et une équipe de vérificateurs) et archivés. Les plis qui en constituent le soubassement sont, préalablement, formés au niveau du bureau de vote et de dépouillement par les agents électoraux.

Le rôle joué par le centre local de compilation dans la certification des résultats électoraux suffit pour exclure toute possibilité de son installation dans les lieux de culte, les quartiers généraux des partis politiques, des

[983] Comprenant un superviseur et quatre agents en charge de la réception, la ventilation, le pointage et la transmission des résultats.

syndicats et des organisations non gouvernementales, les débits de boissons, les postes de police, les camps militaires ainsi que les académies et écoles militaires.

Dans le cadre de la réception, l'assemblage et l'archivage des résultats des bureaux de vote et de dépouillement ainsi que la transmission des plis, chaque centre local de compilation bénéficie de l'assistance administrative d'une antenne locale de la Commission électorale nationale indépendante. Les résultats électoraux des différents centres locaux de compilation sont rassemblés et traités, pour le compte de l'assemblée plénière, par le centre national de traitement, qui s'occupe également de la gestion et de l'entretien du fichier électoral.

2. Le centre de vote et de dépouillement

Constitué d'un ou de plusieurs bureaux de dépouillement, le centre de vote et de dépouillement coordonne et supervise les opérations électorales réalisées par chaque bureau de vote et de dépouillement, centralise et achemine vers le centre local de compilation des résultats du ressort les différents plis provenant desdits bureaux. Chaque centre de vote est composé d'un chef, d'un secrétaire et de deux assesseurs.

3. Le bureau de vote et de dépouillement

Le bureau de vote et de dépouillement est le lieu où se déroulent toutes les opérations de vote et de dépouillement. Composé de cinq membres dont un président, deux assesseurs, un secrétaire et un secrétaire adjoint, il est, vingt-quatre heures avant le scrutin pourvu de tous les matériels de vote et de dépouillement.

À la différence de certains pays comme le Cameroun, le Gabon, le Kenya, le Mali, le Sénégal ou le Zimbabwe, la République démocratique du Congo n'autorise pas la présence des délégués de candidat, parti ou regroupement politique dans la composition de Bureaux de vote et de dépouillement.

En vue de garantir la neutralité et l'impartialité des bureaux de vote et de dépouillement, le législateur a interdit leur établissement dans les lieux de culte, les quartiers généraux des partis politiques, des syndicats et des organisations non gouvernementales, les débits de boissons, les postes de police, les camps militaires, les académies et écoles militaires. Il est, en revanche, autorisé leur installation dans l'enceinte des écoles ou des tentes érigées pour la circonstance.

Une fois le vote terminé, le bureau de vote se transforme immédiatement en celui de dépouillement, ce dernier a lieu en présence de tous les membres du bureau, les témoins des partis, regroupements politiques ainsi que des candidats indépendants, les journalistes et les observateurs accrédités. Il annonce les résultats, les affiche avant de les convoyer au centre de vote territorialement compétent.

§4. L'indépendance de la Commission électorale nationale indépendante

De tous les indicateurs permettant d'apprécier l'indépendance de la Commission électorale, deux paraissent présenter une importance capitale, à savoir la structure organique de l'administration électorale et son fonctionnement.

A. La structure organique de l'administration électorale

Sur le plan organique, l'indépendance de la Commission électorale se mesure à partir de l'adéquation entre le dispositif juridique en vigueur et les missions lui assignées ainsi que du statut de ses membres.

1. L'adéquation entre le dispositif juridique et les structures opérationnelles

La mission de la Commission électorale nationale indépendante est d'organiser en toute indépendance, neutralité et impartialité des scrutins libres, démocratiques et transparents. Elle en assure la régularité. À cette fin, elle doit se doter d'un dispositif juridique permettant de dégager, d'une part, la volonté de rapprocher l'administration électorale des électeurs et de se faire, d'autre part, une idée de l'apport des structures opérationnelles sur l'indépendance de la Commission électorale nationale indépendante. Ce dispositif est tiré de la Constitution, des lois[984] et des textes réglementaires[985].

Établies dans chaque école, village et localité[986], chaque secteur, chefferie ou quartier[987] et dans chaque circonscription électorale[988], les structures opérationnelles sont agencées et fonctionnement avec l'ambition

---

[984] On cite, notamment, la Loi organique portant organisation et fonctionnement de la Commission électorale nationale indépendante, la Loi portant enrôlement et identification des électeurs et la Loi électorale.

[985] Tels que le Règlement intérieur de la Commission électorale nationale indépendante et les différentes décisions du président de la Commission électorale nationale indépendante portant Mesures d'application de la Loi organique portant organisation et fonctionnement de la Commission électorale nationale indépendante, de la Loi portant enrôlement et identification des électeurs et de la Loi électorale.

[986] Le Bureau de vote et de dépouillement est, en règle générale, installé dans une salle de classe d'une école ou, à défaut, un endroit approprié aménagé à cette fin. Dans le milieu rural, c'est dans les villages et localités que sont placés les bureaux de vote et de dépouillement.

[987] En ce qui concerne le Centre de vote et de dépouillement.

[988] Pour le Centre local de compilation des résultats.

d'accompagner les structures organiques dans la gestion libre, neutre et indépendante du processus électoral.

À l'exception des membres de la Commission électorale nationale indépendante dont la désignation se fait par les forces politiques au sein de l'Assemblée nationale et de la société civile, ceux des structures opérationnelles le sont sur concours. Le tri y réalisé les détache, en principe, de l'emprise politique et partisane. La faiblesse, dans l'encadrement du personnel déployé dans ces structures, a facilité des irrégularités constatées à l'occasion de la gestion des opérations de vote et de dépouillement, de centralisation et de compilation des résultats et occasionné un contentieux électoral important[989].

2. Le statut des membres

Le statut des membres de la Commission électorale nationale indépendante est constitué des prescriptions légales, qui président au recrutement, aux droits et obligations.

a. Le recrutement

La Loi organique n° 13/012 du 19 avril 2013 modifiant et complétant celle organique n° 10/013 du 28 juillet 2010 portant organisation et fonctionnement de la Commission électorale nationale indépendante indique que, cette dernière est composée des membres désignés par les acteurs politiques et la société civile[990].

Nul ne peut y être membre s'il n'est congolais, âgé de trente ans au moins et ne produit un certificat d'aptitude physique et mentale, un extrait de casier judiciaire vierge et une attestation de bonnes conduite, vie et mœurs.

Le candidat doit, en outre, être titulaire au moins d'un diplôme de graduat ou d'un diplôme jugé équivalent ou encore justifier d'une expérience professionnelle, d'au moins dix ans, dans un domaine présentant un intérêt pour la Commission électorale nationale indépendante et jouir de la plénitude de ses droits civils et politiques[991].

---

[989] Lire notamment KATUALA KABA KASHALA, *La jurisprudence électorale congolaise commentée,* Kinshasa, Thé Carter Center, 2007 et MUKENDI wa MFUANA E., *Contentieux électoral dans la pratique de la Cour suprême de justice,* Kinshasa, Juricongo, Coll. Juridoc, 2011.

[990] L'article 10 de cette Loi précise que la Commission électorale nationale indépendante est composée de treize membres désignés par les forces politiques, à l'Assemblée nationale, en raison de six délégués dont deux femmes par la majorité et de quatre dont une femme par l'opposition politique. La société civile y est représentée par trois délégués issus respectivement des confessions religieuses, des organisations féminines de défense des droits de la femme et des organisations d'éducation civique et électorale.

[991] Art. 16 de la Loi organique du 19 avril 2013.

Les membres de la Commission électorale nationale indépendante sont choisis parmi les personnalités indépendantes, reconnues pour leur compétence, intégrité morale, probité et honnêteté intellectuelle[992]. Ils sont, après leur désignation par les forces politiques et sociales, entérinés par l'Assemblée nationale avant d'être investis par ordonnance du président de la République[993] et de prêter serment, devant la Cour constitutionnelle, avant d'entrer en fonction[994].

Tel qu'organisé, le processus de désignation des membres de la Commission électorale nationale indépendante est laborieux car, impliquant les acteurs politiques et sociaux, l'Assemblée nationale[995], le président de la République et la Cour constitutionnelle. On y découvre une certaine dépendance organique envers les structures délégantes, même la révélation d'une indépendance fonctionnelle n'est pas exclue.

b. Les droits des membres

La lecture de la loi organique sur la Commission électorale nationale indépendante et du règlement intérieur de cette institution permet d'indiquer les droits des membres et du personnel opérationnel.

Au titre des droits des membres de la Commission électorale nationale indépendante, figure la liberté de circulation sans aucune restriction sur toute l'étendue de la République et d'en sortir, dans le cadre de leurs attributions. Il en est, également, du droit à une indemnité équitable, garantissant leur dignité et leur indépendance ainsi que les facilités et la protection pour l'exécution de leurs missions.

Le personnel technique et administratif de la Commission électorale nationale indépendante est, quant à lui, recruté selon les procédures d'appel à candidatures[996] en tenant, en principe, compte des critères de neutralité, de compétence et de moralité[997].

Chaque candidat doit être de nationalité congolaise, avoir la majorité légale, savoir lire, écrire et compter ; n'avoir pas été condamné à une peine de privation de liberté pour toute infraction intentionnelle punissable de plus de six mois de servitude pénale et jouir de ses droits civils et politiques[998].

---

[992] Art. 12, al. 1er de la Loi organique du 19 avril 2013.
[993] Art. 12, al. 2 et 2 de la Loi organique du 19 avril 2013.
[994] Art. 20 de la Loi organique du19 avril 2013.
[995] Dans la pratique, cette chambre parlementaire a constitué, conformément à son Règlement intérieur, une Commission ad hoc chargée de vérifier, pour chaque dossier de candidature, sa conformité à la loi, avant de le soumettre à l'approbation de l'Assemblée plénière. Il ne s'agit donc pas pour l'Assemblée nationale d'une compétence liée, un dossier incomplet ou non conforme peut toujours être retourné à la composante dont il émane en vue de sa conformité à la loi.
[996] Art. 67 du Règlement intérieur de la Commission électorale nationale indépendante.
[997] Art. 68 du Règlement intérieur de la Commission électorale nationale indépendante.
[998] Art. 69 du Règlement intérieur de la Commission électorale nationale indépendante.

Initié par le président ou le Bureau, sous le contrôle de l'Assemblée plénière, le recrutement du personnel technique et administratif de la Commission électorale nationale indépendante requiert, au préalable, une publicité par voie d'avis officiel affiché à l'entrée des locaux et par publication dans les organes de presse publics ou privés[999].

En tout état de cause, la sélection se fait sur concours, elle peut donner lieu à des épreuves écrites, orales ou sur titre[1000]. Une fois recruté, ce personnel est soumis au statut défini dans le Règlement administratif et financier.

Aucune mise en place ne peut être faite dans les six mois de la fin du mandat des membres de la Commission électorale nationale indépendante, ni pendant la procédure de réforme de l'institution[1001].

Cette gamme de garanties renforce l'indépendance de la Commission électorale nationale indépendante, ses membres et son personnel technique et administratif.

c. Les obligations des membres

Pour affermir l'indépendance de la Commission électorale nationale indépendante, le législateur impose à chaque membre une obligation générale de réserve et une distance vis-à-vis des activités politiques.

De manière spécifique, aucun membre de la Commission électorale nationale indépendante ne peut cumuler une charge publique avec un mandat électif. La qualité de membre de la Commission électorale nationale indépendante est, également, incompatible avec celle de membre du gouvernement, de magistrat ou celle de membre de la Cour constitutionnelle ou de la Cour des comptes, de membre d'une autre institution d'appui à la démocratie, du Conseil économique et social, de membre de cabinet du président de la République, du président de l'Assemblée nationale, du président du Sénat, du premier ministre, des membres du gouvernement ou de toute autre autorité politique ou administrative de l'État, de membre des Forces armées, de la police nationale congolaise et des services de sécurité, d'agent de carrière des services publics de l'État, de cadre politico-administratif de la territoriale, de mandataire public, d'employé dans une entreprise publique ou d'économie mixte, de toute responsabilité au sein d'un parti ou regroupement politique ou de toute autre fonction rémunérée conférée par un État étranger ou un organisme international[1002].

Tout membre de la Commission électorale nationale indépendante qui, au moment de sa désignation, se trouve dans une situation d'incompatibilité est

---

[999] Art. 70, al. 1er du Règlement intérieur de la Commission électorale nationale indépendante.
[1000] Art. 71, al. 1er du Règlement intérieur de la Commission électorale nationale indépendante.
[1001] Art. 75 du Règlement intérieur de la Commission électorale nationale indépendante.
[1002] Art. 17 de la Loi organique du 19 avril 2013.

tenu, dans les huit jours qui suivent sa désignation, de renoncer expressément aux fonctions incompatibles, sinon, il est censé avoir renoncé à sa qualité de membre de l'administration électorale[1003]. En ce qui concerne le personnel de l'administration électorale, il ne peut, pendant l'exécution de sa mission, se présenter candidat à une élection, être porte-parole ou directeur de campagne d'un parti ou regroupement politique ou encore d'un candidat.

B. L'indépendance fonctionnelle

La Loi organique sur la Commission électorale nationale indépendante édicte que cette institution jouit dans l'exercice de sa mission de l'indépendance d'action à l'égard d'autres institutions desquelles elle bénéficie par ailleurs d'une collaboration[1004] indispensable.

Cette disposition permet de dégager la responsabilité professionnelle des membres de la centrale électorale et de l'environnement politique dans lequel se déploie son action.

Le constituant du 18 février 2006 charge la Commission électorale nationale indépendante de l'organisation du processus électoral, notamment l'enrôlement des électeurs, la tenue du fichier électoral, les opérations de vote, le dépouillement et tout référendum[1005]. Dans l'accomplissement de cette mission, la Commission électorale nationale indépendante n'est soumise à aucune injonction ; ses membres ne pouvant solliciter, ni recevoir d'instructions d'aucune autorité extérieure.

À l'égard des forces politiques délégantes, les membres de la Commission électorale nationale indépendante jouissent, en principe, de la totale indépendance[1006] ; le dispositif normatif, maintes fois, confronté à des pratiques qui en réduisent la portée, même si cette indépendance a été vécue non sans peine.

En rapport avec les élections générales de 2006 et 2007, deux membres[1007] du Bureau de la Commission électorale indépendante ont pu, quand même, marquer une distance à l'égard des instructions reçues des forces politiques délégantes[1008] ; ténacité qui n'a pu, en dépit de quelques

---

1003 Art. 18 de la Loi organique du 19 avril 2013.

1004 Art. 7 de la Loi organique du 19 avril 2013

1005 Art. 211, al. 2 de la Constitution du 18 février 2006.

1006 Art. 22 de la Loi organique du 19 avril 2413.

1007 Il s'agit de Monseigneur NGOY BOLIA et Norbert BASENGEZI KATINTIMA respectivement premier vice-président et deuxième vice-président du Bureau de la Commission électorale indépendante, désignés par le Mouvement de Libération du Congo pour le premier et le Rassemblement Congolais pour la Démocratie pour le second.

1008 Pendant les opérations d'identification et d'enrôlement des électeurs, la réception de candidatures et l'annonce des résultats provisoires à l'élection présidentielle. Ces instructions s'accompagneraient, en cas de non observance, de menaces de retrait de confiance.

résistances observées[1009] se consolider après la tenue, le 27 novembre 2011, de l'élection présidentielle et des députés nationaux, les forces politiques en présence ayant décidé de recomposer, pour des raisons diverses, la Commission électorale nationale indépendante moins rassurante, écourtant du coup la durée du mandat des membres[1010].

Les dissensions enregistrées, en octobre 2015, au sein de la majorité présidentielle conduisit au remplacement, avant le terme du mandat et sur injonctions des forces politiques délégantes, de deux membres du Bureau de la Commission électorale dont le mandat courait encore[1011]. Les mêmes injonctions des forces politiques ont conduit au remplacement, avant le terme de leur mandat, du questeur et questeur adjoint de la centrale électorale[1012].

Cette dérive atteste, clairement, que les forces politiques délégantes sont loin de faire bénéficier à la Commission électorale la liberté d'action dont elle a pourtant besoin pour asseoir son indépendance et remplir convenablement sa mission.

1. L'environnement politique

Au moment de sa mise en place en 2003, la Commission électorale qui n'avait aucune expérience en la matière n'attirait que très peu les acteurs politiques, habitués à accéder au pouvoir en dehors de toute élection.

[1009] Dans le chef de Jacques DJOLI ES'ENGEKELI et de NDAYE KONDO Laurent désignés Vice-président et Rapporteur, respectivement par le Mouvement de Libération du Congo et l'Opposition politique.

[1010] Aux termes de l'article 13, al. 1er de la Loi organique n° 10/013 du 28 juillet 2010 portant organisation et fonctionnement de la Commission électorale nationale indépendante, telle que modifiée et complétée par la Loi organique du 19 avril 2013, le mandat des membres de la Commission électorale nationale indépendante est de six ans non renouvelables. À l'article 14 de la même Loi organique, on peut lire que le mandat des membres de la Commission électorale nationale indépendante prend fin par expiration du terme, décès, démission, empêchement définitif, incapacité permanente, absence non justifiée à plus d'un quart de séances pendant un trimestre, acceptation d'une fonction incompatible et la condamnation irrévocable à une peine de servitude pénale principale pour infraction intentionnelle.

[1011] Il s'agit de Monsieur André MPUNGWE SONGO et de Madame Chantal NGOY TSHITE WETSHI désignés respectivement par le Parti du Peuple pour la Reconstruction et la Démocratie et le Mouvement Social pour le Renouveau, pour y exercer les fonctions de Vice-président et Questeur de la Commission électorale nationale indépendante.

[1012] Si pour KASONGO NGOIE Gérardine, l'entérinement par l'Assemblée nationale de sa désignation n'aurait probablement pas posé de problème en raison de la démission préalable de MWENZE KISONGA Pierrette, issue de la majorité présidentielle, celui de MISHIKA TSHISHIMA Nadine en remplacement de BIE BONGENGE Micheline, déléguée du Mouvement de libération du Congo, l'a été en l'absence de cette exigence ou de toute autre cause rendant le poste vacant. Lire dans ce sens la Résolution n° 001/CAB/P/AN/AM du 14 juin 2017 portant entérinement de la désignation du Questeur Adjoint de la Commission électorale nationale indépendante.

L'organisation, en 2006 et 2007, des élections générales va susciter un regain d'intérêt sur le contrôle de la centrale électorale devenu un enjeu politique de taille entre acteurs nationaux, mais également dans les rapports entre la République démocratique du Congo et certains membres de la communauté internationale.

La conduite du processus électoral étant une opération éminemment politique, le législateur s'est vu obliger de consacrer l'appartenance politique[1013] des membres de la Commission électorale nationale indépendante, la politisation des délégués de la société civile, ce qui contribue à la réduction de la marge de manœuvres dont ils peuvent bénéficier.

À défaut de bénéficier d'un environnement professionnel propice à son indépendance, l'administration électorale a fini par se doter, conformément à son règlement intérieur[1014], de deux cadres de collaboration avec les forces politiques et les acteurs non étatiques ; mais pour atteindre ses objectifs, elle peut recourir au service des partenaires internationaux et nationaux.

Espace de collaboration et d'échanges d'informations avec les partis politiques, le forum de concertation poursuit la réduction des divergences sur la poursuite du cycle électoral, encourage un débat politique ouvert entre les partis politiques et entre ces derniers et la Commission électorale nationale indépendante.

Y sont notamment abordés, la feuille de route du cycle électoral, le calendrier électoral, la sécurisation des élections, la justice électorale, la fiabilisation du fichier électoral ou encore la stabilisation de la cartographie électorale.

Dans la perspective de l'appropriation des enjeux politiques des élections, ce forum aboutit habituellement à la constitution du comité de liaison avec l'administration électorale et l'élaboration du Code de bonne conduite liant le comportement des partis, regroupements politiques et candidats indépendants avant, pendant et après le scrutin.

Le cadre de concertation avec les acteurs non étatiques poursuit, quant à lui, le dialogue et le partage d'expériences ainsi que l'appropriation citoyenne du processus électoral. Il vise également l'information, la formation et l'éducation civique et électorale des membres.

Par ses contacts avec l'administration électorale, ce cadre finit par briser la distance et, conséquemment, la méfiance qui les sépare bien souvent ; il institutionnalise, avec les acteurs non étatiques intéressés, des liens indispensables à la maîtrise des enjeux électoraux.

Mis en place, ce dispositif permet d'asseoir, toutes proportions gardées, un environnement politique capable de favoriser l'indépendance de la

---

[1013] Six délégués de la majorité de l'opposition politique à l'Assemblée nationale et trois de la société civile.

[1014] Art. 44 du Règlement intérieur de la Commission électorale nationale indépendante.

Commission électorale et l'organisation dans un climat apaisé d'élections libres, transparentes et crédibles, dans un pays qui en a réellement besoin. Il reste que la décision de différer l'organisation des scrutins, programmés en 2016[1015], relance la réflexion sur la capacité de l'administration électorale de se libérer des pesanteurs politiques, qui n'ont cessé de réduire ses marges de manouvres et, donc, son indépendance.

SECTION 2. LE CONSEIL SUPÉRIEUR DE L'AUDIOVISUEL ET DE LA COMMUNICATION

Institué par la Constitution[1016], le Conseil supérieur de l'audiovisuel et de la communication est structuré conformément à sa Loi organique n° 11/001 du 10 janvier 2011[1017]. Il importe de présenter son organisation, ses attributions et son fonctionnement, avant de se faire une idée sur l'indépendance dont il est censé jouir dans l'accomplissement de ses tâches.

§1. L'organisation

La lecture de la Loi organique du 10 janvier 2011 portant composition, attributions et fonctionnement du Conseil supérieur de l'audiovisuel et de la communication[1018] permet d'identifier quatre organes dont est dotée cette institution d'appui à la démocratie, à savoir trois au niveau national et un au niveau provincial. Il s'agit de l'assemblée plénière, du bureau, des commissions permanentes et des coordinations provinciales[1019].

A. L'assemblée plénière

Aux termes de cette Loi organique, l'assemblée plénière est l'organe de décision composé de quinze membres[1020]désignés en raison d'un par le président de la République, deux par l'Assemblée nationale, deux par le

---

[1015] Conformément à sa décision du 12 février 2015 portant publication du calendrier électoral global, les scrutins pour la désignation des députés provinciaux étaient prévus pour se tenir le 25 octobre 2015 et, celles présidentielle et législatives nationales, le 28 novembre 2016. Ce report a été décidé en vertu de l'Accord politique du 18 octobre 2016 pour l'organisation d'élections apaisées, crédibles et transparentes en République démocratique du Congo et de celui du 31 décembre 2016.

[1016] Art. 212 de la Constitution du 18 février 2006.

[1017] *Journal officiel de la République démocratique du Congo n°* spécial du 16 janvier 2011.

[1018] Art. 33 à 40 de la Loi organique sur le Conseil supérieur de l'audiovisuel et de la communication.

[1019] Art. 33 de la Loi organique sur le Conseil supérieur de l'audiovisuel et de la communication.

[1020] Art. 34 de la Loi organique sur le Conseil supérieur de l'audiovisuel et de la communication.

Sénat, un par le gouvernement, un par le Conseil supérieur de la magistrature, trois par les associations des professionnels des médias, un représentant le secteur de l'ordre des avocats, un désigné par les associations des parents d'élèves et des étudiants légalement constitués, deux par les associations de défense des droits professionnels des médias légalement constitués.

Chacune de ces désignations tient obligatoirement compte de l'expertise dans le secteur des médias, de la représentation nationale ainsi que de celle de la femme[1021], elles influent sur l'indépendance de l'institution.

B. Le bureau

Composé de cinq membres dont un président, un vice-président, un rapporteur, un rapporteur adjoint et un questeur[1022], le bureau du Conseil supérieur de l'audiovisuel et de la communication se voit confier la responsabilité de l'exécution et la gestion du Conseil. Il dispose d'un cabinet composé du personnel politique et d'appoint[1023]. Dans l'accomplissement de sa tâche, le bureau s'appuie sur les services techniques[1024] constitués du centre du monitoring des médias congolais, du secrétariat d'instruction et du service de normalisation.

Le centre de monitoring des médias congolais s'occupe de l'observation, l'écoute, le visionnage, l'analyse du contenu publié et diffusé par les médias. Il exerce, en quelque sorte, le rôle de la police et de la surveillance des médias congolais.

Le secrétariat est chargé de l'instruction, l'examen préalable de la régularité et la recevabilité des plaintes et/ou requêtes parvenues au conseil, l'examen des rapports de monitoring ainsi que la notification des actes du conseil[1025].

Comparé à l'organisation judiciaire congolaise en matière répressive, cette structure joue, toute proportion gardée, le rôle semblable à celui de l'officier du ministère public dans le domaine des médias.

Le service de normalisation du Conseil supérieur de l'audiovisuel et de la communication définit les standards de qualité et la conception des règles, pour les usages communs et répétés dans le secteur des médias.

[1021] Art. 24 de la Loi organique sur le Conseil supérieur de l'audiovisuel et de la communication.

[1022] Art. 40 de la Loi organique sur le Conseil supérieur de l'audiovisuel et de la communication.

[1023] Art. 41 de la Loi organique sur le Conseil supérieur de l'audiovisuel et de la communication.

[1024] Art. 43 et 44 de la Loi organique sur le Conseil supérieur de l'audiovisuel et de la communication.

[1025] Art. 45 de la Loi organique sur le Conseil supérieur de l'audiovisuel et de la communication.

C. Les commissions permanentes

Le Conseil supérieur de l'audiovisuel et de la communication dispose des organes permanents chargés du traitement des questions spécifiques se rapportant à ses missions. Au nombre de trois, ces structures s'occupent de domaines juridique, technique et socio-économique.

La commission juridique enregistre et examine les plaintes adressées au conseil et émet, conformément à la législation en vigueur, les avis requis.

La commission technique contrôle les médias et s'assure de la conformité de la publicité utilisée. Les études, la promotion et le développement des médias sont assurés par la commission socio-économique. Pour réaliser cette mission, le Conseil supérieur de l'audiovisuel et de la communication est autorisé à se doter des commissions ad hoc[1026].

D. Les coordinations provinciales

Au niveau de chaque province, il est institué une commission chargée d'exécuter les missions du Conseil supérieur de l'audiovisuel et de la communication ; chaque coordination provinciale étant dirigée par un coordinateur assisté d'un coordinateur adjoint. Elle est dotée d'une extension du centre de monitoring des médias congolais, du secrétariat d'instruction et du service de normalisation[1027]

Il convient de signaler que depuis sa mise en fonction, en août 2011, le Conseil supérieur de l'audiovisuel et de la communication n'a installé que dix coordinations provinciales.

§2. Les attributions

La Constitution précise que le Conseil supérieur de l'audiovisuel et de la communication a pour mission de garantir et d'assurer dans le respect de la loi, la liberté et la protection de la presse ainsi que de tous les moyens de communication des masses.

Il veille au respect de la déontologie en matière d'information et à l'accès équitable des partis politiques, des associations et des citoyens aux moyens officiels d'information et de communication[1028].

On relève, néanmoins, le caractère illusoire de cette disposition constitutionnelle, l'accès égal aux médias publics et privés n'est, toutefois, pas évident.

[1026] Art. 48 de la Loi organique sur le Conseil supérieur de l'audiovisuel et de la communication.

[1027] Art. 49 de la Loi organique sur le Conseil supérieur de l'audiovisuel et de la communication.

[1028] Art. 212 de la Constitution du 18 février 2006.

La Loi organique sur le Conseil supérieur de l'audiovisuel et de la communication impose à celui-ci d'accomplir un certain nombre de missions, notamment :

- garantir le droit de la population à une information pluraliste, fiable et objective ;
- assurer la neutralité et l'égalité des médias publics ainsi que privés commerciaux, associatifs et communautaires ;
- mener, en cas de conflit, des actions de médiation entre les différents protagonistes et intervenants dans le domaine des médias ;
- veiller à la conformité à l'éthique, aux lois et règlements de la République des productions des radios, des télévisions, du cinéma, de la presse écrite et des médias en ligne ;
- veiller au respect de la loi fixant la modalité de l'exercice de la liberté de presse en République démocratique du Congo ;
- promouvoir le développement technique et l'accès des médias congolais aux nouvelles technologies de l'information et de la communication ;
- veiller à la qualité de productions des médias du secteur, tant public que privé, et en promouvoir l'excellence.

§3. Le fonctionnement

Aux termes de sa loi organique, le Conseil supérieur de l'audiovisuel et de la communication émet, à la demande du gouvernement, de l'Assemblée nationale, du Sénat ou à sa propre initiative des avis techniques sur les projets ou proposition de loi relatifs à l'audiovisuel, à la presse écrite et aux nouvelles technologies de l'information et de la communication[1029].

En raison de l'absence de l'initiative législative, le Conseil supérieur de l'audiovisuel et de la communication n'a été que très peu associé à cette entreprise.

Le Conseil supérieur de l'audiovisuel et de la communication est, dans l'exercice de ses prérogatives, saisi par les pouvoirs publics dans les matières relevant de ses compétences. Il peut, en cas de violation de la législation en vigueur dans le secteur des médias, saisir les autorités judiciaires compétentes[1030].

Il exerce également un contrôle a priori et a posteriori sur les messages publicitaires et/ou à caractère publicitaire. Ce contrôle porte, notamment, sur l'objet, le contenu des spots, clips, films, et documentaires ainsi que les modalités de programmation des émissions publicitaires, des jeux concours et des télé-achats[1031].

[1029] Art. 10 de la Loi organique sur le Conseil supérieur de l'audiovisuel et de la communication.
[1030] Art. 11 de la Loi organique sur le Conseil supérieur de l'audiovisuel et de la communication.
[1031] Art. 12 de la Loi organique sur le Conseil supérieur de l'audiovisuel et de la communication.

En tout état de cause et dans la perspective de ce contrôle, tout média audiovisuel est tenu de déposer auprès du Conseil supérieur de l'audiovisuel et de la communication sa grille des programmes, laquelle doit se conformer au cahier des charges édicté par le gouvernement.

Signée par l'impétrant, cette grille est approuvée par le Conseil supérieur de l'audiovisuel et de la communication. Dans son monitoring habituel, le Conseil supérieur de l'audiovisuel et de la communication n'a pas fini d'enregistrer des difficultés de fonctionnement dictées par l'étendue du territoire national, le contexte politique peu favorable et la multiplication des canaux d'informations et de communication qui échappent à son contrôle.

§4. L'indépendance du Conseil supérieur de l'audiovisuel et de la communication

Né des cendres de la Haute Autorité de Médias[1032], le Conseil supérieur de l'audiovisuel et de la communication régule, en toute indépendance, l'ensemble d'organes des médias congolais. Sa composition hétérogène est de nature à influer positivement sur sa neutralité, son impartialité et son indépendance.

D'un côté, on note que l'origine politique d'un tiers de ses membres[1033] peut servir des passerelles aux interférences politiques sur le fonctionnement du Conseil supérieur de l'audiovisuel et de la communication.

De même, les contraintes fonctionnelles imposées au Conseil supérieur de l'audiovisuel et de la communication sont de nature à réduire l'efficacité de sanctions proposées dans les rapports de monitoring établis contre les médias publics placés sous le contrôle du gouvernement.

De l'autre, on reconnaitra à la décharge du législateur la capacité de mobilisation des ressources juridiques au service de l'indépendance de l'institution dont les membres sont soumis à une série de restrictions. Il est interdit, en effet, aux membres du Conseil supérieur de l'audiovisuel et de la communication d'exercer un emploi public ou privé dans le secteur des médias, ni un mandat public dans une institution de la République.

La qualité de membre des Forces Armées, de la police nationale, des services de sécurité, d'agent de carrière des services publics de l'État ou de mandataire public est incompatible avec celle de membre du Conseil supérieur de l'audiovisuel et de la communication.

Les fonctions de membre des cabinets politiques et du personnel d'appoint des institutions de la République, de cadre politique de la territoriale, de responsabilité au sein d'un parti politique ou tout emploi dans

---

[1032] Instituée par la Constitution de la transition du 4 avril 2003.

[1033] Parmi les quinze membres composant le Conseil supérieur de l'audiovisuel et de la communication, un est désigné par le président de la République, deux par l'Assemblée nationale, deux par le Sénat et un par le Gouvernement.

les missions diplomatiques, consulaires ou des organisations internationales accréditées en République démocratique du Congo sont antinomiques à la qualité de membre du Conseil supérieur de l'audiovisuel et de la communication[1034].

Dans la pratique, cependant, le Conseil supérieur de l'audiovisuel et de la communication éprouve d'énormes difficultés pour assurer, d'une part, le monitoring de ses activités et l'application de ses décisions contre les pouvoirs publics et certaines stations de radio et chaines de télévision privées et affirmer, d'autre part, son indépendance fonctionnelle.

SECTION 3. LA COMMISSION NATIONALE DES DROITS DE L'HOMME

En vue de marquer l'attachement de la République démocratique du Congo au respect des droits de l'homme et aux libertés fondamentales, la Constitution du 18 février 2006 a prévu tout un titre (titre II) relatif aux droits humains et libertés fondamentales en leur consacrant trente-neuf articles sur les deux cent vingt-neuf, soit 17 %.

Le constituant s'est, également, préoccupé de catégoriser ces droits et libertés en droits civils et politiques, économiques, sociaux et culturels ainsi qu'en droits collectifs.

Le besoin d'assurer le respect de la dignité et de la valeur humaine a amené le législateur à adopter, le 21 mars 2013, la loi organique n° 13/011[1035]portant institution, organisation et fonctionnement de la Commission nationale des droits de l'homme[1036], indicateurs capables de juger et d'apprécier son indépendance.

§1. L'organisation

Le législateur organique indique que la Commission nationale des droits de l'homme comprend trois organes à savoir l'assemblée plénière, le bureau et les sous-commissions permanentes ; elle dispose, également, d'un secrétariat technique, des bureaux de représentations provinciales et des antennes.

A. L'assemblée plénière

Composée de tous les membres (neuf au total), l'assemblée plénière est l'organe de conception, d'orientation, de décision et de contrôle de la

[1034] Art. 31, al. 1er de la Loi organique sur le Conseil supérieur de l'audiovisuel et de la communication.

[1035] *Journal officiel de la République démocratique du Congo* n° spécial du 1er avril 2013.

[1036] Aux termes de l'article 222, a1.3 de la Constitution du 18 février 2006, le parlement peut instituer, par une loi organique, d'autres institutions d'appui à la démocratie.

Commission nationale des droits de l'homme. Ses décisions sont prises par consensus ou, à défaut, par vote majoritaire[1037].

Désignés par l'Assemblée nationale, les membres de la Commission nationale des droits de l'homme sont investis par ordonnance du président de la République et n'entrent en fonction qu'après avoir prêté serment devant la Cour constitutionnelle, qui leur en donne acte.

Intervenue le 1er avril 2015[1038], la désignation des membres de la Commission nationale des droits de l'homme a été suivie de leur investiture, le 4 avril 2015, par ordonnance du président de la République et de la prestation de serment, le 23 juillet 2015, devant la Cour constitutionnelle.

B. Le bureau

Le bureau est l'organe de gestion et de coordination de la Commission nationale des droits de l'homme. II comprend un président, un vice-président, un rapporteur et un rapporteur adjoint. À l'exception du président, chaque membre du bureau supervise les activités d'une sous-commission permanente.

C. Les sous-commissions permanentes

Aux termes de la loi organique, les sous-commissions permanentes sont des organes techniques chargés de traiter des questions spécifiques se rapportant à la mission de la Commission nationale des droits de l'homme[1039]. Au nombre de cinq, elles s'occupent des droits civils et politiques, des droits sociaux, économiques et culturels, des droits collectifs, des droits de la femme et de l'enfant ainsi que de ceux des personnes avec handicap et autres personnes vulnérables dont la personne vivant avec le VIH/SIDA et les personnes de troisième âge.

Chaque sous-commission permanente est animée par un membre de l'assemblée plénière qui ne fait pas partie du bureau[1040]. La Commission nationale des droits de l'homme peut créer en son sein des sous-commissions ad hoc chargées de l'examen des questions particulières[1041].

D. Le secrétariat technique

Le secrétariat technique est chargé de la gestion des questions administratives, juridiques et financières. Il est dirigé par un secrétaire exécutif, assisté de trois secrétaires exécutifs adjoints, s'occupant, respectivement, des questions administratives, juridiques et financières.

1037 Art. 9 de la Loi organique sur la Commission nationale des droits de l'homme.
1038 Suivant la Résolution n° 001/CAB/P/AN/AM/2015 de l'Assemblée nationale.
1039 Art. 12 de la Loi organique sur la Commission nationale des droits de l'homme
1040 Art. 79 du Règlement intérieur de la Commission nationale des droits de l'homme.
1041 Art. 13 de la Loi organique sur la Commission nationale des droits de l'homme.

Composé de départements[1042] et de deux directions[1043], le secrétariat technique est placé sous l'autorité directe du bureau de la Commission[1044] .

E. Les représentations provinciales

Au chef-lieu de chaque province, la Commission nationale des droits de l'homme se dote d'un bureau de représentation, dirigé par un secrétaire technique provincial, assisté de trois adjoints, respectivement, chargés des questions administratives, juridiques et financières.

Chaque bureau de représentation provinciale de la Commission nationale des droits de l'homme est constitué des services de monitoring, enquêtes et investigations, de la protection et de l'assistance aux victimes, de la formation et vulgarisation des droits de l'homme et du droit international humanitaire, de la communication et médias, des études et planification, du partenariat et encadrement des organisations non gouvernementales nationales et internationales des droits de l'homme installées en provinces et des organisations de la société civile congolaise, du suivi des mécanismes nationaux, régionaux et internationaux de promotion et de protection des droits de l'homme, de droit international humanitaire, actions, questions et urgences humanitaires, de la responsabilité sociale des entreprises, du centre provincial de documentation en droits de l'homme et en droit international humanitaire, du service social et médical, de celui des ressources humaines et du service logistique et du patrimoine[1045]. Sous la supervision du bureau de la Commission nationale des droits de l'homme, celui de la représentation provinciale est chargé de la promotion et de la protection des droits de l'homme de sa juridiction[1046].

F. Les antennes urbaines et territoriales

La Commission nationale des droits de l'homme est administrée, dans chaque ville et chef-lieu de chaque territoire, par une antenne urbaine ou territoriale dirigée par un chef et trois adjoints en charge des questions administratives, juridiques et financières.

[1042] Il s'agit des départements de monitoring, enquêtes et investigations, de la protection et assistance aux victimes, de la formation et vulgarisation des droits de l'homme et du droit international humanitaire, de la communication et médias, des études et planification, du partenariat et encadrement des organisations non gouvernementales nationales et internationales des droits de l'homme et la société civile congolaise, du suivi des mécanismes nationaux, régionaux et internationaux de promotion et de protection des droits de l'homme, de droit international humanitaire, actions, questions et urgences humanitaires, de la responsabilité sociale des entreprises, du centre national de documentation en droits de l'homme et en droit international humanitaire, du département social et médical.

[1043] S'occupant des ressources humaines et de la logistique ainsi que du patrimoine.

[1044] Art. 106 du Règlement intérieur de la Commission nationale des droits de l'homme.

[1045] Art. 112 du Règlement intérieur de la Commission nationale des droits de l'homme.

[1046] Art. 117 du Règlement intérieur de la Commission nationale des droits de l'homme.

Sous la supervision du bureau de la Commission nationale des droits de l'homme, chaque antenne urbaine ou territoriale s'occupe de la promotion et de la protection des droits de l'homme au niveau de la ville ou du territoire.

§1. Les attributions

La Commission nationale des droits de l'homme est un organisme technique et consultatif chargé de la promotion et de la protection des droits de l'homme ; elle veille au respect des droits de l'homme et des mécanismes de garantie des libertés fondamentales.

Dans l'accomplissement de sa mission, la Commission nationale des droits de l'homme n'est soumise qu'à l'autorité de la loi[1047] ; elle exerce son action à l'égard des personnes physiques ou morales, tant publiques que privées, se trouvant sur le territoire national ou à l'étranger ainsi que des personnes physiques, victimes ou auteurs, et des personnes morales, auteurs des violations des droits de l'homme en République démocratique du Congo.

La Commission nationale des droits de l'homme exerce, également, son action à l'égard des personnes physiques de nationalité congolaise se trouvant à l'étranger, victimes ou auteurs des violations des droits de l'homme[1048].

Elle a, notamment, pour attributions :

- d'enquêter sur tous les cas des violations des droits de l'homme ;
- d'orienter les plaignants et victimes et les aider à ester en justice sur toutes les violations avérées des droits de l'homme ;
- de procéder à des visites périodiques des centres pénitentiaires et de détention sur toute l'étendue de la République démocratique du Congo ;
- de veiller au respect des droits de la femme et de l'enfant ;
- de veiller au respect des droits des personnes vivant avec handicap ;
- de veiller au respect des droits des personnes du troisième âge, des personnes vivant avec VIH/SIDA, des prisonniers, des refugiés, des déplacés de guerre, des personnes victimes des calamités de tout genre et des autres groupes vulnérables[1049].

La Commission nationale des droits de l'homme publie le rapport annuel sur ses activités et le transmet au président de la République, à l'Assemblée nationale, au Sénat, au gouvernement, à la Cour constitutionnelle, à la Cour de cassation, au Conseil d'État, à la Haute cour militaire et aux parquets près ces juridictions. Ce rapport fait l'objet d'un débat à l'Assemblée nationale. La loi organique sur cette institution d'appui à la démocratie autorise la

---

[1047] Art. 4 de la Loi organique sur la Commission nationale des droits de l'Homme.
[1048] Art. 5 de la Loi organique sur la Commission nationale des droits de l'Homme.
[1049] Art. 6 de la Loi organique sur la Commission nationale des droits de l'Homme.

publication, sur internet[1050], des rapports semestriels sur la situation générale des droits de l'homme en République démocratique du Congo et des rapports ponctuels, chaque fois que la situation l'exige.

S'il faut se féliciter qu'une telle disposition réponde au souci de transparence, dans la gestion d'un domaine aussi sensible que les droits de l'homme et les libertés publiques dans un pays post-conflit, confronté, par ailleurs, à des défis multiples ; il importe de s'assurer que, l'usage du site internet non préalablement identifié ne soit l'objet des manipulations politiciennes et constituer, de ce fait, une bombe à retardement.

§3. Le fonctionnement

Instituée par une loi organique, la Commission nationale des droits de l'homme existe, même si, le dispositif institutionnel indispensable à son fonctionnement ne soit pas encore complet pour juger de l'efficacité de ses actions et, conséquemment, de son indépendance.

En attendant, on relève, tout de même, que cette institution d'appui à la démocratie soit confrontée à la faiblesse de collaboration d'autres institutions de la République, aux difficultés structurelles et conjoncturelles, voire systématiques qui entourent le processus de promotion et de protection des droits humains et des libertés fondamentales en République démocratique du Congo.

On devra, donc, éviter le télescopage avec les ministères sectoriels du gouvernement et les organisations non gouvernementales relevant de la thématique droits de l'homme dont la coordination n'est pas rationnellement assurée.

§4. L'indépendance de la Commission nationale des droits de l'homme

Pour assurer l'indépendance et la crédibilité de l'institution, le législateur l'affranchit de toute influence d'un organe national, étranger ou international[1051]. Il organise, également, une série d'incompatibilités à la qualité de membre de la Commission nationale des droits de l'homme, qui ne peut être cumulée avec les fonctions de membre de gouvernement, des membres d'autres institutions de la République et d'appui à la démocratie.

Durant son mandat, aucun membre de la Commission nationale des droits de l'homme ne peut être magistrat, agent de carrière des services publics de l'État, cadre de la territoriale, mandataire public, membre des cabinets des

---

[1050] Art. 7 de la Loi organique sur !a Commission nationale des droits de l'homme.

[1051] Exposé des motifs de la Loi organique n° 13/011 du 21 mars 2013 portant institution, organisation et fonctionnement de la Commission nationale des droits de l'homme.

institutions politiques et d'autres institutions d'appui à la démocratie ou un employé dans une entreprise publique.

La qualité de membre de la Commission nationale des droits de l'homme ne s'accommode pas de celle des forces Armées, de la police nationale et des services de sécurité, ni de toute autre fonction rémunérée, conférée par un État étranger ou un organisme international[1052].

La confidentialité de la procédure devant la Commission nationale des droits de l'homme[1053]et l'anonymat accordé à toute personne qui le requiert pour son témoignage est un indicateur supplémentaire au service de l'indépendance de la Commission nationale des droits de l'homme[1054].

Juridiquement, la Commission nationale des droits de l'homme dispose des moyens de sa politique et de son indépendance, susceptibles d'appréciation objective, à l'épreuve des faits et de la collaboration dont elle pourra bénéficier des pouvoirs publics et de la société civile[1055]. Pour une administration à peine mise en place, il est encore prématuré d'évaluer son degré d'indépendance, l'appareil institutionnel qu'elle convoque n'étant pas complètement installé.

L'étude des institutions d'appui à la démocratie a rendu compte de l'exercice de la fonction politique réelle, se manifestant par le désir d'assurer l'agrégation des intérêts au bénéfice des citoyens. Prévues par la Constitution, elles sont structurées et fonctionnent conformément à leurs lois organiques, outils indispensables, pour le renforcement de leur autonomie à l'égard des forces politiques et sociales, qui sont souvent à la base de leur création.

Du point de vue organique, les lois qui les créent fixent en même temps les structures et compétences interdisant au niveau fonctionnel toute immixtion politique, mais s'occupant des questions politiques, les institutions d'appui à la démocratie sont parfois obligées de s'ouvrir, en raison notamment de leurs domaines d'intervention, aux acteurs politiques en vue de les convaincre du bien-fondé de leurs missions, réduisant du coup leur indépendance, également tributaire de leur environnement fonctionnel et du rôle qu'on veut bien leur faire jouer.

[1052] Art. 18 de la Loi organique sur la Commission nationale des droits de l'homme.

[1053] Art. 33 de la Loi organique sur la Commission nationale des droits de l'homme.

[1054] Art. 32 de la Loi organique sur la Commission nationale des droits de l'homme.

[1055] Aux termes de l'article 30 de sa Loi organique, la Commission nationale des droits de l'homme peut, dans l'accomplissement de sa mission, solliciter la collaboration de toute autorité publique, notamment les forces de l'ordre, les autorités administratives et judiciaires ou autre personne physique ou morale. Cette collaboration ne peut lui être refusée.

CHAPITRE III

LES INSTITUTIONS POLITIQUES À DOMINANCE PARTISANE

Dans l'histoire politique et institutionnelle de la République démocratique du Congo, on a vu les institutions politiques à dominance partisane côtoyer, voire influencer le fonctionnement de celles traditionnelles. Il s'est agi, notamment, du Congrès, du Comité central et du Bureau politique du Mouvement populaire de la révolution.

SECTION 1. LE CONGRÈS

Organe politique du Mouvement populaire de la révolution, le Congrès est composé des représentants des forces vives de la Nation, désignés par le Bureau politique. Présidé par le président du Mouvement populaire de la révolution[1056] de droit président de la République. Cet organe statue, on le rappelle, par voie de résolution[1057]. Le nombre et la durée du mandat des membres du Congrès sont fixés par l'autorité de nomination.

La réforme constitutionnelle du 15 février 1978 en fera l'organe suprême du Mouvement populaire de la révolution, compétent pour statuer sur toutes les questions relatives aux options fondamentales du parti et à sa doctrine[1058].

Sur le plan constitutionnel, le Congrès était compétent pour initier des réformes que le pouvoir constituant se chargeait de matérialiser. Quant au Bureau politique, il ne conservait plus que le rôle de gendarme du parti veillant au respect, par tous les organes, des options du Mouvement populaire de la révolution et de l'application des résolutions du Congrès[1059].

[1056] Art. 48 de la Loi du 15 août 1974.
[1057] Art. 49, al.2 de la Loi du 15 août 1974.
[1058] Art. 53 de la Loi du 15 février 1978.
[1059] Art. 58, al. 2 de la Loi du 15 février 1978.

Section 2. Le Comité central

Créé à la suite de la révision constitutionnelle du 15 février 1980, le Comité central devint l'organe de conception, d'inspiration, d'orientation et de décision du Mouvement populaire de la révolution. Il veille au respect des options du parti et à l'application des résolutions du Congrès[1060].

Nommés et, le cas échéant, relevés de leurs fonctions par le président du Mouvement populaire de la révolution, président de la République[1061], les membres du Comité central prêtent, devant cette autorité, serment avant d'entrer en fonction[1062]. Le nombre et la durée du mandat des membres du Comité central sont fixés par le président de la République.

Par cette réforme, le Comité central reprit toutes les prérogatives jadis dévolues au Bureau politique, en tant que dépositaire et garant du Mobutisme ; les décisions qu'il prend pouvant violer la Constitution, sans qu'une juridiction ne soit compétente pour les sanctionner. Il en est ainsi de la décision d'État n° 10/CC/87 du 28 août 1987, conférant à cet organe la compétence de connaître des recours en contestation des résultats électoraux. Le contentieux électoral a, donc, cessé d'être juridictionnel pour devenir politique.

La motivation profonde du transfert du contentieux électoral de la Cour suprême de justice au Comité central est, essentiellement, politique. En effet, lors des élections législatives de 1987, un certain nombre d'irrégularités et fraudes étaient enregistrées dans quelques circonscriptions dont la coordination des opérations électorales avait été assurée par les membres du Comité central désignés à cette fin.

En raison de la supposée complicité de ses membres aux fraudes dénoncées, la Commission de discipline du Comité central décida de se saisir du dossier et de s'attribuer la gestion du contentieux électoral.

Cette décision ne tardera pas à devenir obligatoire et exécutoire, le président de la République prit, en date du 28 août 1987, l'ordonnance-loi n°7-042 qui consacre le transfert du contentieux électoral, sans qu'au préalable la Constitution n'ait été révisée ; entreprise qui sera réalisée, le 27 janvier 1988, par la loi n° 88-004 portant révision de certaines dispositions de la Constitution.

La violation de la Constitution a été formalisée par une révision constitutionnelle, qui fera du Comité central l'organe de conception, d'inspiration, d'orientation et de décision du Mouvement populaire de la révolution en ce qu'il veille au respect des options fondamentales du parti, à

1060 Art.22 de la Loi n° 80-012 du 15 février 1980 modifiant et complétant quelques dispositions de la Constitution.

1061 Art. 23 de la Loi du 15 février 1980.

1062 Art. 24 de la Loi du 15 février 1980.

l'application des résolutions du Congrès en plus de la gestion des contestations électorales[1063].

Dans cette tâche, il est apparu d'énormes difficultés, qui contraignirent le gestionnaire à un déni de justice, aucun recours déposé devant lui n'ayant abouti, en raison, vraisemblablement des consignes reçues et qui tenaient à couvrir les actes de certains membres de cet organe[1064].

SECTION 3. LE BUREAU POLITIQUE

Institué par la loi constitutionnelle du 15 août 1974, le Bureau politique est l'organe de conception, d'inspiration et d'orientation du Mouvement populaire de la révolution[1065]. Élus au suffrage universel direct et au scrutin secret pour un mandat de cinq ans, ses membres portent le titre de commissaires politiques[1066].

La loi électorale alors en vigueur indique que les commissaires politiques sont élus en raison de deux par région, y compris la ville de Kinshasa, soit au total dix-huit membres. Tout zaïrois remplissant les conditions d'éligibilité, désireux de faire acte de candidature, la dépose dans la région où il a, en permanence, son domicile ou sa résidence. La candidature ne peut être acceptée qu'après versement d'une caution non remboursable que la région déposera dans un compte ouvert à cet effet[1067].

Dépositaire et garant du mobutisme, le Bureau politique statue par voie de décisions d'État qui obligent, selon le cas, le Conseil législatif ou le Conseil exécutif à préparer les textes législatifs ou à élaborer les textes règlementaires conformes[1068].

Supérieures aux lois et aux actes ou normes réglementaires, les décisions d'État n'étaient pas, en raison de leur caractère hautement politique, susceptibles de contrôle de constitutionnalité. À la faveur de la révision constitutionnelle du 15 novembre 1980, les prérogatives du Bureau politique ont été transférées au Comité central[1069] dont les membres sont nommés et, le cas échéant, relevés de leurs fonctions par le président du Mouvement populaire de la révolution[1070]. Par cette réforme, en effet, le Bureau politique

---

1063 Art. 60, al. 1er, 2 et 3 de la Loi du 27 janvier 1988.

1064 DJELO EMPENGE PSAKO V, *Impact de la coutume sur les questions du pouvoir en Afrique noire. Le cas du Zaïre, op. cit.*, pp. 130-131.

1065 Art. 44, al. 1er et 2 de la Loi n° 74-020 du 15 août 1974 portant révision de la Constitution du 24 juin 1967.

1066 Art 1er et 2 de la Loi n° 77-014 du 16 juillet 1977 portant organisation des élections des membres du Bureau politique, du Conseil législatif et des Conseils des zones urbaines.

1067 Art. 18 al. 1er et 2 de la même loi.

1068 Art. 44, al. 4 et 5 de la Loi du 15 août 1974.

1069 Art.22 de la Loi n° 80-012 du 15 novembre 1980 modifiant et complétant quelques dispositions de la Constitution du 24 juin 1967.

1070 Art. 31 de la Loi du 15 novembre 1980.

sera chargé du contrôle en permanence des décisions du Mouvement populaire de la révolution[1071].

Même si l'organisation et le fonctionnement du Bureau politique sont fixés par son règlement intérieur, cet organe est compétent pour connaître de tout acte de nature à porter atteinte à la doctrine du Mouvement populaire de la révolution, même dans le chef de son président ; il s'agit, en l'espèce, d'un acte de déviationnisme dont le contenu est déterminé par la loi.

Saisi par une motion remise à son secrétaire permanent, le Bureau politique prononce, sous la présidence de son membre le plus âgé, la destitution du président du Mouvement populaire de la révolution[1072] conséquemment, de ses charges de président de la République. On comprend que cette destitution concerne tout président du Mouvement populaire de la révolution, à l'exception de celui qui en est le fondateur et qui ne peut, en principe, pas porter atteinte à sa propre doctrine.

[1071] Art. 30, al. 1er de la Loi du 15 novembre 1980.
[1072] Art. 46 de la Loi du 15 août 1974.

CHAPITRE IV

LES FORCES POLITIQUES ET SOCIALES

À côté des institutions classiques de l'État et celles d'appui à la démocratie, la Constitution congolaise assigne aux partis politiques un rôle déterminant dans l'enracinement des valeurs de la démocratie, le renforcement de la conscience nationale et l'éducation civique[1073]. Elle responsabilise, également, les différentes forces sociales dans l'encadrement de la vie politique. Le rôle de l'église dans la réalisation de ces objectifs mérite d'être mis en perspective.

SECTION 1. LES FORCES POLITIQUES

Essentiellement constituées des partis politiques, les forces politiques ont, en principe, comme vocation, la canalisation des intérêts des membres pour leur prise en charge dans l'exécution des politiques publiques. Une mise au point sur la notion de parti politique permet d'identifier ses fonctions essentielles, les caractéristiques attachées aux formations politiques congolaises et l'ancrage de l'opposition politique.

§1. La notion de parti politique

La définition de parti politique rend aisée l'analyse de ses rapprochements avec certaines notions voisines et la recherche de ses origines.

[1073] L'alinéa 2 de l'article 6 de la Constitution du 18 févier 2006 précise, en effet, que les partis politiques concourent à l'expression du suffrage, au renforcement de la conscience nationale et à l'éducation civique. Ils se forment et exercent librement leurs activités dans le respect de la loi, de l'ordre public et les bonnes mœurs.

A. La définition de parti politique

On a coutume de définir le parti politique par rapport à sa composition et ses finalités. Ainsi considéré, le parti politique est une association structurée des personnes physiques unies par une idéologie et poursuivant la conquête, l'exercice et, au besoin, la conservation démocratique du pouvoir.

De cette définition, on retient que le parti politique est, avant tout, une association volontaire des personnes physiques. L'adhésion étant libre, un parti politique doit avoir une existence plus longue que celle de ses organes, il ne doit pas disparaître au seul contact des impondérables de la vie. Rares sont, en effet, les partis politiques congolais qui survivent à ses fondateurs. Aussi, à défaut d'être correctement organisée dans l'acte constitutif du parti, la succession se fait-elle au sein de la famille biologique du fondateur.

Le parti politique est, ensuite, une organisation structurée et durablement établie favorisant les rapports permanents entre membres. C'est, en principe, un cadre harmonieux de collaboration fonctionnelle entre ses différents organes.

Association organisée, le parti politique n'influence pas le pouvoir mais l'exerce et, au besoin, le conserve après l'avoir conquis par la voie démocratique. Il importe de préciser que, quelle que soit sa taille, le parti politique a vocation de conquérir et d'exercer le pouvoir, seul ou en association avec d'autres.

La recherche du pouvoir doit, enfin, se faire avec le soutien populaire acquis à la suite d'une compétition électorale régulièrement organisée. Les partis politiques sont, dans un régime démocratique, la source de la légitimité politique ; ils ne se contentent pas des appréhensions périodiques que leur vouent les adhérents ou sympathisants (popularité épisodique), mais des suffrages et, conséquemment, des sièges réellement obtenus, après une victoire électorale.

B. Le parti politique et les notions voisines

Ainsi circonscrit, le parti politique se distingue de certaines notions qui lui sont souvent proches notamment le regroupement politique, le groupe parlementaire et l'opposition politique.

Le parti politique et le regroupement politique luttent pour la conquête et l'exercice démocratique du pouvoir ; l'un et l'autre étant autorisés à se livrer à la compétition politique et à aligner, à cette fin, les candidats capables de lui procurer une victoire électorale.

Par sa composition et son organisation, le parti politique se démarque, nettement, du regroupement. À l'opposé de ce dernier qui est une association de partis politiques[1074] formée pour la conquête, pendant le scrutin, de sièges

---

[1074] Art 1er al. 3 de la Loi n° 001/2001 du 17 mai 2001 portant organisation et fonctionnement des partis et regroupements politiques, *Journal officiel de la République démocratique du Congo,* numéro spécial du 17 mai 2001.

dans une circonscription électorale donnée, le parti politique réunit des personnes physiques partageant la même idéologie et un projet politique commun[1075] en vue de la conquête et de l'exercice démocratique du pouvoir[1076].

Association temporaire et circonstancielle, le regroupement politique reconnait à chaque parti qui le compose, une double autonomie organique et fonctionnelle. L'absence d'idéologie au sein du regroupement politique renforce, donc, sa teinture circonstancielle.

Le parti politique est, ensuite, différent du groupe parlementaire par sa composition et ses finalités. D'un côté, on signale que le parti politique est constitué des personnes physiques, que celles-ci soient des élus ou pas, tandis que le groupe parlementaire n'est formé que par les élus, membres d'une Assemblée parlementaire, c'est-à-dire des personnes revêtues d'un mandat politique en cours de validité et partageant les mêmes opinions politiques. On y voit, également, un organe consultatif d'une assemblée parlementaire formé à partir des matières, préalablement, déterminées dans le règlement intérieur.

De l'autre, on note que, constitué pendant la législature, le groupe parlementaire est homogène ou hétérogène, selon qu'il est formé ou non des partis politiques appartenant à une tendance politique (groupe de la majorité ou de l'opposition). Il est composé des personnes exerçant déjà un mandat électif, alors que les membres d'un parti politique s'assignent comme objectif la recherche du pouvoir qu'ils n'exercent pas encore.

Le parti politique se démarque, enfin, de l'opposition politique entendue comme une association des partis, regroupements et personnalités politiques qui ont une orientation différente de celle du parti ou de la coalition au pouvoir. Elle défend, dans le cadre juridique établi, des vues distinctes de celles du gouvernement en place et se présente en une alternative crédible à la majorité au pouvoir.

C. Les origines des partis politiques

Lorsqu'on prend en compte les circonstances de naissance, de construction- reconstruction et, éventuellement, d'extinction des partis politiques congolais, on s'aperçoit vite de leur origine juridique, politique, sociale et culturelle[1077].

[1075] KABUYA LUMUNA SANDO C., *Manuel de sociologie politique,* Kinshasa, PUK, 2011, p. 326.

[1076] Art. 2, al.1er de la Loi n° 04/002 du 15 mars 2004 portant organisation et fonctionnement des partis politiques en République démocratique du Congo.

[1077] À propos des origines des partis politiques congolais, lire également YOUNG G., *Introduction à la politique congolaise,* Bruxelles, CRISP, 1968 ou De BOECK G., « La vie difficile des partis politiques de la République démocratique du Congo », *Congo Forum,* 21 janvier 2007.

1. Le fondement juridique des partis politiques

Acteurs principaux du jeu, les partis politiques ne naissent pas du néant, ils s'organisent et fonctionnent conformément aux textes juridiques en vigueur[1078], lesquels permettent de situer, par ailleurs, la chronologie dans leur formation. En République démocratique du Congo, on note que, du multipartisme du passé[1079], le système des partis a fini par s'accommoder du pluralisme politique[1080], même si, par moments, le bipartisme[1081] et le monopartisme[1082] ont pu caresser l'organisation des formations politiques.

Si le caractère démocratique d'un pays pouvait se mesurer à sa seule configuration politique, la République démocratique du Congo qui en compte, à ce jour, cinq cent quinze [1083] serait classée en ordre utile des États démocratiques[1084]. Cette appréhension est rendue possible avec la Constitution du 18 février 2006 qui consacre la libre formation des partis politiques, sous réserve du respect de la loi, de l'ordre public et les bonnes mœurs[1085].

L'affluence à la création des partis politiques est, également, rendu possible avec l'interdiction de toute révision constitutionnelle, qui aurait pour vocation la remise en cause du pluralisme politique et syndical[1086] ou autorisant l'institution d'un parti unique considérée, à juste titre, comme une infraction de haute trahison punie par la loi[1087].

1078 Lire ESAMBO KANGASHE J.-L, « Le cadre juridique sur l'exercice des activités des partis et regroupements politiques en République démocratique du Congo » in Andrea E. OSTHEIMER DE SOSA (dir.), *Les partis politiques et la promotion de la liberté associative*, Kinshasa, Publication de la Fondation Konrad Adenauer Stiftung, 2009, p.14.

1079 Consacré par l'article 47, al. 2 de la Loi fondamentale du 19 mai 1960 relative aux structures du Congo, le pluralisme politique a été réaffirmé par l'article 30 de la Constitution du 1er août 1964 et consolidé par l'article 1er de la Loi n° 90-008 du 25 novembre 1990 portant révision d'une disposition de la Constitution.

1080 Le pluralisme politique instauré par la Constitution du 18 février 2006 a permis d'identifier, jusqu'au 30 novembre 2016, 524 partis politiques enregistrés au ministère de l'intérieur.

1081 L'article 4, al. 2 de la Constitution du 24 juin 1967 dispose qu'il ne peut être créé plus de deux partis politiques dans la République. Les partis politiques s'organisent et exercent librement leurs activités. Ils doivent respecter les principes de la souveraineté nationale, de la démocratie et des lois de la République

1082 Art. 29 de la Loi n° 74-020 du 15 août 1974 portant révision de la Constitution du 24 juin 1964.

1083 Tel qu'il ressort de la liste établie, le 10 juin 2016, par le ministre de l'intérieur et sécurité.

1084 L'alinéa 1er de l'article 1er de la Constitution du 18 février 2006 indique, en effet, que la République démocratique du Congo est dans ses frontières du 30 juin 1960 un Etat de droit, indépendant, souverain, uni et indivisible, social, démocratique et laïc.

1085 Art. 6 al. 1er et 3 de la Constitution du 18 février 2006.

1086 Art. 220, al. 1er de la Constitution du 18 février 2006.

1087 Art. 7, al. 2 de la Constitution du 18 février 2006.

2. L'origine politique des partis politiques

Le développement de la démocratie représentative a, ainsi qu'on le sait, contribué à l'accroissement de l'importance du parlement composé, à juste titre, des membres provenant, essentiellement des partis ou regroupements politiques victorieux des élections.

L'extension du droit de suffrage facilite, également, la canalisation des votes au bénéfice des comités électoraux dont le rôle principal consiste à soutenir les candidats et leurs campagnes électorales.

L'efficacité d'une telle approche suppose que soit établie une relation permanente entre, d'une part, les comités électoraux et les électeurs et, d'autre part, ces derniers et les élus. C'est à partir de cette coordination et des liens réguliers entre les groupes parlementaires et les comités électoraux que sont nés la plupart des partis politiques occidentaux.

Difficile à transporter dans le contexte politique congolais où le grand nombre de formations politiques naviguent à vue, cette présentation ne s'accommode pas de la perception que l'on se fait d'un parti politique et de ses finalités : plutôt que de conquérir et d'exercer le pouvoir, les partis politiques congolais poursuivent, au contraire, la satisfaction d'un besoin social ou de survie politique, quelle qu'en soit la manière.

3. L'origine sociale et culturelle des partis politiques

Nés en dehors de toute compétition électorale ou politique, certains partis politiques congolais ont été constitués à partir des organisations syndicales, des sociétés de pensée, des groupements professionnels ou des associations culturelles[1088] ou tribales[1089].

Pour avoir longtemps évolué dans la société civile, certaines personnalités qui caressaient déjà l'activité politique, ont fini par se découvrir en créant leurs propres partis politiques. Les cas du Mouvement social pour le renouveau et de l'Alliance des forces démocratiques au Congo peuvent être cités en exemple.

§2. Les fonctions des partis politiques

Les partis politiques remplissent, dans le cadre institutionnel établi, les fonctions déterminées par la loi. Ces fonctions sont donc légales et institutionnelles. Légalement constitué, le parti politique exerce ses activités

---

[1088] Créé en 1958, le Parti du Peuple a eu comme origine un cercle culturel dénommé Action sociale. Il en a été également du Parti National du Progrès, né des cendres du Centre de regroupement africain.

[1089] À la veille de l'indépendance et quelques années après, les partis politiques comme l'ABAKO, les BALUBAT, la LUKA, le PSA, le PUNA ou l'UNIMO ont été fondés sur une base essentiellement tribale. Il est à noter qu'actuellement, l'ABAKO désigne l'Alliance des bâtisseurs du Kongo.

dans le respect de la loi, l'intégrité territoriale et la souveraineté nationale[1090]. Cette fonction couvre également le domaine de l'éducation civique.

Institution politique, le parti politique s'oblige à produire, dans le cadre de la conquête démocratique du pouvoir, des programmes d'action originaux (fonction programmatique) à même de participer à la sélection des gouvernants (fonction gouvernementale) ou à légitimer l'ordre politique créé après l'accession au pouvoir.

Quelle que soit leur nature, les partis politiques ont vocation à assurer la représentation nationale, la formation de l'opinion, la sélection des candidats et l'encadrement des élus.

A. La représentation nationale

La première fonction d'un parti politique est d'assurer la représentation nationale, à la suite de la conquête et de l'exercice démocratique du pouvoir.

Une fois au pouvoir, le parti politique doit, par ses élus interposés, garantir la représentation nationale ; mais pour soutenir efficacement cette fonction, il doit en plus disposer d'une organisation suffisamment cohérente, durable et capable de favoriser, en même temps, des rapports réguliers et variés avec et entre ses membres.

B. La formation de l'opinion

La deuxième fonction d'un parti politique est de fournir à ses électeurs, ses élus et, au besoin, à l'opinion publique, une formation idéologique et civique adéquate. C'est par l'information et l'éducation des membres ou militants que se réalise cette fonction les préparant ainsi à la conquête et à l'exercice démocratique du pouvoir.

La formation de l'opinion se réalise, également, par un encadrement thématique, doctrinal ou idéologique des électeurs et des candidats avant, pendant et après les élections. Grâce, en effet, aux thèmes conçus, arrêtés et développés au sein du parti, un débat politique s'y installe, il s'éclairci et s'alimente.

Bien informé du programme d'action ou du projet politique de son parti, l'électeur est correctement outillé avec les idées et les programmes des candidats qui sont, en réalité, ceux du parti. Son vote devient, dans ce cas, un choix du candidat, mais également celui de l'option politique du parti.

La fonction de programmation et de structuration du vote, à laquelle les partis politiques sont tenus de remplir, donne au suffrage des électeurs un

---

[1090] En République démocratique du Congo, le cas du CNDP transformé plus tard à M23 fait exception parce que ce mouvement politico- militaire s'est assigné comme objectif de prendre le pouvoir d'État et de l'exercer en recourant aux armes, entreprise qui viole la Constitution et menace l'intégrité territoriale et la souveraineté nationale.

vocabulaire riche et constitue, également, un indicateur significatif du jaugeage de la capacité de mobilisation des électeurs aux prochains scrutins.

Il se constate, néanmoins, que l'insuffisance de rationalité dans l'organisation de la majorité des partis politiques congolais a conduit à la débrouillardise des acteurs politiques, des potentiels électeurs à l'approche des élections, profitant de la pauvreté et de leur niveau d'instruction relativement faible.

C. La sélection des candidats

Dans une démocratie représentative, le recrutement politique se fait au sein des partis politiques, lesquels désignent, selon leurs propres statuts, les candidats aux différents scrutins (présidentiels, législatifs, provinciaux, urbains, municipaux ou locaux), leur sélection devant favoriser la concurrence politique indispensable à la cohésion interne, la démocratie et la gestion transparente des enjeux électoraux.

L'entreprise peut, lorsqu'elle est mal organisée, conduire à l'institution de quelques oligarchies professionnelles à caractère tribal et ethnique, dans la quasi-totalité où la constitution des listes des candidats se fait, généralement, sur une base tribale et ethnique[1091].

D. L'encadrement des élus

Une autre fonction non moins importante que doit s'assigner tout parti politique est d'assurer l'encadrement civique et politique des électeurs. Cette fonction qui participe à la préparation politique suggère, en même temps, la mise en place des stratégies qui encouragent un contact permanent entre les électeurs et leurs élus[1092]. Il n'empêche que l'absence de discipline, au sein de partis politiques congolais ouvre la voie au phénomène de doublon[1093] et de débauchage avec, en toile de fond, la migration politique[1094]quasi

---

[1091] Depuis la transition politique telle qu'organisée par l'Accord global et inclusif du 17 décembre 2002, le partage du pouvoir, au sein des composantes et entités, a largement subi les contraintes tribales et ethniques. Il en a été, également, dans la constitution des listes des candidatures, pour les élections de 2006 et 2011 ; la quasi-totalité des candidats ayant pris pour suppléants ou colistiers les membres de famille.

[1092] C'est, en effet, par les militants ou membres que se construisent des liens ascendants ou descendants entre les différents organes des partis politiques.

[1093] Plus qu'une simple migration politique, le phénomène de doublon est à la base de la reconnaissance, par le ministère de l'intérieur, de deux partis politiques avec les mêmes logos, mais appartenant, pour l'un, à la majorité parlementaire et, l'autre, à l'opposition politique. Le cas des partis politiques ARC, MLC, MSR, NBP, UDPS ou encore UNADEF est révélateur.

[1094] Déjà réalisée en 1960 avec la scission au sein du Mouvement national congolais en deux partis, respectivement, dirigés par Patrice Emery LUMUMBA et Albert KALONJI, cette migration autorise au nomade politique de quitter librement sa formation politique au profit d'une autre plus alléchante, en se réservant le droit d'y revenir, en cas d'une *« météo politique »* plus favorable.

institutionnalisée des membres et/ou militants, dont on ne parvient pas à s'assurer de la fidélité à un seul parti politique[1095].

§3. Les indications communes aux partis politiques congolais

Quelle que soit leur origine, les partis politiques congolais présentent quelques caractéristiques communes

On note, d'abord, que l'adhésion aux partis politiques repose sur d'autres critères que l'attachement à une idéologie, un programme d'action original ou un projet de société précis[1096]. C'est le fondateur qui organise le parti et le finance, le parti n'est pas l'affaire de tous, mais de quelques membres, ce qui pose le problème de la formation et de l'encadrement et, naturellement, de la représentation des intérêts communautaires[1097].

Le vagabondage politique caractérise, ensuite, les partis politiques congolais dont la propension au positionnement personnel réduit toute idée d'émancipation et de civilisation. La migration politique qui en est la résultante incite à reconnaitre le changement, au gré de vagues, des partis ou alliances politiques juste pour assouvir les intérêts individuels.

Dans la pratique, la transhumance politique concerne les partis politiques de l'opposition et de la majorité au pouvoir[1098] ; elle se présente sous plusieurs formes[1099] et survient à l'approche ou à l'issue d'une élection. Cette errance politique répond plus à la recherche des intérêts personnels qu'à une conviction politique bien élaborée et capable de se transporter de génération en génération.

Loin d'être un patrimoine commun de tous les membres, les partis politiques congolais passent pour des propriétés privées des fondateurs, dont l'autoritarisme convainc de l'émiettement des efforts au profit des associations conjoncturelles ne survivant pas à la disparition des fondateurs.

Ouverte dans ces circonstances, la guerre de succession se termine habituellement par des scissions au sein d'une même formation politique. Déjà en 1960, le Mouvement national lumumbiste a été secoué par une scission interne, ayant donné naissance à deux partis politiques distincts

---

1095 Ajouté à l'absence des listes fiables des membres, la quasi-totalité des formations politiques congolaises fonctionnent plus avec des sympathisants et curieux, qui se reconnaissent à chaque manifestation de la majorité au pouvoir ou de l'opposition. Ils détiennent, par moments, plus d'une carte de membre.

1096 Lire également BOSHAB MABUDJ E, *La République démocratique du Congo entre les colombes et les faucons. Où vont les partis politiques ?* Kinshasa, PUC, 2001, p. 37.

1097 AUNDU MATSANZA, *État et partis au Congo-Kinshasa : l'ethnicité pour légitimité, op. cit.*, p.76.

1098 Lire aussi De VILLIERS G. et OMASOMBO TSHONDA J., *Zaïre, la transition manquée. 1990-199, op. cit ., p. 55.*

1099 Telles que les reniements épisodiques, les renversements des alliances politiques, les débauchages politiques, les scissions au sein de partis politiques ou encore le besoin de positionnement politique.

dirigés pour l'un, par le fondateur Patrice Emery Lumumba et, pour l'autre, par le dissident Albert Kalonji. Actuellement, plusieurs fonctions politiques qui se réclament de l'héritage Lumumbiste courtisent paradoxalement la majorité au pouvoir et l'opposition politique.

Bien que recomposé à partir des années 1990, le pluralisme politique n'arrêta guère le phénomène de scission au sein des partis politiques. Le Mouvement populaire de la révolution, l'Union pour la démocratie et le progrès social, le Rassemblement congolais pour la démocratie, le Mouvement de libération du Congo ou l'Union pour la Nation ont été affectés par le virus.

Partis événementiels, les formations politiques congolaises sont, pour la plupart, constituées sur des bases familiales et tribales. Installées dans les agglomérations urbaines, ces associations politiques sont déconnectées des réalités des milieux dont elles sont censées défendre les intérêts.

Selon le rapport de la Commission africaine pour la supervision des élections établi à la veille de l'élection présidentielle du 27 novembre 2011, seuls quatre partis[1100] sont implantés à 75 % à travers le pays sur les quatre cent soixante-dix-sept retenus, contre 97 % inconnus de la population. Ces partis politiques, sans sièges connus, côtoient les membres et sympathisants dans les médias, les cybercafés, les lieux de culte ou les débits de boisson qu'ils fréquentent habituellement. Leurs permanences sont, en revanche, établies dans les ordinateurs portables, les téléphones personnels des présidents ou les réseaux sociaux qui leur servent de cadre de recrutement et de transmission des informations.

La faible mobilisation des partis politiques congolais en faveur de l'expression du suffrage, du renforcement de la conscience nationale, de l'éducation civique et du contrôle des gouvernants peut convaincre de la prise en charge citoyenne de certaines actions politiques en recourant, pour la circonstance, aux recettes constitutionnelles notamment le droit à la désobéissance civile[1101] ou à l'insurrection, dont on peut toujours redouter les débordements en cas d'absence ou d'insuffisance d'encadrement.

Consacré, pour la première fois, dans la Déclaration universelle des droits de l'homme et du citoyen de 1793[1102], le droit à l'insurrection est, dans la pratique, confronté à la détermination du degré de sa légalité ou plus exactement, du moment à partir duquel s'apprécie cette légalité. La difficulté est bien réelle dans la mesure où la légalité convoitée est fonction de l'aboutissement ou non de l'action envisagée. Lorsque l'action à la désobéissance civile ou en insurrection aboutit, sa légalité devient réelle et

---

[1100] Le PPRD, l'UDPS, le MLC et l'UNC.

[1101] AGUILLON C., « La reconnaissance de la désobéissance civile en démocratie », *Jurisdoctoria,* Aix-en Province n° 13, 2016.

[1102] L'article 35 de cette Déclaration énonce, en effet, que quand le gouvernement viole les droits du peuple, l'insurrection est, pour le peuple et pour chaque potion du peuple, le plus sacré et le plus indispensable des devoirs.

effective ; elle s'apparenterait, en cas d'échec, à un mouvement insurrectionnel ou de déstabilisation de l'ordre constitutionnel existant. C'est à cet exercice combien difficile que pourra se prêter l'interprétation de l'article 64 de la Constitution du 18 février 2006 qui dispose que :

> « Tout congolais a le droit de faire échec à tout individu ou groupe d'individus qui prend le pouvoir par la force ou qui l'exerce en violation des dispositions de la présente Constitution. Toute tentative de renversement du régime constitutionnel constitue une infraction imprescriptible contre la nation et l'Etat. Elle est punie conformément à la loi ».

Ainsi libellée, cette disposition peut bien inférer la reconnaissance du droit à la désobéissance civile et à l'insurrection, en même temps qu'elle entrevoit la possibilité de répression en cas d'échec. Pour son exercice, l'un ou l'autre de ces deux droits peut s'appuyer soit sur le droit de pétition individuelle ou collective adressée à une autorité publique[1103], soit sur le refus d'exécuter un ordre manifestement illégal[1104] soit encore sur la liberté des réunions pacifiques et sans armes[1105],soit enfin sur celle de manifestation sur les voies publiques ou en plein air.[1106]

S'agissant particulièrement de la liberté de manifestation sur les voies publiques ou en plein air, on observe qu'en cas de réussite, l'autorité publique visée peut être amenée à infléchir sa décision au point de donner à l'action entreprise toute sa légalité et, partant, toute sa légitimité. En cas d'échec, les commanditaires ou complices risquent les poursuites judiciaires, mais en l'absence d'une disposition légale déterminant clairement la nature de l'incrimination et son régime répressif, grande sera la tentation aux règlements de comptes, les auteurs pourront se voir gratifier les qualifications de terroristes, mercenaires ou agresseurs.

L'emplacement de ces deux actions dans le chapitre réservé aux devoirs de citoyen plutôt qu'à celui traitant des droits civils et politiques peut faire douter de leur nature de droits subjectifs dont l'exercice est facultatif. Pris pour un devoir du citoyen, le droit à la désobéissance civile ou à l'insurrection relève bien d'une obligation civile avant d'être, juridique, liant le débiteur.

Y déférant, le citoyen accomplit non seulement un devoir, mais il parvient à exercer, également, une prérogative individuelle, faisant passer une obligation en un droit subjectif susceptible. Dans leur finalité, ces deux actions cessent d'être un devoir du citoyen pour devenir des droits subjectifs dont l'exercice dépend du bénéficiaire ou de l'usager.

1103 Art. 27, al. 1er de la Constitution du 18 février 2006.

1104 Art. 28, al. 1er de la Constitution du 18 février 2006.

1105 Art. 25 de la Constitution du 18 février 2006.

1106 Art. 26, al. 2 de la Constitution du 18 février 2006.

C'est probablement cette idée qui aurait inspiré la rédaction de cette disposition dont on doit déplorer l'emplacement dans les devoirs du citoyen plutôt que dans le chapitre traitant des droits civils et politiques.

§4. L'opposition politique

Plus qu'une construction de l'esprit, l'opposition politique est une réalité qui mérite d'être circonscrite, son statut et ses fonctions également présentés.

A. La notion d'opposition politique

Mieux définir l'opposition politique permet d'identifier ses différentes manifestations pour la conquête et l'exercice du pouvoir.

1. La définition de l'opposition politique

L'opposition politique est difficile à saisir, tant la notion paraît, au vu de ses différentes appréhensions, polysémique.[1107] Une opinion y voit une association politique organisée et développant, dans un cadre légal, des idées différentes de celles du gouvernement au pouvoir.[1108] Elle suppose, d'une part, une organisation politique différente de celle de la majorité au pouvoir et, d'autre part, la défense d'une politique distincte de celle du gouvernement, ses actions devant viser la sympathie des citoyens au moment des futures consultations électorales.

La notion évoque, également, l'idée d'une union des partis ou regroupements politiques en désaccord avec le gouvernement ou le régime en place[1109], mais insistant sur la dimension fonctionnelle que structurelle de l'opposition politique.

Dans le cadre juridique existant, l'opposition politique professe des vues différentes de celles du gouvernement en place en vue de conquérir le pouvoir[1110]. L'exercice de cette liberté dépasse, ainsi qu'on le sait, le simple dissentiment ou désaccord avec le gouvernement pour porter sur la critique de gouvernance de la majorité au pouvoir. Elle apparaît, en définitive, comme l'antithèse de la majorité au pouvoir et de sa gouvernance politique.

L'opposition politique est donc constituée d'un parti ou d'un groupe des partis mis en minorité ou écarté de l'exécutif par les élections ou la recomposition des forces et rapports de forces politiques, ou encore un

---

1107 MBODJ E.-H., *Statut de l'opposition et financement des partis politiques,* Rapport au président de la République du Sénégal, 1999, p. 28.

1108 DEBBASCH C., *Droit constitutionnel et institutions politiques,* Paris, Economica, 1990, p. 178.

1109 DUHAMEL O.et MENY Y., *Dictionnaire de droit constitutionnel,* Paris, PUF, 1992, p. 677.

1110 OMAR DIOP E.H., « Le statut de l'organisation dans les démocraties africaines », *Revue de Droit Africain,* n° 40, Bruxelles, 2006, p. 123.

regroupement organisé d'hommes partageant un certain nombre de vues et critiques sur le gouvernement .

Situant son action dans le prolongement du parti politique, l'opposition politique regroupe des acteurs politiques partageant un certain nombre de valeurs au service de la critique du gouvernement, de la conquête et l'exercice du pouvoir[1111].

Idéologiquement organisée, l'opposition défend, dans le cadre juridique établi, une orientation politique différente de celle du parti ou de la coalition politique majoritaire au pouvoir. Le législateur congolais définit l'opposition comme un parti politique ou un regroupement des partis politiques qui ne participent pas à l'Exécutif et/ou ne soutiennent pas, aux niveaux national, provincial, urbain, municipal ou local, son programme d'action[1112].

Plus pratique est l'idée d'y voir une association des partis, regroupements et personnalités politiques ayant une orientation politique différente de celle de la majorité au pouvoir et se présentant, en elle, comme une alternative crédible et capable de succéder à la majorité au pouvoir.

Ainsi précisée, l'opposition politique inscrit son action dans la perspective d'une véritable alternance politique dépassant la simple permutation par la voie des élections des majorités parlementaires ou politiques. Elle se manifeste de plusieurs manières.

2. Les formes d'opposition politique

Prise en exécution de la Constitution[1113], la loi n° 07/008 du 4 décembre 2007 portant statut de l'opposition politique[1114] renforce le pluralisme politique congolais, le droit à la différence de pensée politique et l'alternance démocratique au pouvoir[1115].

La procédure de son vote et de sa promulgation a été, néanmoins, entachée d'inconstitutionnalité car, pour une loi organique[1116] qui exige une

[1111] DJOLI ESENG'EKELI J., « Problématique de l'opposition politique en Afrique noire postcoloniale. Cas de la République Démocratique du Congo : mythe ou réalité ? », in BAKANDEJA G., MBATA A., KIENGE-KIENGE R. (dir.), *Participation et responsabilité des acteurs dans un contexte d'émergence démocratique en République Démocratique du Congo,* Bibliothèque de la Faculté d droit de l'Université de Kinshasa, Presses de l'Université de Kinshasa, 2007, p. 85.

[1112] Art. 2, al. 1er de la Loi du 4 décembre 2007.

[1113] L'exposé des motifs de la loi précise que le législateur s'était référé aux articles 7, 8 et 220 de la Constitution.

[1114] Initiée par le député national SESANGA HIPUNG DJA KASENG KAPITU Delly élu pour le compte du Mouvement de libération du Congo, parti politique de l'opposition, cette loi a été adoptée, en session de septembre 2007, après harmonisation de vues en Commission paritaire mixte Assemblée nationale-Sénat le 13 novembre 2007.

[1115] Exposé des motifs, p. 2.

[1116] L'alinéa 2 de l'article 8 de la Constitution du 18 février 2006 précise qu'une loi organique détermine le statut de l'opposition.

procédure spéciale et un quorum particulier[1117], le législateur a préféré un raccourci, évitant même de l'intituler comme tel pour échapper au contrôle préalable de constitutionnalité. En effet, s'étant fait l'écho, dans l'exposé des motifs que la matière faisant l'objet de son examen et de son vote avait un caractère organique, le législateur s'est refusé de l'intituler comme tel.

Cette loi ordinaire aménage l'existence d'une opposition parlementaire, à côté de celle extra parlementaire[1118] ; l'une et l'autre pouvant, dans la pratique, être légale ou clandestine. L'opposition légale concoure à l'exercice de la démocratie, parce que ses droits sont garantis et son fonctionnement assuré. Dépourvue de vision politique claire, l'opposition clandestine se développe en dehors du cadre légal, elle emprunte bien souvent les mêmes méthodes que celles des groupes d'intérêts.

L'opposition parlementaire est celle qui s'exerce dans le cadre institutionnel établi, elle a vocation à se distinguer par des propositions alternatives de la majorité au pouvoir. En raison de sa visibilité institutionnelle, cette forme d'opposition est facile à identifier ; elle est capable de former, au sein des assemblées politiques délibérantes, les groupes parlementaires différents de ceux de la majorité au pouvoir.

Ne participant pas à la gestion de l'État, l'opposition extraparlementaire s'exprime par les discours, manifestations ou autres activités mettant, certes, en lumière sa désapprobation de la politique de la majorité, mais sans aucune conséquence majeure sur l'action gouvernementale ou le fonctionnement normal des institutions.

Tout en bénéficiant de l'attention reconnue aux partis politiques légalement établis, cette opposition ne peut cependant pas renverser le gouvernement en place.

B. Le statut de l'opposition politique

Sur pied de son statut légal, l'opposition politique jouit des droits auxquels sont également greffés des devoirs.

1. Les droits de l'opposition politique

La Constitution du 18 février 2006 consacre le caractère sacré des droits et activités de l'opposition, ainsi que sa lutte pour la conquête démocratique du pouvoir[1119]. Le législateur les consolide en renforçant le régime répressif en cas de violations et restrictions.

[1117] Aux termes de l'article 124 de la Constitution, les lois organiques sont votées et modifiées à la majorité absolue des membres composant chaque chambre. Elles ne peuvent être promulguées qu'après déclaration par la Cour constitutionnelle, obligatoirement saisie par le président de la République, de leur conformité à la Constitution dans un délai de quinze jours.

[1118] Art. 2, al.2 de la de la Loi du 4 décembre 2007.

[1119] Art. 8 de la Constitution du 18 février 2006.

Dans ce cadre, on note que l'opposition a le droit de critiquer ouvertement l'action du gouvernement et de contribuer à l'amélioration de la conduite des affaires de l'État. Elle est, également, tenue informée de l'action de l'exécutif et peut, le cas échéant, formuler des contre-propositions, sous réserve du respect de la loi, de l'ordre public et de bonnes mœurs.

De même, l'opposition politique a droit de présider alternativement avec la majorité les travaux des commissions de contrôle ou l'enquête de l'action de l'exécutif ou d'en être rapporteur. Elle peut faire inscrire des points à l'ordre du jour des Assemblées délibérantes.

Le droit à l'information est garanti à l'opposition politique, qui l'exerce sur toutes les questions de la vie nationale ; ses représentants, à différents échelons d'exercice du pouvoir, ont droit d'être reçus par les autorités ou leurs délégués soit à leur demande, soit à l'initiative de ces autorités.

La loi précise qu'à chaque niveau d'exercice du pouvoir (national, provincial, urbain, municipal et local), correspond une représentation de l'opposition politique qui bénéficie, par ailleurs, d'une dotation du Trésor public[1120] ; celle-ci n'étant pas effective en raison, notamment, de l'absence de son porte-parole[1121].

Devant intervenir dans le mois qui suit l'investiture du gouvernement[1122], cette désignation n'a pas encore eu lieu, en raison de la non tenue de réunion entre les députés et sénateurs de l'opposition convoquée, à cet effet, sous la facilitation conjointe des Bureaux de l'Assemblée nationale et du Sénat[1123].

Sans qu'il ne soit nécessairement parlementaire, le porte-parole de l'opposition politique est désigné par consensus, à défaut, par voie d'élection au scrutin majoritaire à deux tours par les députés nationaux et sénateurs qui, aux termes du règlement intérieur, en sont membres.

Gestionnaire de la dotation allouée à l'opposition politique, le porte-parole a, sur le plan protocolaire, rang du ministre d'État et, son représentant au niveau provincial, celui du ministre provincial. Il jouit d'avantages et immunités y afférents[1124].

Les groupes parlementaires de l'opposition jouissent, eux aussi, d'un droit de représentation proportionnelle à leur poids numérique aux

---

[1120] Art. 23 de la Loi du 4 décembre 2007.

[1121] Art. 18 de la Loi du 4 décembre 2007.

[1122] À l'issue de chaque élection législative, la coalition majoritaire à l'Assemblée nationale propose au président de la République le nom du premier ministre. Une fois nommé, il forme le gouvernement qui ne peut entrer en fonction qu'après avoir été investi par l'Assemblée nationale. Dans le mois qui suit cette investiture, il est procédé à la désignation du porte-parole de l'opposition politique. On observe qu'entre 2006 et 2016, soit dix ans, deux élections législatives ont été organisées et deux gouvernements investis sans que la désignation du porte-parole de l'opposition politique ne soit rendue effective.

[1123] Art. 19, al. 1er et 2 de la Loi du 4 décembre 2007.

[1124] Art. 21 de la Loi du 4 décembre 2007.

Assemblées délibérantes. Réalisée au niveau du bureau et des commissions, cette représentation est déterminée par le règlement intérieur.

Il faut, cependant, signaler que lors de la désignation aux fonctions nominatives au sein desdites assemblées, il est tenu compte, dans la recherche de la cohésion nationale, des proportions des groupes parlementaires de l'opposition politique.

Les membres de l'opposition ont droit d'accès libre et à un égal traitement par les médias publics, dans le cadre des émissions et programmes pour faire connaître leurs opinions. La couverture de leurs manifestations et la diffusion de leurs communiqués sont assurées, de manière équilibrée, par les médias publics dans le strict respect du pluralisme et de l'objectivité.

Ce droit n'est que timidement exercé, les partis politiques de l'opposition ne bénéficiant pas toujours du même traitement que ceux de la majorité présidentielle par les médias publics et, notamment, la télévision nationale. Dépourvu du pouvoir d'injonction sur ces médias, le Conseil supérieur de l'audiovisuel et de la communication, à qui la loi impose l'obligation de veiller à la bonne exécution de cette disposition, ne se limite qu'au constat du traitement déséquilibré infligé aux acteurs politiques de l'opposition.

Selon le rapport du monitoring établi à l'issue de sa 50e session ordinaire du mois de juin 2016, cette institution constate que la Radiotélévision nationale congolaise et la télé 50 accordent 90 % de leurs espaces aux partis politiques de la majorité présidentielle, pendant que les chaines de télévisions privées Antenne A, Canal Congo Télévision et la Radiotélévision Catholique Élikya le font autant avec 80 % pour les partis politiques de l'opposition.

Aucun membre de l'opposition politique ne peut être interpellé, poursuivi, recherché, détenu ou jugé en raison de ses opinions politiques exprimées dans le respect de la Constitution, des lois et règlements de la République. Ce droit n'est que partiellement observé à l'égard des membres de l'opposition parlementaire, à l'exception de ceux appartenant à l'opposition extra parlementaire.

À la décharge de cette violation de la loi, on doit marquer une distance vis-à-vis de l'attitude qui consiste à faire de l'opposition une sorte de blancheur et un espace au sein duquel les violations de la loi (pénale) sont autorisées et l'impunité assurée. On note, en effet, que l'appartenance à l'opposition apparait, par moments, comme une cause de non imputabilité, d'irresponsabilité pénale de certains de ses membres.

La détermination de la responsabilité pénale des opposants, en cas d'infractions politiques et de droit commun, réduira, à coup sûr, la propension vers des immunités de fait qui semblent prendre le pas sur la lutte contre l'impunité. Il en sera de même des poursuites judiciaires engagées contre les hommes politiques, quelle que soit leur appartenance politique.

2. Les obligations de l'opposition politique

Légalement instituée, l'opposition politique n'as pas que des droits ; elle a, dans le cadre de la consolidation et du renforcement de la démocratie, d'obligations. Le législateur lui impose donc un certain nombre d'obligations[1125], notamment le respect de la Constitution et des institutions légalement établies ainsi que la défense des intérêts supérieurs de la Nation.

Dans le cadre de la conquête et l'exercice démocratique du pouvoir, l'opposition politique ne peut recourir à la violence comme moyen d'expression et d'accession au pouvoir. Elle doit, dans le cadre de la résolution pacifique des différends politiques, privilégier les vertus de dialogue et de concertation sur les questions d'intérêt national.

L'usage par l'opposition de la violence comme moyen de lutte pour le pouvoir, entraîne des sanctions pénales conséquentes. Aussi, tout responsable ou membre de l'opposition politique qui se rend coupable d'actes de violence dans l'exercice de ses droits, sera puni des peines prévues par le Code pénal[1126].

En tant que force alternative à la majorité au pouvoir, l'opposition politique s'oblige à lui reconnaître le droit de gouverner. Elle est, également, tenue de promouvoir, dans le cadre d'une lutte politique pacifique, la culture démocratique par la tolérance, la non- violence et l'alternance.

L'existence, dans certaines parties du pays, d'une frange de l'opposition contestant par la violence armée les institutions démocratiques établies, participe au détournement du pouvoir par la violation de la Constitution et des lois de la République.

L'opposition politique est, donc, appelée à concourir, par la libre expression, à la formation de ses membres et de l'opinion publique sur les questions essentielles touchant à la vie nationale. Cette obligation n'est que relativement assurée, bon nombre d'acteurs de l'opposition éprouvent d'énormes difficultés pour s'assurer de la correcte éducation civique et politique de leurs membres.

C. Les fonctions de l'opposition politique

Dans un régime démocratique, l'opposition remplit la fonction politique de contrepouvoir et celle pédagogique de ses membres.

1. La fonction politique de contrepouvoir

Outre sa vocation à représenter la minorité du corps électoral aux assemblées délibérantes, l'opposition politique se doit de surveiller et contrôler l'action gouvernementale. Elle constitue, de ce fait, un

---

1125 Art. 16 de la Loi du 4 décembre 2007.
1126 Art. 27 de la Loi du 4 décembre 2007.

contrepouvoir[1127] ; sa présence permet d'éviter l'autoritarisme de la majorité au pouvoir.

À cette fin, l'opposition politique dispose d'importants moyens de contrôle sur le gouvernement, les entreprises publiques et les établissements publics.

Peuvent être utilisées les commissions d'enquêtes, les questions écrites, les questions orales avec ou sans débat, les questions d'actualité, les interpellations, les motions de défiance ou de censure.

Bien organisée, l'opposition politique peut faire entendre sa voix et espérer, plus tard, bénéficier de la confiance des électeurs, dès lors qu'elle se présente devant eux comme une alternative crédible à la majorité au pouvoir.

La reconnaissance de l'opposition politique participe, enfin, de la consolidation du pluralisme et du renouvellement du personnel politique.

Lorsque, en effet, la majorité au pouvoir perd les élections, une nouvelle génération d'hommes politiques nait ; elle se prépare à assumer les fonctions politiques importantes à l'occasion d'une nouvelle victoire électorale.

La désorganisation de l'opposition qui cesse d'être un contrepoids la classe parmi les forces d'accompagnement et de consolidation des actions de la majorité au pouvoir.

2. La fonction pédagogique d'éducation civique et politique des membres

Se présentant comme une force d'alternance à la majorité au pouvoir, l'opposition politique se doit de mobiliser toutes les ressources capables de la conduire à la victoire électorale. Elle est particulièrement conviée à s'approprier toute initiative acquise à sa cause et à sa lutte démocratique pour le pouvoir.

Dans cette perspective, l'opposition doit s'assurer que l'information et la formation idéologique et politique qu'elle donne à ses membres et sympathisants sont porteuses de victoires électorales. L'encadrement civique et politique qu'elle offre aux électeurs doit servir de relais à sa participation citoyenne dans la gestion des affaires publiques.

Par ses actions, l'opposition politique doit, en tant qu'acteur d'éducation civique, se départir du discours démobilisateur et incitatif à la violence, s'activer dans la formation des membres par l'organisation des journées portes ouvertes, des séances de sensibilisation au sein des partis, regroupements politiques et centres de réflexions en vue de créer une cohérence d'action et s'assurer du « civisme politique » de chaque membre.

L'élaboration des brochures et fascicules traduites, par ailleurs, en langues nationales rapprocherait l'opposition de ses membres ; le recours aux émissions radiophoniques étant à encourager et à multiplier pour la

[1127] Lire dans ce sens NABLI B., « L'opposition parlementaire : un contrepouvoir », *Pouvoirs,* n° 133, Paris, Seuil, 2010, p.127.

diffusion de ses programmes. L'éducation de la population n'étant pas l'apanage du seul parti ou de la seule coalition au pouvoir, l'opposition politique doit inscrire ses actions dans la durée, mais son immobilisme conduit au manque d'anticipation sur les enjeux politiques qu'elle subit au lieu de les gérer réduisant ainsi ses chances d'accession au pouvoir.

SECTION 2. LES FORCES SOCIALES

Au nombre de forces sociales qui ont vocation à s'affranchir de la dominance politique figurent en bonne place les groupes de pression, la société civile et les médias.

§1. Les groupes de pression

On a l'habitude d'identifier le groupe de pression à la nature des intérêts qu'il défend. On se gardera, néanmoins, de voir dans tout groupe de pression, la seule défense des intérêts.

Aussi, pour mieux marquer la différence entre les deux notions, il importe de se fixer les idées sur la notion de groupe de pression avant de tenter, à partir de ses diversités, une typologie qui permette l'identification de ses actions et de ses fonctions.

A. La notion de groupe de pression

Poursuivant un objectif précis, le groupe de pression est une association des personnes physiques ou morales de droit privé constituée pour défendre les intérêts des membres et exercer une pression sur les pouvoirs publics afin d'obtenir des décisions idoines[1128]. De cette définition, on retient qu'un groupe de pression est une structure organisée, il défend les intérêts des membres et exerce une pression sur le pouvoir.

1. Le groupe de pression est une structure organisée

Le groupe de pression réunit, en son sein, des personnes aux relations spécifiques et professionnelles suffisamment fréquentes avec, en toile de fond, la désignation d'un mode commun d'actions à mener. La prise en compte de la nature d'intérêts à défendre détermine donc l'adhésion au groupe.

Comme structure cohérente, le groupe de pression poursuit la défense des intérêts légitimes des membres dont il favorise, par ailleurs, les rapports collectifs et stables. Sur ce point, le groupe n'est pas, toutes proportions gardées, très éloigné du parti politique.

[1128] MEYNAUD J., *Les groupes de pression,* Paris, PUF, Col. Que sais-je ?, 1980, p. 47.

Selon le degré de spécialisation de l'intérêt et de l'organisation du groupe, il est possible de distinguer quatre types de groupes d'intérêts.

À côté des groupes d'intérêts anomiques[1129], naissent d'autres de nature associative[1130], non associative[1131] et institutionnelle[1132].

Si les groupes d'intérêts anomiques pratiquent les démonstrations physiques et parfois violentes, il n'en est pas de même pour les groupes non associatifs, qui préfèrent recourir aux relations personnelles, tandis que ceux institutionnels et associatifs préfèrent les procédures de représentation.

Cette variété de groupes d'intérêts sollicite, chaque jour, une plus grande cohérence doublée d'une efficacité dans les actions à mener.

2. Le groupe de pression défend les intérêts des membres

Le concept intérêt doit être pris dans son sens le plus large, prenant en compte sa dimension matérielle et morale. Se justifie ainsi la distinction des intérêts fondée ou non sur la dynamique d'actions à réaliser.

De ce point de vue, on note que certains groupes peuvent être orientés vers la défense cumulative des intérêts matériels et moraux pendant que d'autres s'emploient à dissimuler les objectifs concrets de leurs actions, derrière des thèmes exclusivement moralisateurs. Ils recourent à la technique de camouflage qui privilégie les valeurs apparemment désintéressées, alors que la demande formulée poursuit les avantages matériels.

Désintéressé ou purement idéologique, le groupe de pression se doit, pour vivre et faire évoluer ses idées, de disposer de ressources matérielles nécessaires. Du caractère complexe du concept « intérêt », on s'accordera à lui reconnaître l'étiquette de groupes d'intérêts, quitte à faire une distinction entre l'intérêt moral de celui qui ne l'est pas.

3. Le groupe de pression exerce une influence sur le pouvoir

Influencée par la pratique américaine en la matière, une certaine opinion a pu dissocier les groupes d'intérêts de ceux exerçant une pression sur les autorités publiques. Traditionnellement utilisé dans la distinction entre le parti politique et le groupe de pression, ce critère a, en réalité, une portée

[1129] Formés des rassemblements spontanés et éphémères conduisant à des manifestations et émeutes à caractère souvent violent.

[1130] Composés, pour la plupart, d'organisations volontaires et spécialisées dans l'articulation des intérêts.

[1131] Représentés par les groupements informels, intermittents et non volontaires établis sur la base de la parenté ou de la religion, et caractérisés par l'absence de continuité et d'organisation cohérentes.

[1132] Constitués des partis, assemblées et administrations, de l'armée et des églises, remplissant d'autres fonctions que la simple articulation des intérêts.

relative. À l'heure actuelle, en effet, il est rare de trouver de groupes de pression qui ne se limitent qu'à influencer le pouvoir[1133].

Il s'observe, d'abord, que vaincus aux élections, certains partis politiques se comportent exactement comme des groupes de pression empruntant du coup les stratégies de l'opposition au régime en place. Pendant les campagnes électorales, ensuite, l'activisme de certains groupes de pression contribue de manière considérable à la réduction de la distance qui, jadis, les séparait de partis politiques.

Dans la perspective de la participation démocratique à la gestion du pouvoir, il se constate, enfin, que les pressions n'émanent pas nécessairement des groupes de pression ; elles sont tantôt individuelles, tantôt issues de simples groupes avec un objectif politique voilé, à savoir la chute du gouvernement ou du régime en place. Cet objectif ne peut être atteint qu'à la suite de la pression exercée sur le pouvoir.

B. La typologie de groupes de pression

Le meilleur catalogue des groupes de pression passe par l'identification du rôle joué par chaque groupe, dans la mobilisation de ses membres et les objectifs à atteindre. Aussi, tout en demeurant un groupe d'intérêts, le groupe de pression est une force politique[1134].

1. Les groupes politiques

La dimension et l'objet des groupes de pression ne se répercutent pas uniquement sur leur efficacité, ils le sont également sur leur nature intrinsèque. Sa détermination postule plusieurs approches.

Il importe de considérer, à cet égard, le degré d'intégration des membres au groupe, sachant que les adhésions n'ont pas la même nature, le même rythme, ni la même efficacité psychologique. La force du groupe est donc dictée par les exigences qui mobilisent l'adhésion des membres. Ce sont, en effet, ces revendications qui assurent la cohérence de l'ensemble et permettent au groupe d'imposer la conduite à tenir. On peut dire que la force du groupe est, largement, tributaire de la manière dont il est à même d'imposer une discipline à ses membres. Le polymorphisme des aspirations et besoins des membres peuvent, également, influer sur la tiédeur des engagements pris. Aussi, l'efficacité des pressions exercées sera-t-elle affectée par la faiblesse de l'intérêt commun qu'ils prétendent, pourtant, promouvoir.

Un autre élément indispensable à la perception du groupe de pression comme force politique est à rechercher dans les moyens dont il dispose pour

---

[1133] MOREAU J., DUPUIS G. et GEOGEL J., *Sociologie politique,* Paris, Cujas, *1966,* p. 244.
[1134] BURDEAU G., *Traité de science politique. t. 2, La dynamique politique,* Paris, 2e éd. LGDJ, 1968, pp. 212-223.

en rentabiliser le poids de l'influence. Ces moyens sont matériels (accumulation des ressources financières suffisantes au service de la cause qu'ils défendent), humains et psychologiques et dépendent des virtualités de rayonnement inhérentes à l'objet du groupe.

Lorsqu'on considère la nature de l'intérêt, on arrive à envisager trois hypothèses. La première lie le poids de l'intérêt aux implications résultant de sa satisfaction ou du refus de le prendre en considération. Si les intérêts défendus ne concernent qu'un nombre limité de personnes, il faut tenir compte de la position stratégique qu'elles occupent, l'interférence de l'intérêt pris en charge ; la puissance de pression n'étant pas, nécessairement, liée au nombre des personnes qui forment le groupe. La deuxième vise à établir une corrélation entre la force du groupe et l'aptitude que présente l'intérêt défendu à se coaliser avec d'autres. Si la défense des intérêts matériels est assez mal perçue dans l'opinion, les groupes de pression qui les soutiennent gagneraient en associant leurs efforts. Dans cette alliance, en effet, la particularité des intérêts risque de s'émousser. La troisième hypothèse mesure le degré du rayonnement du groupe au soutien qu'il apporte, plutôt qu'à l'intérêt en jeux. Plus le groupe a une forte audience dans l'opinion, mieux les intérêts qu'il défend ont plus de chances d'être pris en considération et donc d'être satisfaits.

2. Les groupes privés

Poursuivant la défense des intérêts des membres, le groupe de pression peut axer celle-ci sur la nature de l'intérêt, le cercle qui l'anime ou les techniques utilisées.

2.1. La nature privée des intérêts à défendre

Sur pied de la nature de l'intérêt à défendre, on peut distinguer les groupes poursuivant la protection d'un intérêt matériel désintéressé de ceux soutenant un intérêt matériel intéressé.

Les limites de cette distinction étant précisées à propos de la définition de groupes d'intérêts, il suffit de relever la simulation de l'intérêt que l'on ne souhaite pas faire connaitre au grand public. Cet intérêt est, le plus souvent, enrôlé dans une doctrine, voire une conception de la vie où il n'apparaît plus que comme la conséquence d'un système idéologique.

2.2. L'identification du cercle animateur d'intérêts

En considération du cercle qui les anime, les groupes de pression sont publics ou privés. Cette distinction n'est pas non plus décisive, l'évolution des États modernes avait réussi à réduire la distance qui sépare le secteur public de celui privé.

Les frontières du public et privé étant de moins en moins nettes, beaucoup de groupes privés jouent, en réalité, un rôle public ou d'utilité publique.

2.3. Les techniques utilisées

En direction du pouvoir, des acteurs politiques ou de l'opinion publique, les techniques de pression sont nombreuses et diversifiées. Selon le pays et le système politique, il existe des canaux d'accès formels et institutionnels au service des groupes de pression, ce qui leur permet d'entrer en contact avec un panel important d'élites et décideurs politiques.

Dans la recherche des techniques de pression plus adaptées aux besoins de chaque groupe d'intérêt, on doit tenir compte de la configuration institutionnelle, de l'influence de chaque institution sur la prise de décisions, du système de partis et du régime électoral ainsi que du statut de la fonction publique.

Au regard de la diversité des intervenants, de l'ampleur des intérêts à défendre et, naturellement, des résultats attendus, le réajustement de chaque technique tiendra compte du niveau d'intervention (national, provincial, sectoriel ou local) ; or, la détection du centre de gravité n'est pas la même, elle varie d'un système politique à un autre et d'un niveau à un autre. De cette interaction des besoins et des résultats, on doit s'assurer que la piste choisie est bonne et la technique utilisée la mieux adaptée au contexte de préparation et de prise de décision.

Au terme de cette tentative de regroupement de groupes de pression, on se gardera de ne prendre en compte que la nature de l'intérêt, aux dépens de celle du régime politique qui peut ou non autoriser leur expression. Mise en évidence, cette dimension du problème permet de distinguer les groupes de pression « clients et avides » de ceux « maitres et décideurs ». Formés essentiellement des quémandeurs, les premiers ambitionnent la seule prise en compte par le pouvoir de leurs exigences, alors que les seconds s'incrustent dans le système, y déploient des contacts personnels pour obtenir des décisions souhaitées. À l'origine des décisions importantes, ces groupes-maîtres conditionnent, par leur influence, l'attitude des organes officiels ; le fait qu'ils exercent le pouvoir constitue un phénomène nouveau, car ils apportent une perturbation, naguère inconnue, dans le fonctionnement des institutions politiques.

C. L'action des groupes de pression

Dans leur fonctionnement, les groupes de pression sont capables d'exercer une pression sur le pouvoir, les partis politiques et l'opinion publique.

1. L'action sur le pouvoir

Sur le pouvoir, la pression s'exerce essentiellement sur les parlementaires, les cabinets ministériels, les hauts fonctionnaires de l'administration et, plus globalement, sur toute l'administration. À tous ces niveaux d'influence, chaque groupe de pression tente de faire prévaloir ses intérêts.

En raison de la couverture clandestine qu'elle peut prendre, l'action des groupes de pression influera sur le processus décisionnel. Dans ces conditions, la façade institutionnelle risque de dissimuler le jeu des forces réelles œuvrant souvent pour des intérêts particuliers ; l'essentiel étant de réduire la fonction de groupes de pression à la seule revendication d'intérêts, sans risque d'exercer un véritable pouvoir de décision.

Lorsque, en revanche, l'action du groupe est connue à l'avance, elle cesse d'être dangereuse, parce que préalablement prise en charge. Vis-à-vis du pouvoir, l'action du groupe est ouverte ou occulte.

1.1. L'action ouverte

Ouverte, l'action du groupe de pression sur le pouvoir prend la voie de l'information, de la consultation et, au besoin, de la menace.

Simple, l'information est une technique qui vise à faire connaître ses désirs à l'autorité compétente ; elle permet d'établir un dialogue avec l'autorité, à qui on remet une documentation détaillée, souvent préparée à l'avance par des experts qualifiés. D'un ton généralement courtois, modéré et d'apparence objective, une information peut être orientée aux faits ou présentée de manière à être conforme aux intérêts du groupe.

Par le biais de la consultation, les organismes publics s'emploient à officialiser de manière occasionnelle, permanente ou institutionnelle les contacts initialement pris avec les groupes de pression. Il arrive que, dans la pratique, l'administration consultative soit envahie par un nombre plus important d'organismes, qui ouvrent un nouveau canal d'accès aux intérêts organisés sans, naturellement, entrer en conflit ouvert avec la fonction de contestation qu'assumeraient les syndicats ouvriers.

Se cristallise ainsi une tension entre deux éléments (participation et contestation) d'une même réalité (la défense des intérêts), les syndiqués pouvant être amenés à douter du bien-fondé de la politique d'intégration menée par la direction de la confédération syndicale.

La troisième technique procède de la menace, d'abord voilée et, ensuite, ouverte exercée sur les parlementaires ou les fonctionnaires.

À l'égard des parlementaires, la menace peut consister à des engagements extorqués des candidats aux élections, des lettres adressées aux élus à la veille de scrutins importants avec menace d'entraver leur réélection en cas de vote défavorable aux intérêts du groupe ou à des visites domiciliaires nocturnes jusqu'à l'occupation des tribunes ou des manifestations devant le siège des assemblées.

Vis-à-vis des fonctionnaires, la menace porte souvent sur le déroulement ou la gestion de leur carrière ; l'efficacité d'une telle action étant souvent fonction de l'importance des garanties statutaires, dont bénéficient les agents publics.

1.2. L'action occulte

Indépendamment du chantage que l'on peut officiellement exercer sur tel ou tel politicien, d'autres techniques, toutes aussi puissantes, ont pu être développées. Leur efficacité tient compte des relations privées que l'on entretient avec les milieux officiels et de l'usage de la corruption.

Favorisant les contacts personnels avec les parlementaires, les ministres et les hauts fonctionnaires de l'administration, des relations privées influent considérablement sur les décisions à prendre. En Italie par exemple, les rapports de clientèle ou de parenté établissent une intervention entre les groupes d'intérêts et l'administration.

En application de la politique dite de « pantouflage », plusieurs membres des grands corps quittent l'administration pour des emplois importants dans le secteur privé, ouvrant ainsi une sorte de parenté d'origine entre les décideurs (le ministre et son cabinet), les exécutants (les directeurs de ministères) et le personnel qui les ont parfois inspirés (les milieux d'affaires).

Il en découle que le pouvoir politique, la haute administration et le monde des affaires tentent de se compénétrer pour former un triangle du pouvoir, une sorte de caste dirigeante. Le recours à la corruption reste, tout de même, déterminant dans l'action de groupes de pression. Si la corruption individuelle paraît rare, sous sa forme classique, elle se présente, néanmoins, sous d'autres formes plus subtiles, tels que les cadeaux offerts en fin d'années, les invitations diverses, les promesses de voyages ou de vacances.

Dans sa forme collective, la corruption se réalise par le financement public des activités et, notamment des campagnes électorales. S'exécutant souvent sous l'apparence d'une association d'études, une classe électorale qui recueille et distribue les fonds, elle procure un double avantage par rapport à l'action isolée de tel ou tel groupe, à savoir une pression plus efficace et plus discrète.

C'est dans ce cadre qu'il s'observe un engouement très prononcé pour les candidats, qui multiplient les adresses en direction des milieux d'affaires en vue du financement de leur campagne. Ces « faiseurs d'hommes politiques » considèrent leur contribution comme un placement, avec espoir que l'élu saura se montrer reconnaissant le moment venu par les subventions et dégrèvements fiscaux.

Le financement des partis et des dépenses électorales peut être à l'origine du blanchiment d'argent. Plusieurs solutions sont, à cet égard, envisageables. On pense à l'idée d'accentuer la publicité de façon à permettre à l'électeur de voter en connaissance de cause sachant au préalable qui finance[1135] les campagnes électorales et quel est le plafond des dépenses électorales autorisées. L'exigence peut aussi s'accommoder à la réglementation des campagnes électorales somptuaires[1136] ou au financement public des dépenses électorales[1137].

2. L'action sur les partis

Dans la couverture de l'action de groupes sur les partis politiques, on s'aperçoit d'une part, dans la dépendance réciproque des uns sur les autres et d'autre part, d'une possible collaboration égalitaire.

Les partis peuvent dépendre de l'action de groupes de pression, ils sont essentiellement de création extérieure et apparaissent, officiellement ou non, comme une annexe, mieux un appendice du groupe de pression, pendant que ceux qui influent sur les groupes de pression sont habituellement de gauche (partis socialiste et communiste) et inspirent, largement, les organisations annexes qui leur sont dévouées ou dociles.

La collaboration égalitaire entre les partis politiques et les groupes de pression est provisoire, durable et, en tout cas, organique. C'est le cas, dans les pays scandinaves, du parti socialiste et des syndicats ouvriers, mutuels et coopératifs qui ont pris l'habitude de coopérer, étroitement et sur un pied d'égalité.

3. L'action sur l'opinion publique

Sur l'opinion publique, l'action de groupes de pression vise à s'assurer le contrôle de l'activité du pouvoir. Sans affronter directement les gouvernants, les groupes de pression utilisent l'opinion publique, dont l'action peut consister à la persuasion, la propagande et la contrainte.

Au bénéfice de l'opinion publique, certaines contraintes adressées aux autorités publiques les incitent à céder devant la puissance de la pression, surtout si le mouvement qui l'exerce a l'appui de la population. Pour éviter aux citoyens des inconvénients excessifs et immérités, les autorités publiques s'obligent à satisfaire les intérêts des groupes qui les défendent.

[1135] Comme en Allemagne ou en Grande-Bretagne.

[1136] Telles qu'expérimentées aux États-Unis d'Amérique et en Grande-Bretagne.

[1137] Les pays comme l'Allemagne, le Cameroun, la France ou l'Italie se sont dotés des législations qui financent les dépenses électorales. La République démocratique du Congo organise plutôt le financement public des activités des partis politiques y compris les dépenses électorales.

Les groupes de pression peuvent limiter leur action à la persuasion et à convaincre ainsi l'opinion publique du bien-fondé de leur entreprise. Ce type de contrainte suppose, au préalable, l'intensification des contacts ciblés avec une partie de l'opinion présentée comme redoutable ou septique. L'information et l'emprise des intérêts industriels et financiers jouent, dans ce cas, un rôle déterminant.

La propagande est une technique qui consiste à faire valoir auprès du public les besoins et les vœux des groupes concernés. Elle peut revêtir diverses formes, qui vont de la création des quotidiens, mieux des journaux syndicaux ou corporatifs, en passant par tout autre matériel rédactionnel pré-élaboré, jusqu'à la location de pages de journaux ; le but poursuivi étant de passer le message au près d'un public, relativement, nombreux et varié.

Plusieurs organes d'information n'ont d'ailleurs qu'une indépendance limitée envers les groupes industriels et financiers, en raison de divers facteurs dont l'emprise des intérêts industriels et financiers, le poids de la publicité ainsi que la concentration des entreprises de presse.

Aussi, pour accroître leur influence sur le public et le pouvoir, les grands industriels ou les banquiers ont-ils pris l'habitude d'assurer un contrôle régulier des informations que diffusent les organes de presse.

Une autre grille de recettes que fournissent les rapports entre les groupes de pression et les organes de presse, résulte de la forte concentration des dits organes dans certains États industrialisés, tels que les États-Unis et la Grande-Bretagne. La pression des organes d'information peut être passive (pression subie) ou active (pression exercée) en tout cas déterminante parce que façonnant les attitudes ou les convictions du public, c'est ce qui lui vaut le qualificatif de quatrième pouvoir, puissance avec laquelle il faut compter.

D. Les fonctions des groupes de pression

Les groupes de pression ont pour principale fonction l'articulation d'intérêts, la présentation et la canalisation des revendications et, au besoin, la substitution des partis politiques.

1. L'articulation d'intérêts

L'articulation est le processus normal par lequel les demandes individuelles et collectives sont adressées aux autorités politiques. L'exercice constitue la plaque tournante entre la société et le système politique, il permet également aux divers groupes d'intérêts de faire connaître leurs revendications.

À l'opposé, les partis politiques exercent la fonction agrégative d'intérêts, fonction qui aide à réduire la multiplicité d'exigences particulières à quelques objectifs significatifs. C'est donc sur cette base que le gouvernement et le parlement arrivent à arrêter, définitivement, les choix politiques. La réalisation de cette fonction est largement tributaire de modes d'expression des demandes par chaque groupe d'intérêts.

À ce sujet, quatre traits peuvent aider à caractériser le style par lequel s'exécute l'articulation d'intérêts. Les demandes sont dans ce cas manifestes (formulation explicite d'une revendication) ou latentes (vague mécontentement, ralentissements dans le travail), elles peuvent résulter des déclarations diffuses, qui n'indiquent qu'une simple insatisfaction et non les moyens pour y faire face, avoir un objectif général ou particulier. De même, l'articulation d'intérêts est soit instrumentale (soutien financier contre l'adoption d'une telle mesure), soit affective (simple expression de gratitude, de colère, de désappointement ou d'espoir). L'efficacité de la démarche dépend, donc, du style adopté. Plus le style est latent et diffus, plus il sera difficile d'agréger les intérêts et de les traduire en décisions politiques. À l'inverse d'un style plus pragmatique et instrumental, les objectifs idéologiques et rigides, les demandes particulières et les expressions émotionnelles rendent, souvent, ardue la conciliation des divers intérêts.

2. La présentation et la canalisation des revendications

Selon les circonstances, les groupes de pression peuvent exercer la fonction manifeste de revendication, à côté de celle latente d'intégration des intérêts des membres[1138].

2.1. La fonction de revendication

En rapport avec la fonction revendicative d'intérêts, les groupes de pression servent de relais à la fourniture d'informations complètes ou circonstancielles, permettant aux décideurs d'appréhender le sens et le contenu des mesures à prendre. La recherche d'une adhésion volontaire aux mesures envisagées par les pouvoirs publics, convie les responsables à se tenir au service des membres en vue de favoriser leur exacte application.

Cette fonction « d'acquiescement-participation » consolide, ainsi qu'on le sait, l'harmonie et le consensus au sein du groupe. La canalisation des revendications peut donc conduire à la rationalisation des aspirations et des mouvements qui, sans une bonne organisation, prendraient une forme désordonnée, si pas violente. Ce rôle modérateur contribue à anticiper sur les excès auxquels peut conduire une revendication sauvage.

2.2. La fonction d'intégration

Moins ouverte, la fonction latente contribue à l'adaptation, tout au moins, à l'ajustement du système. À ce sujet, justement, on observe que certains syndicats ouvriers, qui exercent, simultanément, la fonction manifeste de

[1138] MEYNAUD J., *Les groupes de pression, op. cit.*, p. *127.*

revendication et celle latente d'intégration, servent indirectement et, de façon inattendue, le système établi en canalisant, au besoin, les flux revendicatifs ainsi dépouillés de leurs virtualités révolutionnaires.

Ce dilemme « contestation-intégration » vise surtout les organisations ouvrières et explique, pour une part importante, l'ambivalence de leur lutte. Il en découle une distorsion entre le sommet et la base, les militants répondant quelque fois par des grèves sauvages aux actions des autorités politiques.

Si les dirigeants syndicaux sont, régulièrement, portés à accepter une politique contractuelle de négociations périodiques avec d'autres partenaires sociaux (gouvernement et patronat) pour fixer les augmentations de salaires, la base peut être amenée à récuser ce type d'accord intégrateur et les satisfactions quantitatives qu'il procure, aux dépens des revendications qualitatives. Celles-ci, espèrent-ils, modifieraient la condition salariale par le développement du contrôle ouvrier au sein même de chaque entreprise.

3. La doublure des partis politiques

L'incapacité des partis politiques à assurer convenablement l'agrégation d'intérêts des membres et, conséquemment, l'intérêt général amène les groupes de pression à jouer le rôle de substitution. Cette situation est fréquente, lorsque le système de partis juxtapose une pléiade de formations d'opposition à côté d'un parti dominant, ultra dominant ou attrapetout.

À l'inverse, le fait que les formations d'opposition soient fortement divisées, conduit à la radicalisation des actions devant une majorité qui trop embrasse. Dans ce cas, la fonction agrégative n'est qu'une fiction et moins opérationnelle.

Aussi, faute de synthèse préparée par les partis politiques, les gouvernants se trouvent-ils submergés par une multitude de demandes, non coordonnées, présentées en vrac par les divers groupes d'intérêts. Ce faisant, les groupes de pression introduisent dans leur démarche une certaine cohérence dans l'expression de leurs demandes.

À la rigueur, ils peuvent se substituer aux partis politiques peu habiles à agréger les intérêts, au point d'amener le gouvernement à les reconnaître comme des interlocuteurs valables, pour engager avec eux une politique de concertation.

§2. La société civile

Mieux préciser la notion de société civile permet de tenter, au regard de son contenu, une typologie, avant d'indiquer quelques actions qu'elle est appelée à exercer.

A. La notion de société civile

La société civile est, par son contenu, une réalité si complexe que sa définition paraît difficile. On s'accorde, néanmoins, à lui reconnaitre le cadre d'expression d'associations de nature diverse mobilisant différentes ressources au service de la communauté. C'est un regroupement d'associations, fonctionnant bénévolement en dehors du circuit étatique.

Entrée dans le langage ordinaire, à l'ouverture politique en République démocratique du Congo, la société civile est perçue comme un réseau d'associations, organismes privés qui fonctionnent en dehors du circuit étatique et s'assignent comme objectif la participation dans la recherche du bien-être de la population : elle apparait ainsi comme partenaire des pouvoirs publics et constitue, en cas de faille ou d'insuffisance, dans la prise en charge des intérêts bien légitimes de la population, un substitut indispensable, mieux un contrepouvoir. De ce point de vue, le concept n'est pas d'évocation récente.

Déjà en 1959, la société civile a fait une percée remarquable dans la lutte pour l'indépendance à travers les associations culturelles qui, à l'image de l'Association des Bakongo, la Confédération des associations du Katanga et la Conscience Africaine[1139] ont, par leur engagement politique, joué un rôle déterminant dans le processus conduisant à l'indépendance du Congo.

Après son accession à l'indépendance et notamment vers les années 1980, l'action des organisations non gouvernementales de développement, de l'Association d'étudiants, des milieux universitaires et, en particulier, celle de la Conférence épiscopale nationale du Congo ont eu raison sur un régime, dont l'exercice autoritaire du pouvoir s'accommodait que très peu de la gestion transparente des affaires publiques et de la contestation, quels qu'en soient les auteurs et les motivations.

Cet activisme s'est poursuivi et consolidé pendant les travaux de la Conférence nationale souveraine[1140], du dialogue inter congolais et d'autres forums politiques de sortie de crise, mais en raison du foisonnement des structures qui la composent, la société civile est finalement apparue comme une réalité plus difficile à circonscrire.

On admet ainsi que, par sa richesse, la notion dépasse la seule couverture nationale pour ensevelir les réalités sous régionales ou régionales traduisant, du coup, l'existence d'une diversité de structures sociales se réclamant de la société civile[1141].

[1139] Regroupant au départ les Bangala et les Baluba, tous anciens élèves des Pères de Scheut (missionnaires belges au Congo) devenus le creuset d'analyse et d'engagement politique.

[1140] On rappellera que sur 5000 délégués réunis en Conférence nationale, 2840 étaient désignés par les différentes composantes de la Société civile.

[1141] ESAMBO KANGASHE J.-L., *La Constitution congolaise du 18 février 2006 à l'épreuve du constitutionalisme. Contraintes pratiques et perspectives, op. cit.*, pp. 49-50.

B. La typologie de la société civile

Composée des associations ne participant pas à la gestion des affaires publiques, la société civile est difficile à classifier. Il est, néanmoins, possible de regrouper ses composantes, eu égard à l'objet ou à la thématique abordée.

Selon ce critère, en effet, la société civile peut prendre la marque d'associations ou d'organisations de défense des droits de l'homme, notamment celles s'occupant des jeunes, des femmes et de la famille ou des communautés minoritaires.

Au sein de la société civile se déploient également les associations confessionnelles, syndicales, scientifiques et culturelles, éducatives ou sportives, les organisations non gouvernementales humanitaires ainsi que celles d'action économique, sociale ou de développement.

Participent aussi aux actions de la société civile, la diaspora dans toute sa diversité, les organisations spécialisées dans le domaine de l'éducation civique et électorale, l'association des personnes vivant avec handicap ou avec le VIH/Sida.

La structure peut enfin compter sur l'apport, au niveau régional ou inter-régional, des réseaux de travail et de collaboration entre les forces sociales.

Il reste que, pour influencer positivement sur la prise de décisions politiques, la société civile doit s'ajuster, combattre ses tiraillements et contradictions internes pour renforcer chaque jour sa capacité d'action.

C. Les actions de la société civile

Les actions de la société civile sont dirigées vers les pouvoirs publics, les acteurs politiques et l'opinion publique.

À l'égard des pouvoirs publics, la société civile collabore à plusieurs initiatives accompagnant, par moments, les réformes politiques et institutionnelles[1142]. C'est dans ce cadre que se situe sa participation dans différentes rencontres organisées pour la résolution des crises ou conflits politiques en République démocratique du Congo. On soulignera particulièrement l'apport de la société civile au Conclave de Lovanium, aux nombreux congrès du Mouvement populaire de la révolution sous la marque des forces vives, ainsi que le rôle combien important joué pendant les travaux de la Conférence nationale souveraine, du Conclave politique du Palais de la Nation, des négociations politiques du Palais du Peuple, des consultations nationales, du dialogue inter congolais ou encore des concertations nationales[1143].

[1142] L'observation permet de relever que, les grandes réformes politiques et institutionnelles qui réussissent reçoivent, pour la plus part, l'apport, le soutien ou l'accompagnement de la société civile.

[1143] Dans chacune de ces rencontres, les membres de la société civile ont été actifs dans les travaux en Commissions (ils présidaient certaines) et en plénière.

La société civile a également contribué à la production législative sur des matières spécifiques exigeant son expertise notamment dans le cadre de l'élaboration de la loi organique n° 13/012 du 19 avril 2013 modifiant et complétant celle organique n° 10/013 du 28 juillet 2010 portant organisation et fonctionnement de la Commission électorale nationale indépendante, la loi organique n° 11/001 du 10 octobre 2010 relative au Conseil supérieur de l'audiovisuel et de la communication ou celle n° 13/011 du 21 mars 2013 portant organisation et fonctionnement de la Commission nationale des droits de l'homme.

Ont aussi bénéficié des empreintes des experts de la société civile, la loi sur l'exercice de la liberté de presse, celle portant mise en application de la parité homme-femme ou la loi réprimant les violences sexuelles.

En tant que groupe de pression[1144], la société civile recourt aux divers moyens de contrainte pour faire entendre sa voix et aboutir à ses revendications, à travers le droit de grève reconnu aux fonctionnaires et autres agents publics, les manifestations des rues ou sit in organisés devant les installations abritant les institutions publiques.

Dans ce cadre justement, certains regroupements de fonctionnaires ont réussi à se doter des stratégies et d'une technicité qui leur procurent avec cohérence un fort esprit de corps, au point d'infléchir plusieurs décisions des pouvoirs publics conformément à leurs vues. Il en est ainsi en France, d'anciens énarques ou les polytechniciens qui conservent, même placés dans des corps différents, une identité d'analyses et de préoccupations.

Réalisée au moment des discussions sur le budget de l'État, l'action syndicale en direction du pouvoir politique lui a finalement ouvert la porte de la gestion des affaires publiques qu'elle était sensée suivre à distance[1145].

À charge de la société civile, on relève sa politisation à outrance et l'illégalité[1146] dans lesquelles se complaisent plusieurs structures qui la composent et qui affectent ses relations avec les pouvoirs publics. Réelle, la politisation de la société civile détruit son unité, réduit l'efficacité de son action et paralyse sa cohésion interne.

Vis-à-vis des acteurs politiques, la société civile assure, selon le degré de sollicitation dont elle est l'objet, l'accompagnement et la formation des membres en rapport avec les thématiques relevant de son expertise : elle participe, donc, à l'éducation civique et politique des acteurs politiques.

[1144] Action puissante visant la satisfaction des intérêts communautaires ou ceux d'un groupe de personnes, la désobéissance civile est l'acte par lequel une ou plusieurs personnes décident de transgresser, de manière symbolique et non violente, une décision certes légale, mais illégitime à leurs yeux.

[1145] Dans le domaine de l'accompagnement politique, on distingue la société civile proche du pouvoir de celle sympathisant avec l'opposition.

[1146] Nombreuses sont des associations de la société civile qui fonctionnent sans aucune reconnaissance légale, ni dispositif institutionnel conforme à la loi régissant la matière.

En direction de l'opinion publique, la société civile est un vivier d'encadrement politique et un levier d'éducation civique. C'est par elle, en effet, que l'opinion publique aurait dû être, en principe, objectivement informée et formée aux enjeux politiques en présence ; mais deux obstacles semblent contrarier l'exercice de cette fonction, à savoir l'étendue du pays et l'insuffisance des moyens générés ou mis à la disposition des acteurs de la société, laissant sous informée une bonne partie de la population surtout celle vivant en milieu rural.

Lorsqu'elle se présente en arbitre entre les différentes forces politiques, la société civile est une force sociale réellement au service de l'intérêt général. Il s'observe, néanmoins, que ce rôle n'est pas assumé de manière satisfaisante ; certaines personnes, se réclamant de la société civile, s'affichent comme des acteurs politiques engagés[1147].

§3. Les médias

Forces sociales d'information et de formation de l'opinion publique, les médias constituent un outil important de mobilisation des ressources autour des valeurs partagées, mais qui se révèlent indispensables à la rationalisation des rapports entre pouvoirs publics et citoyens pleinement au fait des politiques publiques qu'ils peuvent, à travers leurs représentants élus, contrôler pour le bien de la communauté.

Organisés dans un cadre normatif, ils offrent à chaque individu la possibilité d'échanger avec d'autres ses convictions et appréhensions sur la conduite des affaires publiques, à travers la liberté de presse, d'expression et d'opinion, le pluralisme médiatique ainsi que le caractère de service public attaché aux médias d'État.

Capitale pour l'instauration d'un régime démocratique, la liberté de presse mérite d'être abordée ; le lien qu'elle établit avec la démocratie représentative, telle qu'instituée par le système constitutionnel congolais exige que l'on circonscrive le champ d'action, avant d'évaluer, sur la base des quelques repères disponibles, l'impact sur la construction d'une société démocratique.

[1147] Depuis la Conférence nationale souveraine, l'appartenance à la société civile a souvent servi d'escalier pour accéder aux fonctions politiques ou exercer des charges publiques. La structure est, d'ailleurs, vue comme une antichambre menant vers le pouvoir. Avant d'occuper les fonctions politiques, Pierre LUMBI OKONGO et Modeste BAHATI LUKWEBO et Maguy KIALA ont respectivement dirigé la Solidarité paysanne (une organisation de développement installé au Sud-Kivu) et la Société civile du Congo et la Société civile-forces vives.

A. La notion des médias

Mieux décortiquer la notion des médias permet de tirer ses frontières avec d'autres notions qui lui sont proches, mais dont l'usage peut prêter à confusion.

1. La définition des médias

Difficiles à percevoir par leur contenu, les médias désignent une institution ou un moyen impersonnel de large diffusion d'informations et des opinions, quel qu'en soit le support. Par eux, les informations et opinions sont communiquées vers un très grand nombre de personnes, sans possibilité de personnaliser le message. Les médias sont donc constitués des supports de communication de masses, notamment les stations de radiodiffusion et/ou les chaines de télévision, ainsi que les organes de presse écrite et électronique, dont l'objet est la collecte, le traitement et la diffusion des informations et des idées[1148].

De cette définition, on retient qu'un média est, d'abord, un moyen impersonnel de diffusion des informations et opinions ; il les communique, ensuite, à un nombre diversifié des destinataires sans, enfin, aucune possibilité de personnalisation de la conversation. Sont notamment considérés comme médias la radio, la télévision et la presse.

2. Les médias et les notions voisines

Une confusion est souvent entretenue entre les médias, la presse, le professionnel de la presse, l'organe de presse, l'entreprise de presse, l'agence de presse, la messagerie de presse, le quotidien, le magazine, le journal ou le journaliste.

Par presse, on entend un ensemble de moyens de diffusion et de communication de l'information à ce compris les journaux, les revues périodiques, les magazines, les publications spécialisées ou les organismes professionnels. La loi fixant les modalités de l'exercice de la liberté de presse[1149] en République démocratique du Congo voit dans le professionnel de la presse toute personne œuvrant au sein des catégories de métier et se vouant, d'une manière régulière, à la collecte, au traitement, à la production, à la diffusion de l'information et des programmes, à travers un organe de presse et qui tire l'essentiel de ses ressources de cette profession[1150].

L'organe de presse est une entreprise qui s'occupe de la publication et généralement au moyen de l'écrit, à ce compris les écrits en ligne, des

---

[1148] Art. 4, point 7 de la Loi organique du 10 janvier 2011 portant composition, attributions et fonctionnement du Conseil supérieur de l'audiovisuel et de la communication.

[1149] Il s'agit de la Loi n° 96-002 du 22 juin 1996, *Journal officiel de la République du Zaïre,* numéro spécial d'août 1996.

[1150] Art. 2 de la Loi du 22 juin 1996.

bulletins d'information ; il est différent d'un quotidien ou d'un magazine, l'un et l'autre publiant, au jour le jour ou mensuellement, les informations dont il a connaissance.

Si le journal représente une tribune de diffusion des informations, la personne qui l'anime ou se voue de manière régulière à la collecte, au traitement et à la diffusion des nouvelles ou des idées, dans un ou plusieurs organes d'informations et en tire l'essentiel de ses ressources porte la qualité de journaliste professionnel[1151] et a droit à une carte de presse délivrée, à sa demande ou à celle de l'organe de l'information qui l'emploie, par l'Union de la presse du Zaïre[1152]. Jusqu'en décembre 2016, cette structure n'a pu identifier que mille quatre cent quatre-vingt-sept journalistes professionnels enregistrés auprès de ses services et fait face à une multitude des « journalistes pirates », œuvrant dans l'illégalité sans qu'aucune sanction ne leur soit appliquée. Prise dans un contexte politique marqué par l'influence du Mouvement populaire de la révolution sur le fonctionnement des institutions, cette législation apparaît aujourd'hui en déphasage total avec l'esprit de la liberté de la presse, telle qu'elle ressort de la Constitution du 18 février 2006 et exige, de ce fait, des ajustements nécessaires.

L'entreprise de presse est constituée de toute entité économique et commerciale créée dans le but d'exploiter comme activité principale la collecte, le traitement, la production et la diffusion de l'information ou des programmes, en utilisant un ou plusieurs supports graphiques ou audiovisuels[1153]. Par information, on entend tout fait, toute donnée ou message de toute sorte mis à la disposition du public par voie de la presse écrite ou de la communication audiovisuelle[1154].

Lorsqu'une entreprise de presse fournit, contre paiement, aux organes de presse des informations, des reportages, des images et tous les autres éléments ayant trait à l'information, elle se mue, par cette activité, en une agence de presse[1155], différente d'une messagerie de presse qui est une entreprise assurant le tri, le regroupement, le transport, la distribution aux principaux points de vente des journaux ou écrits périodiques et tenant la gestion se rapportant à cette activité[1156].

Dans le cadre de sa mission de régulation des médias en République démocratique du Congo, le Conseil supérieur de l'audiovisuel et de la communication a pu, jusqu'au mois de décembre 2016, répertorier quatre

---

[1151] Art. 2, al. 1er de l'Ordonnance-loi n° 81-012 du 2 avril 1981 portant statuts des journalistes œuvrant en République du Zaïre, *Journal officiel de la République du Zaïre, n°* 8 du 14 avril 1981.

[1152] Art. 5 de l'Ordonnance-loi du 2 avril 1981.

[1153] Art. 4 de la Loi du 22 juin 1996.

[1154] Art. 3 de la Loi du 22 juin 1996.

[1155] Art. 6 de la Loi du 22 juin 1996.

[1156] Art. 7 de la Loi du 22 juin 1996.

cents dix-neuf médias et organes de presse[1157], par lesquels se créent et circulent les informations pour atteindre le plus grand nombre de destinataires, pouvoirs publics et citoyens.

B. Les vertus des médias

Les premières apparitions des médias comme référentielles des valeurs démocratiques remontent au 18e siècle à l'occasion de l'instauration en Grande Bretagne du régime parlementaire et, un siècle plus tard, au moment de l'établissement, dans le monde occidental, des régimes représentatifs. Ils participent à la diffusion, la circulation de l'information, mais également à la confrontation des opinions, offrant ainsi un espace favorable à la propagation de l'information, à la formation et l'encadrement des citoyens.

Centre de déploiement des activités politiques, les médias contribuent à la rationalisation du débat politique offrant aux personnes intéressées la possibilité de se parler directement à l'occasion des discussions contradictoires ou indirectement à travers les différents organes de presse et de discuter sur leurs projets politiques. Plus qu'un simple lieu de confrontation d'idées et des projets politiques, les médias collaborent également au ralliement des intérêts politiques au départ divergents, mais à l'arrivée convergents autour des valeurs essentielles et communes, qui fondent une société démocratique. Ils sont, pour ainsi dire, un éveil des consciences individuelles et collectives, les yeux et les oreilles qui mettent bien souvent à nu les secrets que resserrent la politique et l'exercice du pouvoir. Sans médias, on n'aurait jamais été au courant du scandale de watergate qui a conduit à la démission, le 9 août 1974, de Richard Nixon[1158].

Parce qu'ils permettent aux citoyens, constitués en public, d'assister au dévoilement des faits jadis gardés secrets et à l'affrontement d'idées politiques, les médias se croient dotés d'une mission de chien de garde, veillant au grain sur les intérêts du peuple et exerçant un véritable pouvoir de contrôle sur les pouvoirs politiques.

Depuis quelques décennies, le monde vit en effet une évolution médiatique remarquable ; la multiplication de canaux d'informations et de communication, la numérisation et la propagation de l'internet, ayant provoqué un boom informationnel capable de changer, en un temps record, le cours des événements politiques et sociaux, au point que le rôle des médias dans la scène politique et notamment dans la conduite des affaires publiques devient de plus en plus réel. Aussi, lorsqu'ils se présentent comme

---

[1157] Établies avant l'installation effectivité des provinces consacrées par l'article 2 de la Constitution, ces statistiques ne concernent que les provinces de Bandundu, du Kasaï-Oriental, du Katanga, de Kinshasa, du NordKivu et du Sud-Kivu.

[1158] Devant les menaces de destitution par la chambre des représentants, à cause du scandale qui a entouré son élection et qui a été révélé par les médias, Richard Nixon a résolu de rendre le tablier, évitant de se faire appliquer la procédure d'empêchement.

instrument de mobilisation politique et de lutte contre les antivaleurs, les médias servent de vecteurs de la démocratie. Par leurs critiques et dénonciations des politiques publiques peu portées vers les intérêts du peuple, les médias exercent un véritable pouvoir de police et de contrôle des pouvoirs publics. Cette fonction n'est que partiellement remplie en raison du déficit de couverture médiatique sur l'ensemble du pays, laissant aux organes de presse le choix libre de concentrer leurs activités dans certaines agglomérations dont Kinshasa, la capitale de la république démocratique du Congo.

C. Les limites des médias

L'apparition des nouveaux médias (internet et réseaux sociaux) constitue une évolution remarquable dans la conception, le traitement, la circulation et la diffusion de l'information ; elle augmente en même temps l'audience et le degré de communication politique à travers, notamment la télévision par câble et satellite et la multiplication de canaux d'accès facile à l'information.

Le bouleversement technologique qu'elle offre dans la démocratisation de l'accès à l'information, permet à chaque citoyen de diffuser depuis son blog, son compte face book ou twiter et de consulter, à partir de son téléphone, n'importe quelle information sur des sujets politiques, coupant ainsi les sources d'informations utiles aux médias traditionnels[1159], qui conservent, tout de même, une influence notable sur la formation des jugements politiques, dont l'appréciation dépend des cibles privilégiés et l'environnement sociopolitique choisi comme échantillon. Il reste que l'émission et la diffusion d'une information politique est loin d'être neutre ; la sélection du contenu à diffuser et les objectifs poursuivis échappant souvent à la rationalité. C'est sur cette activité précise que les médias traditionnels tentent de prendre de l'avance sur les nouveaux souvent en manque d'orientation démocratique claire, la rapidité d'accès à l'information qu'ils procurent, contribuant à alimenter le débat démocratique entre les membres d'un même réseau, mais susceptible de produire des effets de diffusion et de contagion dans la masse.

Participant difficilement à la conversion publique des citoyens, ces « médias d'émergence » permettent, néanmoins, à chaque citoyen de s'adresser directement aux autres, mais pour les membres actifs, le forum fonctionne comme un média de correspondance et de masse ; le manque des ressources nécessaires conduisant souvent aux dérapages[1160], rend aisée l'évaluation des risques d'entraves à la démocratie. Car par eux, les acteurs non professionnels collectent et diffusent les informations politiques,

---

[1159] Dans bien des cas, ce sont les informations diffusées et échangées dans les réseaux sociaux que les médias traditionnels amplifient dans leurs organes de presse.

[1160] L'ensemble de médias congolais vivant de la générosité des bénéficiaires de leurs services, ils sont théoriquement apolitiques, sans se démarquer de leur alignement politique.

forment et déforment l'opinion, orientent et désorientent les consciences individuelles et collectives et deviennent, par leur usage démesuré, sources de conflits politiques et une menace à la démocratie. Éprouvant d'énormes difficultés pour assurer la régulation souhaitée dans ce secteur, le Conseil supérieur de l'audiovisuel et de la communication ne peut qu'assister impuissant aux multiples dérives constatées ci et là, et au déficit de socialisation de l'opinion par les médias.

En Afrique comme ailleurs, les médias ont parfois servi d'outil à la dictature ou à des conflits politiques. On note que, dans un passé relativement récent et actuellement encore, nombreux sont des régimes politiques africains, qui se sont construits ou tentent de s'établir aux moyens des médias, qui prônent le culte de personnalité des hommes providentiels.

Par instinct de conservation ou survie[1161], du militantisme ou de manque de professionnalisme, bon nombre de médias participent à la destruction de la démocratie, s'ils ne sont pas à la base de crises politiques. Qu'il s'agisse, en effet, du génocide rwandais ou de la mauvaise gestion des conflits[1162] électoraux, les dérapages médiatiques[1163] ont contribué à l'affaiblissement des vertus démocratiques.

Socle ou entrave à la démocratie, les médias africains sont le reflet de la société qui les produit et les façonne, on devra donc s'attendre à ce que le regard qui doit leur être fait tienne compte, tant des ressources disponibles[1164] que de la collaboration d'autres segments de la société, à ce compris les citoyens, les pouvoirs publics et les forces sociales et politiques en présence.

SECTION 3. L'ÉGLISE ET LA VIE POLITIQUE

Depuis la nuit des temps, l'Église a toujours joué un rôle de première importance dans l'organisation de la société et notamment dans la vie politique où elle s'est, quotidiennement, intéressée. Dans ses relations avec l'État, l'Église a continuellement été au centre du débat sur « son implication » politique. Et pour cause, elle prétend engager, par ses prises de position et choix, la vie et l'avenir des membres.

1161 En raison notamment de la politisation de ces médias, de l'accès limité aux sources d'information, des contingences sociales de nature diverse et de l'insuffisance de formation de bon nombre des usagers.

1162 Favorisés par la manipulation de l'opinion, sa désinformation, voire la systématisation des membres d'une même communauté

1163 LIFOLI J.-P., « Médias, instance de régulation et élections en République démocratique » in ÉLIKIA M'BOKOLO (dir), *Élections démocratiques en République démocratique du Congo. Dynamiques et perspectives,* Kinshasa, PNUD-OIF, 2010, pp. 117-120.

1164 Lire également KAMATE MBUYIRO KITAKYA, *Médias et propagande religieuse à Kinshasa : le télévangéliste, un palliatif à la misère,* Kinshasa, Centre de Documentation Universel, 2016, p. 43.

La République démocratique du Congo compte plusieurs confessions religieuses que l'on peut regrouper en Églises chrétiennes à côté de celles qui ne le sont pas. Le foisonnement des Églises chrétiennes convoque, chaque jour, une typologie difficile à dégager. Il est, toutefois, autorisé de distinguer les Églises traditionnelles[1165] de celles prophétiques et évangéliques, les unes et les autres prétendent jouer un rôle plus ou moins similaire, à savoir la canalisation des désirs et aspirations des membres. Cette diversité rend plus complexe et difficile la perception de la notion même de l'Église, dont le contenu dépasse le sens usuel qu'on pourrait lui prêter et, qui se réduit en une communauté chrétienne constituée de l'église catholique, protestante, orthodoxe[1166].

Aussi, faute d'aborder la participation politique de toute l'Église congolaise, ni même celle chrétienne, on se contentera d'esquisser, à partir de quelques expériences vécues, l'implication des Églises chrétiennes dans la vie politique. Sur ce point justement, trois situations peuvent se présenter. L'Église est, d'abord, perçue comme une force sociale non politisée ; elle est, ensuite, au centre de l'action politique pour que son apolitisme soit, enfin, de portée relative.

§1. L'Église est une force sociale

Dans le domaine de l'organisation de la société politique, l'Église prétend remplir une mission sociale particulière, ses membres bénéficiant, comme citoyens, des droits et privilèges que leur offre l'espace politique. Considérée comme courroie de transmission des aspirations des membres, l'Église exerce une fonction identique à celle d'un groupe de pression et, comme tel elle influe, notablement, sur les rapports entre les pouvoirs publics, les partis politiques et l'opinion publique.

En Europe[1167] comme en République démocratique du Congo, certains partis politiques ont réussi à se doter des dénominations chrétiennes, sans pour autant pratiquer le christianisme dans les relations entre les membres et les tiers[1168].

On note, en revanche, une implication de l'Église chrétienne dans la vie politique, ce qui lui a permis de côtoyer, par moments, les sphères politiques, lesquelles n'hésitent pas à l'associer à la conduite des affaires publiques,

---

[1165] Parmi lesquelles les Églises Catholique, Protestante, Orthodoxe, Pentecôtiste et Kimbanguiste.

[1166] L'Église est également constituée comme le lieu où les fidèles catholiques ou orthodoxes célèbrent leur messe. Cet édifice est, pour les protestants, connu sous le nom de temple.

[1167] En Allemagne, la CDU ou la CSU sont des partis d'obédience chrétienne.

[1168] Peuvent être cités en exemple, l'ACDD, l'ACDC, l'ACRP, l'ADCC, l'ACP ; la CCD, la CD, la CDC, la DCF- COFEDEC, le FIDEC, le FORENAC, la LDC, le MCC, le MCDI, le MDC, le PARC, le PCA, le PCSA, le PDC, le PDSC, le PLDC, le RC, le RCPC, le RCR, le RDC, l'UCR, l'UCRJ, l'UDECF, l'UDSC, l'UNADGR, l'UPDC ou l'URC.

l'objectif poursuivi étant le conditionnement des populations désabusées ou la résolution des crises découlant de l'exercice du pouvoir. Dans l'un comme dans l'autre cas, l'Église apparaît comme partenaire privilégié du pouvoir politique.

Dans le domaine de la gestion et la prévention des conflits politiques, l'implication de l'Église est déterminante dans la mesure où les acteurs qui les créent proviennent, pour la plupart, de ses rangs. Participant à la gestion du pouvoir, l'Église catholique a présidé les travaux de la Conférence nationale souveraine[1169], le Haut conseil de la République-parlement de transition[1170], la Commission électorale nationale indépendante[1171] et le Conseil supérieur de l'audiovisuel et de la communication[1172]. De son côté, l'Église du Christ au Congo a dans sa diversité dirigé les travaux des consultations nationales[1173], du Sénat, de la Commission vérité et réconciliation[1174], de la Commission électorale nationale indépendante[1175] ou encore des concertations nationales[1176].

Les relations entre l'Église et la politique peuvent s'accompagner de la brouille, pour qu'elle soit obligée de se comporter comme un groupe de pression, attendant le changement du contexte et du cercle animateur du pouvoir. Dans le cadre du désaccord entre l'Église et le pouvoir politique, un conflit ouvert a affecté les relations entre Jean Sans Terre et le Pape Innocent III au sujet de la désignation d'Étienne Langton[1177] en qualité d'Archevêque de Canterbury, à la place de John de Gray candidat proposé par le Roi[1178].

Les critiques acerbes contre le régime du président Mobutu ont valu au Cardinal Joseph Albert Malula un refuge de plusieurs mois au Vatican. De même, on signale une froideur observée dans les relations entre l'Église catholique et le pouvoir politique en République démocratique du Congo, après la nomination par le Pape Benoit XVI du Cardinal Laurent Monsengwo Pasinya, le 20 novembre 2011, en remplacement de Frédéric Etsou Nzabi Bamungwabi décédé le 6 janvier 2007[1179].

[1169] En Afrique, les conférences nationales du Bénin, de la République du Zaïre et du Togo ont été présidées par le clergé catholique.

[1170] De 1994 à 1997.

[1171] De 2003 à 2011 et 2012 à 2016.

[1172] De 2009 à 2014.

[1173] D'octobre 1998.

[1174] De 2003 à 2007.

[1175] De 201 1 à 2012.

[1176] En 2014.

[1177] De son vrai nom Stéphan LANGTON qui succéda à Monseigneur Hubert WALTER décédé.

[1178] Evêque de Norwich, Monseigneur John de GRAY était, en réalité, l'ami de Jean Sans Terre le nouveau Roi d'Angleterre excommunié par le nouvel archevêque et sommé de réparer les préjudices causés à l'Église.

[1179] En réalité, cette froideur était perceptible dans le chef d'une partie de l'épiscopat congolais, qui soutenait la désignation de Monseigneur Laurent MONSENGWO PASINYA à la place de Monseigneur François-Xavier MAROY RUSENGO, Archevêque de GOMA qui

Bien qu'au service de l'Église, la religion n'en est pas pour autant synonyme. Elle est un fait universel, un système de pratiques et de croyances propres à un groupe d'individus ou une communauté. Pratiquée dans une Église, la religion permet d'établir une relation entre une communauté humaine et la divinité, c'est la perception que Dieu donne à une communauté humaine.

Il est possible que se cristallise une certaine complicité d'actions, mieux une entente entre le pouvoir politique et l'Église, pour que celle-ci soit perçue comme travaillant au service de celui-là en vue de perpétuer l'ordre décrié. La modération du discours politique de l'Église du Christ au Congo, celle Kimbanguiste et de la Communauté musulmane a été considérée par une certaine opinion comme cautionnant les dérives du pouvoir politique en République démocratique du Congo. On voit combien le rôle ambivalent de l'Église, dans ses relations avec la politique, dévoile qu'elle demeure au centre de l'action politique.

§2. L'église au centre de l'action politique

En vue de justifier son implication dans la vie politique, l'Église a eu souvent recours à la religion[1180] qu'elle nie pourtant dans ses actions et gestes. Au demeurant, les deux notions paraissent aussi bien différentes que convergentes.

Aux États-Unis par exemple, le fait pour le président élu de prêter serment en posant la main sur la bible accrédite l'idée du « puritanisme » qui hante la vie politique américaine, même alors que la réalité permet de dégager la distance entre la vie politique et l'attachement à la bible.

Le blasphème, en 2011, par le film islamophobe d'un réalisateur américain, suivi de la caricature par le quotidien français Charlie hebdo du prophète Mohammed ont dans certains milieux islamiques, suscité diverses revendications[1181] à caractère certes religieux mais qui cachaient visiblement des opinions politiques hostiles à l'impérialisme occidental et, notamment américain. Peuvent être inscrits dans cet engagement religieux, les attentats de Paris[1182], de Nice[1183], de Bruxelles[1184], d'Istanbul[1185], de Bamako[1186],

---

aurait été proposé à cette charge épiscopale par le président de la République Joseph KABILA KABANGE.

1180 Entendue au sens d'un ensemble de croyances et de dogmes définissant le rapport de l'homme avec le sacré ou de pratiques et rites propres à chacune de ces croyances.

1181 Ces revendications se sont soldées par une attaque terroriste des locaux de ce quotidien le 7 janvier2015.

1182 Du 1 1 au 11 novembre 2015 au Stade de France et au BATACLAN.

1183 Du 14 juillet 2016 sur le Boulevard dénommé Promenade des Anglais.

1184 Du 22 mars 2016 à l'aéroport de Zaventem et à la station de métro MALBECK.

1185 Du 28 juin 2016 à l'aéroport ATATURK d'Istanbul.

1186 Du 22 mars 2016 à l'Hôtel RADISSON BLU.

d'Ouagadougou[1187], du Grand Bassam en Côte d'Ivoire[1188], de Nairobi[1189] ou du Nigérian[1190] imputables aux activistes de l'État islamique ou aux partisans de Boko Haram.

À tout bien considéré, l'Église ne peut être au service de l'impartialité religieuse dont les diversités réduisent, chaque jour, l'efficacité comme force sociale d'encadrement et de protection de troupeaux. La politique étant par nature exempte de neutralité, les statures sociales qui s'y intéressent, comme l'Église, ne peuvent prétendre à un détachement absolu[1191].

§3. L'apolitisme de l'église est relatif

L'apolitisme est une attitude qui consiste, pour l'Église, à se départir de tout engagement politique, il affirme l'indépendance de celle-là vis-à-vis de celui-ci.

Aussitôt énoncée, cette règle doit être relativisée car, pour peu qu'on remonte à la période coloniale, on découvre très vite la participation politique de l'Église catholique dans la facilitation et la consolidation de l'action colonisatrice et « civilisatrice » des populations indigènes d'Afrique. Cette Église s'est, également, illustrée à la veille de l'indépendance de la République démocratique du Congo, par un engagement politique à travers la déclaration du manifeste de la Conscience africaine du 30 juin 1956 et celle de l'épiscopat congolais du Rwanda-Urundi du 29 juin 1956.

L'engagement politique de l'Église catholique des années 1970 a conduit à une disgrâce à l'égard d'un régime plus que déterminé à renforcer son autorité sur toute tentative de contestation du pouvoir et d'exercice des libertés individuelles.

Vint l'implication, en 1992, de la même Église dans la présidence de la Conférence nationale souveraine et, en 1994, de celle du Haut conseil de la République-Parlement de transition ainsi que dans la décrispation, en 2016, du climat politique consécutif à la fin du deuxième mandat constitutionnel du président de la République, offrant ses bons offices aux discussions politiques directes ayant conduit à la signature, le 31 décembre 2016, de l'Accord politique global et inclusif du Centre interdiocésain et, le 23 janvier 2017, des arrangements particuliers pour sa mise en application.

Depuis lors, les autres Églises chrétiennes lui ont emboîté le pas, refusant de se cantonner au seul rôle de formation et d'encadrement des élites

[1187] Du 16 janvier 2016 au Splendide Hôtel et au Restaurant Cappuccino.
[1188] En date du 13 mars 2016.
[1189] Du 21 septembre 2013 dans l'enceinte du Centre commercial Westgate.
[1190] Du 17 au 18 janvier 2016.
[1191] MINANI BIHUZO R., « L'église peut-elle faire de la politique ? Regard sur quelques pratiques », *Congo Afrique,* n° 506, juin-juillet août 2016, p. 507.

politiques, se laissent ainsi embarquer dans l'arène politique par le soutien qu'elles apportent aux membres ou fidèles caressant le champ politique.

S'appuyant sur la liberté de conscience et la diversification religieuse, l'action de l'Église est parfois perçue comme un moyen de lutte contre la pauvreté, les injustices et malédictions congénitales. La politique s'offre ainsi comme un espace d'accroissement rapide des richesses et du mieux-être ; elle ne peut être exercée que par les oints de Dieu, se recrutant parmi les clergés et pasteurs. Aussi, les fondateurs et dirigeants des Églises s'en servent-ils, pour accéder aux charges publiques et mandats électifs, car dit-on, toute autorité vient de Dieu.

On ne doit pas exagérer sur l'implication ou plus exactement l'influence de l'Église sur la politique, mieux sur l'exercice du pouvoir politique. Alors qu'ailleurs on a résolu de cantonner l'action de l'Église dans l'évangélisation l'éloignant de la politique, en République démocratique du Congo, il devient de plus en plus difficile d'étudier le droit constitutionnel en marge des actions et du rôle de l'Église dans la vie politique. Jadis séparés, les domaines du spirituel et du temporel se côtoient dans la gestion de la cité au point d'influer sur la perception que l'on peut avoir du droit constitutionnel moderne[1192].

Organisé par la Constitution, le pouvoir politique a été souvent exercé en marge des règles établies. Rien ne saurait, dans ses conditions, convaincre de l'utilité d'une Constitution qui ne recèle que ce qu'on pense d'elle, plutôt que ce qu'elle révèle en réalité. Selon les circonstances, en effet, le constituant s'est vu obligé d'aménager une place particulière au président de la République aux dépens d'autres institutions politiques.

Dans ses rapports avec le gouvernement, le chef de l'État impose, peu importe le régime politique, son hégémonie le réduisant si pas à un simple appendice, en tout cas à un organe technique chargé d'exécuter ses décisions et instructions éloignant du coup la perspective, quelle que soit la majorité parlementaire, d'une cohabitation avec un premier ministre issu de l'opposition.

Vis-à-vis du parlement, le président de la République n'a longtemps affiché sa prééminence en témoigne son incursion dans un domaine législatif avec l'édiction, pendant l'intersession et en cas d'urgence, des actes ayant force de loi. Quelle que soit la forme, le parlement congolais a su exercer, avec des fortunes diverses, ses attributions législatives et de contrôle sur le gouvernement, les entreprises publiques, les établissements et services publics.

Bien que consacrée par la Constitution, l'indépendance du pouvoir judiciaire n'a pas échappé au recadrage des institutions politiques et, notamment, du pouvoir exécutif. Considérée comme une garantie

[1192] En droit comparé américain, on lira avec intérêt GUILLEMIN M., *La religion civile américaine. Une théorie de droit constitutionnel,* Paris, l'Harmattan, 2017, 330p.

indispensable à l'édification de la démocratie et de l'État de droit, l'indépendance de la justice doit inciter à l'audace et à la créativité du juge, notamment constitutionnel dont l'exercice de la fonction régulatrice est à même de donner au droit qu'il dit une nouvelle perception.

La reconnaissance des institutions d'appui à la démocratie à côté de celles politiques traditionnelles, dévoile encore la richesse de la fonction politique qu'elles exercent, mais également leur participation à l'exercice démocratique du pouvoir. Le niveau relativement faible de leur indépendance réduit, tout de même, les espoirs suscités par ces nouvelles institutions à la fois politiques et citoyennes.

Doublée de la transhumance à laquelle se livrent leurs membres, la faiblesse d'organisation et de mobilisation des partis politiques à l'expression du suffrage convient sur la maigreur de leur ancrage populaire. Il en est également de la politisation des forces sociales, de plus en plus, éloignées des objectifs initiaux, à savoir le service à rendre à la communauté.

TROISIÈME PARTIE

LE DROIT CONSTITUTIONNEL DES LIBERTÉS

Le droit constitutionnel connaît, de nos jours, une évolution remarquable dépassant le seul cadre normatif et institutionnel pour prendre en compte l'homme, ses droits et libertés, mais également ses obligations et celles de l'État. Droit des libertés, il est un droit fonctionnel se construisant, chaque jour, autour de la cohérence entre la norme en vigueur, son application et le bénéfice que peuvent en tirer les citoyens. Il n'y a, donc, pas de droit constitutionnel qui ne soit bâti sur l'homme, présenté comme sujet et objet de ses préoccupations.

La recherche du cadre d'expression des libertés publiques conduit à identifier les garanties, qui leur sont souvent offertes et les mécanismes de promotion et de protection.

CHAPITRE I

LE CADRE D'EXPRESSION DES LIBERTÉS PUBLIQUES

Souvent confondues aux droits de l'homme, les libertés publiques s'en démarquent nettement en raison de leur origine et, certainement, de leur finalité. Une mise au point sur les deux notions permet d'esquisser un éventail des sources qui les engendrent.

SECTION 1. LES NOTIONS DES LIBERTÉS PUBLIQUES

Mieux définir le concept aide à tracer une ligne de démarcation avec les notions voisines en vue sans doute de marquer le rôle des libertés publiques dans l'enseignement du droit constitutionnel.

§1. La définition des libertés publiques

La notion de libertés publiques demeure diversement perçue, en raison de sa proximité avec d'autres, notamment, les droits de l'homme, les droits fondamentaux, les droits de la personne humaine, les droits humains et les libertés fondamentales.

Prenant les droits de l'homme comme faisant partie des droits fondamentaux, une opinion indique que ces derniers sont des droits et libertés protégés par les normes constitutionnelles et internationales, quel que soit leur degré de fondamentalisme[1193], elles-mêmes appréciées au niveau de leur protection.

Cette prise de position crée une confusion entre « droits fondamentaux » et « libertés fondamentales », ne permettant pas non plus de situer, avec exactitude, les origines de chacune de ces notions et leur finalité. On lui

---

[1193] Lire dans ce sens FAVOREU L et alii, *Droit des libertés fondamentales,* Paris, Dalloz, 2000, p. 168 et KAMUKUNY MUKINAY NGAL A., *Droit constitutionnel congolais*, *op. cit.*, pp. 308 -310.

objectera, également, l'insistance sur la seule prise en charge juridique, alors que par leur existence, les droits et libertés méritent une protection spéciale qui dépasse leur cadre normatif.

Faisant des droits de l'homme un appendice des droits fondamentaux, la même opinion semble mettre la charrue devant les bœufs ; la naissance d'un droit ne peut se confondre à sa protection liée à la personne humaine, les droits de l'homme sont, dans leur conception originaire, considérés comme des avantages collés à un individu, indépendamment, de leur reconnaissance ou protection par le dispositif juridique en vigueur.

Tout en opérant une ligne de démarcation entre les libertés fondamentales aménagées dans le cadre d'un État de droit constitutionnel et celles publiques organisées par l'État de droit légal[1194], la thèse omet d'indiquer que constitutionnel ou légal, l'État de droit est et demeure organisé par le droit positif ; il participe aux prérogatives de la puissance publique.

Par rapport à leur origine, les droits de l'homme relèvent d'un ordre juridique supérieur et extérieur à l'État, ils ne peuvent être confondus aux droits fondamentaux, libertés fondamentales ni aux libertés publiques, lesquels dérivent du droit positif.

Lorsque ce dernier, décide de leur accorder une importance particulière (le respect de la personne humaine, la liberté d'opinion, d'expression, de pensée, de conscience et de religion, le droit à l'information etc) sur d'autres, ces droits deviennent alors fondamentaux, parce que l'État a décidé de leur conférer une valeur particulière.

Du point de vue de leur finalité, on note qu'à la différence des libertés publiques, les droits de l'homme ont vocation à offrir à chaque individu le pouvoir d'autodétermination dans la mesure où la nature humaine a toujours besoin d'un minimum de sécurité matérielle.

Ils lui confèrent, non pas un pouvoir de libre option, ni de libre action, mais une créance que la société se doit de lui fournir. L'État s'oblige, donc, à lui offrir des prestations positives, impliquant également la création des services publics.

Ainsi circonscrites, les libertés publiques côtoient habituellement d'autres notions voisines.

§2. Les libertés publiques et les notions voisines

Bien que proches, les libertés publiques se distinguent des droits de l'homme, droits humains ou libertés fondamentales[1195].

[1194] KAMUKUNY MUKINAY NGAL A., *Droit constitutionnel congolais*, *op. cit.*, p.311.

[1195] La prise en charge constitutionnelle de la question démontre une certaine inconstance dans l'attitude du constituant congolais qui, pour désigner la même réalité, utilise tantôt les libertés publiques (la Loi fondamentale du 17 juin 1960), tantôt les droits fondamentaux (la Constitution du 1er août 1964 et celle du 24 juin 1967), tantôt encore les libertés publiques et

La différence entre droits de l'homme et droits humains est si mince qu'elle se situe au niveau de la norme qui les crée et des bénéficiaires. D'un côté, on relève que, les droits de l'homme sont des droits naturels reconnus à tout être humain, des privilèges reconnus à toute personne, quelles que soient ses origines, sa nationalité, sa religion ou ses convictions politiques et idéologiques. Ils découlent d'un ordre juridique supérieur et extérieur à l'État, alors que les droits humains (au sens générique) sont ceux de l'homme, reconnus par un État ; ils se révèlent plus proches des libertés publiques, à la seule différence que ces dernières protègent toute personne humaine indépendamment de sa citoyenneté étant donné que les droits humains concernent les droits de l'homme au sens générique et citoyen. De l'autre, on note que l'étendue de la protection des droits de l'homme (droit naturel) dépasse largement celle des droits humains (droit positif).

En dépit de cette différence prévisible, les deux notions ont parfois été prises pour synonymes. Elles poursuivent, d'ailleurs, la même finalité, à savoir la reconnaissance et la protection des droits inhérents à la personne humaine. Parlant de droits de la personne humaine, le constituant congolais du 18 février 2006 utilise l'expression « droits humains[1196] », position qui se démarque de celle retenue dans la ligne de démarcation entre droits de l'homme et ceux humains, contrairement à la Déclaration universelle des droits de l'homme du 10 décembre 1948, laquelle préfère parler plutôt de « droits de l'homme ».

La différence entre les droits de l'homme et les libertés fondamentales découle de celle faite précédemment entre les premiers et les libertés publiques. Droits individuels reconnus par les normes juridiques relevant du droit positif, les libertés publiques deviennent fondamentales, lorsque le constituant ou le « législateur international » décide de leur conférer une protection particulière.

Une telle approche participe de la catégorisation et, donc, de la hiérarchisation des droits de l'homme et des libertés publiques. Selon le pays et le contexte politique, certaines libertés publiques peuvent se voir accorder une attention plus que d'autres ; on distingue alors des libertés publiques à forte protection de celles qui le sont moins.

Le constituant congolais du 18 février 2006 consacre, par exemple, le caractère sacré de la personne humaine[1197] et de la propriété privée[1198] ainsi que l'existence de l'opposition politique, ses activités et sa lutte pour la conquête démocratique du pouvoir[1199].

---

droits fondamentaux (la Constitution de la transition du 4 avril 2003), tantôt enfin les droits humains et libertés fondamentales (la Constitution du 18 févier 2006).

1196 Le titre III de cette Constitution est intitulé droits humains, libertés fondamentales et devoirs du citoyen et de l'État.

1197 Art. 16, al. 1er de la Constitution du 18 février 2006.

1198 Art. 34, al. 1er de la Constitution du 18 février 2006.

1199 Art 8, al. 1er de la Constitution du 18 février 2006.

Il y fait interdiction d'instituer, sous quelque forme que ce soit, le parti unique[1200] ou la modification de la Constitution qui a pour effet la réduction des droits et libertés de la personne[1201].

Le même texte oblige les pouvoirs publics et toute personne à respecter les droits de l'homme et libertés fondamentales consacrés dans la Constitution[1202], interdit le recours à la torture ou l'esclavage[1203], garantit la présomption d'innocence[1204], le droit de la défense[1205] et ceux des personnes morales de droit public, autres que l'État[1206]. Circonscrites dans le cadre de la limitation du pouvoir, les libertés publiques redynamisent et modernisent l'enseignement du droit constitutionnel.

§3. Les libertés publiques modernisent l'enseignement du droit constitutionnel

Jusqu'à une époque relativement récente, la question des libertés publiques n'intéressait que, modestement, le droit constitutionnel plus orienté vers l'étude des institutions politiques et des normes qui les créent.

Cet état de choses est, au fil du temps, apparu dépassé ne rendant pas suffisamment compte de la place, combien importante, qu'occupent les libertés publiques dans la conception, mais également la perception de la discipline plus que tournée vers la sécurisation certes normative, mais aussi institutionnelle et juridictionnelle de la personne humaine contre toute atteinte à ses droits et libertés.

Le besoin d'assurer une efficace protection des libertés publiques a fini par convaincre de la nécessité d'engager le droit constitutionnel dans la voie du concret, l'éloignant d'une emprise dogmatique vers une approche pratique, prête à s'offrir comme cadre de solutions adéquates aux problèmes de l'exercice et de la gestion du pouvoir.

Il s'établit aisément, une corrélation entre l'exercice et la gestion du pouvoir, ainsi que la protection des libertés publiques que le droit constitutionnel ne peut ignorer.

[1200] Art. 7, al. 1er de la Constitution du 18 février 2006.

[1201] Art 220, al. 2 de la Constitution du 18 février 2006.

[1202] Art. 60 de la Constitution du 18 février 2006.

[1203] Art. 16, al. 3 et 4 de la Constitution du 18 février 2006.

[1204] Art. 17, al. 9 de la Constitution du 18 février 2006.

[1205] Art. 19, al. 3 de la Constitution du 18 février 2006.

[1206] Aux termes de l'article 3 de la Constitution du 18 février 2006, les personnes morales de droit public sont constituées de l'État, des provinces et des entités territoriales décentralisées que sont la ville, la commune, le secteur et la chefferie. La même Constitution interdit, en son article 220 alinéa 2, toute révision constitutionnelle qui a pour effet de réduire les prérogatives des provinces et des entités territoriales décentralisées.

SECTION 2. LA CLASSIFICATION DES DROITS ET LIBERTÉS PUBLIQUES

Il existe plusieurs grilles de classification des droits et libertés publiques, chacune s'appuyant soit sur l'objet ou le sujet ou la nature de l'obligation qu'elle impose à l'État, soit sur la finalité, soit encore sur leur apparition, soit enfin sur leur caractère exécutoire.

Selon l'objet, les libertés publiques sont soit physiques, soit intellectuelles, soit encore économiques, culturelles ou sociales. Les libertés physiques protègent l'individu contre toute atteinte à son intégrité physique (droit à la sureté, droit à la vie, interdiction de la peine de mort, l'interdiction de recourir à l'esclavage ou à des traitements cruels, inhumains et dégradants...), celles intellectuelles contribuent à son épanouissement intellectuel (liberté de pensée, de conscience et de religion, liberté de communication, droit à l'information, liberté d'expression, de presse, droit à l'enseignement et à l'instruction...), tandis que les libertés économiques, sociales et culturelles lui offrent un cadre de partage économique (liberté de commerce et d'industrie) et social (droit du travail, celui de la sécurité sociale ou droit de grève).

Bien que systématique, cette classification n'offre que très peu la vision globale des droits et des libertés publiques, encore moins ne permet de catégoriser un certain nombre de droits tout aussi importants que ceux qu'elle propulse. On pense ainsi aux libertés non classables comme le droit à la vie privée ou le refus de toute sorte de discrimination.

En prenant pour critère de distinction le bénéficiaire des droits et libertés, on distingue les droits individuels de droits collectifs, les droits-créances (droit à la protection sociale, droit à l'instruction, à l'emploi, au logement décent, droit à l'eau et à l'électricité) de ceux de jouissance protégée (présomption d'innocence, droit à un procès équitable, droit à la défense ou celui d'être entendu par son juge naturel), les premiers imposant à l'État une obligation positive en ce qu'il doit en faciliter la pleine jouissance tandis que les seconds interdisent toute privation ou toute méconnaissance à l'égard d'une personne qui en a besoin.

Selon la finalité poursuivie, les droits et libertés défensifs (droit à la dignité humaine, liberté individuelle, liberté d'expression ou d'association, droit de grève, de pétition individuelle ou collective, refus d'exécuter un ordre manifestement illégal) obligent l'État à adopter un comportement inoffensif (il ne peut les violer sous quelle que forme que ce soit) et côtoient ceux de participation (droit de vote, égalité de suffrages, l'élimination de toute forme de discrimination en matière d'accès aux fonctions publiques, liberté d'expression, de réunion, d'association, de manifestation…) qui associent chaque citoyen au fonctionnement du jeu politique.

En considérant le point de départ de leur naissance, les droits de l'homme et libertés publiques sont présentés en termes de générations successives, permettant de distinguer les droits de la première, de la deuxième, de la troisième et de la quatrième génération. On a même pensé séparer les droits virtuels ou de programmation (droit d'accès à l'eau et à l'énergie ou à un logement décent, droit à la santé ou à la sécurité alimentaire et à l'éducation, la gratuité de l'enseignement, la jouissance égale par chaque congolais des richesses nationales, droit à la paix et à la sécurité, droit à l'environnement sain et propice au développement, droit pour chaque être humain de jouir du patrimoine commun de l'humanité) de ceux réels ou pratiques (liberté d'expression, d'association, de réunion, de manifestation, droit de vote, d'éligibilité…).

L'affirmation du principe d'universalité des droits de l'homme, d'interdépendance et d'indivisibilité des libertés publiques autorise à dire qu'une fois rattachés à la personne humaine, les droits de l'homme ont la même portée politique ; ils se valent et il n'y a pas lieu à systématisation.

Il reste qu'en raison de leur genèse et du degré de leur protection, les droits civils et politiques sont séparables de ceux économiques, sociaux et culturels ainsi que de droits de jouissance collective et de ceux catégoriels[1207].

§1. Les droits civils et politiques

Les droits civils et politiques se distinguent par leur origine et finalité. Rattachés à l'être humain, les droits civils poursuivent sa protection en dehors de toute considération particulière. Ils sont, pour ainsi dire, les droits de sauvegarde quels que soient l'âge, la nationalité, l'origine ethnique ou linguistique et la race du bénéficiaire.

À la différence des droits civils, ceux politiques se rapportent à la collaboration pour l'exercice du pouvoir ; ils sont revendicatifs et participatifs. Les droits de revendication permettent à chaque citoyen de résister aux gouvernants, une résistance qui peut prendre deux directions.

D'un côté, on souligne le fait que les libertés publiques limitent l'activité gouvernementale (libertés-limites) et offrent la possibilité de s'opposer à l'État et à l'autoritarisme du pouvoir (libertés-opposition)[1208].Participent à cette trajectoire, le droit à la vie, l'interdiction de la torture, de l'esclavage ou de toute discrimination fondée sur des considérations raciales, politiques, ethniques ou culturelles, le droit de pétition, le refus d'exécuter un ordre manifestement illégal, la liberté d'expression, de réunion, de manifestation ou d'association.

De l'autre, on rappelle que le droit constitutionnel est né de la conjonction entre la liberté et l'autorité ; les premiers droits qui ont rendu

---

1207 WESTSH'OKONDA KOSO SENGA M., *Les perspectives des droits de l'Homme dans la Constitution congolaise du 18 février 2006,* Kinshasa, éd. CDHC, 2006, pp. 30-50.

1208 DUVERGER M., *Institutions Politiques et Droit Constitutionnel,* Paris, 18e éd. PUF, 1996, p. 124.

possible ce passage étant civils et politiques. Parmi eux, on cite notamment le fait que tous les êtres humains sont nés libres et égaux, en dignité et en droit ; l'égalité de tous devant la loi et à l'égale protection de la loi.

Apres avoir conquis un droit ou une liberté, il faut bien l'exercer et participer à la vie politique de son pays. Les libertés de participation émancipent politiquement, elles permettent à chaque individu de contribuer à la marche des affaires publiques de son pays. Sont souvent cités en exemple, le droit de vote (électorat et éligibilité), le droit à la liberté d'expression, d'association, de manifestation, de réunion, le pluralisme politique ou syndical, l'égal accès en matière d'éducation et aux fonctions publiques, l'interdiction de toutes les formes de discrimination à l'égard de la femme.

§2. Les droits économiques, sociaux et culturels

Une fois les droits civils et politiques obtenus, il faut s'assurer de leur exercice effectif dans un environnement économique, social et culturel adapté. Constitués des prestations matérielles fournies par la communauté publique, les droits économiques, sociaux et culturels garantissent aux citoyens un cadre de vie propice à leur épanouissement. Nés aux lendemains de la première guerre mondiale[1209], ces droits s'accommodent d'un environnement économique, social et culturel propice à l'exercice des droits civils et politiques.

Dès leur création, en effet, les droits économiques, sociaux et culturels ont attiré l'attention de l'Organisation des Nations Unies qui a pu se rendre à l'évidence que, le relèvement des niveaux de vie, le plein emploi et les conditions de progrès et de développement, dans l'ordre économique et social, la solution des problèmes internationaux dans les domaines économique, social, de la santé publique et autres problèmes connexes ainsi que la coopération internationale dans les domaines de la culture intellectuelle et de l'éducation sont de nature à contribuer à la paix[1210].

On admet que sans la paix sociale au sein des États membres, celle internationale, préoccupation primordiale des Nations Unies, n'est qu'illusoire. C'est dans ce cadre que fut créée, en vertu du Traité de Versailles et pour promouvoir le travail dans le monde à la fin de la première guerre mondiale, l'Organisation internationale du travail, première institution spécialisée des Nations Unies.

Quelques années après la fin de la deuxième guerre mondiale, soit le 10 décembre 1948, la Déclaration universelle des droits de l'homme va

---

[1209] Dans les États comme l'Allemagne, l'Espagne, l'Irlande, le Mexique ou l'Union des Républiques Socialistes Soviétiques.

[1210] JACQUART M., « Droits économiques, sociaux et culturels », in BEDJAOUI M., *Droit international : bilan et perspectives,* tome 2, Paris, éd. A. Pédonne et Unesco, 1991, pp. 1153-1171.

consacrer, à son tour, les droits économiques, sociaux et culturels à laquelle se sont joints plusieurs textes internationaux dont le Pacte international relatif aux droits économiques, sociaux et culturels, la Convention sur l'élimination de toutes les formes de discrimination raciale, la Convention sur l'élimination de toutes les formes de discrimination à l'égard des femmes et la Convention relative aux droits de l'enfant.

Sur le plan régional et notamment africain, les droits économiques, sociaux et culturels sont consacrés dans la Charte africaine des droits de l'homme et des peuples. La Constitution congolaise du 18 février 2006 aménage un cadre normatif d'expression de ces droits, notamment la liberté de commerce, le droit au travail et à une rémunération équitable, la liberté syndicale, le droit de propriété et la protection des investissements privés, la protection contre le chômage, le droit de grève, le droit d'accès à l'eau et à l'énergie, le droit au logement décent, à la santé, à la sécurité alimentaire et à l'éducation, la gratuité de l'enseignement, la protection par l'État des droits d'auteur et la diversité culturelle, etc.

Cette gamme des droits et libertés ne peut se mouvoir que dans un cadre institutionnel et fonctionnel qui favorise autant la diversité d'approches décisionnelles que la protection contre toute atteinte.

§3. Les droits de jouissance collective

Longtemps considérés comme droits de seconde zone, ceux de la troisième génération ont fait douter de leur existence autonome à côté de deux autres générations des droits de l'homme. On a même pensé que l'effectivité de ces droits était subordonnée à certaines conditions telles que l'existence d'un titulaire ou d'un créancier précis, d'un attributaire ou d'un débiteur tout aussi précis, d'un objectif bien déterminé et d'une sanction en cas de violation ou de méconnaissance.

Toutes ces conditions supposent la mise en place préalable d'un dispositif juridique cohérent, adapté et qui ne s'accommode pas toujours de tous les droits de l'homme et notamment celui à la solidarité.

L'observation a vite permis d'assimiler cette catégorie des droits et libertés à une entreprise contractuelle, au sein de laquelle le créancier et le débiteur peuvent se disputer des privilèges et obligations.

Lorsqu'on prend pour repère l'identification d'un titulaire pour juger de l'effectivité d'un droit ou d'une liberté, la confusion dans les esprits est inévitable[1211], au point qu'une distinction peut être faite entre ce qui représente un individu et le peuple encore que pour ce dernier, le contenu est difficile à percevoir pour qu'une place soit accordée aux interprétations diverses ; prélude d'une double confusion qui tienne, d'une part, à la

---

[1211] MORANGE J., *Libertés Publiques*, Paris, PUF, 1985, p. 353.

maigreur de la distance séparant l'État et ses habitants en vue de désigner, d'autre part, le peuple ou l'ensemble des populations vivant en son sein.

S'agissant de l'attributaire d'un droit, qui peut être un État ou la communauté internationale, une distinction est aussi possible entre les droits de la troisième génération de ceux de deux autres générations précédemment étudiées.

Les droits de jouissance collective poursuivent, enfin, un même objectif que les autres générations des droits, à savoir la sauvegarde et la protection des droits de l'homme en général. Leur violation appelle donc des sanctions, selon les dispositifs arrêtés par chaque État ou la communauté internationale.

Au nombre de ces droits, figurent le besoin d'assurer une coexistence pacifique et harmonieuse entre les différents groupes ethniques, le droit à la paix et à la sécurité, le droit à l'environnement sain et propice au développement, le droit pour chaque être humain de jouir du patrimoine commun de l'humanité, l'interdiction de construire des usines ou de procéder au stockage, à la manipulation, à l'incinération et l'évacuation des déchets toxiques, polluants ou radioactifs provenant des unités industrielles ou artisanales.

Entrent, également, dans la catégorie des droits de jouissance collective, l'interdiction de transit, de stockage, d'enfouissement, le déversement dans leurs eaux continentales et dans leurs espaces maritimes, l'épandage dans leurs espaces aériens des déchets toxiques, polluants, radioactifs ou de tout autre produit dangereux en provenance ou non de l'étranger[1212] ainsi que la jouissance, par chaque congolais, des richesses nationales[1213].

§4. Les droits catégoriels

En plus des privilèges dont peut jouir l'être humain, du fait de sa création à l'image de Dieu, un dispositif national et international a été mis en place pour faire profiter à certaines catégories de personnes nécessitant, au regard de leur situation particulière, une protection spéciale. Il s'agit, en l'occurrence, des enfants et jeunes, des personnes de troisième âge ou celles vivant avec handicap, des femmes, des étrangers et des personnes privées de liberté, ainsi que celles appartenant à des groupes minoritaires[1214] ou des peuples autochtones.

S'agissant singulièrement des droits de la minorité, on s'est livré à rechercher, au niveau de l'Organisation des Nations Unies, un contenu capable de traduire un entendement commun à l'occasion de leurs consécrations nationales par les États membres.

[1212] Art. 55 de la Constitution du 18 février 2006.

[1213] Art. 58 de la Constitution du 18 février 2006.

[1214] WETSH'OKONDA KOSO SENGA M., *Les perspectives des droits de l'Homme dans la Constitution congolaise du 18 février 2006, op. cit.*, p. 45.

Selon un rapport spécial des Nations Unies sur les droits des personnes appartenant aux minorités[1215], la minorité est constituée :

« d'un groupe de personnes numériquement inférieur au reste de la population d'un État, en position non dominante, dont les membres ressortissants de l'État possèdent, du point de vue ethnique, religieux ou linguistique, des caractéristiques qui diffèrent de celles du reste de la population et manifestent même de façon explicite, un sentiment de solidarité à l'effet de préserver leurs cultures, traditions, religions ou langues ».

Une autre opinion considère une minorité comme :

« un groupe de citoyens d'un État, en minorité numérique et en position non dominante dotés de caractéristiques ethniques, religieuses ou linguistiques différentes de celles de la majorité de la population, solidaires les uns des autres et animés, fut-ce implicitement d'une volonté collective de survie et visant à l'égalité en fait et en droit avec la majorité[1216] ».

De ces deux définitions, il est possible de dégager un critérium à même d'appréhender la notion de minorité, celle-ci suggérant l'existence d'un groupe ethnique, religieux ou linguistique vivant à l'intérieur d'un État. Ce groupe d'individus doit, ensuite, être en position non dominante au sein de cet État et mû par le sentiment de solidarité dans la préservation de leur identité. Ces personnes doivent, enfin, se trouver dans une position de discrimination ou de marginalisation, nécessitant une protection particulière.

L'observation autorise à reconnaitre les difficultés d'application de ce critérium en Afrique et, notamment en République démocratique du Congo qui compte environ quatre cent cinquante tribus, regroupées en quatre grands ensembles (les Bantous, les Pygmées, les Soudanais et les Nilotiques).

La question a été, d'ailleurs, politiquement exploitée pour servir de prétexte aux revendications identitaires à l'origine des rebellions et autres guerres connues[1217], dans la partie orientale de la République démocratique du Congo.

N'empêche que, par leur ancrage normatif, les droits et libertés publiques constituent la pierre angulaire du droit constitutionnel congolais. On relève qu'à l'exception du Décret-loi constitutionnel n° 003 du 27 mai 1997 qui ne leur avait consacré qu'une seule disposition[1218], l'ensemble des Constitutions congolaises se sont montrées attirées par la garantie des droits et libertés publiques.

[1215] Couvrant la période allant de 1971 à 1977.

[1216] JACQUART M., *Droits économiques, sociaux et culturels*, *op. cit.*, p. 1164.

[1217] Œuvre de l'Alliance des forces démocratiques pour la libération du Congo (1994), du Rassemblement Congolais pour la démocratie (1998) et du Congrès national pour la défense du peuple (2009).

[1218] L'article 2 de ce texte constitutionnel précise qu'en République démocratique du Congo, l'exercice des droits et libertés individuels et collectifs est garanti sous réserve du respect de la loi, de l'ordre public et des bonnes mœurs.

Aussi, à son accession à l'indépendance, le pays était-il doté d'une loi fondamentale exclusivement réservée aux libertés publiques[1219], avant qu'à l'instar de la Constitution du 1er août 1964[1220], celle du 24 juin 1967 ne leur consacre tout un titre[1221] ; tendance qui a été maintenue dans la Constitution du 4 avril 2003[1222] et consolidée dans celle du 18 février 2006[1223], donnant une tonalité singulière à la discipline, qui s'est progressivement éloignée de sa marque dogmatique et imagée au profit d'un droit concret, qui vit et se vit au contact de la réalité[1224].

SECTION 3. LES LIBERTÉS PUBLIQUES SONT TRANSVERSALES

En raison de leur imbrication dans divers secteurs de la vie sociale, les droits et libertés publiques finissent par devenir un domaine carrefour et transversal, dépassant le seul cadre du droit constitutionnel, pour s'ouvrir à d'autres disciplines juridiques, tels que le droit administratif, le droit électoral, le droit parlementaire ou le droit pénal. Il faut, cependant, le circonscrire pour éviter toute dilution dans une trajectoire dépourvue de boussole ou dans un amarrage sans bornes.

Vis-à-vis du droit constitutionnel, les libertés publiques participent, significativement, à la détermination de la source du pouvoir et de la souveraineté, à l'exercice du droit de suffrage, à la fixation du statut des gouvernants et aux modalités de participation politique.

Essentiellement porté vers l'organisation de l'administration (centrale, décentralisée ou déconcentrée) et, notamment, de la fonction publique (statut des agents de carrière de services publics de l'État, régime juridique de la fonction publique), l'exercice de l'action administrative (police administrative ou services publics) ou le contrôle de l'action administrative (règlement des litiges nés des rapports entre l'administration et ses administrés), le droit administratif bénéficie d'un apport combien important des libertés publiques.

Ayant pour objet l'étude des élections politiques desquelles sont désignés les représentants du peuple, le droit électoral participe à l'établissement d'un régime démocratique[1225], organise le droit de vote et d'éligibilité, les

---

1219 Sur un total de 21 articles qui la composaient, cette loi réserve 18 aux droits et libertés.

1220 Regroupées au titre deux, les libertés fondamentales sont aménagées dans 35 articles sur 203 que compte cette Constitution.

1221 Prévus au titre II de la Constitution, les droits fondamentaux sont organisés dans 13 articles sur 85 que compte ce texte.

1222 Au sein de laquelle 38 sur 203 articles sont portés aux libertés publiques, droits et devoirs fondamentaux des citoyens.

1223 La lecture de la Constitution congolaise du 18 février 2006 permet de relever que, sur 229 articles qu'elle compte, 51 sont consacrés aux droits humains et libertés fondamentales.

1224 Lire dans ce sens, ESAMBO KANGASHE J.-L., *Le droit constitutionnel, op. cit.*, p. 7.

1225 ESAMBO KANAGASHE J.-L., *Le droit électoral congolais, op. cit.*, p. 9.

modalités du choix des gouvernants et la gestion des contentieux électoraux ; il s'offre comme cadre, par excellence, d'expression des libertés publiques.

Droit du parlement et de la pratique qui s'y déroule, le droit parlementaire regroupe des règles d'organisation, de composition et du fonctionnement des assemblées politiques[1226] ; il permet à chaque parlementaire d'exercer un certain nombre des droits et libertés[1227] en rapport notamment à son statut et au contrôle du gouvernement, des entreprises publiques, des établissements et services publics.

Dans le domaine de la protection des libertés individuelles, le droit pénal se présente comme un paradoxe tolérable. D'un côté, ces libertés constituent des valeurs dont les atteintes sont érigées en infractions et punies par la loi ; ce sont, notamment, des infractions contre les personnes (l'assassinat, les coups et blessures volontaires, les épreuves superstitieuses, les lésions corporelles involontaires, le meurtre, les pratiques barbares, les tortures ou toute atteinte à l'intégrité physique, les violences et voies de fait...), contre les propriétés (l'abus de confiance, la banqueroute, le cel frauduleux, la destruction méchante, le détournement de deniers publics ou privés, le recèlement d'objets, la tromperie...), contre l'ordre public (l'avortement, le viol), la foi publique (le faux en écriture, le faux et usage de faux) ou toute atteinte à la liberté individuelle (l'arrestation ou détention arbitraire, la violation de domicile) ; de l'autre, le droit pénal apparaît comme une menace à l'exercice des libertés individuelles, car bien que légalement organisée, la détention préventive est susceptible de porter atteinte à la liberté individuelle, autant que la peine d'amende au droit de propriété ou la peine de mort au droit à la vie.

SECTION 4. LES SOURCES DES LIBERTÉS PUBLIQUES

La source du droit est une opération qui poursuit la recherche et l'identification de l'origine d'une norme juridique ; elle autorise, également, la combinaison et l'interaction entre la règle et les faits, entre ce qui doit être et ce qui est. Prises dans ce sens, les sources du droit sont nombreuses et complexes, laissant que très peu la marge vers une classification unanimement admise.

À la place, on reconnaitra l'existence d'un catalogue traditionnel, opposant les sources formelles de celles matérielles, les sources écrites de celles qui ne le sont pas, toutes concourant à l'édification d'une règle de conduite sociale. De cette constatation, il est possible de cartographier les sources du droit, afin de rendre compte de leur richesse et d'ordonner le rattachement à un secteur d'activités envisagées.

1226 AVRIL P. et GICQUEL J., *Droit parlementaire,* Paris, 5e éd. Montchrestien, 2010, p. 2.

1227 À travers les différentes commissions et questions parlementaires.

Retenu dans le domaine des droits et libertés publiques, ce rattachement autorise à reconnaître l'existence, à côté de sources internationales, celles d'origine nationale.

§1. Les sources nationales

Parmi les sources nationales des libertés publiques figurent en bonne place la Constitution, la loi, le règlement, la jurisprudence et la doctrine.

A. La Constitution

Dans l'ordre juridique national, les droits et les libertés publiques puisent l'essentiel de leur fondement dans la Constitution, norme qui établit notamment la source du pouvoir, les modalités d'exercice de la souveraineté et de désignation des gouvernants. La Constitution congolaise du 18 février 2006 indique que la souveraineté nationale appartient au peuple, tout pouvoir émane du peuple qui l'exerce directement par voie de référendum ou d'élections et indirectement par ses représentants[1228].

Elle souligne l'importance du droit de vote et d'éligibilité au bénéfice de tout congolais de deux sexes, âgé de dix-huit ans révolus et jouissant de ses droits civils et politiques. La participation à la vie politique est renforcée par la liberté qu'a tout congolais de créer un parti politique ou de s'affilier à un parti de son choix ; l'existence de l'opposition dont les activités et la lutte pour l'exercice démocratique du pouvoir sont sacrés.

Le constituant précise que le président de la République est élu au suffrage universel direct, pour un mandat de cinq ans renouvelable une seule fois [1229], nul ne peut en être candidat, s'il ne possède la nationalité congolaise d'origine, n'est âgé de trente ans au moins, ne jouit de la plénitude de ses droits civils et politiques et exempté de toute exclusion prévue par la loi électorale[1230].Il est élu à la majorité simple des suffrages exprimés[1231].

Dans le même texte, on peut lire que les députés nationaux sont élus au suffrage universel direct et secret[1232], les sénateurs le sont au second degré par les Assemblées provinciales[1233], elles-mêmes composées des députés provinciaux élus au suffrage universel direct et secret ou cooptés[1234] pour un mandat de cinq ans renouvelable[1235]. Les candidatures aux élections

---

[1228] Art. 5, al. 1er de la Constitution du 18 février 2006.
[1229] Art. 70, al. 1er de la Constitution du 18 février 2006.
[1230] Art. 72, de la Constitution du 18 février 2006.
[1231] Art. 71, al.1er de la Constitution du 18 février 2006.
[1232] Art. 101, al.1erde la Constitution du 18 février 2006.
[1233] Art. 104, al. 4 de la Constitution du 18 février 2006.
[1234] Parmi les chefs coutumiers.
[1235] Art. 197, al. 4 de la Constitution du 18 février 2006.

législatives sont présentées par les partis et regroupements politiques, elles peuvent l'être aussi en indépendants[1236].

Le gouverneur et le vice-gouverneur de province sont, quant à eux, élus pour un mandat de cinq ans renouvelable une fois par les députés provinciaux au sein ou en dehors de l'Assemblée provinciale[1237]. Quant aux membres des organes des délibérants des entités territoriales décentralisées, ils sont désignés par voie d'élection. Le maire, le bourgmestre, le chef de secteur et leurs adjoints sont aussi élus.

B. La Loi

Les droits et libertés publiques ont également comme support normatif la loi et notamment la loi portant identification et enrôlement des électeurs, celle relative aux partis politiques, la loi électorale, la loi sur le statut de l'opposition politique ou celle portant financement public des partis politiques.

En vue de participer au vote, le congolais remplissant les conditions requises[1238] s'inscrit sur la liste des électeurs de sa circonscription, celui résidant à l'étranger et détenant une carte d'identité ou un passeport en cours de validité le fait au niveau du centre d'inscription ouvert dans l'ambassade ou le consulat général de son lieu de résidence. Dans un pays où la République ne dispose pas de représentation diplomatique ou consulaire, le candidat à l'identification et à l'enrôlement peut se présenter dans un centre d'inscription proche de son lieu de résidence[1239].

Dans le même sens, la loi autorise la création, l'organisation et le libre exercice par les partis et regroupements politiques de leurs activités dans le respect de la Constitution, des lois et des règlements de la République ainsi que de l'ordre public et des bonnes mœurs[1240].

Légalement constitués, les partis politiques concourent à l'expression du suffrage, à la formation de la conscience nationale et à l'éducation civique ; ils ont, également, droit au libre accès et à un égal traitement par les médias publics dans le cadre des émissions et programmes hebdomadaires, pour faire connaître leurs opinions et donner lecture des communiqués adoptés ou signés par leurs organes statutaires[1241].

1236 Art. 101, al. 2de la Constitution du 18 février 2006.

1237 Art. 198, al. 2 de la Constitution du 18 février 2006.

1238 Être de nationalité congolaise, être âgé de dix-huit ans révolus à la date du dernier scrutin du cycle électoral, se trouver en République démocratique du Congo au moment de l'identification et de l'enrôlement, jouir de ses droits civils et politiques.

1239 Art. 8 de la Loi n° 16/007 du 29 juin 2016 modifiant et complétant la Loi n° 04/028 du 24 décembre 2004 portant identification et enrôlement des électeurs en République démocratique du Congo.

1240 Art. 3 de la Loi n° 04/002 du 15 mars 2004 portant organisation et fonctionnement des partis politiques.

1241 Art. 2, al. 2 et 19, al. 1er de la Loi n° 04/002 du 15 mars 2004.

Dans la pratique, en effet, cet accès libre aux médias publics ne concerne que les partis politiques de la majorité, ceux de l'opposition se contentant des services que leur offrent les organes de presse privés proches de leurs dirigeants, s'ils ne sont pas créés par eux.

Le législateur électoral précise que le vote est un droit civique, tout congolais, de l'un ou l'autre sexe, âgé de dix-huit ans au moins, est appelé à y prendre part[1242]. À chaque niveau d'élection, le candidat se présente, hormis pour les scrutins uninominaux, soit individuellement pour le candidat indépendant, soit sur la liste d'un parti ou d'un groupement politique de la circonscription électorale qu'il a indiqué dans sa déclaration de candidature[1243].

Contribuent aussi à l'exercice des droits et libertés fondamentaux dans un régime démocratique, la loi sur la liberté de la presse, celles relatives aux manifestations publiques ou à la liberté d'association ; chacune d'elles pouvant, en fonction de variation des majorités au parlement et de besoins sans cesse changeants de la vie politique, s'ajuster.

C. Les règlements

La protection des droits et des libertés publiques est aussi assurée par le pouvoir réglementaire qu'exercent les autorités exécutives. Prévu dans la Constitution du 18 février 2006, ce pouvoir est, en vertu de son habilitation générale, amené à prendre, par voie d'actes de portée générale, des mesures relatives à l'organisation d'un service public ou à l'exécution d'une norme législative.

Dans le domaine électoral, notamment les décisions du Bureau de la Commission électorale portant mesures d'application de sa loi organique, de la loi sur l'identification et l'enrôlement des électeurs ou de la loi électorale participent à l'exercice du pouvoir réglementaire. Il en est de même des décisions portant convocation du corps électoral, déterminant le modèle de la déclaration de candidature, du bulletin de vote, fixant le modèle de fiche des résultats ou du procès-verbal de dépouillement.

D. La jurisprudence

Le recours à la jurisprudence confère au droit constitutionnel toute sa vitalité et un éclairage indispensable à la connaissance et la compréhension du dispositif normatif et institutionnel en vigueur. Parlant du rôle du juge administratif, en matière d'interprétation de la loi, un auteur lui reconnaît la compétence d'influer sur la création d'une norme juridique, son activité

[1242] Art. 4 de la Loi n° 06/006 du 9 mars 2006portant organisation des élections présidentielle, législatives, provinciales, urbaines, municipales et locales telle que révisée à ce jour.

[1243] Art. 12, al. 1er de la Loi n° 06/006 du 9 mars 2006.

jurisprudentielle faisant de lui la figure centrale, dans l'établissement de cette norme[1244].

Dans le cadre du contentieux constitutionnel, par exemple, l'interprétation juridictionnelle de la Constitution participe, assurément, à la création d'un droit constitutionnel non pas dogmatique, mais réel, celui qui vit et se construit au contact des faits. On admet qu'en clarifiant le sens, le contenu et la portée de la Constitution, le juge s'est vu reconnaître un pouvoir quasi-normatif, sa jurisprudence influant sur l'activité des juridictions inférieures et l'attitude du législateur. Ainsi, dès lors qu'une loi est annulée ou déclarée contraire à la Constitution, dans le cadre d'une question préjudicielle, le législateur est tenu d'abroger la disposition « inconstitutionnelle » ou de la modifier, en vue de la rendre conforme à la Constitution. Comme on le voit, le juge constitutionnel joue un rôle déterminant dans l'élaboration des normes juridiques.

Bien que réel, le pouvoir normatif du juge est toujours combattu, il n'est pas facilement toléré dans un système démocratique où on lui reproche de vouloir saper le principe de la séparation des pouvoirs et l'autorité du parlement représentant la volonté du peuple souverain. Il reste qu'entre les déclarations d'intention et le comportement réel des parlementaires, un fossé est toujours possible et les violations de la Constitution constatées par celui qui en est le gardien, à savoir le juge constitutionnel.

Participant à l'exercice du pouvoir normatif, le juge ne se substitue, nullement, au législateur dans l'accomplissement de sa mission constitutionnelle, mais l'oblige seulement à conformer ses lois à la Constitution, de laquelle il tire la substance de ses pouvoirs.

E. La doctrine

Comme telle, les opinions des spécialistes sont dépourvues du pouvoir créateur d'une norme juridique ; elles ne sont pas obligatoires au législateur, au juge ou à un rédacteur d'actes juridiques autre que la loi. On leur reconnaît, néanmoins, un rôle d'inspiration, dans la maitrise du droit constitutionnel ; le législateur, le juge ou le rédacteur d'actes pouvant, selon le cas, en faire bon usage, à l'occasion de l'élaboration de la loi, de son interprétation ou de son application.

Plus qu'une juxtaposition des faits sur le droit ou vice versa, l'activité du juge constitutionnel doit, autant que faire se peut, se rapprocher de l'argumentaire que lui propose la doctrine, dont la vocation est de rendre compte de l'évolution des idées et du renouvellement de la pensée juridique.

La doctrine exerce, ainsi qu'on le sait, une véritable influence sur les décideurs, à condition que ces derniers soient disposés à en avoir la

---

[1244] EISENMANN Ch.,, *La justice constitutionnelle et la Cour constitutionnelle d'Autriche*, Paris-Marseille, Economica-Presses Universitaires d'Aix-Marseille, 1986, p. 142.

connaissance objective et correcte et qu'ils aient une bonne raison d'attribuer une valeur à l'opinion du savant.[1245]Aussi, l'importance réelle et précise de la doctrine sur les autres sources de droit reste-t-elle, en toute circonstance, mesurée nécessitant, par moments, des explications supplémentaires.

§2. Les sources internationales

Au niveau international, le cadre des droits et libertés publiques est, essentiellement, porté vers les traités et accords internationaux notamment la Déclaration universelle des droits de l'homme de 1948, le Pacte International relatif aux droits civils et politiques de 1966, la Charte africaine des droits de l'homme et des peuples, la Charte africaine de la démocratie, des élections et de la gouvernance de l'Union africaine du 30 janvier 2007.

La Déclaration universelle des droits de l'homme réaffirme le rôle du peuple[1246] comme fondement de toute autorité, s'exprimant par des élections honnêtes, libres et périodiques, se déroulant, suivant une procédure équivalente, au suffrage égal et au vote secret ; elle reconnait à tout individu le droit à la liberté d'opinion et d'expression, celui de ne pas être inquiété pour ses opinions, de chercher, de recevoir et de rependre, sans discrimination des frontières, les informations et les idées par quelque moyen d'expression que ce soit. Le même texte précise que toute personne a droit à la liberté de réunion et d'association pacifiques, nul ne peut être obligé de faire partie d'une association ; toute personne a le droit de prendre part à la direction des affaires publiques de son pays, soit directement, soit par l'intermédiaire de représentants librement choisis[1247].

Ratifié par la République démocratique du Congo, le Pacte international relatif aux droits civils et politiques de 1966[1248] reconnait à tout citoyen le droit et la possibilité de prendre part à la direction des affaires publiques de son pays soit directement, soit par l'intermédiaire de représentants librement choisis. Il lui fait bénéficier du droit de vote et d'être éligible au cours d'élections périodiques, honnêtes, au suffrage universel égal et au scrutin secret, assurant par-là l'expression libre de la volonté des électeurs et d'accéder, dans des conditions générales d'égalité, aux fonctions publiques de son pays. Toute personne a, aux termes de ce traité international, le droit de réunion pacifique s'exerçant sans aucune restriction, sauf celles imposées par la loi et qui sont nécessaires dans une société démocratique, dans l'intérêt de la sûreté nationale, de la sécurité publique, de l'ordre public ou

---

[1245] DECOCQ G., « Réflexions sur l'influence de la doctrine », in *Libres propos sur les sources du droit,* Mélanges en l'honneur de Philippe JESTAZ, Paris, Dalloz, 2006, p. 114.

[1246] Art. 21 (3) de la Déclaration universelle des droits de l'homme du 10 décembre 1948.

[1247] Art. 19, 20 et 21, al. 1er de la Déclaration universelle des droits de l'homme du 10 décembre 1948.

[1248] Art. 25 du Pacte international relatif aux droits civils et politiques du 16 décembre 1966.

pour protéger la santé et la moralité publiques ou les droits et libertés d'autrui[1249].

La Charte africaine des droits de l'homme et des peuples engage[1250] les États parties à considérer la participation populaire, par le biais du suffrage universel, comme un droit inaliénable des peuples. À chaque personne, elle reconnaît le droit de se réunir librement avec les autres, droit qui s'exerce sous la seule réserve des restrictions nécessaires dictées par les lois et règlements, notamment dans l'intérêt de la sécurité nationale, de la sureté d'autrui, de la santé ou de la moralité ou encore des droits et libertés des autres personnes[1251].

Quant à la Charte africaine de la démocratie, des élections et de la gouvernance, elle contient un dispositif juridique complet et contraignant à l'égard des États parties, qui restreignent les droits et libertés individuelles nécessaires à la construction de la démocratie, l'organisation des élections et la bonne gouvernance.

De l'analyse de ce dispositif international en rapport avec les droits et libertés publiques, trois enseignements peuvent être tirés. On note que, dans un système démocratique, un certain nombre de libertés (la liberté d'opinion, d'expression et celle d'association ou de réunion) sont garanties à toute personne pour lui permettre de participer à la vie politique et, notamment à la direction des affaires publiques de son pays. Ces droits et libertés ne s'exercent que conformément aux textes juridiques en vigueur. Ils ne sont susceptibles d'aucune entrave, qui ne soit justifiée par les nécessités d'assurer la sécurité nationale, la santé et la moralité publiques, l'ordre public ainsi que les droits et libertés d'autrui[1252].

1249 Art. 21 du Pacte international relatif aux droits civils et politiques du 16 décembre 1966.

1250 Art. 4(2) de la Charte africaine des droits de l'homme et des peuples.

1251 Art. 11 de la Charte africaine des droits de l'homme et des peuples.

1252 ESAMBO KANGASHE J.-L., « Le cadre juridique sur l'exercice des activités des partis et regroupements politiques en République démocratique du Congo », in OSTHEIMER DE SOSA A.-E (dir.), *Les partis politiques et la promotion de la liberté associative,* Kinshasa, Publication de la Fondation Konrad Adenauer Stiftung, 2009, p. 15.

CHAPITRE II

LES GARANTIES D'EXERCICE DES LIBERTÉS PUBLIQUES

Prévoir les droits de l'homme et les libertés dans les textes juridiques leur confère certes, une existence formelle, qui ne devient effective qu'à partir du moment où chaque citoyen peut s'en servir et les exercer sans entrave.

La garantie d'un droit ou d'une liberté, c'est d'abord la reconnaissance de son existence et l'assurance, ensuite, d'une réelle et effective protection contre toute atteinte ou tout dommage ; elle suppose, enfin, la mise en place d'un dispositif juridique et institutionnel, favorisant son exercice et imposant aux pouvoirs publics une obligation positive de diffusion et de vulgarisation.

On admet qu'avant d'être juridiquement consacrées, les garanties des droits et libertés relève, avant tout, d'une option politique prise en réponse à une ou plusieurs demandes sociales.

SECTION 1. LES GARANTIES POLITIQUES

Depuis les révolutions américaine et française, les constituants occidentaux et, plus tard, ceux africains ont pris la mesure de proclamer, dans leurs préambules, des déclarations comprenant un catalogue des droits et libertés, dont le contenu varie en fonction du domaine d'intervention. La consécration normative des droits et libertés n'induit pas, nécessairement, le caractère démocratique d'un régime politique ; ce sont, en effet, des fausses fenêtres sans contenu réel que l'on peut retrouver même dans des régimes autoritaires, juste pour se faire bonne conscience.

N'empêche que ces droits et libertés imposent, par moments, à l'État un certain nombre de restrictions ; la première découlant de l'interdiction de violer les droits et les libertés consacrés par le droit positif et imposant leur respect absolu. Dans ce cas, l'État ne peut, par une réglementation liberticide, entraver l'exercice par chaque citoyen de ses libertés, ni se livrer à des actes qui en réduisent l'effectivité.

La deuxième restriction prescrit à l'État un devoir d'action ou d'intervention en cas de violation des droits et libertés publiques, en l'obligeant de mettre en place un cadre juridique et un dispositif institutionnel de leur promotion et protection. L'obligation de protection est, également, de moyen en ce que le destinataire, à savoir l'État, peut toujours évoquer le caractère limité des ressources publiques à sa disposition ou l'imprévisibilité du comportement humain.

La troisième ordonne aux pouvoirs publics la promotion des droits et libertés publiques par la mobilisation des ressources nécessaires et la mise en place d'un programme cohérent de leur diffusion vulgarisation. La prise en charge administrative et pédagogique est, à ce point, indispensable pour une appropriation citoyenne des droits et libertés constitutionnellement garantis.

Le besoin d'assurer la protection des libertés publiques participe donc à la reconnaissance et la compréhension d'une obligation positive, exigeant de l'État et plus globalement des pouvoirs publics un comportement exemplaire et conséquent. Le constituant congolais du 18 février 2006 précise, à ce sujet, que le respect des droits de l'homme et des libertés fondamentales consacrés dans la Constitution s'impose aux pouvoirs publics et à toute personne[1253].

La mise en cohérence du cadre normatif et du dispositif institutionnel avec les objectifs poursuivis dépend, donc, de chaque contexte social et politique duquel il est possible de distinguer les garanties politiques générales de celles spécifiques.

§1. Les garanties politiques générales

De manière générale, les garanties politiques découlent de l'assurance donnée à chaque citoyen d'exercer, sans entrave, ses droits et libertés. On pense, ainsi, à la protection de la vie humaine, à la liberté d'expression, à la liberté de manifestation ou de réunion, au droit de pétition ou celui de résistance à un ordre manifestement illégal, au droit de résistance ou à l'insurrection contre un régime oppresseur.

Contribuent également à la défense collective des droits et libertés publiques, le droit de grève, la liberté de manifestation et le recours aux groupes de pression. Les garanties issues d'une certaine organisation constitutionnelle (séparation des pouvoirs, équilibre des pouvoirs, régime présidentiel, parlementaire) et celles résultant du contrôle populaire de l'activité des gouvernants convergent vers la garantie plus générale des droits de l'homme et des libertés publiques. Il suffit de les connaître et en réclamer le respect, en cas de violation, pour que leur protection quitte le domaine des intentions et de l'espérance, en direction de celui du réel et de l'effectivité.

[1253] Art. 60 de la Constitution du 18 février 2006.

Dans cette perspective, le constituant congolais oblige les pouvoirs publics à promouvoir et à assurer par l'enseignement, l'éducation et la diffusion, le respect des droits de l'homme, des libertés fondamentales et des devoirs du citoyen qu'il a énoncés. Les mêmes pouvoirs publics ont le devoir d'assurer la diffusion et l'enseignement de la Constitution, de la Déclaration universelle des droits de l'homme, de la Charte africaine des droits de l'homme et des peuples, ainsi que de toutes les conventions régionales et internationales relatives aux droits de l'homme et au droit international humanitaire dûment ratifiées. L'État a l'obligation d'intégrer les droits de la personne humaine dans tous les programmes de formation des forces armées, de la police et des services de sécurité[1254].

Assurée également par les organisations non gouvernementales de défense des droits de l'homme, la promotion des droits et libertés publiques suggère une collaboration avec l'État et, plus globalement, avec les pouvoirs publics, quel que soit le niveau d'intervention : national, provincial ou local.

§2. Les garanties politiques spécifiques

Né dans des circonstances singulières de la Suède, l'ombudsman est, en raison de son rayonnement à travers le monde, aujourd'hui considéré comme un mécanisme spécifique de protection des libertés publiques contre la toute puissance de l'administration ou, plus globalement, du pouvoir exécutif.

Une fois établie, l'institution s'est vite heurtée aux résistances de l'administration, dont les pouvoirs régaliens n'autorisent aucune remise en question, ni aucune limite, même si en République démocratique du Congo, l'idée d'instituer un ombudsman est, relativement, récente et ne date pas avant quatre décennies ; elle n'a, d'ailleurs, été mise en route que vers les années 1977, lorsque le régime du président Mobutu fut accusé d'avoir peu d'égards à la protection des droits de l'homme et aux libertés publiques. Très réclamée dans les milieux universitaires et, notamment, des juristes de l'Université de Kinshasa[1255], l'institution n'a pu voir le jour que sept ans plus tard, sous forme d'un département ministériel[1256] dont l'objectif traduisait une sorte de clin d'œil en direction de la communauté internationale, de plus en plus, exigeante sur la question des droits de l'homme, dans cette ancienne colonie belge au cœur de l'Afrique.

[1254] Art. 45 al. 5, 6 et 7 de la Constitution du 18 février 2006.

[1255] C'est, en effet, en juillet 1980 que fut organisée, à Kinshasa, une rencontre regroupant, autour du cabinet du président de la République, une poignée d'universitaires de formation juridique chargés de réfléchir sur un dispositif efficace de protection des libertés publiques. De ces cogitations, le groupe de travail fut mis en place et a préconisé la création d'une institution indépendante du gouvernement qui s'appellerait « l'œil du peuple » organisée par une loi.

[1256] Créé par Ordonnance n° 8G-268 du 31 octobre 1986.

S'agissant de la mission générale de protection des droits de l'homme confiée au département des droits et libertés du citoyen, son Règlement intérieur indique qu'il (le département) est, notamment chargé de défendre le citoyen injustement lésé dans ses droits et atteint dans ses libertés par une décision d'une cour ou d'un tribunal, d'une administration publique ou privée ou par des voies de fait, en prenant toute mesure propre à le rétablir dans ses droits ou libertés, lorsqu'il aura régulièrement épuisé toutes les voies de recours légales habituelles ou que celles-ci se seront révélées inefficientes[1257]. Cette mission dépasse le rôle classique d'un ombudsman pour avoir une portée quasi juridictionnelle, voire supra-juridictionnelle[1258] ; un ministre pouvant, par un simple arrêté ou par toute autre mesure administrative, mettre à néant l'autorité de la chose jugée attachée à une décision de justice.

Dans la pratique en effet, le vedettariat dans lequel s'étaient livrés les différents titulaires du portefeuille qui, en raison du caractère transversal des droits de l'homme, s'étaient adjugé des pouvoirs dépassant ceux que leur confèrent les textes organiques, offrant ainsi un cadre idoine aux conflits de compétences avec d'autres départements ministériels[1259], mais surtout avec les cours et tribunaux pour que, quatre ans plus tard, il retrouve le chemin des musées[1260] attendant sa résurrection, en 2003, sous la dénomination d'Observatoire national des droits de l'homme, lequel deviendra, en vertu de la Loi organique n° 13/011 du 21 mars 2013, Commission nationale des droits de l'homme.

Les espoirs suscités par la création de l'ombudsman comme technique par excellence de protection des droits et libertés publiques n'ont donc pas toujours été au rendez-vous à cause, certainement, du manque d'indépendance. Pour prendre la mesure de son autonomie et de son indépendance, il importe de se reporter au contexte de sa création, à son mode de désignation et à la marge de manœuvres dont il peut disposer dans la protection des droits de l'homme et des libertés publiques.

Prenant pour critère d'appréciation la nature du texte qui l'institue, un ombudsman créé en vertu d'une Constitution (Suède) ou d'une loi (Allemagne, Bosnie, Burundi, Côte d'Ivoire, France, Grande-Bretagne, Italie, Lettonie, Québec, Russie ou Sénégal) serait, à priori, plus disposé à

[1257] Art. 1er du Règlement intérieur organique du Département des Droits et libertés des citoyens.

[1258] NGONDANKOY NKOY-ea-LOONGYA. P.-G., *Droit Congolais des Droits de l'Homme,* Louvain-laNeuve, Academia-Bruylant, Bibliothèque de droit africain 1, 2004, p. 375.

[1259] Tels que les Affaires étrangères, la coopération internationale, la Défense nationale, l'Intérieur ou encore la Justice.

[1260] À la place, c'est plutôt une administration chargée des droits humains (secrétariat aux droits humains) qui a pris la relève.

développer une indépendance et une autonomie que celui désigné par un acte réglementaire (Sénégal).

Lorsqu'on considère, ensuite, son mode de désignation, l'ombudsman nommé par le parlement (Allemagne, Grande-Bretagne, Québec, Suède) bénéficierait d'une marge d'actions que celui mis en fonction par le gouvernement (Bosnie, Burundi, Côte d'Ivoire, France, Russie ou Sénégal).

La personnalité de l'ombudsman et la perception qu'il a de ses charges sont, enfin, décisives dans le jaugeage de son autonomie et son indépendance ; elles renforcent la conviction sur la protection des droits et des libertés publiques. En considération de son environnement génétique et structurel ainsi que de l'idée qu'il se fait de sa mission, l'ombudsman peut être ou non audacieux dans la protection des droits et libertés publiques.

SECTION 2. LES GARANTIES NORMATIVES

À côté de garanties politiques, d'autres de nature normative sont susceptibles de contribuer à la réduction des atteintes portées aux libertés publiques.

§1. Les garanties juridiques

L'exercice des libertés publiques participe à l'ancrage de l'État de droit, dont la mise en place impose l'obligation, pour chaque pays, de se doter d'un ordre juridique duquel dépend tout autre.

A. Les garanties constitutionnelles

Apparue dans le courant de la deuxième moitié du 18ᵉsiècle, la Constitution écrite s'offre comme une garantie essentielle de stabilité juridique des États et d'exercice, par chaque citoyen, de ses droits et libertés. Dans ce domaine en effet, le constituant congolais est parvenu à afficher une certaine constance ; l'option en faveur d'un attachement aux droits humains et libertés fondamentales proclamés par les instruments juridiques internationaux, ayant conduit à leur intégration dans le dispositif normatif national. Il a, également, convaincu de la pertinence d'une protection particulière de certains droits et libertés, même si l'état de siège ou d'urgence venait à être proclamé. Dans l'un ou l'autre cas, il ne peut être porté atteinte au droit à la vie, à l'interdiction de la torture et des peines ou des traitements cruels, inhumains ou dégradants, à l'interdiction de l'esclavage et de la servitude, au principe de la légalité des infractions et des peines, aux droits de la défense et celui de recours, à l'interdiction de l'emprisonnement pour dettes ainsi qu'à la liberté de pensée, de conscience et de religion[1261]. Pour renforcer cette fixation, la Constitution a interdit sa révision, visant la réduction des droits et libertés individuelles[1262].

Dans le même temps, on observe que, mieux que ses devancières, la Constitution du 18 février 2006 fait du pouvoir judiciaire le garant des libertés publiques et des droits fondamentaux du citoyen[1263], et qu'en raison de son indépendance à l'égard des pouvoirs législatif et exécutif[1264], il ne peut recevoir, de l'un ou de l'autre, aucune injonction dans sa mission de dire le droit[1265].

Fondamental dans la protection des libertés publiques, le contrôle de constitutionalité permet d'extirper de l'ordonnancement juridique national tout acte législatif ou réglementaire contraire notamment lorsqu'il porte atteinte à l'exercice des droits et libertés individuelles. Exercé dans le cadre d'un procès constitutionnel, ce contrôle est soit a priori, soit a posteriori et place le juge au cœur de l'activité juridictionnelle afin que le respect de la Constitution s'impose à tous[1266].

B. Les garanties légales

Prise en exécution des dispositions constitutionnelles, la législation sur les libertés publiques constitue un outil indispensable sans lequel l'exercice serait illusoire ; elle assure, par divers mécanismes de protection, toute violation pouvant conduire soit à une sanction pénale ou ordonnée par le juge judiciaire civil, soit à celle découlant du contrôle de légalité des actes administratifs.

La détermination constitutionnelle de la sphère de compétence du législateur et celle du pouvoir réglementaire paraît indispensable, d'autant que l'un ou l'autre peut être à la base de la protection et de la violation des libertés publiques. Si la compétence du législateur est en principe définie par le constituant, ce dernier peut, néanmoins, prendre soin d'indiquer que, pour tel droit et telle liberté, les modalités d'exercice seront fixées par une loi. Qu'il s'agisse, en effet, de l'organisation des élections et du référendum[1267], du financement public des activités politiques[1268], des droits de l'opposition politique[1269], des conditions de reconnaissance, d'acquisition, de perte ou de recouvrement de la nationalité congolaise[1270], des modalités de la mise en

---

[1261] Art. 61 de la Constitution du 18 février 2006.
[1262] Art. 220, al. 2 de la Constitution du 18 février 2006.
[1263] Art. 149, al. 1er de la Constitution du 18 février 2006.
[1264] Art. 150, al. 1er de la Constitution du 18 février 2006.
[1265] Art. 151 de la Constitution du 18 février 2006.
[1266] Aux termes de l'article 60 de la Constitution du 18 février 2006, le respect des droits de l'homme et des libertés fondamentales s'impose aux pouvoirs publics et à toute personne.
[1267] Art. 5, al. 3 de la Constitution du 18 février 2006.
[1268] Art. 7 de la Constitution du 18 février 2006.
[1269] Art. 8 de la Constitution du 18 février 2006.
[1270] Art. 10 de la Constitution du 18 février 2006.

œuvre de la parité homme-femme[1271], de celles relatives à la liberté de pensée, de conscience et de religion[1272] ou de l'exercice du droit à l'initiative privée[1273], de la liberté de manifestation[1274], d'association[1275], du droit au logement décent, à l'accès à l'eau potable et à l'énergie électrique[1276], du droit à la santé et à la sécurité alimentaire[1277], de la protection de l'enfant[1278], des droits des personnes vivant avec le VIH/SIDA et des personnes affectées[1279] ou du droit de résistance à l'oppression[1280] ; le législateur est obligé de prendre des mesures concrètes en vue de leur matérialisation.

C. Les garanties réglementaires

Dans le domaine de l'exercice des libertés publiques, la réglementation complète et totale ne saurait être laissée au seul législateur, même si certaines dispositions constitutionnelles sus indiquées peuvent le laisser entendre.

Il est normal et, donc, inévitable que le pouvoir réglementaire complète et précise les dispositions législatives en vue d'en faciliter la mise en œuvre[1281]. Dans ce domaine, le juge constitutionnel congolais a déjà tracé la ligne de démarcation entre le domaine de la loi et celui du règlement[1282].

Les garanties juridiques contribuent, ainsi qu'on le voit, à l'édification de l'État de droit qui suggère, en plus de l'existence de la hiérarchie des normes au sommet desquelles se trouve la Constitution, la soumission de la puissance publique à la règle de droit et l'établissement des lois garantissant les libertés publiques.

§2. Les garanties administratives

Constituées des recours au service d'une personne victime des violations de ses droits et libertés, les garanties administratives lui offrent la possibilité de contester la légalité des actes de l'administration en recourant soit à l'autorité administrative, auteur de la décision attaquée pour en obtenir le

---

[1271] Art. 14 de la Constitution du 18 février 2006.
[1272] Art. 22 de la Constitution du 18 février 2006.
[1273] Art. 35 de la Constitution du 18 février 2006.
[1274] Art. 26 de la Constitution du 18 février 2006.
[1275] Art. 37 de la Constitution du 18 février 2006
[1276] Art. 48 de la Constitution du 18 février 2006.
[1277] Art. 47 de la Constitution du 18 février 2006.
[1278] Loi n° 09/001 du 10 janvier 2009, *Journal officiel de la République démocratique du Congo,* numéro spécial du 25 mai 2009.
[1279] Loi n° 08/011 du 14 juillet 2008, *Journal officiel de la République démocratique du Congo,* numéro spécial, du 25 mai 2009.
[1280] Art. 61 de la Constitution du 18 février 2006.
[1281] ROBERT J., *Le juge constitutionnel, juge des libertés, op. cit.*, p.42.
[1282] Dans l'arrêt R. Const. 0091 du 12 février 2016.

report, soit à celle hiérarchiquement supérieure à l'auteur de la décision contestée, soit encore à l'autorité de la tutelle en vue de son annulation. Dans l'un comme dans l'autre cas, la requête permet de faire échec aux décisions administratives portant atteinte aux droits garantis aux particuliers.

On admet que, le silence de l'autorité saisie d'un tel recours ouvre, en cas de persistance de l'illégalité, la voie au règlement, selon la nature de la décision et la position administrative de l'auteur (autorité centrale, provinciale ou d'une entité territoriale décentralisée) du contentieux d'annulation ou de pleine juridiction par le Conseil d'État, la Cour administrative d'appel ou le tribunal administratif.

À côté de ces garanties, se greffent d'autres de nature politique tournées vers la protection des citoyens contre l'action des pouvoirs publics sollicitant le recours à la résistance ou à la désobéissance civile[1283].

[1283] BORELA E., *Éléments de droit constitutionnel,* Paris, Presse de la Fondation nationale des Sciences Politiques, 2008, p. 275.

CHAPITRE III

LA PROTECTION DES LIBERTÉS PUBLIQUES

Une confusion est souvent entretenue entre la promotion et la protection des droits et libertés publiques ; deux notions, pourtant, distinctes, même si l'une et l'autre participent à la richesse du vocabulaire en droits de l'homme. Bien que proches, les deux concepts ne se valent pas parce que portés vers des actions susceptibles d'être assurées par deux types d'institutions distinctes, l'une et l'autre ayant des origines propres et poursuivant des objectifs spécifiques.

On admet que la promotion vise la diffusion et la dénonciation de toute atteinte aux droits et libertés publiques : elle insiste sur la connaissance et la vulgarisation desdits droits et libertés en vue de leur respect par les pouvoirs publics et les citoyens. Intervenant en amont de la violation des libertés publiques, l'entreprise remplit une fonction préventive, sollicitant chaque jour autant la contribution des structures de droit privé[1284] dont l'objet social porte sur la diffusion et la promotion des droits et des libertés publiques que celle des institutions publiques.

Circonscrite dans un cadre juridique et institutionnel existant, la protection des droits et libertés poursuit la neutralisation des violations et, le cas échéant, la réparation des préjudices causés ; elle se situe en aval de toute atteinte et remplit une fonction curative. La protection suppose, donc, la possibilité pour toute personne intéressée de soumettre aux juridictions compétentes une réclamation, et éventuellement, de provoquer une mesure dont le but est de faire cesser la violation ou assurer aux victimes une réparation jugée équitable[1285].

Ainsi comprise, la promotion ne rime pas toujours avec la protection des libertés publiques, même si, dans bien de cas, les deux opérations peuvent être accomplies par une même et seule institution, à savoir une juridiction de

---

[1284] Telles que les organisations nationales, régionales et internationales de défense des droits de l'homme.

[1285] Lire également KEBA MBAYE, *Les droits de l'homme en Afrique,* Paris, A. Pedone, 1992, p.76.

jugement. Si la protection vise, grâce aux procédures judiciaires et quasi judiciaires, à assurer le respect des normes juridiques définies avec précision, la promotion cherche moins le redressement des violations des normes que l'encouragement du respect[1286]. Il importe ainsi de connaître les mesures préventives arrêtées, avant d'envisager les types de sanctions adaptées.

SECTION 1. LA PROMOTION DES LIBERTÉS PUBLIQUES

Portée vers la diffusion et, au besoin, la dénonciation de toute atteinte aux droits et libertés publiques, la promotion en poursuit la vulgarisation en vue d'une appropriation collective et du respect par tous. Intervenant en amont de toute entrave, l'entreprise remplit, également, une fonction préventive sollicitant, chaque jour, la collaboration des pouvoirs publics et des citoyens. Il importe d'en rechercher le bien-fondé, d'identifier certaines techniques de mise en œuvre et les limites potentielles.

§1. Le bien-fondé de la promotion

L'intérêt qu'affiche le constituant congolais à la promotion des droits et libertés fondamentales n'est pas d'évocation récente, il remonte au 17 juin 1960 où on signale l'élaboration de la Loi fondamentale uniquement consacrée aux libertés publiques. Dans cette loi, en effet, seize dispositions, soit les articles 2 à 17, organisent les libertés publiques en raison, sans doute, de l'attachement aux droits de l'homme et principes de la démocratie que les pouvoirs publics s'obligeaient à respecter et à assurer la réalisation[1287].

Présente dans l'esprit de l'actuel constituant, cette fixation a conduit à l'intégration dans l'ordre constitutionnel interne des droits humains et libertés fondamentales proclamés par les instruments juridiques internationaux auxquels la République démocratique du Congo a adhéré pour en faire une partie intégrante du droit constitutionnel congolais. Dans ce cadre précis, une imposition est faite aux pouvoirs publics d'assurer par l'enseignement, l'éducation et la diffusion, le respect des droits de l'homme et des libertés publiques ainsi que leur intégration dans tous les programmes de formation des forces armées, de la police et des services de sécurité ; exigence qui se poursuit par la diffusion et l'enseignement de la Constitution, de la Déclaration universelle des droits de l'homme, de la Charte africaine des droits de l'homme et des peuples, ainsi que de toutes les

---

[1286] VASAK M.-K., « Les problèmes spécifiques de la mise en œuvre des droits économiques et sociaux de l'homme », in *Vers une protection efficace des droits économiques et sociaux ?*, Bruxelles-Louvain, Bruylant Vandor, 1973, pp. 24-25.

[1287] Art. 1er de la Loi fondamentale du 17 juin 1960.

conventions régionales et internationales relatives aux droits de l'homme et au droit international humanitaire[1288].

S'agissant de certains droits particuliers, les pouvoirs publics sont tenus d'éliminer toute forme de discrimination faite à la femme[1289] et de protéger la jeunesse contre toute atteinte à sa santé, à son éducation et à son développement[1290]. Cette garantie est suffisante pour que soit bien assurée la promotion des libertés publiques de laquelle découlent l'attachement populaire et le soutien de l'opinion publique.

Ainsi qu'on le voit, la promotion des libertés publiques est, en République démocratique du Congo, une obligation constitutionnelle autant qu'une exigence pédagogique en direction d'une solidarité nationale sollicitant, chaque jour, la collaboration des pouvoirs publics et de citoyens.

§2. Les techniques de promotion

Aussi diverses que variées, les techniques de promotion des libertés publiques convergent vers deux actions essentielles, l'une, préventive et, l'autre, curative. L'action préventive insiste sur l'éducation et la sensibilisation de la population, ainsi que la collaboration des acteurs impliqués. Participent à cette activité, l'enseignement, l'éducation et la diffusion des droits de l'homme et des libertés fondamentales énoncés dans la Constitution, la diffusion et l'enseignement des instruments juridiques internationaux relatifs aux droits de l'homme et libertés publiques, ainsi que l'intégration des droits de la personne humaine dans les programmes de formation des forces armées, de la police et des services de sécurité.

À l'opposé de la précédente, l'action curative met l'accent sur la mobilisation des énergies autour des organes chargés de réprimer (juridictions ordinaires ou Cour constitutionnelle) toute atteinte aux libertés publiques et d'en assurer, par conséquent, la promotion ; la Constitution ayant conféré cette mission au pouvoir judiciaire, dont l'action n'est soumise qu'à l'autorité de la loi. Dans ce cadre général d'exercice de la fonction juridictionnelle, les décisions des cours et tribunaux sont écrites, motivées et prononcées en audience publique.

La promotion juridictionnelle des libertés publiques suppose, donc, le respect des exigences d'un procès équitable, notamment la légalité des infractions et des peines, la responsabilité pénale individuelle, la présomption d'innocence, les droits de la défense et de recours.

1288 Art. 45 de la Constitution du 18 février 2006.
1289 Art. 14, al. 1er de la Constitution du 18 février 2006.
1290 Art. 42 de la Constitution du 18 février 2006.

§3. Les limites de la promotion

Organisée, la promotion des libertés publiques subit, bien souvent, les restrictions que lui imposent l'inadéquation du dispositif aux objectifs poursuivis, le déficit de prise en charge collective et la faiblesse d'éducation civique et politique.

L'inadéquation du dispositif normatif et institutionnel avec les objectifs poursuivis par le constituant relève, d'une part, du décalage entre les politiques publiques et les besoins réels de la population et, d'autre part, de l'intérêt accordé selon les circonstances, la nature et les cibles visées aux actions politiques d'apparat sans contenu réel. On signale, à ce sujet, que la création, le 31 octobre 1986, du département des droits et libertés du citoyen et, le 30 juillet 2004, de l'Observatoire national des droits de l'homme[1291] ainsi que la mise en place, le 23 juillet 2015, de la Commission nationale des droits de l'homme dénotent d'un manque de constance dans la gestion d'un domaine où la cohérence éviterait que les droits de l'homme se réduisent en un catalogue de bonnes intentions sans contenu. Il se découvre que la structure a pris la marque soit d'un département ministériel dépendant totalement du gouvernement, soit d'une institution citoyenne marquant une distance à l'égard des forces politiques.

Le faible niveau d'instruction des populations, de plus en plus, portées vers la recherche des meilleures conditions de vie, incite à reconnaitre une désaffection à l'égard des certaines libertés publiques considérées comme relevant de la seule volonté des pouvoirs publics plutôt qu'un don de la divinité. Car, peut-on s'interroger : à quoi rime la connaissance des droits et libertés qui ne seront pas vécus au quotidien ? Aussi singulière qu'elle puisse apparaître, cette constatation justifie la préférence que l'on peut avoir à l'égard de certaines libertés qu'à d'autres, les unes relevant soit de la volonté des pouvoirs publics et, les autres, d'une exigence congénitale.

Il en résulte une maigre prise en charge collective qui cache, tout de même, l'incapacité des gouvernants à assumer leur responsabilité constitutionnelle.

Section 2. La protection des libertés publiques

Mieux présenter les raisons qui militent en faveur de la protection des libertés publiques rend aisée l'étude des modalités pratiques de réalisation.

[1291] En vertu de la Loi n° 04/018 du 30 juillet 2004 portant organisation, attributions et fonctionnement de l'Observatoire national des Droits de l'homme.

§1. La raison d'être de la protection

D'aucuns affirment qu'au nom de l'universalité des droits de l'homme et des libertés fondamentales, chaque État est appelé à se doter d'un dispositif normatif et institutionnel capable d'assurer une réelle et efficace promotion, mais également une effective protection contre toute atteinte[1292].

On note, à ce sujet, une variété de mécanismes au sein desquels collaborent ceux de nature normative[1293] et institutionnelle[1294] avec d'autres d'essence conventionnelle[1295] et confessionnelle[1296].

Considérée comme patrimoine commun à tous les États du monde, la protection des droits humains mobilise, ainsi que le révèle le nombre combien important du dispositif juridique et institutionnel mis en place au niveau des Nations Unies et, notamment de ses institutions spécialisées, l'attention de la communauté internationale. Actuellement, en effet, il n'existe aucun État capable à lui seul de les gérer en temps de paix comme en celui de guerre.

Le besoin d'une solidarité internationale a, dans ce domaine, contribué à la conception du droit international humanitaire différent de celui des droits de l'homme[1297], l'objectif visé étant de réduire, autant que possible, la toute puissance étatique souvent couverte par les secrets de la souveraineté. La prise en charge internationale des droits et libertés fondamentales a donc suffi pour que chaque État s'engage à renoncer, en partie, à sa souveraineté favorisant, par moments, certaines dérives. Se découvre, aisément, une attache au dispositif juridique et institutionnel capable d'aiguiser le respect des droits fondamentaux de la personne humaine.

Construit autour des traités et accords internationaux, ce droit engendre des obligations à l'égard des parties car, traditionnellement, porté vers la réglementation des relations interétatiques (droit normatif), celles entre États et les autres acteurs de la vie internationale (droit institutionnel).

1292 NGONDANKOY NKOY-ea-LOONGYA, P.-G., *Droit congolais des droits de l'homme, op. cit.*, pp. *63*.

1293 La Constitution, la loi ou les règlements.

1294 Les cours et tribunaux, la police et, dans certains cas, les commissions nationales ou les observatoires nationaux des droits de l'homme.

1295 La société civile et, en particulier, les organisations de défense des droits de l'homme.

1296 Notamment les églises et les syndicats.

1297 Lire également ABDELWAHAD B., *Droit international humanitaire,* Paris, *2*e éd. Ellipses, Coll. Mise au point, 2006, pp. 112-130 *;* BELANGER M., *Droit international humanitaire,* Paris, éd. Gualino, Coll. Mémentos, *2007,* pp. 156-180 *;* BUIRETTE P, et LAGRANGE *P, Le droit international humanitaire,* Paris, éd. Decomento, Coll. Repères, *2008,* pp. 67-82, KALINDYE BYANJIRA D., et KAMBALE BIRA'MBOVOTE J., *Droit international humanitaire,* Paris, l'Harmattan, Coll. Notes de cours, 2015, pp. 99-100 ; TORRELLI M., *Le droit international humanitaire,* Paris, *2*e éd. PUF, Coll. Que sais-je ? n° 2211, 1989, pp. 120-145.

Le droit international public connaît, de nos jours, des profondes et remarquables mutations[1298] qui l'obligent à s'accommoder de la promotion et la protection des droits de l'homme et des libertés fondamentales (droit des libertés publiques).

Cette évolution imposée à la discipline donne une nouvelle orientation au droit international public, qui cesse d'être celui uniquement normatif et institutionnel au profit de la protection des droits individuels et collectifs au point d'impacter, positivement, sur l'organisation des systèmes juridiques nationaux, mais également sur les pratiques judiciaires.

Dans les relations internationales, en effet, le respect des droits fondamentaux de la personne humaine est capital pour influer sur la détermination du degré de la tiédeur ou de la chaleur des relations entre États, voire de la nature du régime politique. S'aperçoivent, en filigrane, la naissance et l'évolution du droit international des droits de l'homme, regroupant les règles juridiques indispensables à la promotion et à la protection aux niveaux national, régional et international des droits fondamentaux de la personne humaine.

On peut, néanmoins, objecter qu'en raison de l'usage qui est quelque fois fait, le droit international des droits de l'homme ou celui humanitaire soit dépourvu de neutralité absolue.

L'action de la Cour pénale internationale que l'on croyait dissuasive, semble ne pas émouvoir certaines puissances occidentales, réduisant du coup le crédit dans la répression des violations massives des droits humains et des libertés fondamentales.

§2. Les modalités de protection

Les modalités pratiques de protection des libertés publiques peuvent être d'origine nationale ou internationale, le présent ouvrage n'ayant pris en compte que la dimension congolaise en indiquant que l'exercice peut être d'origine juridictionnelle ou extra juridictionnelle.

A. La protection extra juridictionnelle

La protection extra juridictionnelle des libertés publiques est susceptible d'être accomplie par les organes constitués, la Commission nationale des droits de l'homme, les structures non étatiques et les citoyens eux-mêmes.

Accusé souvent de tolérer les violations par ses services et autres administrations sous son contrôle des droits et libertés individuelles, le gouvernement peut, en usant de moyens à sa disposition notamment les forces armées, la police et les services de sécurité ou l'administration qui en constitue le prolongement, contribuer à leur protection, en offrant aux

[1298] ROUSSEAU C., *Le droit international public*, Paris, 7e éd. Dalloz, 2004, p. 144-157.

citoyens la possibilité de sanction administrative contre toute atteinte ; les recours gracieux, hiérarchique et de tutelle permettant à toute personne victime d'obtenir soit le retrait de l'acte attentatoire à ses libertés, soit la réparation en cas de préjudice. Au moyen d'un recours gracieux, la victime peut obtenir de l'auteur autorité administrative qu'il soit mis fin ; elle peut, dans le cas contraire et aux mêmes fins, se référer soit à l'autorité hiérarchique à celle qui a pris la décision attaquée, soit dans le cadre de la décentralisation à l'autorité de tutelle.

Représentant du peuple, le parlementaire participe, dans le cadre de sa mission de contrôle du gouvernement, des entreprises, établissements et services publics, à la protection des droits et libertés individuelles à travers, notamment les commissions d'enquête, les questions d'actualité, orale ou écrite ou des interpellations.

Institution chargée de la promotion des droits et libertés individuelles, la Commission nationale des droits de l'homme contribue, également, à leur protection, lorsqu'elle s'interpose entre l'administration et ses usagers pour les aider soit à régler à l'amiable les différends qui les opposent, soit à assister les victimes devant la justice en vue d'une réparation éventuelle.

Les individus eux-mêmes collaborent à la protection des droits qui leur sont reconnus, en usant de moyens d'autoprotection ou du droit de résistance à l'oppression ; la Constitution leur offrant un cadre d'opposition et de résistance contre tout individu ou groupe d'individus qui tentent de prendre ou d'exercer le pouvoir en violation de la Constitution. Tout aussi important, le droit de vote est considéré comme une arme efficace contre les atteintes aux libertés publiques, même si la garantie la plus importante semble reposer sur l'attachement du peuple et le soutien de l'opinion publique, à ce compris, les médias.

On admet qu'une fois reconnus, certains droits et libertés contribuent à la mise en place des mécanismes de prévention des abus, pour s'inscrire dans la logique de leur protection. L'usage judicieux du droit de vote peut conduire à sanctionner des dirigeants peu respectueux des droits et libertés ; il se révèle comme la meilleure police d'assurance contre l'arbitraire et l'oppression des pouvoirs publics. Grâce, également, à l'exercice de la liberté d'association et d'expression, sont constituées plusieurs organisations privées de défense des droits et libertés dont le rôle est, notamment de dénoncer les violations en vue des sanctions conséquentes.

B. La protection juridictionnelle

À l'opposé de la protection extra juridictionnelle, celle juridictionnelle est assurée par le juge, exerçant librement et en toute indépendance sa mission ; affirmation qui induit sur l'interdiction faite au parlement et au gouvernement de censurer les décisions de justice, ni de s'opposer à leur exécution, l'un ou l'autre pouvant se substituer aux cours et tribunaux, dans le règlement des différends judiciaires. C'est à ce même pouvoir que le constituant a confié la protection des libertés individuelles et des droits fondamentaux des citoyens[1299].

Fondamentale, la protection juridictionnelle suppose l'intervention du juge[1300] pour faire cesser toute violation des droits et libertés individuelles, la confiance accordée au juge tenant, d'une part, à son indépendance et aux assurances apportées par les règles qui s'imposent à lui, et d'autre part, qu'il s'agisse de la procédure conduisant au jugement ou du jugement lui-même[1301], elle suppose, en plus, que l'indépendance du juge soit assurée et garantie[1302]. Loin d'être le seul apanage du juge judiciaire, cette protection est, en droit positif congolais, partagée avec le juge administratif et, naturellement, celui constitutionnel.

1. Le juge judiciaire

La jurisprudence classique reconnait au juge judiciaire une autorité remarquable et incontestée dans le domaine de la protection des libertés individuelles. C'est à ce juge, en effet, qu'il revient de statuer sur les condamnations pénales, mais également sur les conséquences découlant des atteintes aux droits et libertés individuels, notamment en ordonnant, le cas échéant, la réparation civile des préjudices subis.

Au cours d'une instance pénale, on signale l'impact d'un certain nombre de principes dans la protection des droits et libertés individuels. Il s'agit notamment de la responsabilité pénale individuelle, de la présomption d'innocence, de la publicité des audiences, de la motivation des décisions de justice, du droit qu'a toute personne d'être informée dans la langue qu'elle comprend des motifs de son arrestation, celui d'entrer en contact avec sa famille ou avec son conseil en cas de garde à vue. Il en est également du droit à un traitement digne et de celui pour le juge de lui faire bénéficier d'un procès juste et équitable en infligeant, au besoin, des sanctions pénales aux auteurs des infractions.

Dans un procès civil, la condamnation de la partie fautive à réparer le préjudice causé à autrui participe à la protection des droits et libertés individuels. Agissant par voie de requête écrite et adressée au président de la juridiction saisie, l'officier du ministère public peut solliciter la désignation d'un avocat ou un défenseur judiciaire chargé d'assister les personnes physiques lésées, mais inaptes d'agir en justice, incapables de se défendre ou dépourvues de ressources financières pour faire face au paiement d'un avocat ou d'un défenseur judiciaire.

1299 Art. 150, al. 1er de la Constitution du 18 février 2006.

1300 COLLIARD C.-A, *Libertés publiques*, Paris, 6e éd. Dalloz, 1982, p. 137

1301 WACHSMANN P., *Libertés publiques*, Paris, 4e éd. Dalloz 2002, 114

1302 BREILLAT D., *Libertés publiques et droits de la personne humaine*, Paris, Gualino éditeur, 2003, p. 127

Au près du juge judiciaire, la protection des droits fondamentaux et des libertés individuelles se fait habituellement au moyen de voies de recours ordinaire (appel, opposition et cassation) ou extraordinaire (tierce opposition, requête civile, prise à partie et révision). L'appel est une voie de recours ayant pour objet la contestation d'une décision de justice (jugement) contradictoirement rendue, au premier degré, entre parties et poursuivant soit sa reformation, soit son annulation par le juge d'appel. L'opposition est un recours qu'une personne porte contre un jugement rendu par défaut et qui préjudice ses droits, elle vise à rétablir l'égalité entre parties à une instance et, donc, à établir un procès équitable. La cassation est une voie de recours ouverte à l'encontre des décisions de justice rendues en dernier ressort par une juridiction de fond. Adressé à une instance supérieure (Cour suprême de justice ou Cour de cassation), le pourvoi en cassation poursuit la censure de la décision entreprise pour non-conformité au droit applicable ou celui censé être appliqué dans le cas d'espèce, la juridiction saisie n'étant pas compétente pour statuer à nouveau sur le fond du litige déjà tranché.

Aboutissant, habituellement, par le renvoi de la cause à la même juridiction, mais autrement composée ou à une autre du même niveau que celle qui a rendu la décision attaquée, la cassation se démarque de la procédure d'appel. Contrairement à celle-ci (la procédure d'appel), celle-là (la cassation) n'autorise pas l'évocation d'effet suspensif ni dévolutif. Elle intervient, généralement, en cas d'absence de motivation, de vice de forme, de violation de la loi et de défaut de fondement légal dans la décision entreprise.

Voie de recours extraordinaire, la tierce opposition permet à toute personne qui n'a été ni appelée, ni représentée à une instance (tiers) d'attaquer la décision intervenue et qui lui cause préjudice. La requête civile est une voie ouverte à toute personne contre une décision de justice rendue en dernier ressort lorsqu'elle ne peut pas y recourir par voie d'opposition. Ouverte aux seules personnes qui n'ont pas la possibilité de faire valoir leurs moyens de défense, par voie d'appel ou d'opposition notamment, la requête civile est portée devant le juge auteur de la décision entreprise, elle ne vise pas sa modification, mais plutôt sa rétractation.

La prise à partie est une procédure qui autorise un justiciable à s'attaquer à un magistrat auteur du dol, fraude, concussion ou déni de justice. D'usage en matière civile ou pénale, la révision est une demande qu'un justiciable adresse à la juridiction qui a rendu une décision définitive et dans les cas limitativement prévus par la loi, en vue d'obtenir le réexamen de son procès en raison des éléments nouveaux.

La révision peut, également, poursuivre la requalification des faits, la rétractation ou l'annulation, à la suite d'un fait nouveau ou de sa condamnation antérieure. Par cette voie, en effet, le requérant parvient à écorcher quelque peu sur l'autorité de la chose jugée reconnue aux décisions de justice ; le juge saisi pouvant l'évoquer d'office, après le constat d'une erreur de droit, d'un faux, d'une omission ou d'un double emploi préjudiciable aux droits d'un citoyen[1303].

Rapprochée à la législation électorale congolaise, on note qu'une personne condamnée à une peine de servitude pénale par une décision définitive ne peut être électrice ni éligible pas plus qu'elle ne peut, en cas d'élection, poursuivre le mandat électif obtenu avant sa condamnation. Interrompu par la condamnation pénale du titulaire, le mandat électif pourra être poursuivi par son suppléant jusqu'à terme.

C'est dans ce cadre que, condamné avec admission des circonstances atténuantes, à douze mois de servitude pénale principale et cent mille francs congolais constants pour viol sur mineur par la Cour suprême de justice, agissant comme Cour de cassation[1304], le député national Adolphe Onusumba Yemba a vu son mandat interrompu au profit de son premier suppléant, mais à la suite de la procédure de révision de son procès devant le même juge, il a fini par être acquitté et renvoyé des fins des poursuites[1305], ce qui lui a permis de retrouver, deux ans plus tard, ses droits au sein de l'Assemblée nationale.

En matière des voies de fait, le juge judiciaire dispose d'une gamme importante de ressources (réparation, interprétation, appréciation de la légalité des faits) pour assurer la protection des droits et libertés individuels, même s'il existe encore quelques hésitations à reconnaître la collégialité, mieux la concurrence de son activité avec le juge administratif dans le cadre de la réparation d'un dommage causé par l'administration.

La condamnation de l'État ou d'une autre personne morale de droit public à réparer les dommages causés à autrui peut amener le juge judiciaire à s'assurer de l'exécution volontaire de sa sentence par les personnes revêtues de la puissance publique et souvent protégées en matière d'exécution forcée.

En droit positif congolais cependant, l'exécution forcée à l'encontre de l'État et des autres personnes morales de droit public dotées, par ailleurs, de la personnalité juridique reste au cœur d'une controverse pas encore, totalement, tranchée.

2. Le juge administratif

Juge de l'administration, de l'action administrative, ainsi que des rapports entre l'administration et les administrés, le juge administratif s'assure de la régularité et la légalité de l'activité administrative et participe à la protection des libertés individuelles, fonction jadis assurée par le juge judiciaire.

La procédure instituée à cette fin est contradictoire et renferme plusieurs étapes à suivre avant que n'intervienne le jugement ou l'arrêt, selon le cas.

1303 VUNDUAWE te PEMAKO F., *Traité de droit administratif, op. cit.*, p. 899.
1304 CSJ, 28 septembre 2012, RP. 012/CR/2012.
1305 CSJ, 26 novembre 2014, REV. 011/2014.

On note, à ce sujet, que la juridiction administrative est saisie soit par requête des parties, soit par réquisitoire du ministère public déposé au greffe qui l'enrôle dans un registre correspondant aux domaines de compétences de ladite juridiction.

Introduite dans l'intérêt personnel des parties, la requête contient l'identité des parties, l'exposé des faits et des moyens ainsi que les conclusions. Elle est accompagnée de la copie de l'acte, du règlement ou de la décision administrative attaquée ainsi que de la preuve du dépôt du recours administratif préalable[1306]. Le réquisitoire du ministère public est, quant à lui, dirigé dans l'intérêt général et, en particulier, pour la protection des droits et libertés fondamentaux des personnes. Accompagné de la copie de l'acte, du règlement ou de la décision administrative attaquée, il contient l'identité et l'adresse de l'officier instrumentant, l'exposé des faits et des moyens ainsi que les conclusions[1307].

La requête ou le réquisitoire est accompagné des copies signées, selon le cas, par le requérant ou le ministère public, en nombre égal à celui des autres parties en cause, augmenté de deux. Lorsque les parties joignent les pièces à l'appui de leurs requêtes et mémoires, elles en établissent simultanément un inventaire détaillé. Les requêtes, réquisitoires et mémoires sont accompagnés de deux originaux et d'autant de copies signées qu'il y a des parties à la cause[1308]. La requête ou le réquisitoire est publié par extrait au journal officiel, suivi du dépôt des mémoires en réponse et, éventuellement, des mémoires en réplique, avant que ne soit désigné le magistrat rapporteur chargé de l'étude de l'affaire[1309].

L'instruction de l'affaire a lieu dans la chambre désignée à cette fin[1310], suivie de la transmission du double du dossier au ministère public pour son avis écrit à intervenir dans le délai légal. Une fois en possession de cet avis, le magistrat rapporteur s'active à l'élaboration de son rapport, les mémoires en réponse et, éventuellement ceux en réplique préalablement déposés au greffe qui les communique au rapporteur désigné. Ce rapport est, ensuite, transmis à la chambre avec les documents datés et signés régulièrement obtenus des parties. L'instruction de la cause se clôture par la fixation, par le chef de la juridiction, de la date d'audience[1311]. À l'issue des débats, la cause est prise en délibéré pour une décision à intervenir dans les trente jours[1312].

[1306] Art. 135 de la Loi organique n° 16/027 du 15 octobre 2016 portant organisation et fonctionnement des juridictions de l'ordre administratif, *Journal officiel de la République démocratique du Congo,* numéro spécial du 18 octobre 2016.

[1307] Art. 136 de la Loi organique n° 16/027 du 15 octobre 2016.

[1308] Art. 138, al. 1er, 2 et 3 de la Loi organique n° 16/027 du 15 octobre 2016.

[1309] Art. 162, al. 1er de la Loi organique n° 16/027 du 15 octobre 2016.

[1310] Art. 171 de la Loi organique n° 16/027 du 15 octobre 2016.

[1311] Art. 184, al. 1er de la Loi organique n° 16/027 du 15 octobre 2016.

[1312] Art. 183 de la Loi organique n° 16/027 du 15 octobre 2016.

Appelé à statuer sur le bien-fondé d'un recours pour excès de pouvoir, le juge administratif peut être amené à protéger les droits et libertés individuels violés ou méconnus par l'administration, lorsqu'au lieu de se limiter à l'annulation de l'acte administratif incriminé, le recours poursuit, en plus, la réparation des dommages causés à autrui. Se joignent en une seule et unique activité, à savoir la protection des droits et libertés du citoyen, deux demandes introduites par un même requérant. Ainsi, saisie d'une requête en annulation d'une décision administrative d'une autorité centrale, émanant de l'association sans but lucratif les témoins de Jéhovah, la section administrative de la Cour suprême de justice rendit, le 8 janvier 1993, une décision aux termes de laquelle elle constata, d'une part, le défaut de preuve de notification de l'ordonnance du président de la République n° 86-086 du 12 mars 1986 abrogeant celle n° 80-124 du 30 avril 1980 accordant la personnalité juridique à ladite association et sa publication au journal officiel et, d'autre part, l'insuffisance de motivation de l'ordonnance attaquée en ce qu'elle n'indique pas les faits précis, actes et activités de la requérante jugés attentatoires à l'ordre public[1313].

La même juridiction a, dans une autre espèce, annulé l'ordonnance du président de la République n° 86/001 du 3 janvier 1986 portant révocation de quelques agents et fonctionnaires des services publics de l'État au motif qu'aucune action disciplinaire n'avait été ouverte à charge des requérants qui n'ont reçu aucune notification préalable des faits articulés pour être en mesure de faire valoir leur justification ou moyen de défense[1314].

Si on peut se féliciter que ces deux décisions aient permis d'inscrire l'action du juge administratif dans la protection des libertés individuelles, il n'en est pas autant lorsque maintes fois saisie dans le domaine, la juridiction brille par l'immobilisme et l'incapacité d'afficher son indépendance à l'égard des pressions politiques.

Reconnaissant au contentieux d'annulation pour excès de pouvoir, une action dirigée contre un acte administratif lequel fait grief à un particulier, le juge qui en fait usage ne peut répondre qu'à une demande qui s'appuie sur la violation de la loi : il assure, par ce fait, une double protection des droits particuliers, la première poursuivant l'annulation de l'acte administratif illégal et, la seconde, la réparation du préjudice causé à un particulier.

Ainsi qu'on le voit, l'organisation de ce contentieux aboutit au rétablissement d'un équilibre rompu en raison du caractère inégalitaire dans les rapports entre l'administration et ses administrés, contribuant ainsi à la moralisation de l'activité administrative obligée, par ailleurs, de ne s'émouvoir que dans le cadre tracé par la loi.

1313 CSJ, 8 janvier 1993, R.A. 266.
1314 CSJ, 11 janvier 1990, R.A. 182/186/191.

3. Le juge constitutionnel

Si le juge ordinaire peut s'autoriser de jouer un rôle de premier plan dans la protection des droits et libertés individuels, celui constitutionnel l'est davantage, en sa qualité de gardien de la Constitution et des droits qui y sont consacrés. Il existe plusieurs modalités de saisine du juge constitutionnel en matière de protection des droits et libertés publiques, les unes directes par voie des requêtes visant l'inconstitutionnalité d'un acte législatif ou réglementaire, les autres indirectes à travers notamment l'exception d'inconstitutionnalité, la question préalable, celles préjudicielle et prioritaire de constitutionnalité soulevées devant une juridiction de jugement[1315].

On observe que, saisie d'une requête poursuivant le respect du droit d'éligible à un mandat politique et à occuper un siège vacant au Sénat en raison d'une incompatibilité frappant le titulaire, la Cour constitutionnelle a, après avoir reconnu sa compétence en la matière, affirmé sa fonction de gardienne des libertés publiques et des droits fondamentaux[1316], jurisprudence qui a inspiré plusieurs autres décisions ayant contribué à la protection de la liberté d'expression[1317], du droit de la défense[1318], du droit d'éligibilité à un mandat politique[1319], du droit de suffrage et d'éligibilité[1320] ainsi que des conditions d'éligibilité à un mandat politique[1321]. Avant l'installation de la Cour constitutionnelle, la Cour suprême de justice qui en faisait office a développé une jurisprudence intéressante en faveur de la protection des droits de l'homme[1322] et notamment le droit à la vie[1323], l'égalité devant loi et, en l'occurrence, l'égalité devant la justice[1324], l'interdiction des travaux forcés[1325], la présomption d'innocence[1326], le droit au double degré de juridiction[1327], l'inviolabilité du domicile[1328], la liberté de

---

1315 Lire avec intérêt ESAMBO KANGASHE J.-L, *Le droit constitutionnel, op.cit.*, pp.110-118.

1316 CC, 28 août 2015, R. Const. 0038.

1317 CC, 26 septembre 2015, R. Const. 137 ; CC, 14 octobre 2015, R. Const. 151.

1318 CC, 08 octobre 2015, R. Const.42 ; CC, 14 octobre 2015, R. Const.140 ; CC, 14 octobre 2015, R. Const. 151 ; CC, 10 juin 2016, R. Const. 212/216 ; CC, 10 mars 2017, R. Const. 356 ; CC, 17 mars 2017, R. Const. 410 et CC, 17 mars 2017, R. Const. 411.

1319 CC, 28 aout 2015, R. Const.0038.

1320 CC, 08 septembre 2015, R. Const. 4089.

1321 CC, 14 octobre 2015, R. Const. 151.

1322 Sur la question, lire WETSH'OKONDA KOSO M., La *protection des droits de l'homme par le juge constitutionnel congolais. Analyse critique et jurisprudence (2003-2013), op. cit.*, pp. 161 et ss.

1323 CSJ, 08 janvier 2011, R. Const. 128/TSR.

1324 CSJ, 07 mai 2004, R. Const.07/TSR ; CSJ, 11 mars 2005, R. Const. 26/TSR ; CSJ, 18 juillet 2005, R. Const. 24/TSR ; CSJ, 23 avril 2007, R. Const. 46/TSR et CSJ, 05 février 2010, R. Const.110/TSR.

1325 CSJ, 19 août 2011, R. Const. 166/TSR.

1326 CSJ, 02 juillet 2004, R. Const. 011/TSR.

1327 CSJ, 31 janvier 2411, R. Const. 128/TSR.

1328 CSJ, 18 janvier 2005, R. Const24/TSR ; CSJ, 23 avril 2007, R. Const. 024/TSR.

manifestation[1329], celle d'expression[1330], le droit à la participation politique[1331], le droit à la protection de l'initiative privée[1332] ou encore celui à l'éducation[1333]

Egalement juge du contentieux électoral, le juge constitutionnel contribue, par son activité, à la protection des libertés individuelles notamment, le droit de vote, celui à l'éligibilité ou la protection d'un mandat électif. La loi électorale indique que le juge peut ordonner, en cas d'irrégularités ayant influencé de manière déterminante sur les résultats du scrutin, l'annulation partielle ou totale du vote.

Les irrégularités et fraudes électorales sont d'origines diverses et variées car pouvant résulter des bourrages d'urnes, des actes de violence commis à l'égard des électeurs ou des agents électoraux, de l'obstruction faite aux délégués ou témoins des candidats, partis ou regroupements politiques régulièrement accrédités d'assister aux opérations de vote[1334], de dépouillement ou de compilation des résultats[1335].

Saisi de cas d'irrégularités ou des fraudes, le juge peut ordonner l'annulation partielle[1336], totale[1337] du vote ou des suffrages obtenus par un candidat avant de proclamer l'ensemble des résultats de la circonscription électorale[1338].

Tout en donnant au droit constitutionnel congolais une nouvelle orientation qui dépasse celle d'un droit s'occupant, uniquement, de l'organisation et du fonctionnement des organes étatiques au profit de celui tourné vers la protection des droits et libertés fondamentales, cette riche et abondante jurisprudence constitue un indicateur intéressant de la raison d'être et un facteur de légitimation de la justice constitutionnelle congolaise.

§3. Les limites de la protection

Dans le domaine de la protection ou non des libertés publiques, l'homme est au centre de l'activité, dans la mesure où, par son comportement imprévisible, il s'est autorisé, dans les rapports sociaux, le service d'une technologie qui en réduit la portée et l'efficacité.

1329 CSJ, 15 septembre 2006, R. Const. 38/TSR.
1330 CSJ, 16 mars 2009, R. Const.084/TSR.
1331 CSJ, 24 février 2008, R. Const. 28/TSR.
1332 CSJ, 26 mars 2010, R. Const. 113/TSR.
1333 CSJ, 20 juillet 2004, R. Const. l4/TSR.
1334. CSJ, 6 février 2007, RCE200/DN/KN.
1335 ESAMBO KANGASHE J.-L., *Le droit électoral congolais, op. cit.*, p. 192. CSJ, 25 avril 2012, RCE 725/DN.
1336 CSJ, 25 avril 2012, RCE 517/DN.
1337 CSJ, 25 avril 2012, RCE 463/DN.
1338 CSJ, 25 avril 2012, RCE 725/DN.

A. L'informatisation des rapports sociaux

L'informatique pose, par-delà des facilités techniques, économiques et financières qu'elle procure aux citoyens, un problème juridique et politique lié à l'exercice des droits et libertés publiques. À travers ses diverses manifestations (face book, twiter, wikileaks, wiber, whatsapp et autres), elle fournit aux citoyens un accès libre, facile et en temps réel aux données longtemps considérées comme relevant du tabou. Celles-ci sont, ensuite, obtenues à moindre coût ; un travail jadis exécuté par plusieurs personnes l'est, désormais, par une poignée, si pas, une seule personne et à moindre frais ; la technique qu'elle procure participe, enfin, à l'exercice direct de la démocratie[1339].

Nonobstant les avancées technologiques qu'il assure, l'usage excessif de l'informatique présente une série d'inconvénients, tels que l'emprisonnement de l'individu, le développement de la cybercriminalité, les atteintes fréquentes aux droits et libertés publiques, etc. Le recours exagéré à l'informatique est perçu comme une menace à la jouissance et l'exercice paisibles des libertés individuelles ; il permet de rassembler, en un temps record, les informations de plus en plus complètes et confidentielles sur la vie privée d'un individu restreignant ainsi son autonomie et sa liberté.

On signale, en outre, que l'informatique conduit à la surveillance des mouvements journaliers d'une personne, sa situation financière (centralisation des renseignements bancaires ou immobiliers) et professionnelle (emplois exercés, sanctions encourues, promotions obtenues ou mutations effectuées). On arrive ainsi à détenir, à côté du dossier judiciaire de chaque individu, son casier politique et fiscal, dont l'efficacité de l'un renforce celle de l'autre. Il existe, sans doute, de nombreux fichiers où se trouvent rassemblés des renseignements sur chaque individu, mais par rapport aux instruments préexistants, l'informatique présente une supériorité, telle que l'autorité nouvelle qu'elle accorde aux vérités distillées apparaissent finalement comme la parole d'évangile, en raison des pressions sociales sur l'individu, poussé au conformisme.

Si l'informatique peut contribuer à l'amélioration du sort des hommes (surveillance médicale, adaptation plus parfaite de l'homme à son travail, sûreté des informations grâce au recoupement des renseignements multiples), l'individu se trouve, néanmoins, enfermé dans un ensemble d'éléments sur lequel il ne peut rien ni se dégager, au point de se demander si, par elle-même, la technique ne détruit pas l'humanité.

L'État, entité juridique autour de laquelle se construit la puissance publique, ne peut se laisser détruire sans se renier, il est le premier garant des libertés publiques, dont il assure la protection et réprime les atteintes. Produite par l'homme, l'informatique ne peut prétendre à une neutralité absolue, son usage dépend donc du rôle que l'on veut bien lui faire jouer,

---

1339 Cas des printemps arabes.

notamment dans le domaine de la protection des libertés fondamentales et, partant, de la démocratie. Or, il est une expérience que tout homme qui a du pouvoir est porté à en abuser, il va jusqu'à ce qu'il trouve des limites et, pour qu'on ne puisse abuser du pouvoir, il faut que, par la disposition des choses, le pouvoir arrête le pouvoir.

B. L'imprévisibilité du comportement humain

Créateur des libertés publiques, l'être humain en est le premier bénéficiaire, mais également l'offenseur certain. Réel ou pas, ce contraste dégage toute la problématique d'un domaine dont la complexité dévoile l'énigme cachée ; car, comment comprendre que, défenseur des libertés publiques, l'homme en soit le bourreau patenté. On ne devra pas exagérer sur l'apparente contradiction entre la protection des libertés publiques et les limites qui leur sont, par moments, imposées autorisant quelques fléchissements justifiés par les circonstances exceptionnelles et le phénomène de catégorisation des droits et libertés fondamentales.

Les circonstances exceptionnelles à la base des restrictions aux droits et libertés individuels[1340] ou collectifs[1341] se traduisent, dans un régime démocratique, par l'état d'urgence ou de siège. Sans en préciser l'étendue, le constituant congolais du 18 février 2006 indique, seulement, que le président de la République proclame, lorsque les circonstances graves menacent, d'une manière immédiate, l'indépendance ou l'intégrité du territoire national ou qu'elles provoquent l'interruption du fonctionnement régulier des institutions, l'état d'urgence ou l'état de siège, après concertation avec le premier ministre et autorisation de deux chambres du parlement ; il en informe la nation par un message[1342].

D'une durée de trente jours prorogeables de quinze jours successifs sur décision conjointe de l'Assemblée nationale et du Sénat saisis par le président de la République[1343], l'état de siège consacre[1344] une sorte « dictature constitutionnelle » du président de la République[1345] autorisé à prendre, par ordonnance délibérée en Conseil des ministres, des mesures nécessaires pour faire face à la situation.

L'état d'urgence décrit une situation de crise, autorisant le président de la République à exercer, en cas de menace imminente d'atteintes graves à l'ordre public (paralysie du fonctionnement régulier des institutions par une

---

1340 Sont souvent concernés par ces restrictions, l'inviolabilité de domicile, la liberté d'expression, le droit à l'information et la liberté de circulation.

1341 En l'occurrence, la liberté d'association, de réunion, de manifestation ou le droit de grève.

1342 Art. 85, al. 1er de la Constitution du 18 février 2006.

1343 Art. 145, al. 2 de la Constitution du 18 février 2006.

1344 Art. 144, al. 4 et 5 de la Constitution du 18 février 2006.

1345 En cas de péril imminent résultant notamment d'une guerre étrangère, de l'invasion du territoire national par les forces armées non invitées, d'une insurrection armée ou des menaces graves de déstabilisation du pays.

grève générale et prolongée, menaces d'attentat sur tout ou partie du territoire national) ou ayant le caractère de calamité publique (tremblement de terre, érosions causées par des pluies diluviennes, épidémie déclarée dans tout ou partie du territoire national), un pouvoir débordant celui accompli en temps normal.

Décidé en Conseil des ministres, il est accordé par les deux chambres du parlement, les mesures dérogatoires qui l'accompagnent étant, préalablement, soumises à la Cour constitutionnelle qui, toutes affaires cessantes, les déclare conformes ou non à la Constitution[1346]. Il peut ainsi restreindre l'exercice de certaines libertés[1347], substituer, pour le maintien de l'ordre et de la police, l'autorité militaire à celle civile, confier la répression des certaines infractions aux juridictions militaires[1348] ou étendre le pouvoir de la police administrative. En cas de déclaration de la guerre, par ordonnance délibérée en Conseil des ministres, le Conseil supérieur de la défense entendu, le président de la République sollicite l'autorisation de l'Assemblée nationale et du Sénat[1349], après quoi il en informe la nation par un message. Dans l'une ou l'autre circonstance, on est en face d'une situation particulière couverte par la théorie dite des circonstances exceptionnelles conduisant à l'instauration de la légalité de crise[1350] et provisoire devant être remplacée dès que possible, par la légalité ordinaire.

Cette situation exige, donc, la collaboration entre le gouvernement et le président de la République doublée du contrôle politique du parlement et celui juridictionnel assuré par la Cour constitutionnelle, dont l'intervention ne vise nullement la constitutionnalité au fond des mesures prises, mais plutôt la justification qu'elles ont été décidées dans le cadre de l'état d'urgence ou de siège.

On devra, néanmoins, éviter de considérer tout dysfonctionnement institutionnel comme une circonstance justifiant la proclamation de l'état d'urgence ou de siège, pour s'autoriser la restriction des libertés publiques constitutionnellement garanties. Le déploiement, du 18 au 20 décembre

---

1346 VUNDUAWE te PEMAKO F., *Traité de droit administratif, op. cit.*, p. 235.

1347 À l'exception du droit à la vie, de l'interdiction de la torture et des peines ou traitements cruels, inhumains ou dégradants, de l'interdiction de l'esclavage et de la servitude, du principe de légalité des infractions et des peines, des droits de la défense et du droit de recours, de l'interdiction d'emprisonnement pour dettes, de la liberté de pensée, de conscience et de religion.

1348 Aux termes de l'alinéa 2 de l'article 156 de la Constitution du 18 février 2006, le président de la République peut, en temps de guerre ou lorsque l'état de siège ou d'urgence est proclamé suspendre, par une décision délibérée en Conseil des ministres, sur tout ou partie de la République pour la durée et les infractions qu'il fixe, l'action répressive des cours et tribunaux de droit commun au profit de celle des juridictions militaires à l'exception du droit d'appel qui ne peut être suspendu.

1349 Art. 86 de la Constitution du 18 février 2006.

1350 COSSALTER P., « La légalité de crise et État d'urgence », *Revue Générale du Droit,* n° 22919, Paris, 2015.

2016, soit pendant trois jours, des éléments de la police et des unités combattantes sur l'ensemble des grandes agglomérations du pays et l'interdiction de toute manifestation politique contre la non tenue d'élection présidentielle et la prolongation du mandat du président de la République ressemble, à un état de siège décidé en violation de la Constitution ; aucune situation, menaçant l'indépendance ou l'intégrité du territoire national ou interrompant le fonctionnement régulier des institutions, n'ayant été, officiellement constatée ni portée par message du président de la République, à la connaissance de la nation.

Dans l'exercice personnel des libertés publiques surgit, également, le phénomène de « catégorisation », le bénéficiaire pouvant, selon les circonstances et la nature des libertés en cause, procéder en un arbitrage, avec une préférence à tel droit plutôt qu'à tel autre ; le choix opéré étant certes discrétionnaire, mais justifié par le profit personnel dont il est droit de tirer. On note que, dans le cadre de l'exercice des droits civils et politiques notamment ceux de vote et d'éligibilité, l'importance accordée aux libertés augmente ou diminue en fonction de l'intérêt qu'on y attache et du gain à tirer.

La gestion de la carrière d'un agent ou fonctionnaire de carrière de service public de l'État incitera, en revanche, à la sauvegarde de certaines libertés[1351] professionnelles qu'aux droits civils et politiques[1352].

Ainsi qu'on le voit, l'exercice d'une liberté publique doit autant que possible s'accommoder de la proportionnalité entre le gain à tirer et le respect du droit positif, leur mise en cohérence servant d'indications nécessaires au maintien de l'ordre public et de la paix sociale. Le comportement humain étant au centre de cette activité, il faut bien compter avec sa bonne foi qui reste, tout de même, une énigme à percer.

Prises en compte dans la perception holistique du droit constitutionnel, les libertés publiques constituent à la fois la motivation profonde et la finalité au point de valoriser l'action des pouvoirs publics qu'elles limitent, par ailleurs, les excès.

Garantis par la Constitution, les droits humains et les libertés publiques sont, dans un État de droit, exercés conformément aux instruments juridiques nationaux et internationaux qui en constituent, par ailleurs, le cadre d'expression. Ainsi, plutôt que d'être des « fausses fenêtres », ils obligent, dans leur mise en œuvre, les pouvoirs publics et les citoyens. On note, en même temps, qu'avant d'être juridiquement organisées, les garanties des droits et libertés relèvent, avant tout, d'une option politique en réponse à la demande sociale.

[1351] Tels que le droit au travail et une rémunération décente, la liberté syndicale, le droit de grève, la liberté de mariage, le droit à la santé et à la sécurité alimentaire, le droit au logement décent, à l'accès à l'eau potable et à l'énergie électrique.

[1352] Comme le pluralisme politique, la liberté d'expression, de réunion ou de manifestation.

C'est en assurant la promotion et la protection des droits et libertés juridiquement garantis qu'on parvient à s'assurer de leur effectivité. Si la première activité vise la diffusion, la vulgarisation et, au besoin, la dénonciation de toute atteinte aux dits droits et libertés, la seconde en poursuit la répression et, le cas échéant, la réparation en cas de préjudice. Ainsi comprise, la promotion ne rime pas toujours avec la protection, même si dans bien de cas les deux opérations peuvent être accomplies par une même et seule institution, à savoir une juridiction de jugement.

Dans l'un comme dans l'autre cas, on doit compter avec l'accompagnement pédagogique ainsi que la collaboration des pouvoirs publics et des citoyens en vue d'opérer le nécessaire ajustement du comportement humain souvent porté vers l'excès et les abus.

CONCLUSION

Construit autour des axes normatif, institutionnel et des libertés, le droit constitutionnel congolais renferme une réalité si riche et complexe, que la simple imagination d'esprit ne saurait en dévoiler le contenu. Il suffit, pour s'en convaincre, de se faire une idée de la profondeur des réalités politiques si mouvantes et alambiquées, mais qui donnent, tout de même, un ton singulier à l'altération constitutionnelle et institutionnelle qu'elles sécrètent, par ailleurs.

Combinée à la diversité des sources qui le créent, la variété d'institutions qui l'organisent, incite à reconnaître que ce droit se découvre, également, par ses objectifs dont la promotion et la protection des droits humains et des libertés fondamentales occupent une place de choix.

Ainsi perçue, cette réalité autorise à saisir la discipline à partir de ses normes et du service rendu aux institutions chargées, par ailleurs, de leur application. Il s'agit, pour rappel, des normes constitutionnelles, législatives, réglementaires et celles catégorielles, parce qu'inclassables dans la nomenclature traditionnelle.

Face aux difficultés d'application de la Constitution chaque fois remaniée, grande est la tentation d'appeler à la naissance d'un « nouveau droit constitutionnel congolais » élaboré, cette fois-ci, à partir d'une « nouvelle Constitution » ; les précédentes ayant échoué, dans leur capacité d'encadrer et de domestiquer le pouvoir politique, parfois, porté à l'excès[1353]. L'ingénierie constitutionnelle jusque-là déployée s'accommode, paradoxalement, de la pratique modulée de révisions constitutionnelles.

Si l'exercice peut se réduire en un jeu de prescriptions juridiques, des structures et pratiques constitutionnelles jugées désirables[1354], elle omet

---

1353 MABAKA MUKWABUHIKA P. et SEFU THSI'EM WADJIBU D., *La Constitution de la République démocratique du Congo du 18 février 2006. Risques et prospectives,* Paris, Editions PUBLISUD, 2016, pp. 64 et *ss.*

1354 ANDZOKA ATSIMOU S., *L'ingénierie constitutionnelle, solution de sortie de crise en Afrique ? Les exemples de l'Afrique du Sud, de la République démocratique du Congo, du Burundi et du Congo Brazzaville,* Paris, l'Harmattan, Coll. Études Africaines, Série politique, 2016, p. 37 et VEDEL G., « Réflexions sur les singularités sur la procédure devant le Conseil

d'indiquer, avec précision, les auteurs des prescriptions et leur modus operandi. S'invite à la réflexion, le rôle des experts dans la préparation et la conduite des réformes constitutionnelles en Afrique.

Ces « faiseurs de Constitutions » se dotent, par moments, de kits constitutionnels[1355] » qui leur permettent de réaliser un pèlerinage constitutionnel[1356] à la recherche des « marchés constitutionnels ».

Soutenue par une expertise prétendument indépendante[1357], mais au service de la démocratisation des sociétés politiques africaines, cette forme d'ingénierie constitutionnelle finit par constituer, pour les uns, un job et, pour les autres, une carte de visite à brandir à chaque réquisition, les détenteurs formant un groupe de « pèlerins constitutionnels[1358] ».

Loi suprême d'un pays, la Constitution n'a de sens que si elle est connue, correctement appliquée et utile à ses utilisateurs ; elle a, pour ce faire, besoin d'autres normes, notamment, législatives et règlementaires.

Si, pour les premières, on a pu découvrir un faible ancrage normatif en raison des contingences politiques si mouvantes et réfractaires à la démocratie, les deuxièmes subissent encore les effets de l'inexpérience et de l'absence de culture politique dans le chef de bon nombre d'usagers.

C'est dans ce sens que, pour prendre la mesure de l'opérationnalité des normes constitutionnelles et législatives, celles réglementaires ont dû être modulées, selon la nature du régime politique, pour s'accoutumer tantôt de la compétence exclusive du président de la République, tantôt de celle partagée avec le premier ministre, tantôt de celle organisée dans trois échelons (national, provincial et local) du pouvoir.

Il reste que, dans la marche vers l'établissement du droit constitutionnel normatif au service de la démocratie et de l'État de droit, l'on doive compter, avec la connaissance de l'histoire politique du Congo et la mentalité de son peuple, pour que des divergences contextuelles de départ surgissent les convergences des objectifs poursuivis.

Dans cette perspective, rien ne saurait a priori convaincre de l'utilité de la norme qui ne recèle que ce qu'on pense d'elle, plutôt que ce qu'elle révèle en réalité. La pratique du pouvoir ayant, souvent, offert une passerelle à la

---

constitutionnel », *Nouveaux juges, nouveaux pouvoirs ?,* Mélanges en l'honneur de Roger PERROT, Paris, Dalloz, 1996, pp. 537 et ss.

1355 DARBON D., « À qui profite le mime ? Le mimétisme institutionnel confronté à ses représentations en Afrique » in MÉNY Y. (dir.), *Les politiques du mimétisme institutionnel : la greffe et le rejet,* Paris, l'Harmattan, Logiques politiques, 1993, pp. 113-138.

1356 DUHAMEL O., « Le pèlerin constitutionnel », *Revue Belvédère,* n° 2 juin juillet 1991, p. 27.

1357 TORCOL S., *Les mutations du constitutionalisme à l'épreuve de la construction européenne. Essai critique sur l'ingénierie constitutionnelle,* thèse de doctorat en droit, Toulon, 2002, p. 27.

1358 DORANDEU R., « Les pèlerins constitutionnels », in MÉNY Y. (dir), *Les politiques du mimétisme institutionnel : la greffe et le rejet,* Paris, l'Harmattan, Logiques politiques, 1993, pp. 83-112.

définition, voire la redéfinition des règles de jeu afin de les conformer à la taille de l'auteur, s'invite alors, à la réflexion la question de la forme de l'État[1359] et du régime politique adaptés aux réalités congolaises. Dans un cas comme dans l'autre, on découvre la sagesse du constituant qui s'est réservé de trancher, laissant la pratique du pouvoir dévoiler le secret de ses intentions.

S'agissant de la forme de l'État, le Congo a, dans un passé récent, expérimenté l'État unitaire, même si la tentation vers un État fédéral demeure d'actualité[1360], mais en raison des velléités séparatistes qu'on lui prête et, pour combattre les avatars d'un État consacrant l'omnipotence du pouvoir central, le régionalisme constitutionnel s'est avéré comme une solution médiane. C'est la même logique qui semble avoir justifié l'ancrage d'un régime politique combinant les recettes du régime présidentiel et celles du parlementarisme, tourné vers la rationalisation des rapports au sein de l'exécutif entre le président de la République et le premier ministre, ainsi qu'entre le gouvernement et le parlement.

Garantie indispensable à l'édification de la démocratie et de l'État de droit, l'indépendance du pouvoir judiciaire ne peut être réduite à sa seule consécration normative ; elle doit, en plus, inciter à reconnaitre l'audace du juge et la créativité dans son activité.

En assurant le contrôle de constitutionnalité de lois et en interprétant la Constitution lorsque l'intention de l'auteur (les auteurs) devient floue, le juge constitutionnel bénéficie des pouvoirs très étendus que si ils ne sont pas contrôlés, peuvent conduire à l'arbitraire. Dans ce cas, il peut être perçu comme serviteur impartial de la Constitution, mais plutôt comme acteur politique peu ou prou engagé.

Le rôle du juge constitutionnel dans la régulation de la vie politique doit être mis en contribution pour donner un nouvel aperçu au droit qu'il secrète et qui, de toute évidence, se révèle comme le seul gage, qui évite de tomber dans des clichés qui n'ont de valeur que, lorsqu'ils servent à quelque chose.

La consécration constitutionnelle des institutions d'appui à la démocratie à côté de celles politiques traditionnelles, dévoile encore la richesse de la fonction politique qui leur est assignée, mais également la participation à l'agrégation des intérêts au profit de l'exercice démocratique du pouvoir.

Plutôt que d'apparaître comme un objectif à atteindre, la promotion et la protection des droits fondamentaux et des libertés publiques doivent être perçues comme consubstantielles au droit constitutionnel à qui elles donnent la justification nécessaire et la motivation profonde. Bien circonscrits et

---

1359 MWAYILA TSHIYEMBE, *Quel est le meilleur système politique pour la République démocratique du Congo : fédéralisme, régionalisme, décentralisation ?*, Paris, L'Harmattan, Coll. Géopolitique mondiale, 2013.

1360 Lire dans ce sens NYEMBO-Ya-LUMBU O., *La Constitution de la République démocratique du Congo est fédérale. Regard critique sur la décentralisation, op.cit.*, pp. 183-184.

pleinement exercés, ils valorisent l'action politique et en limitent les excès. Dans leur mise en œuvre, les droits fondamentaux et les libertés publiques demeurent comptables du comportement humain, car créés par l'homme qui en est le premier bénéficiaire, ils sont souvent violés par l'être humain avant que ce dernier n'apparaisse comme sapeur-pompier et, donc, protecteur ultime. Aussi, est-il indispensable de penser à une action pédagogique sollicitant, chaque jour, la collaboration des pouvoirs publics et des citoyens.

INDEX ALPHABÉTIQUE

BIBLIOGRAPHIE SÉLECTIONNÉE

I. LA DOCTRINE

1.1. Les ouvrages

A

ABDELWAHAD B., *Droit international humanitaire,* Paris, 2e éd. Ellipses, Coll. Mise au point, 2006.

ANDZOKA ATSIMOU S., *L'ingénierie constitutionnelle, solution de sortie de crise en Afrique ? Les exemples de l'Afrique du Sud, de la République démocratique du Congo, du Burundi et du Congo Brazzaville,* Paris, L'Harmattan, Études Africaines, Coll. Série politique, 2016.

ARDANT P., *Institutions politiques et droit constitutionnel,* Paris, 17e LGDJ, 2005.

AUNDU MATSANZA G., *Politique et élites en RD. Congo. De l'indépendance à la troisième République,* Louvain-la-Neuve, Académia-l'Harmattan, 2015.

AUNDU MATSANZA G., *État et partis au Congo-Kinshasa : l'ethnicité pour légitimité,* Paris, L'Harmattan, 2010.

AVRIL P., *Les conventions de la Constitution,* Paris, PUF, 1997.

AVRIL R.et GICQUEL J., *Droit parlementaire,* Paris, 4e éd. Montchrestien, 2010.

AVRIL P. et GICQUEI J., *Lexique de droit constitutionnel,* Paris, PUF, Coll. Que sais-je ?, 2009.

AVRIL P.et GICQUEI J., *Chroniques constitutionnelles françaises de 1970 à 1982, d'un septennat à l'autre,* Paris, PUF, 1983.

B

BADET **G.,** *Les attributions originaires de la Cour constitutionnelle du Bénin,* Cotonou, Friedrick Ebert Stiftung, 2013.

BELANGER M., *Droit international humanitaire,* Paris, éd. Gualino, ColL Mémentos, 2007. BIGAUT G., *Le droit constitutionnel en fiche,* Paris, Ellipses, 2003.

BOMANDEKE BONYEKA B., *Le parlement congolais sous la Loi fondamentale du 19 mai 1960,* Kinshasa, PUZ, 1992.

BORELA E., *Éléments de droit constitutionnel,* Paris, Presse de la Fondation national des Sciences Politiques, 2008.

BOSHAB MABUDJ E., *La République démocratique du Congo entre les colombes et les faucons. Où vont les partis politiques ?* Kinshasa, PUC, 2001.

BOSHAB MABUDJ E., Sur *le chemin du dialogue inter congolais. Quelques pistes pour la refondation de l'État concordataire,* Kinshasa, Médias pour la paix, 2000.

BOSHAB MABUJ E.et MATADI NENGA GAMANDA, *Le statut de représentants dit peuple dans les assemblées politiques délibérantes,* Louvain-la-Neuve, Académia-Bruylant, Bibliothèque de droit africain 8, 2010.

BOSHABMABUDJ E., *Entre la révision de la Constitution et l'inanition de la Nation,* Bruxelles, Larcier, 2013.

BOTAKILE BATANGA, *Précis du contentieux administratif congolais t1,* Louvain-la-Neuve, Académia-l'Harmattan, 2014.

BREILLAT D., *Libertés publiques et droits de la personne humaine,* Paris, Gualino éditeur, 2003.

BUIRETTE P.et LAGRANGE *P, Le droit international humanitaire,* Paris, éd. Decomento, Coll. Repères, 2008.

BURDEAU G., *Traité de science politique t2, La dynamique politique,* Paris, 2eéd. LGDJ, 1968.

C

CHRÉTIEN P. et CHIFFLOT N., *Droit administratif,* Paris, 13e éd. Sirey, 2012.

COHENDET CHASLOT M.-A., Les *méthode de travail en droit public,* Paris, 3eéd. Montchrestien, 1998.

COLLIARD C.-A., *Libertés publiques,* Paris, 6e éd. Dalloz, 1982.

CORNU G., *Vocabulaire juridique,* Paris, PUF, 2000.

D

DEBARD T, *Dictionnaire du droit constitutionnel,* Paris, 2e éd. Ellipses, 2007.

DEBBASCH C., *Droit constitutionnel et institutions politiques,* Paris, Economica, 1990.

DEBBASCH R., *Droit constitutionnel,* Paris, 2e éd. Litec, 2001.

DELPERÉ F., *Le droit constitutionnel de la Belgique,* Paris, Bruylant, LGDJ, 2000.

De la SAUSSAY A. et DIEU F., *Droit Constitutionnel et institutions politiques,* Paris, Hachette, 2000.

De VILLERS G., *Histoire du politique au Congo-Kinshasa. Les concepts à l'épreuve,* Louvain-la Neuve, Academia-l'Harmattan, 2016.

De VILLERS G.et OMASOMBO TSHONDA J., *Zaïre, la transition manquée. 1990-1997,* Paris, L'Harmattan, Co1L Cahiers Africains, 1997.

De VILLIERS M.et LE DIVELLEC A., *Dictionnaire du droit constitutionnel,* Paris, 9e éd. Sirey, 2013.

DISANT M., *Droit de la question prioritaire de constitutionnalité. Cadre juridique et pratiques jurisprudentielles*, Paris, éd. LAMY, Coll. Axe de Droit, 2011.

DJELO EMPENGE-OSAKO V., *L'impact de la coutume sur l'exercice du pouvoir en Afrique noire. Le cas du Zaïre,* Louvain-la-Neuve, Le Bel Élan éditeur, 1992.

DJOLI ES'ENGEKELI J., *Droit constitutionnel. L'expérience congolaise (RDC)*, Paris, L'Harmattan, Coll. COMPTE RENDU, 2013.

DUHAMEL O. et MENY Y., *Dictionnaire de droit constitutionnel*, Paris, PUF, 1992.

E

ECK I., *L'abus de droit en droit constitutionnel*, Paris, L'harmattan, 2010.

EISENMANN Ch., *La justice constitutionnelle et la Cour constitutionnelle d'Autriche*, Paris-Marseille, Economica-Presses Universitaires d'Aix-Marseille, 1986.

ESAMBO KANGASHE J.-L, *La Constitution congolaise du 18 février 2006 à l'épreuve du constitutionnalisme. Contraintes pratiques et perspectives*, Louvain-la-Neuve, Academia-Bruylant, Bibliothèque de droit africain 7, 2010.

ESAMBO KANGASHE J.-L, *Le droit constitutionnel*, Louvain-la-Neuve, Academia-L'Harmattan, 2013.

ESAMBO KANGASHE J.-L., *Le droit électoral congolais*, Louvain-la-Neuve, Academia-Bruylant, Bibliothèque de droit africain 11, 2014.

ESPLUGAS P.et alii, *Droit constitutionnel*, Paris, Ellipses, 2009.

F

FAVOREU L., *La Constitution et son juge*, Paris, Economica, 2014.

FAVOREU L. et LOIC P., *Les grandes décisions du Conseil constitutionnel*, Paris, 11e éd. Dalloz, 2001.

FAVOREU L. et alii, *Droit des libertés fondamentales*, Paris, Dalloz, 2000.

G

GAIA P., GHEVONTIAN P., MELIN-SOUCRAMANIEN F., OLIVA E., et ROUX A., *Les grandes décisions du Conseil constitutionnel*, Paris, 17e éd. Dalloz, 2013.

GINESTE H.-S., *Le droit constitutionnel en schémas*, Paris, 2e éd. Ellipses, 2008.

GUILLLEMIN M., *La religion civile américaine. Une théorie de droit constitutionnel*, Paris, L'Harmattan, 2017.

H

HAMON F. et TROPER M., *Droit constitutionnel*, Paris, 28e éd. LGDJ, 2003.

HOUNGHIKPO C.-M., *L'illusion démocratique en Afrique*, Paris, L'Harmattan, 2004.

HOURQUEBIE F. et PONTHEREAU M.-C., *La motivation des décisions des cours suprêmes et des cours constitutionnelles,* Paris, Bruylant-LGDJ, 2011.

K

KABUYA LUMUNA SANDO C., *Manuel de sociologie politique*, Kinshasa, PUK, 2011.

KALINDYE BYANJIRA D. et KAMBALE BIRA'MBOVOTE J., Droit international humanitaire, Paris, L'Harmattan, Coll. Notes de cours, 2015.

KALUBA DIBWA D., *La justice constitutionnelle en République démocratique du Congo. Fondement et modalités d'exercice,* Kinshasa-Louvain-la-Neuve, Ed. Eucalyptus et Académia-l'Harmattan, 2013.

KAMATE MBUYIRO KITAKYA, *Médias et propagande religieuse à Kinshasa : le télévangélisme, un palliatif à la misère,* Kinshasa, Centre de Documentation Universel, 2016.

KAMUKUNY MUKINAYI A., *Droit constitutionnel congolais,* Louvain-la-Neuve, Académia-L'Harmattan, 2011.

KAMUKUNY MUKINAYI A., *Contribution à l'étude de la fraude en droit constitutionnel congolais,* Kinshasa, EUA, Coll. Droit et Société, 2011.

KATUALA KABA KASHALA, *La jurisprudence électorale congolaise commentée,* Kinshasa, The Carter Center, 2007.

KEBA MBAYE, *Les droits de l'homme en Afrique,* Paris, A. Pedone, 1992.

KILENDA KAKENGI BASILA J.-P., *L'affaire des 315 magistrats de Kinshasa. Une purge néo mobutiste,* Paris, L'Harmattan, 2004.

KITETE KEKUMBA OMOMBO A., *Droit constitutionnel et institutions politiques,* Kinshasa, Éditions Universitaires, 2010.

L

LASCOMBE M., *Le droit constitutionnel de la Vème République,* Paris, 11e éd. L'Harmattan, Coll. Logiques juridiques, Droit et Justice, 2010.

LATOUR B., *La fabrique du droit. Une ethnologie du Conseil d'État*, Paris, Ed. La découverte, Coll. Sciences humaines et sociales, 2014.

LIBOIS G. et VERHAEGEN B., *Congo 1965 : analyses et documenté relatifs au processus qui a conduit à la fin du Gouvernement de Moise Tshombe,* Bruxelles, CRISP, 1967.

LIBOIS G. et VERHAEGEN B., *Congo 1961,* Bruxelles, CRISP, 1961.

LIBOIS G.et VERHAEGEN B., *Congo 1960, t2,* Bruxelles, CRISP, 1961.

LOKENGO ANTSHUKA NGONGA, *Consensus politique et gestion démocratique du pouvoir en Afrique,* Louvain-la-Neuve, Academia-l'Harmattan, 2015.

M

MABAKA MUKWABUHIKA P. et SEFU THSI'EM WADJIBU D., *La Constitution de la République démocratique du Congo du 18 février 2006. Risques et prospectives,* Paris, Éditions PUBLISUD, 2016.

MABANGA G., *Le principe de la continuité de l'Etat : issue de secours à la prohibition du troisième mandat ? Analyse critique de l'arrêt de la Cour constitutionnelle congolaise du 11 mai 2016,* Paris, L'Harmattan, Études Africaines, Série Droit, 2016.

MABANGA MONGA MABANGA, *Le contentieux constitutionnel congolais,* Kinshasa, EUA, 1999.

MAMPUYA KANUNK'a TSHIABU A., *Espoirs et déception de la quête constitutionnelle. Clés pour comprendre le processus constitutionnel du Congo-Kinshasa,* Nancy-Kinshasa, AMA Édition-BNC, 2005.

MASCLET J.-C., *Droit électoral,* Paris, PUF, 1989.

MAUGUE C.et STAHL J.-H., *La question prioritaire de constitutionnalité,* Paris, 2e éd. Dalloz-Sirey, Coll. Connaissance du droit, 2012.

MAVUNGU MVUMBI-di-NGOMA J.-P., *La justice constitutionnalité en République démocratique du Congo. Aperçu sur la compétence de la Cour constitutionnelle et la procédure devant cette haute juridiction,* Kinshasa Éditions universitaires africaines, 2017.

MBORATSUO M.-M., *La contribution des cours constitutionnelles à l'État de droit en Afrique,* Paris, Economica, 2007.

MBWEBWA KALALA J.-P., *Institutions politiques de la République démocratique du Congo. Des origines à nos jours,* Kinshasa, EUA, 2009.

MEYNAUD J, *Les groupes de pression,* Paris, PUF, 1980.

MINAKU NDJALANDJOKO A. et BOKONA WIPA BONDJALI F., *Lexique des assemblées politiques délibérantes,* Louvain-la-Neuve, Bibliothèque de droit africain 10, Académia-l'Harmattan, 2014.

MOREAU J., DUPUIS G. et GEOGEL J., *Sociologie politique,* Paris, Cujas, 1966.

MUHINDU MALONDA, *Droit administratif et institutions administratives,* Butembo, Presses Universitaires du Graben, 2010.

MUKADI BONYI, *Le projet de Constitution de la République démocratique du Congo. Plaidoyer pour une relecture,* Kinshasa, CRDS, 2005.

MUKENDI wa MFUANA E., *Contentieux électoral dans la pratique de la Cour suprême de justice,* Kinshasa, Juricongo, Coll. Juridoc, 2011.

MUKUBI KABALI KAMANGO P., *La Constitution de la République démocratique du Congo : annotée, commentée et expliquée,* Kinshasa, éd. ITONGYA, 2009.

MUNGALA A., *Le consensus politique et la renaissance de la République démocratique du Congo,* Kinshasa, CERDAF, 2002.

MWAYILA TSHIYEMBE, *Quel est le meilleur système politique pour la République démocratique du Congo : fédéralisme, régionalisme, décentralisation ?,* Paris, L'Harmattan, Coll. Géopolitique mondiale, 2013.

N

NDAYWEL è NZIEM I., *L'histoire du Congo. De nos origines à nos jours,* Bruxelles, Le CRI-AFRIQUE EDITIONS, 2010.

N'GANDA NZAMBO-KO-ATUMBA H., *L'Afrique, démocratie piégée,* Paris, Éd. Équilibres Aujourd'hui, 1994.

NGONDANKOY NKOY-ea-LOONGYA, P.-G., *Droit Congolais des Droits de l'Homme,* Louvain-la-Neuve, Bibliothèque de droit africain 1, Académia-Bruylant, 2004.

NKULU KILOMBO, *Commentaire sur l'Acte constitutionnel de la transition, Kinshasa,* Éd. Bopol, 1995.

NTUMBA LUABA LUMU A., *Droit constitutionnel général,* Kinshasa, EUA, 2007.

NYABIRUNGU mwene SONGA, *Traité de droit pénal congolais,* Kinshasa, éd. Droit et Société, 2001.

NYEMBO-ya-LUMBU O., *La Constitution de la Troisième République est fédérale. Regard critique sur la décentralisation,* Kinshasa, EUA, Coll. Droit et Société, 2009.

ODIMULA LUFUNGUSO L. *La justice constitutionnelle et la juridicisation de la vie politique en droit positif congolais,* Kinshasa, L'Harmattan RDC, 2016.

O

OST F., *Le temps du droit,* Paris, O. Jacob, 1999.

P

PASCAL J., *Le procès constitutionnel,* Paris, LGDJ, 2041.

R

RENOUX T.-S., de VILLIERS M.et MAGNON X., *Code constitutionnel,* Paris, 7e éd, Lexis Nexis, 2010.

ROBERT.J., *Le juge constitutionnel, juge des libertés,* Paris, Montchrestien, 1999.
ROUSSEAU C., *Le droit international public,* Paris, 7e éd, Dalloz, 2004.
ROUSSEAU D., *Droit du contentieux constitutionnel,* Paris, 10e éd. LGDJ, 2013.
ROUSSEAU D., *Droit du contentieux constitutionnel,* Paris, 9e éd. Montchrestien et Lextenso éditions, Coll. Domat droit public, 2010.
ROUSSILLON H., *Le conseil constitutionnel,* Paris, 5e éd. Dalloz, 1996.

S

SACRISTE G., *La République des constitutionnalistes. Professeurs de droit et légitimation de l'Etat de droit en France (1870-1914,* Paris, Sciences Po Les Presses, 2011.
SEGUR P., *La responsabilité politique,* Paris, PUF, Coll. Que sais-je ?, 1998.

T

TOENGAHO LOKUNDO F., *Les Constitutions de la République démocratique du Congo,* Kinshasa, PUC, 2008.
TORRELLI M., *Le droit international humanitaire,* Paris, 2e éd. PUF, Coll. Que sais-je ? n° 2211, 1989.

U

UMBA di LUTETE, *Introduction à la Constitution de la République du Zaïre (Loi constitutionnelle du 15 août 1974),* Kinshasa, Imprimerie Saint Paul, 1977.

V

VANDERLINDEN J. et alii, *Du Congo au Zaire1960-1980. Essai de bilan,* Bruxelles, CRISP, sd.
VERHAGEN B.(dir.), *Congo 1967*, Bruxelles, CRISP, 1967.
VUNDUAWE-te-PEMAKO F., *Traité de droit administratif,* Bruxelles, Afrique éditions et Larcier, 2007.
VUNDUAWE-te-PEMAKO F. et MBOKO D'JANDIMA J.-M., *Droit constitutionnel du Congo. Textes et documents fondamentaux,* Louvain-la-Neuve, Académia-L'Harmattan, 2013.

W

WACHSMANN P., *Libertés publiques,* Paris, 4e éd. Dalloz, 2002.
WETSH'OKONDA KOSO SENGA M., *La protection juridictionnelle des droits de l'homme par le juge constitutionnel congolais. Analyse critique et jurisprudence (2003-2013),* Paris, L'Harmattan, Coll. Notes de cours, 2016.
WETSH'OKONDA KOSO SENGA M., *Les textes constitutionnels congolais annotés,* Kinshasa, CDHC, 2010.
WETSH'OKONDA KOSO SENGA M., *Les perspectives des droits de l'Homme dans la Constitution du 18 février 2006,* Kinshasa, CDHC, 2006.

Y

YOUNG C., *Introduction à la politique congolaise,* Bruxelles, CRISP, 1968.
YUMA BIABA L., *Manuel de droit administratif général,* Kinshasa, éd. CEDI, 2012.
YUMA BIABA L., *Zaïre 1992-1996 Chronique d'une transition inachevée,* vol. 1, Paris, L'Harmattan, 1996.

Z

ZARKA J.-C, *Introduction au droit constitutionnel,* Paris, 5e éd. Ellipses, 2014.

1.2. Les chapitres d'ouvrages

B

BIBOMBE MWAMBA B., « Un référendum pourquoi faire ? », in KABAMBA B.et alii (dir), *Fédéralisme-Régionalisme. La 3e République démocratique du Congo. Un nouveau régionalisme,* Liège, 2004-2005.

BLEOU M., « La question de l'effectivité de la suprématie de la Constitution. À propos des poches de résistance au contrôle juridictionnel des lois en France et dans les États africains de succession française », *Mélanges dédiés au Doyen Francis V. WODIÉ,* Toulouse, Presses de l'Université Toulouse 1 Capitole, 2016.

D

DARBON D., « À qui profite le mime ? Le mimétisme institutionnel confronté à ses représentations en Afrique », MÉNY Y. (dir.), *Les politiques du mimétisme institutionnel : la greffe et le rejet,* Paris, l'Harmattan, Logiques politiques, 1993.

DECOCQ G., « Réflexions sur l'influence de la doctrine », *Libres propos sur les sources du droit,* Mélanges en l'honneur de Philippe JESTAZ, Paris, Dalloz, 2006.

DJOLI ESENG'ENGEKELI J., « Problématique de l'opposition politique en Afrique noire postcoloniale. Cas de la République démocratique du Congo : mythe ou réalité ? », in BAKANDEJA Wa MPUNGU G., MBATA MANGU A. et KIENGEKIENGE R.,(dir.), *Participation et responsabilité des acteurs dans un contexte d'émergence démocratique en République démocratique du Congo,* Kinshasa, Bibliothèque de la Faculté de Droit de l'Université de Kinshasa, Presses de l'Université de Kinshasa, 2007.

DORANDEU R., « Les pèlerins constitutionnels », in MÉNY Y. (dir.), *Les politiques du mimétisme institutionnel : la greffe et le rejet,* Paris, l'Harmattan, Logiques politiques, 1993.

E

ESAMBO KANGASHE, J.-L., « Le cadre juridique sur l'exercice des activités des partis et regroupements politiques en République démocratique du Congo » in OSTHEIMER DE SOSA A.-F., (dir.), *Les partis politiques et la promotion de la liberté associative,* Kinshasa, Publication de la FKA, janvier 2009.

ESAMBO KANGASHE J.-L, « Le contexte sociopolitique congolais, repères historiques et forces en présence : de la guerre dite de libération à l'Accord global et inclusif », in MALANDA NSUMBU F. (dir.), *La nouvelle Constitution de la transition en République démocratique du Congo : aspects juridiques, politiques, économiques et socioculturels,* Kinshasa, Publication de la FKA, décembre, 2003.

K

KANTE B.et KWASI P, « L'autorité des décisions des juridictions compétentes en matière de contrôle de constitutionnalité », in BOCKENFORDE M., KANTE B.,

NGENGE Y. et KWASIP., (dir.), *Les décisions des juridictions constitutionnelles en Afrique de l'Ouest. Analyse comparée,* IDEA-Hanns Seidel Stiftûng, Suède, 2016.

L

LIFOLI J.-E., « Médias, instance de régulation et élections en République démocratique du Congo », in ELIKIA M'BOKOLO (dir.), *Élections démocratiques en République démocratique du Congo. Dynamiques et perspectives,* Kinshasa, PNUD-OIF, 2010.

M

M'BODJ E.H, « Les garanties éventuelles du statut de l'opposition en Afrique », in *Mandats, rôles et fonctions des pouvoirs constitués dans le nouveau système de la République démocratique du Congo,* Kinshasa, Publication du PNUD-AIT, 2007.

O

OBOTELA RASHIDI N., « L'an 1 de l'accord global et inclusif en République démocratique du Congo : de la laborieuse mise en place aux incessants atermoiements » in REYTJENS F. et MARYSE S., (dir.), *L'Afrique des Grands Lacs. Annuaire 2003-2004,* Anvers et Paris, CERGLA-L'Harmattan, 2004.

V

VASAK M.-K, « Les problèmes spécifiques de la mise en œuvre des droits économiques et sociaux de l'homme » in *Vers une protection efficace des droits économiques et sociaux ?* Bruxelles-Louvain, Bruylant-Vandor, 1973.

VEDEL G. ., « Réflexions sur les singularités sur la procédure devant le Conseil constitutionnel », *Nouveaux juges, nouveaux pouvoirs ?,* Mélanges en l'honneur de Roger PERROT, Paris, Dalloz, 1996.

Z

ZOLLER E., « La pratique de l'opinion dissidente aux États-Unis », *La République,* Mélanges Pierre AVRIL, Paris, Montchrestien, 2001.

1.3. Les articles de revue

A

AGUILLON C., « La reconnaissance de la désobéissance civile en démocratie », *Jurisdoctoria, n°* 13, Aix-en Province, 2016.

AIVO F.-J., « Les constitutionnalistes et le pouvoir politique en Afrique », *Revue française de droit constitutionnel,* n° 1 04, Paris, Presses Universitaires de France, 2015.

AIVO F.-J, « La crise de normativité de la Constitution en Afrique », *Revue de droit public,* Paris, janvier, 2011.

C

COSSALTER P. « La légalité de crise et l'État d'urgence », *Revue Générale du Droit*, n° 22919, Paris, 2015.

D

De BOECK, « La vie difficile des partis politiques de la République démocratique du Congo », *Congo Forum,* 21 janvier 2007.

Du BOIS DE GAUDUSSON J., « L'accord de Marcoussis, entre droit et politique », *Afrique contemporaine,* Paris, 2003.

E

ESAMBO KANGASHE J.-L, « Le président MOBUTU et le premier ministre sous l'Acte constitutionnel de la transition : duel ou duo », *Afrika Focus,* Vol. 14, Nr. 2, Bruxelles, 1998.

ESAMBO KANGASHE J.-L, « Regard sur l'État de droit dans la Constitution congolaise de 4 avril 2003 », *Justice, Science et Paix,* Revue juridique du Service de Documentation, d'Études du ministère de la justice, n° 001, septembre, 2004, Kinshasa, 2004.

ESAMBO KANGASHE J.-L., « Le texte de la Constitution du 4 avril 2003 de la République Démocratique du Congo à l'épreuve de l'identité constitutionnelle », *Revue de droit africain,* n° 27, Bruxelles, juillet, 2003.

ESAMBO KANGASHE J.-L, « Les normes susceptibles de contrôle de constitutionnalité en droit congolais », *Revue de droit africain,* RDJA, n° 54, avril 2010, Bruxelles, 2010.

ESAMBO KANGASHE J.-L., « Le contreseing dans l'évolution constitutionnelle de la République démocratique du Congo (1960 à 2010) », *Revue de droit africain,* RDJA, n° 53, janvier 2010, Bruxelles, 2010.

K

KPODAR A., « Bilan d'un demi-siècle du constitutionnalisme en Afrique noire francophone », *Afrilex,* janvier 2013.

M

MAMBO R., « Les rapports entre la Constitution et les accords politiques dans les États africains : réflexion sur la légalité constitutionnelle en période de crise », *Revue de droit de McGILL,* Vol.57, n° 4, 2012.

MINANI BIHUZA R., « L'Église peut-elle faire de la politique ? Regard sur quelques pratiques », *Congo Afrique,* n° 506, juin-juillet-août, 2016.

N

NABLI B., « L'opposition parlementaire : un contrepouvoir », *Pouvoirs,* n° 133, Paris, Seuil, 2010.

O

OMAR DIOP, « Le statut de l'opposition dans les démocraties africaines », *Revue de droit africain,* n° 40, Bruxelles, 2006.

1.4. Les thèses et communication

A

AKANDJI KOMBE J.-E, « Contrôle de constitutionnalité et actes politiques de règlement des crises institutionnelles », communication, Bamako, 2016.

N
NGONDANKOY NKOY a LOONGYA P.-G., *Le contrôle de constitutionnalité en République démocratique du Congo. Étude critique d'un système de justice constitutionnelle dans un État à forte tradition autocratique,* thèse de doctorat en Sciences juridiques, Université catholique de Louvain, 2007-2008.

T
TORCOL S., *Les mutations du constitutionnalisme à l'épreuve de la construction européenne. Essai critique sur l'ingénierie constitutionnelle,* thèse de doctorat en droit, Toulon, 2002.

1.5. Les rapports et autres documents officiels

Bulletin des arrêts de la Cour suprême de justice, matière constitutionnelle, Kinshasa, numéro spécial, 2008.

MBODJ E.H., *« Statut de l'opposition et financement des partis politiques »,* Rapport au président de la République du Sénégal, 1999, inédit.

Panorama des 20ans du Mouvement Populaire de la Révolution, Bureau du Président de la République, Kinshasa, 1987.

Rapport de la Commission Politique Administrative et judiciaire de l'Assemblée nationale sur la Loi organique portant organisation et fonctionnement de la Cour constitutionnelle, Kinshasa, Palais du Peuple, 2009, inédit.

Rapport de l'Atelier d'Étude de conformité à la Constitution et à la législation nationale des Edits provinciaux, Ministère des relations avec le Parlement, Kinshasa, 2015.

II. Les textes juridiques

1. Les textes constitutionnels

1.1. En droit comparé

Constitution autrichienne du 16 novembre 2001. Constitution béninoise du 11 décembre 1990.

Constitution bulgare du 20 septembre 2004.

Charte de la transition du Burkina Faso du 2014.

Constitution camerounaise du 14 avril 2008. Constitution égyptienne du 16 janvier 1956.

Constitution espagnole du 27 décembre 1978. Constitution française du 4 octobre 1958.

Constitution française du 11 novembre 1948.

Constitution gabonaise du 12 janvier 2011.

Constitution ivoirienne du 23 juillet 2000.

Constitution malgache du 11 décembre 2010.

Loi n° 2017/AN-RM du 2 juin 2017 portant révision de la Constitution du 25 février 1992.

Constitution malienne du 25 février1992.

Constitution marocaine du 18 juin 2011.

Constitution portugaise du 1er janvier 1948.
Constitution portugaise du 19 mars 1933.
Constitution tchadienne du 15 juillet 2005.
Constitution togolaise du 31 décembre 2002.
Constitution tunisienne du 27 novembre 2014.

1.2. En droit congolais

Loi n° 11/002 du 20 janvier 2011 portant révision de certains articles de la Constitution de la République démocratique du Congo du 18 février 2006.
Constitution de la République démocratique du Congo du 18 février 2006.
Constitution de la transition du 4 avril 2003.
Décret-loi constitutionnel n° 074 du 25 mai 1998 portant modification du chapitre 2 du Décret-loi constitutionnel n° 003 du 27 mai 1997 relatif à l'organisation et à l'exercice du pouvoir en République démocratique du Congo.
Décret-loi constitutionnel n° 002 du 24 mai 1997 modifiant et complétant le Décret-loi constitutionnel n° 001 du 20 mai 1997 portant nomination du Gouvernement de Salut public.
Décret-loi constitutionnel n° 001 du 20 mai 1997 portant nomination du Gouvernement de Salut public.
Acte constitutionnel de la transition du 9 avril 1994.
Acte constitutionnel harmonisé relatif à la période de la transition du 2 avril 1993.
Acte n° 002 du 4 août 1992 portant dispositions constitutionnelles relatives à la période de transition.
Loi n° 90-008 du 25 novembre 1990 portant révision d'une disposition de la Constitution.
Loi n° 90-002 du 5 juillet 1990 portant révision de certaines dispositions de la Constitution.
Loi n° 88-009 du 27 juin 1988 portant révision de l'article 2 de la Constitution.
Loi n° 88-004 du 27 janvier 1988 portant révision de certaines dispositions de la Constitution.
Loi n° 82-004 du 31 décembre 1982 portant modification de certaines dispositions de la Constitution.
Loi n° 80-012 du 15 novembre 1980 modifiant et complétant quelques dispositions de la Constitution.
Loi n° 80-007 du 19 février 1980 modifiant et complétant quelques dispositions de la Constitution.
Loi n° 78-010 du 15 février 1978 portant révision de la Constitution.
Loi n° 74-002 du 15 août 1974 portant révision de la Constitution du 24 juin 1967.
Loi n° 73-014 du 5 janvier 1973 portant harmonisation de la Constitution ainsi que celle de tous les textes législatifs et réglementaires en rapport avec les nouvelles appellations intervenues dans les structures politico-administratives du pays et modifiant l'article 46 de la Constitution.
Loi n° 72-003 du 5 janvier 1972 portant révision de la Constitution.
Loi n° 71-008 du 31 décembre 1971 portant révision de la Constitution.
Loi n° 71-007 du 19 novembre1971 portant révision de la Constitution.
Loi n° 71-006 du 29 octobre 1971 portant révision de la Constitution.
Loi n° 70-001 du 23 décembre 1970 portant révision de la Constitution.

Constitution du 24 juin 1967.
Constitution du 1er août 1964.
Décret-loi constitutionnel du 9 septembre 1961 relatif à l'exercice des pouvoirs législatif et exécutif à l'échelon central.
Décret-loi constitutionnel du 7 janvier 1961 relatif au pouvoir judiciaire.
Décret-loi constitutionnel du 29 septembre 1960 relatif à l'exercice des pouvoirs législatif et exécutif à l'échelon central.
Décret-loi constitutionnel du 29 septembre 1960 portant ajournement des chambres parlementaires.
Loi fondamentale du 17 juin 1960 relative aux libertés publiques.
Loi fondamentale du 19 mai 1960 relative aux structures du Congo.
Loi du 18 octobre 1908 sur le Gouvernement du Congo.
Décret du 28 mars 1886 modifiant le Décret du 30 octobre 1885 relatif aux pouvoirs de l'administrateur général du Congo.

2. Les textes législatifs

2.1. Les lois

Loi organique n° 16/027 du 15 octobre 2016 portant organisation et fonctionnement des juridictions de l'ordre administratif.
Loi organique n° 13/026 du 15 octobre 2013 portant organisation et fonctionnement de la Cour constitutionnelle.
Loi organique n° 13/012 du 19 avril 2013 modifiant et complétant la Loi organique n° 10/013 du 28 juillet 2010 portant organisation et fonctionnement de la Commission électorale nationale indépendante,
Loi organique n° 13/011 du 21 mars 2013 portant organisation et fonctionnement de la Commission nationale des droits de l'homme.
Loi organique n° 11/001 du 10 octobre 2010 portant organisation et fonctionnement du Conseil supérieur de l'audiovisuel et de la communication.
Loi organique n° 08/016 du 7 octobre 2008 portant composition, organisation et fonctionnement des entités territoriales décentralisées et leurs rapports avec l'État et les provinces.
Loi de programmation n° 15/004 du 28 février 2015 portant modalités d'installation de nouvelles provinces.
Loi n° 13/014 du 26 juin 2013 portant ratification de l'ordonnance-loi n° 13/001 du 23 février 2013 fixant la nomenclature des impôts, droits, taxes et redevances des provinces et des entités territoriales décentralisées ainsi que leurs modalités de répartition.
Loi n° 13/O15 du 26 juin 2013 portant ratification de l'ordonnance-loi n° 13/002 du 23 février 2013 fixant la nomenclature des droits, taxes et redevances du pouvoir central.
Loi n° 13/016 du 26 juin 2013 portant ratification de l'ordonnance-loi n° 13/003 du 23 février 2013 portant réforme des procédures relatives à l'assiette fiscale, au contrôle et aux modalités de recouvrement des recettes non fiscales.
Loi n° 13/017 du 26 juin 2013 portant ratification de l'ordonnance-loi n° 13/004 du 23 février 2013 portant abrogation de certaines dispositions de la loi n° 006/03

du 13 mars 2003 fixant les modalités de calcul et de perception des acomptes et précomptes de l'impôt sur les bénéfices et profits.
Loi n° 13/018 du 26 juin 2013 portant ratification de l'ordonnance-loi n° 13/005 du 23 février 2013 modifiant et complétant certaines dispositions de la loi n° 004/ 2003 du 13 mars 2003 portant réforme des procédures fiscales.
Loi n° 13/019 du 26 juin 2013 portant ratification de l'ordonnance-loi n°13/006 du 23 février 2013 portant régime fiscal applicable aux entreprises de petite taille en matière d'impôt sur les bénéfices et profits.
Loi n° 13/020 du 26 juin 2013 portant ratification de l'ordonnance-loi n° 13/007 du 23 février 2013 modifiant et complétant certaines dispositions de l'ordonnance-loi n° 10/001 du 20 août 2010 portant institution de la taxe sur la valeur ajoutée.
Loi n° 13/021 du 26 juin 2013 portant ratification de l'ordonnance-loi n° 13/008 du 23 février 2013 modifiant et complétant certaines dispositions de l'ordonnance-loi n°69/009 du 10 février 1969 relative aux impôts cédulaires sur les revenus.
Loi 13/022 du 26 juin 2013 portant ratification de l'ordonnance-loi n° 13/009 du 23 février 2013 modifiant et complétant certaines dispositions de l'ordonnance-loi n° 90-046 du 8 août 1990 portant réglementation du petit commerce.
Loi n° 09/001 du 10 janvier 2009 portant protection de l'enfant.
Loi n° 08/012 du 31 juillet 2008 portant principes fondamentaux relatifs à la libre administration des provinces.
Loi n° 08/011 du 14 juillet 2008 portant protection des droits des personnes vivant avec le VIH/SIDA et des personnes affectées.
Loi n° 08-005 du 10 juin 2008 portant financement public des partis politiques.
Loi n° 07/008 du 4 décembre 2007 portant statut de l'opposition politique.
Loi n° 05/012 du 2 décembre 2005 modifiant et complétant la Loi n°05/010 du 22 juin 2005 portant organisation du référendum constitutionnel en République démocratique du Congo.
Loi n° 04/018 du 30 juillet 2004 portant organisation, attributions et fonctionnement de l'Observatoire national des Droits de l'homme.
Loi n° 04/002 du 15 mars 2004 portant organisation et fonctionnement des partis politiques en République démocratique du Congo.
Loi n° 001/ 2001 du 17 mai 2001 portant organisation et fonctionnement des partis et regroupements politiques.
Loi n° 96-002 du 22 juin 1996 portant modalités d'exercice de la liberté de presse en République du Zaïre.
Loi n° 84/001 du 20 janvier 1984 portant élection du président du Mouvement populaire de la révolution, président de la République.
Loi n° 77-014 du 16 juillet 1977 portant organisation des élections des membres du Bureau politique, du Conseil législatif et des Conseils des zones urbaines.
Loi n° 77-027 du 30 mars 1977 portant organisation de l'élection du président du Mouvement populaire de la République.
Loi du 23 mars 1960 relative aux élections législatives et provinciales. Décret du 16 avril 1887 sur l'organisation locale au Congo.

2.2. Les actes ayant force de loi

Ordonnance-loi n° 13/001 du 23 février 2013 fixant la nomenclature des impôts, droits, taxes et redevances des provinces et des entités territoriales décentralisées ainsi que leurs modalités de répartition.

Ordonnance-loi n° 13/002 du 23 février 2013 fixant la nomenclature des droits, taxes et redevances du pouvoir central.

Ordonnance-loi n° 13/003 du 23 février 2013 portant réforme des procédures relatives à l'assiette fiscale, au contrôle et aux modalités de recouvrement des recettes non fiscales.

Ordonnance-loi n° 13/004 du 23 février 2013 portant abrogation de certaines dispositions de la loi n° 006/03 du 13 mars 2003 fixant les modalités de calcul et de perception des acomptes et précomptes de l'impôt sur les bénéfices et profits.

Ordonnance-loi n° 13/005 du 23 février 2013 modifiant et complétant certaines dispositions de la loi n° 004/ 2003 du 13 mars 2003 portant réforme des procédures fiscales.

Ordonnance-loi n° 13/006 du 23 février 2013 portant régime fiscal applicable aux entreprises de petite taille en matière d'impôt sur les bénéfices et profits.

Ordonnance-loi n° 13/007 du 23 février 2013 modifiant et complétant certaines dispositions de l'Ordonnance-loi n° 10/001 du 20 août 2010 portant institution de la taxe sur la valeur ajoutée.

Ordonnance-loi n° 13/008 du 23 février 2013 modifiant et complétant certaines dispositions de l'ordonnance-loi n° 69/009 du 10 février 1969 relative aux impôts cédulaires sur les revenus.

Ordonnance-loi n° 13/009 du 23 février 2013 modifiant et complétant certaines dispositions de l'Ordonnance-loi n° 90-046 du 8 août 1990 portant réglementation du petit commerce.

Décret-loi n° 236 du 06 juillet 1999 portant institution, organisation et fonctionnement des Comités du Pouvoir Populaire en République démocratique du Congo.

Ordonnance-loi n° 87-042 du 28 août 1987 portant attribution de la gestion du contentieux électoral au Comité central du Mouvement populaire de la révolution.

Ordonnance-loi n° 82-020 du 31 mars 1982 portant Code de l'organisation et de la compétence judiciaires telle que modifiée et complétée par la Loi organique n° 13/01 I-B du 11 avril 2013 portant organisation, fonctionnement et compétences des juridictions de l'ordre judiciaire.

Ordonnance-loi n° 82-018 du 31 mars 1982 portant statut des Magistrats.

Ordonnance-loi n° 82-017 du 31 mars 1982 portant procédure devant la Cour suprême de justice.

Ordonnance-loi n° 81-012 du 2 avril 1981 portant statut des journalistes œuvrant en République du Zaïre.

Ordonnance-loi n° 79-028 du 28 septembre 1979 portant organisation du barreau, du corps des défenseurs judiciaires et du corps des mandataires de l'État.

Ordonnance-loi n° 79-026 du 28 septembre 1979 portant création d'une commission de gestion des biens saisis et confisqués.

Ordonnance-loi n° 70-026 du 17 avril 1970 portant organisation des élections législatives.

Ordonnance-loi n° 66-92 du 7 mars 1966 conférant au président de la République le pouvoir de légiférer.

Ordonnance-loi n° 65-7 du 30 novembre 1965 accordant des pouvoirs spéciaux au président de la République.

Ordonnance-loi relative aux commissions spéciales chargées de la préparation et du contrôle des élections législatives nationales et provinciales de 1965.

Ordonnance-loi du 6 octobre 1964 portant organisation des élections nationales et provinciales.

Décret du 18 septembre 1965 portant dispositions générale relatives aux associations sans but lucratif.

Décret-loi du 18 septembre 1964 instituant les commissions spéciales chargées de la préparation et du contrôle des élections législatives nationales et provinciales.

Décret du 16 août 1887 sur l'organisation de l'administration locale au Congo.

Décret du 28 mars 1886 relatif aux pouvoirs de l'Administrateur général du Congo.

3. Les règlements intérieurs de la Cour constitutionnelle, des chambres parlementaires, institutions d'appui à la démocratie et Assemblées provinciales

Règlement intérieur de la Cour constitutionnelle du 30 avril 2015.

Règlement intérieur de la Commission nationale des droits de l'homme du 24 avril 2015.

Règlement intérieur de la Commission électorale nationale indépendante du 15 octobre 2013.

Règlement intérieur du Congrès du 5 novembre 2007.

Réglementaire intérieur du Sénat du 30 mars 2007.

Réglementaire intérieur de l'Assemblée nationale du 23 novembre 2006.

Réglementaire intérieur de l'Assemblée provinciale du Bandundu.

4. Les actes réglementaires

Décret n° 2017-0448/13-RM du 7 juin 2017 portant convocation du collège électoral du Mali au scrutin référendaire du 9 juillet 2017.

Ordonnance n° 17 /004 du 7 avril 2017 portant nomination d'un premier ministre.

Ordonnance n° 16/099 du 26 novembre 2016 portant nomination d'un premier ministre.

Ordonnance n° 16/070 du 22 août 2016 portant dispositions relatives au Statut particulier des membres de la Cour constitutionnelle.

Ordonnance n° 15/014 du 21 mars 2015 portant organisation et fonctionnement du gouvernement et modalités pratiques de collaboration entre le président de la République et le gouvernement ainsi qu'entre les membres du gouvernement.

Ordonnance n° 14/021 du 7 juillet 2014 portant nomination des membres de la Cour constitutionnelle.

Ordonnance n° 13/004 du 13 mars portant relèvement de ses fonctions du gouverneur de la province de l'Équateur.

Ordonnance 12/007 du 11 juin 2012 portant organisation et fonctionnement du gouvernement et modalités pratiques de collaboration entre le président de la République et le gouvernement ainsi qu'entre les membres du gouvernement.

Ordonnance n° 12/ 003 du 18 avril 2012 portant nomination d'un premier ministre.

Ordonnance n° 08/069 du 17 novembre 2008 portant nomination du chef d'état-major général des forces armées de la République démocratique du Congo.

Ordonnance n° 08/064 du 10 octobre 2008 portant nomination d'un premier ministre.

Ordonnances d'organisation judiciaire n° 08/10, 08/11, 08/12, 08/13, 08/14 et 08/ 16 du 9 février 2008.

Ordonnance n° 08/006 du 25 janvier 2008 portant organisation et fonctionnement du gouvernement et modalités pratiques de collaboration entre le président de la République et le gouvernement ainsi qu'entre les membres du gouvernement.

Ordonnance n° 07/017 du 3 mai 2007 portant organisation et fonctionnement du gouvernement et modalités pratiques de collaboration entre le président de la République et le gouvernement ainsi qu'entre les membres du gouvernement.

Ordonnance n° 07/001 du 5 février 2007 portant nomination du gouvernement.

Ordonnance n° 06/001 du 30 décembre 2006 portant nomination d'un premier ministre.

Décret n° 097/2000 du 1er juillet 2000 portant nomination des membres de l'Assemblée constituante et législative-parlement de transition.

Décret d'organisation judiciaire n° 144 du 6 novembre portant révocation des magistrats du siège et du ministère public 1998.

Décret n° 037 du 22 octobre 1997 portant création de la Commission constitutionnelle.

Ordonnance n° 97/004 du 8 janvier 1997.

Ordonnances n° 961061/062/063/064/065 et 066 du 8 décembre 1996.

Ordonnance n° 94/042 du 6 juillet 1994 portant investiture d'un premier ministre.

Ordonnance n° 92-165 du 10 décembre 1992 portant expédition par les secrétaires généraux de l'administration des affaires courantes pendant la vacance du Gouvernement.

Ordonnance n° 92-161 du 1er décembre 1992 portant nomination d'un Premier ministre du Gouvernement d'union nationale.

Ordonnance n° 92-160 du 1er décembre 1992 relatif à la démission du Gouvernement de transition.

Ordonnance n° 91-205 du 15 juillet 1991 modifiant et complétant l'ordonnance n° 91-098 du 11 avril 1991 portant convocation de la Conférence nationale.

Ordonnance n° 91-098 du 11 avril 1991 portant convocation de la Conférence nationale.

Ordonnance n° 91-097 du 11 avril 1991 modifiant et complétant l'Ordonnance n° 91-010 du 6 mars 1991 portant création et composition de la Conférence constitutionnelle.

Ordonnance n° 91-010 du 6 mars 1991 portant création et composition de la Conférence constitutionnelle.

Décret n° 37 du 22 octobre 1997 portant création de la Commission constitutionnelle.

Ordonnance n° 293 du 27 novembre 1963 instituant la Commission constitutionnelle.

Décret n° 14/ 035 du 4 décembre 2014 portant organisation et fonctionnement du Greffe de la Cour constitutionnelle.

Décision n° 003/CENI/BUR/6 du 10 février 2016 portant réaménagement du calendrier de l'élection des gouverneurs et vice-gouverneurs de nouvelles provinces.

5. Les autres actes juridiques

Accord politique global et inclusif du Centre interdiocésain de Kinshasa du 31 décembre 2016.

Accord politique pour l'organisation d'élections crédibles, apaisées et transparentes en République démocratique du Congo de la Cité de l'Union africaine du 18 octobre 2016.

Résolution n° 001 /CAB/P/AN/M/2015 du 1er avril 2015 portant désignation des membres de la Commission nationale des droits de l'homme.

Accord global et inclusif du 17 décembre 2003 sur la transition en République démocratique du Congo.

Accord de Linas-Marcoussis du 24 janvier 2003 sur la crise ivoirienne.

Accord d'Arusha du 20 août 2000 sur le Burundi.

Déclaration de prise de pouvoir du 24 novembre 1965 par le Haut commandement de l'Armée nationale congolaise.

Déclaration de prise de pouvoir du 17 mai 1997 par l'Alliance des forces démocratiques pour la libération du Congo.

Engagement particulier du 16 juin 1994 relatif au partage équitable et équilibré du pouvoir pendant la période de la transition.

Accord politique du 11 janvier 1994 sur la transition entre l'Union sacrée de l'opposition politique, société civile et alliés et les Forces politiques du conclave.

Compromis politique global du 31 juillet 1992.

Acte n° 001/CNS du 5 mai 1992 proclamant la souveraineté de la Conférence nationale souveraine.

Décision d'État n° l0/CC/87 du 28 août 1987 conférant au Comité central du Mouvement populaire de la révolution la gestion du contentieux électoral.

Déclaration de prise de pouvoir du 24 novembre 1965 par le Haut commandement de l'Armée nationale congolaise.

III. La jurisprudence

1. En droit comparé

Arrêt n° 2017-04/CCM/Réf du 4 juillet 2017 de la Cour constitutionnelle du Mali.

Décision n° 24-HCC/D3 du 12 juin 2015 de la Haute Cour constitution du Madagascar.

DCC n° 15-092 du 14 avril 2015 de la Cour constitutionnelle du Bénin.

Avis n° 25 du 9 octobre 2014 de la Cour constitutionnelle du Gabon.

DCC n° 01-128 du 12 septembre 2011 de la Cour constitutionnelle du Mali.

Avis n° 02 du 25 mai 2009 de la Cour constitutionnelle du Niger.

DCC n° 2003-469 du 26 mars 2003 du Conseil constitutionnel français.

DCC n° 62-20 du 6 novembre 1962 du Conseil constitutionnel français.
Décisions n°1987-15 du 18 juin 1987, n° 1977-4 du 27 janvier 1977, n° 1976-47 du 12 octobre1976, n° 1976-46 du 12 octobre 1976, n° 1976-19 du 23 mars 1976, n° 1975-87 du 15 avril 1975, n° 1971-37 du 3 avril 1971 et n° 1970-31 du 4 juin 1970 de la Cour constitutionnelle de la Turquie.
DC n° 62-20 du 6 novembre 1962 du Conseil constitutionnel français.
Décision CC73-51DC du 27décembre 1973 du Conseil constitutionnel français.
Décision CC71-44DC du 16 juillet 1971 du Conseil constitutionnel français.

2. En droit congolais

2.1. En matière de constitutionnalité

CC, 17 mars 2017, R. Const. 41 1.
CC, 17 mars 2017, R. Const. 410.
CC, 10 mars 2017, R. Const. 356.
CC, 17 octobre 2016, R. Const. 338.
CC, 10 août 2016, R. Const. 309.
CC, 10 juin 2016, R. Const. 212/216.
CC, 11 mai 2016, R. Const. 262.
CC, 19 février 2016, R, Const. 214.
CC, 29 janvier 2016, R. Const. 0007.
CC, 12 novembre 2015, R. Const.126.
CC, 4 novembre 2015, R. Const. 126.
CC, 14 octobre 2015, R. Const.151.
CC, 14 octobre 2015, R. Const.150.
CC, 14 octobre 2015, R. Const.140.
CC, 13 octobre 2015, R. Const.146.
CC, 09 octobre 2015, R. Const.144.
CC, 08 octobre 2015, R. Const.145.
CC, 08 octobre 2015, R. Const.142.
CC, 26 septembre 2015, R. Const.137.
CC, 25 septembre 2015, R. Const.130.
CC, 25 septembre 2015, R. Const.122.
CC, 11 septembre 2015, R. Const.111.
CC, 08 septembre 2015, R. Const. 0089.
CC, 28 août 2015, R. Const. 0038.
CC, 25 août 2015, R. Const. 0096.
CC, 19 août 2015, R. Const. 0094.
CC, 12 août 2015, R. Const. 0091.
CC, 29 mai 2015, R. Const. 0015.
CC, 29 mai 2015, R. Const. 0014.
CSJ, 8 septembre 2014, R. Const. 310/311/TSR.
CSJ, 06 décembre 2013, R. Const. 267/TSR.
CSJ, 14août 2013, R. Const. 134/TSR.
CSJ, 19 août 2011, R. Const. 66/TSR.
CSJ, 02 août 2011, R. Const. 167/TSR.
CSJ, 02 août 2011, R. Const. 165/TSR.

CSJ, 26 avril 2011, R. Const. 137/TSR.
CSJ, 21 mars 2011, R. Const. 152/TSR.
CSJ, 31 mars 2011, R. Const. 128/TSR.
CSJ, 30 novembre 2010, R. Const. 139/TSR.
CSJ, 25 juin 2010, R. Const.127/TSR.
CSJ, 26 mars 2010, R. Const. 113/TSR.
CSJ, 05 février 2010, R. Const. 1 l0/TSR.
CSJ, 04 mai 2009, R. Const. 072/TSR.
CSJ, 06 juin 2009, R. Const. 067/TSR.
CSJ, 16 mars 2009, R. Const.084/TSR.
CSJ, 30 novembre 2008, R. Const. 061/TSR.
CSJ, 30 juillet 2008, R. Const. 069/TSR.
CSJ, 24 février 2008, R. Const. 28/TSR.
CSJ, 27 décembre 2007, R. Const. 062/TSR.
CSJ, 28 décembre 2007, R. Const. 060/TSR.
CSJ, 23 septembre 2007, R. Const. 46/TSR.
CSJ, 31 janvier 2011, R. Const. 128/TSR.
CSJ, 27 août 2007, R. Const. 055/TSR.
CSJ, 31 juillet 2007, R. Const. 051/TSR.
CSJ, 23 avril 2007, R. Const. 046/TSR.
CSJ, 31 janvier 2007, R. Const. 059/TSR.
CSJ, 03 janvier 2007, R. Const. 044/TSR
CSJ, 21 décembre 2006, R. Const. 043/TSR.
CSJ, 15 septembre 2006, R. Const. 038/TSR.
CSJ, 13 septembre 2006, R. Const. 037/TSR.
CSJ, 08 septembre 2006, R. Const. 028/TSR.
CSJ, 11 mars 2005, R. Const. 026/TSR.
CSJ, 18 juillet 2005, R. Const. 024/TSR.
CSJ, 20 juillet 2004, R. Const. 014/TSR.
CSJ, 02 juillet 2004, R. Const. 011/TSR.
CSJ, 07 mai 2004, R. Const. 007/TSR.

2.2. En matière d'annulation

CSJ, 26 juin 2001, R.A. 459.
CSJ, 21 août 1996, R.A. 320.
CSJ, 08 janvier 1993, R.A. 266.
CSJ, 11 janvier 1990, R.A. 182/186/191.

2.3. En matière pénale

CSJ, 28 septembre 2012, RP 012/CR/2012.
CSJ, 26 novembre 2014, REV. 011/2014.

2.4. En matière électorale

CSJ, 6 février 2007, RCE200/DN/KN.
CSJ, 25 avril 2012, RCE 517/DN.

CSJ, 25 avril 2012, RCE 463/DN.
CSJ, 25 avril 2012, RCE 725/DN.

2.5. En matière de déclaration de patrimoine familial

CC, 10 mars 2017, RDPF 184, 217, 242, 267, 268, 271, 278, 293, 294, 297, 299, 304, 314317.
CC, 18 février 2017, RDPF 0094-0161.
CC, 08 janvier 2016, RDPF 312- 321.
CC, 08 janvier 2016, RDPF 322-324.

POSTFACE

Sous les oripeaux du constitutionnalisme africain[1361] ou du constitutionnalisme en Afrique[1362] le droit constitutionnel est toujours d'une grande densité.

Constamment, il s'approprie des valeurs et principes communs à tous les États modernes, mais présente des particularismes qui s'inscrivent dans le « pluri-universalisme » des sociétés politiques. La preuve est une fois de plus fournie, sur la République démocratique du Congo, par cette œuvre remarquable que le professeur Jean-Louis ESAMBO KANGASHE soumet à la sagacité de la doctrine constitutionnaliste africaine.

Le pari était loin d'être gagné à l'avance, tant il est aride à la fois de ne rien perdre des principes qui constituent le socle granitique des démocraties modernes et de faire connaître les mutations apportées au droit constitutionnel classique par le système politique congolais. L'auteur du *Traité de droit constitutionnel congolais* concilie ici ces deux exigences.

Il donne en effet à lire un ouvrage d'une grande qualité qui repose sur une analyse rigoureuse et une approche originale épousant dans sa structuration, les grandes transformations du droit constitutionnel et de la démocratie.

Le *Traité de droit constitutionnel congolais* met l'accent successivement sur le droit constitutionnel normatif, le droit institutionnel et le droit des libertés. D'abord, l'auteur fait ressortir les différentes catégories de normes, qu'il s'agisse des normes constitutionnelle, législative, réglementaire ou de celles qu'il qualifie de normes juridiques catégorielles. Il prend notamment position sur la question de la double révision constitutionnelle. Mais, à moins d'entrer dans une sorte de régression à l'infini débouchant sur l'interdiction de réviser toute la Constitution, peut-on défendre la double révision[1363] ?

Au-delà de ce débat déjà ouvert en référence à des textes constitutionnels et jurisprudences fermes, l'ouvrage reste originalement congolais et

[1361] CONAC G., *Dynamique et finalité des droits africains,* Paris, Economica, 1980.

[1362] du Bois de GAUDUSSON, J., « Défense et illustration du constitutionnalisme en Afrique après quinze ans de pratique du pouvoir », *Renouveau du droit constitutionnel,* in *Mélanges en l'honneur de* LOUIS FAVOREU, Dalloz, 2007, p. 622.

[1363] VEDEL G., « Souveraineté et supra-constitutionnalité », *Pouvoirs,* n° 67, 1993, p. 90.

s'éloigne de tout mimétisme comme le témoignent les particularités en matière de compétence pénale reconnue à la Cour constitutionnelle ou encore l'institution d'un parquet général près la même Cour. Ensuite, l'ouvrage renseigne sur la réception africaine, et partant congolaise, du principe de la séparation des pouvoirs. Mais, le particularisme le plus accrocheur du droit constitutionnel congolais est le rôle fédérateur de l'Église catholique sous l'égide de laquelle, l'Accord politique de la Saint Sylvestre a été signé entre les différents acteurs de la classe politique congolaise.

Alors que sous d'autres cieux, l'option est celle de l'éloignement de l'ecclésiastique de la politique[1364], le constat est qu'au Congo démocratique, il est quasi impossible d'écrire le droit constitutionnel sans tenir compte de la position de l'Église.

S'agit-il d'une introduction condamnable de l'Église dans la Cité ? La réponse est plutôt négative. Il faut y voir non pas l'immixtion préjudiciable de l'Église dans la politique, mais un recours à l'Église comme orientation de la politique pour le bien-être des Congolais.

Ce bien-être passe aussi par la garantie des droits et libertés. Tel est, enfin, l'objet de la dernière partie de l'ouvrage consacrée au droit constitutionnel des libertés. Cette partie se justifie pour au moins deux raisons.

Premièrement, les États africains consacrent généralement d'importantes dispositions aux droits et libertés fondamentaux avec un renvoi aux textes internationaux relatifs aux droits et libertés fondamentales. Deuxièmement, les droits et libertés étant consacrés par la Constitution, et le droit constitutionnel étant *« le droit de la Constitution »,* on ne peut l'étudier sans aborder cet attachement des constituants africains aux droits et libertés fondamentaux.

Somme toute, l'ouvrage de Jean-Louis ESAMBO KANGASHE révèle à bien des égards les subtilités et les particularismes du droit constitutionnel congolais dont on a encore beaucoup à apprendre. Qu'il soit remercié de donner envie de faire du droit constitutionnel par la convocation du droit d'ici et d'ailleurs[1365].

Dodzi KOKOROKO
Agrégé des Facultés de droit
Professeur des Universités
Président de l'Université de Lomé (Togo)

1364 FERRARI S., « Constitution et religion », in TROPER M. et CHAGNOLLAUD D. (dir.), *Traité international de droit constitutionnel,* Dalloz, Paris, 2012, Tome 3, p. 440.

1365 KOKOROKO D., KPODAR A., « Remarques sur quelques mutations du droit constitutionnel par les crises politiques en Afrique », in *Mélanges en l'honneur de Theodore HOLO,* à paraître, 2017.

TABLE DES MATIÈRES

CHAPITRE II

CHAPITRE III

CHAPITRE III
LA PROTECTION DES LIBERTÉS PUBLIQUES 345

L'HARMATTAN ITALIA
Via Degli Artisti 15; 10124 Torino
harmattan.italia@gmail.com

L'HARMATTAN HONGRIE
Könyvesbolt ; Kossuth L. u. 14-16
1053 Budapest

L'HARMATTAN KINSHASA
185, avenue Nyangwe
Commune de Lingwala
Kinshasa, R.D. Congo
(00243) 998697603 ou (00243) 999229662

L'HARMATTAN CONGO
67, av. E. P. Lumumba
Bât. – Congo Pharmacie (Bib. Nat.)
BP2874 Brazzaville
harmattan.congo@yahoo.fr

L'HARMATTAN GUINÉE
Almamya Rue KA 028, en face
du restaurant Le Cèdre
OKB agency BP 3470 Conakry
(00224) 657 20 85 08 / 664 28 91 96
harmattanguinee@yahoo.fr

L'HARMATTAN MALI
Rue 73, Porte 536, Niamakoro,
Cité Unicef, Bamako
Tél. 00 (223) 20205724 / +(223) 76378082
poudiougopaul@yahoo.fr
pp.harmattan@gmail.com

L'HARMATTAN CAMEROUN
TSINGA/FECAFOOT
BP 11486 Yaoundé
699198028/675441949
harmattancam@yahoo.com

L'HARMATTAN CÔTE D'IVOIRE
Résidence Karl / cité des arts
Abidjan-Cocody 03 BP 1588 Abidjan 03
(00225) 05 77 87 31
etien_nda@yahoo.fr

L'HARMATTAN BURKINA
Penou Achille Some
Ouagadougou
(+226) 70 26 88 27

L'HARMATTAN SÉNÉGAL
10 VDN en face Mermoz, après le pont de Fann
BP 45034 Dakar Fann
33 825 98 58 / 33 860 9858
senharmattan@gmail.com / senlibraire@gmail.com
www.harmattansenegal.com

www.ingramcontent.com/pod-product-compliance
Lightning Source LLC
LaVergne TN
LVHW011136061026
849535LV00003B/509